„Medical enterprise liability“

Europäische Hochschulschriften
European University Studies
Publications Universitaires Européennes

Reihe II **Rechtswissenschaft**
Series II Law
Série II Droit

Band/Volume **5567**

Matthias Löhle

„Medical enterprise liability"

Rechtsvergleichende Untersuchung zum deutschen und U.S.-amerikanischen Recht

PL ACADEMIC RESEARCH

Bibliografische Information der Deutschen Nationalbibliothek
Die Deutsche Nationalbibliothek verzeichnet diese Publikation in der Deutschen Nationalbibliografie; detaillierte bibliografische Daten sind im Internet über http://dnb.d-nb.de abrufbar.

Zugl.: Passau, Univ., Diss., 2013

D 739
ISSN 0531-7312
ISBN 978-3-631-64814-8 (Print)
E-ISBN 978-3-653-03690-9 (E-Book)
DOI 10.3726/978-3-653-03690-9

PL Academic Research ist ein Imprint der Peter Lang GmbH.
Peter Lang – Frankfurt am Main · Bern · Bruxelles · New York · Oxford · Warszawa · Wien

Dieses Buch wurde vor Erscheinen peer reviewed.

www.peterlang.com

Vorwort

Die vorliegende Arbeit wurde im Sommersemester 2013 von der Juristischen Fakultät der Universität Passau als Dissertation angenommen. Das Rigorosum fand am 21. Mai 2013 statt.

Mein besonderer Dank gilt Herrn Prof. Dr. *Dennis Solomon*, LL.M. (Berkeley) für die Betreuung der Dissertation, ständige Gesprächsbereitschaft, Kritik und Anregungen sowie stete Förderung bereits zu Beginn der Dissertation während meiner Tätigkeit als wissenschaftlicher Mitarbeiter beziehungsweise Angestellter an seinem Lehrstuhl sowohl an der Eberhard-Karls-Universität Tübingen als auch an der Universität Passau und später während der Fertigstellung der Dissertation. Bei Frau Prof. Dr. *Dörte Poelzig*, M.jur. (Oxford) bedanke ich mich für die schnelle Erstellung des Zweitgutachtens und bei Herrn Prof. Dr. *Armin Engländer* für die Mitwirkung als Vorsitzender im Prüfungsausschuss.

Die Forschungsarbeiten erfolgten zunächst an der Eberhard-Karls-Universität Tübingen, später an der Universität Passau. Ein wesentlicher Teil der Forschungsarbeiten zum U.S.-amerikanischen Recht erfolgte während meines LL.M.-Studiums an der New York University School of Law. Für zahlreiche fachliche Diskussionen bedanke ich mich bei Frau Prof. *Jennifer H. Arlen*, Norma Z. Paige Professor of Law.

In persönlicher Hinsicht bedanke ich mich bei meiner Familie für die langjährige Unterstützung und Begleitung meines Promotionsvorhabens.

Frankfurt am Main, Oktober 2013 *Matthias Löhle*

Inhaltsverzeichnis

Einleitung

Selbst wenn feststeht, dass ein Fehlverhalten bei der medizinischen Behandlung vorliegt, ist es gleichwohl für den geschädigten Patienten oft schwierig, eine angemessene Entschädigung zu bekommen. Dies liegt daran, dass es in vielen Fällen unklar ist, an wen sich der Patient mit seinem ihm zustehenden Schadensersatzanspruch richten kann. Insbesondere bei einem Fehlverhalten bei der medizinischen Behandlung des Patienten in einem Krankenhaus kommen in einem Schadensfall regelmäßig mehrere Haftungsgegner in Betracht: der selbstliquidierende Chefarzt, der angestellte Krankenhausarzt, der Belegarzt oder der Krankenhausträger selbst. Gegen wen im konkreten Fall eine Schadensersatzklage zu richten ist, wer also richtiger Beklagter im Arzthaftungsprozess ist, ist die Frage nach der Passivlegitimation.

Die Passivlegitimation kann für den geschädigten Patienten von enormer Bedeutung sein. Verklagt er den Falschen, wird die Klage als unbegründet abgewiesen, mit der Folge, dass der Kläger, also der ohnehin geschädigte Patient, gemäß § 91 I 1 ZPO die Gerichts- und Rechtsanwaltskosten tragen muss und der Gefahr ausgesetzt ist, dass die Ansprüche gegen den richtigen Klagegegner dann verjährt sind. Verklagt der geschädigte Patient nicht alle in Betracht kommenden Klagegegner, wird der Nichtmitverklagte regelmäßig als Zeuge benannt und dadurch die Gefahr geschaffen, dass dieser in einem Arzthaftungsprozess nicht zu Lasten seines beklagten ärztlichen Kollegen aussagt. Es wird also zum Risiko des Klägers, nicht alle in Betracht kommenden Klagegegner zu benennen, was indes zusätzliche Kosten verursachen kann. Auch die Möglichkeit einer Streitverkündung (§§ 72, 74, 68 ZPO) ist dem Patienten dabei meist nicht hilfreich.

Wer richtiger Klagegegner ist, bedarf daher besonderer Aufmerksamkeit. Dass dies bei der medizinischen Behandlung im Krankenhaus – besonders für den Patienten als rechtlichen Laien – nicht immer sofort erkennbar ist und oft an – auch für Juristen – schwer definierbaren Kriterien, wie dem sogenannten Leistungsbereich des an der medizinischen Behandlung Beteiligten, abgegrenzt wird, sollen folgende zwei Fälle, die sich zum einen in der ambulanten und zum anderen in der stationären Krankenhausbehandlung ereigneten, veranschaulichen.

Am 20.12.2005 entschied der Bundesgerichtshof folgenden Fall[1]: Die Klägerin, als Mitglied einer gesetzlichen Krankenkasse, begab sich zur ambulanten Behandlung wegen eines schnellenden Fingers in ein Kreiskrankenhaus. Nach einer fehlgeschlagenen ärztlichen Behandlung blieb der Finger selbst nach einer von dem Oberarzt durchgeführten Revisionsoperation mit anschließendem stationärem Krankenhausaufenthalt nur eingeschränkt beweglich. Die Klägerin ver-

1 BGH (20.12.2005), BGHZ 165, 290.

klagte sowohl den angestellten Oberarzt als auch die Krankenhausträgerin auf Schadensersatz und Schmerzensgeld. Der Oberarzt hatte zur Zeit der ärztlichen Behandlung keine Ermächtigung zur Teilnahme an der vertragsärztlichen Versorgung nach § 116 SGB V mehr, durfte also keine Kassenpatienten behandeln. Das angerufene Landgericht gab der Klage gegen beide Beklagte statt; sowohl der Oberarzt als auch die Krankenhausträgerin hafteten für den entstandenen Schaden. Das Berufungsgericht wies die Berufung des Oberarztes zurück; der Arzt war weiterhin haftbar. Auf die Berufung der Krankenhausträgerin wurde indes die gegen sie gerichtete Klage abgewiesen; die Krankenhausträgerin war nunmehr nicht haftbar. Das Berufungsgericht begründete sein Urteil damit, Vertragspartner des Kassenpatienten bei der ambulanten Behandlung im Krankenhaus sei ausschließlich der an der kassenärztlichen Versorgung beteiligte Arzt.[2] Der Bundesgerichtshof, der nur noch über den Anspruch der Patientin gegen die Krankenhausträgerin zu entscheiden hatte, hob schließlich das Berufungsurteil auf. Anders als das Berufungsgericht sah der VI. Zivilsenat des Bundesgerichtshofs jedenfalls den Krankenhausträger in den Fällen als haftbar, in denen ambulante Operationen in den Räumlichkeiten des Krankenhauses durch angestellte Ärzte des Krankenhausträgers durchgeführt werden, ohne dass die behandelnden Ärzte oder der Chefarzt zur vertragsärztlichen Versorgung ermächtigt sind.[3] Die Unklarheit des Patienten darüber, ob er vertragsärztliche Leistungen oder Krankenhausleistungen in Anspruch nahm, dürfe haftungsrechtlich nicht zu seinen Lasten gehen.[4]

Ebenfalls vom Bundesgerichtshof wurde am 16.4.1996 folgender Fall[5] entschieden: Auf Veranlassung ihres Gynäkologen (des späteren Belegarztes) begab sich die mit Zwillingen schwangere Klägerin nach Feststellung vorzeitiger Wehen in ein Belegkrankenhaus. Dort wurde sie die Nacht über an ein Cardiotokographie-Gerät (CTG-Gerät) angeschlossen. Während der Nacht waren weder Belegarzt noch Hebamme anwesend. Die am Belegkrankenhaus angestellte Nachtschwester alarmierte aufgrund Erbrechens der Klägerin und von der Klägerin gemeldeter Wehen sowohl den Belegarzt als auch die Hebamme. Nach Eintreffen beider im Belegkrankenhaus folgte eine Spontangeburt der Zwillinge. Das erstgeborene Kind hatte keine neurologischen Auffälligkeiten, wohingegen es beim Zweitgeborenen als Folge einer Hirnblutung zur Ausbildung eines Wasserkopfes kam und ungefähr drei Monate später zum Tod durch Hirnversagen. Die Klägerin sowie ihr Ehemann erhoben als Erben des verstorbenen Kindes

2 BGH (20.12.2005), BGHZ 165, 290, 291.
3 BGH (20.12.2005), BGHZ 165, 290, 296.
4 BGH (20.12.2005), BGHZ 165, 290, 295.
5 BGH (16.4.1996), NJW 1996, 2429.

Klage auf Schmerzensgeld sowohl gegen den Belegarzt als auch gegen die Belegkrankenhausträgerin. Das angerufene Landgericht wies die Klage gegen beide Beklagte ab. Das Berufungsgericht verurteilte beide Beklagte als Gesamtschuldner zur Zahlung eines Schmerzensgeldes. Der Bundesgerichtshof wies die Revision der Belegkrankenhausträgerin gegen das Urteil des Berufungsgerichts ab. Auch in diesem Fall ist zunächst unklar, wer für den begangenen Behandlungsfehler (unzureichende Beobachtung und Kontrolle von Patientinnen mit Risikoschwangerschaft) haftet. Dass der Belegarzt vorliegend haftet, ist nahezu unstreitig. Dass die Belegkrankenhausträgerin in diesem Fall auch haftet, bedarf hingegen einer weitergehenden Begründung. Das Berufungsgericht war der Auffassung, die Belegkrankenhausträgerin sei aufgrund vertraglicher Nebenpflichten gehalten, erkennbar drohende Gefahren von im Belegkrankenhaus aufgenommenen Patienten abzuwenden, und müsse daher jedenfalls im Organisationsbereich der stationären Behandlung den Belegarzt hinsichtlich der Grundzüge der diesem obliegenden Organisationsaufgaben überwachen.[6] Die Belegkrankenhausträgerin hätte also dagegen einschreiten müssen, dass der Belegarzt die CTG-Beurteilung der Nachtschwester überließ. Der VI. Zivilsenat des Bundesgerichtshofs kam zum selben Ergebnis mit der Begründung, bei einer derartigen Ausgestaltung des Nachtdienstes sei auch von Seiten der Belegkrankenhausträgerin die ordnungsgemäße Versorgung der Patientin nicht in der erforderlichen Weise sichergestellt, da die Entscheidung über die Hinzuziehung des Belegarztes allein der Nachtschwester überlassen war, die jedenfalls nicht die erforderliche fachliche Ausbildung zur CTG-Auswertung besaß.[7]

Die beiden Fälle zeigen, dass es noch immer einen weiten Spielraum bei der Bestimmung der Passivlegitimation bei Krankenhausbehandlungen gibt, der bis heute nicht abschließend durch Gesetz oder Rechtsprechung beseitigt wurde. Diese Dissertation befasst sich mit den Abgrenzungsproblemen der Passivlegitimation bei der Haftung im Rahmen der medizinischen Behandlung des Patienten im Krankenhaus im deutschen Recht und sucht mögliche Lösungsansätze im U.S.-amerikanischen Recht.

Gerade das U.S.-amerikanische Recht kennt in seiner Gesamtschau im Zusammenhang mit der Krankenhausbehandlung ähnliche Probleme bei der Frage nach dem richtigen Klagegegner.[8] Dies betrifft insbesondere die Haftung für das vom Belegarzt (sogenannter „independent contractor (physician)“) eingesetzte Krankenhauspersonal. Die Abgrenzung zwischen der Haftung des Krankenhausträgers und des „independent contractor“ wurde meist mit der „borrowed servant

6 BGH (16.4.1996), NJW 1996, 2429, 2430.
7 BGH (16.4.1996), NJW 1996, 2429, 2431.
8 Giesen, Arzthaftungsrecht Medical Malpractice Law, S. 49 und 196.

rule“ oder der „„captain of the ship‘ doctrine“ gelöst, die beide indes nicht selten Probleme aufwarfen. Daneben entwickelte sich indessen eine immer stärker verbreitete „neue“ Rechtsprechung U.S.-amerikanischer Gerichte zu dem Problem der Passivlegitimation bei der Krankenhausbehandlung. Viele U.S.-amerikanische Gerichte halten oftmals – auch nach aktueller U.S.-amerikanischer Rechtslage – den Krankenhausträger selbst für Fahrlässigkeiten (sogenannte „liability for negligence“) eines „independent contractor“ haftbar, obgleich dies dogmatisch keinesfalls abschließend geklärt ist. Sie bedienen sich dabei zwar der bestehenden Lehren im U.S.-amerikanischen Recht, werfen allerdings aufgrund der weiten Haftung des Krankenhausträgers bei deren Anwendung neue nicht unerhebliche Probleme auf. Insbesondere bestehen unter den einzelnen Gerichten der verschiedenen U.S.-Staaten unterschiedliche dogmatische Ansätze; so wenden einige Gerichte die Lehre der „corporate negligence“, andere die Lehre der „respondeat superior“ und wiederum andere die Lehre der „ostensible agency“ an.

Dieser Rechtsunsicherheit versucht schließlich das Konzept der „enterprise liability“[9] entgegen zu wirken, indem es grundsätzlich die Haftung des Krankenhausträgers auf alle von den Ärzten, die in irgendeiner Weise mit dem Krankenhaus verbunden sind, verursachten Fahrlässigkeiten erweitert, also insbesondere auch auf Fahrlässigkeiten der „independent contractors“. Dies hat zur Folge, dass der Krankenhausträger für sämtliche Fahrlässigkeiten bei der medizinischen Behandlung im Krankenhaus haftet und zwar unabhängig davon, wer den Schaden tatsächlich verursacht oder den tatsächlichen Schadensverursacher eingesetzt hat. Der entscheidende Unterschied zu der „neuen“ Rechtsprechung nach aktueller U.S.-amerikanischer Rechtslage ist, dass die „medical enterprise liability“ dabei gleichzeitig den behandelnden Arzt – zumindest im Außenverhältnis – von der Haftung freistellt. Auf diese Weise sollen sich keine Probleme bei der Bestimmung der Passivlegitimation bei der Haftung im Rahmen der Krankenhausbehandlung ergeben.

In seinem Aufsatz über das U.S.-amerikanische Arzthaftungsrecht schrieb *Jost* „[I]f you are looking for international models for improving your own system, don’t look to the United States.“[10] Die Erweiterung der Haftung des Krankenhausträgers für Fahrlässigkeiten sowohl angestellter Ärzte als auch „independent contractors“ mit gleichzeitiger Haftungsfreistellung des behandelnden Arztes ist indes eine höchst interessante Idee, welche gerade als mögliche Lö-

9 Das Konzept der „enterprise liability“ wird in dieser Dissertation ausschließlich auf den Bereich des Arzthaftungsrechts beschränkt und daher fortan „medical enterprise liability“ genannt.

10 Jost, Medical Liability Law in the United States, DAJV-Newsletter 1997, 6, 9.

sung der Abgrenzungsprobleme der Passivlegitimation bei der Haftung im Rahmen der medizinischen Behandlung des Patienten im Krankenhaus im deutschen Recht durchaus in Betracht kommt; es lohnt sich daher diese zu untersuchen und sich damit auseinander zu setzen, ob die „medical enterprise liability“ für das deutsche Recht zweckmäßig und mit dem deutschen Recht vereinbar ist.

1. Teil: Die Haftung des Krankenhausträgers nach aktueller deutscher Rechtslage

Im Folgenden werden die Haftungsgrundlagen und die Passivlegitimation im Arzthaftungsprozess bei der medizinischen Behandlung des Patienten im Krankenhaus dargestellt. Dabei wird insbesondere auf die verschiedenen vertraglichen Beziehungen bei ambulanter und stationärer Krankenhausbehandlung sowie ihre unterschiedlichen haftungsrechtlichen Folgen für die Passivlegitimation im Arzthaftungsprozess eingegangen.

A. Haftungsgrundlagen

Bei Vorliegen eines ärztlichen Fehlverhaltens haftet der behandelnde Arzt dem geschädigten Patienten sowohl wegen Vertragsverletzung als auch aus unerlaubter Handlung. Dies wurde bereits 1916 in einer Entscheidung des Reichsgerichts[11] festgehalten. Das Arzthaftungsrecht kennt dabei zwei wesentliche Haftungstatbestände, die sich sowohl aus den Pflichten im Vertragsverhältnis als auch aus deliktsrechtlichen Pflichten ergeben: den Behandlungsfehler[12] und den Aufklärungsfehler. Ein Behandlungsfehlers liegt bei jeder ärztlichen Maßnahme vor, „die nach dem Erkenntnisstand der medizinischen Wissenschaft die gebotene Sorgfalt vermissen lässt"[13]. Maßgeblich für einen Aufklärungsfehler ist der Grundsatz, dass jeder Eingriff in die körperliche oder gesundheitliche Unversehrtheit des Patienten – sei es behandlungsfehlerhaft oder frei von Behandlungsfehlern – als rechtswidrige Körperverletzung zu werten ist.[14] Nur wenn vor dem Eingriff eine wirksame Einwilligung des Patienten vorliegt, ist der Eingriff im konkreten Fall gerechtfertigt. Die Einwilligung liegt allerdings dann regel-

---

11 RG (13.10.1916), RGZ 88, 433, 436.

12 Lange Zeit sprach man vom sogenannten „Kunstfehler". Diesen Begriff, für den sich keine Definition finden ließ, verwendet der Bundesgerichtshof deshalb seit Jahrzehnten nicht mehr. Stattdessen verwendet der Bundesgerichtshof heute den Begriff des Behandlungsfehlers. Siehe dazu ausführlich Soergel-Spickhoff, Anh I § 823, Rn. 55; Laufs/Katzenmeier/Lipp-Katzenmeier, Arztrecht, Rn. X 2; Deutsch/Spickhoff, Medizinrecht, Rn. 157; Katzenmeier, Arzthaftung, S. 273-276. Dabei umfasst der Begriff der Behandlung sowohl ein Tun als auch ein Unterlassen, nicht nur bei der Behandlung selbst, sondern auch in der Anamnese, Diagnose, Prophylaxe, Therapie und Nachsorge.

13 Giesen, Arzthaftungsrecht, Rn. 68.

14 So zu Recht die ständige zum Teil heftig kritisierte Rechtsprechung des Bundesgerichtshofs seit der Ausgangsentscheidung RG (31.5.1894), RGSt 25, 375.

mäßig nicht wirksam vor, wenn der Patient zuvor falsch oder unvollständig von dem behandelnden Arzt aufgeklärt wurde.[15]

Vor jeder oder spätestens bei Beginn einer jeden medizinischen Behandlung eines Patienten durch einen Arzt wird ein sogenannter medizinischer Behandlungsvertrag zwischen dem Patient und dem Arzt abgeschlossen. Meistens geschieht dies konkludent, indem sich der Patient in medizinische Behandlung begibt und der Arzt die medizinische Behandlung übernimmt.[16] Verursacht der behandelnde Arzt schuldhaft einen Behandlungs- oder Aufklärungsfehler und schädigt dadurch den Patienten, haftet er wegen Verletzung seiner Vertragspflichten aus dem zwischen ihm und dem Patient abgeschlossenen medizinischen Behandlungsvertrag. Rechtliche Grundlage für die Haftung ist § 280 I BGB.

Im Recht der unerlaubten Handlungen ist bei Arzthaftungsfällen die körperliche und gesundheitliche Unversehrtheit maßgeblich. Verletzt der behandelnde Arzt den Patienten widerrechtlich und schuldhaft durch einen Behandlungs- oder Aufklärungsfehler in dessen Körper oder Gesundheit, haftet er für den verursachten Schaden nach § 823 I BGB.

Dabei bestehen vertragliche und deliktische Ansprüche grundsätzlich nebeneinander und unabhängig voneinander (Anspruchskonkurrenz).[17]

Lange Zeit wurde in Arzthaftungsfällen vorwiegend das Deliktsrecht angewendet, weil nur dieses in § 847 BGB a.F. einen Schmerzensgeldanspruch vorsah.[18] Nach Inkrafttreten des „Gesetzes zur Modernisierung des Schuldrechts (Schuldrechtsmodernisierungsgesetz)"[19] am 1.1.2002 und des „Zweiten Gesetzes zur Änderung schadensersatzrechtlicher Vorschriften (Schadensrechtsänderungsgesetz)"[20] am 1.8.2002 kam es sodann zu einer systematischen Verlage-

---

15 Soergel-Spickhoff, Anh I § 823, Rn. 117; Deutsch/Spickhoff, Medizinrecht, Rn. 186; Laufs/Kern-Laufs, Handbuch des Arztrechts, § 57, Rn. 17; Laufs/Katzenmeier/Lipp-Katzenmeier, Arztrecht, Rn. V 5.

16 Geiß/Greiner, Arzthaftpflichtrecht, Rn. A 2.

17 Staudinger-Hager, Vorbem zu §§ 823ff, Rn. 38; Soergel-Spickhoff, Vor § 823, Rn. 68; MüKoBGB-Wagner, Vor § 823, Rn. 68; Palandt-Sprau, Einf v § 823, Rn. 4; Laufs/Kern-Laufs/Kern, Handbuch des Arztrechts, § 93, Rn. 17; Katzenmeier, Arzthaftung, S. 81.

18 Giesen, Arzthaftungsrecht, Rn. 3; Katzenmeier, Arzthaftung, S. 83; Hirte, Berufshaftung, S. 95; Deutsch/Geiger, Medizinischer Behandlungsvertrag, in: Bundesminister der Justiz (Hrsg.), Gutachten und Vorschläge zur Überarbeitung des Schuldrechts, Band II, 1981, S. 1084; Katzenmeier, Schuldrechtsmodernisierung und Schadensersatzrechtsänderung – Umbruch in der Arzthaftung, VersR 2002, 1066, 1073f.

19 BGBl. 2001 I S. 3138-3218.

20 BGBl. 2002 I S. 2674-2680.

rung der Arzthaftung vom Deliktsrecht zur vertraglichen Haftung,[21] weil der neu eingeführte § 253 II BGB nun auch bei der Verletzung vertraglicher Pflichten einen Anspruch auf Ersatz immaterieller Schäden, also einen Schmerzensgeldanspruch, vorsieht. Künftig wird dadurch die Arzthaftung vorwiegend in dem Bereich der vertraglichen Haftung liegen,[22] auch wenn freilich weiterhin die Haftungsgrundlagen bei Vorliegen eines ärztlichen Fehlverhaltens sowohl im Vertragsrecht als auch im Deliktsrecht bestehen.[23]

I. Vertragsrecht

Für die vertragliche Haftung ist es entscheidend, zwischen wem vertragliche Beziehungen bestehen. Dies ist indes nicht immer deutlich erkennbar. Während die vertraglichen Beziehungen bei der medizinischen Behandlung eines Privatpatienten durch einen niedergelassenen Arzt offensichtlich sind, bedarf es bei der medizinischen Behandlung des Patienten in einem Krankenhaus genauerer Betrachtung.

Auch muss die Natur des Rechtsverhältnisses zwischen Patient und Arzt geklärt werden. Während das Rechtsverhältnis zwischen Privatpatient und Arzt klar zivilrechtlicher Natur ist, ist es zwischen dem gesetzlich krankenversicherten Patient (Kassenpatient) und dem sogenannten Vertragsarzt (früher: Kassenarzt) umstritten. Die im Sozialrecht überwiegend vertretene Ansicht[24] bestimmt das Rechtsverhältnis zwischen dem Kassenpatient und dem Vertragsarzt als öffentlich-rechtlich. Schon allein die Aushändigung der Krankenversichertenkarte (§§ 15 II, 291 SGB V) soll dem Arzt zeigen, dass der Kassenpatient keinen Vertrag mit dem Arzt wolle, sondern vielmehr eine Leistung seiner Krankenkasse,[25] die dann ihrer Pflicht mithilfe des Arztes als ihren Erfüllungsgehilfen nach-

---

21 Deutsch/Spickhoff, Medizinrecht, Rn. 165; Spickhoff, Das System der Arzthaftung im reformierten Schuldrecht, NJW 2002, 2530.

22 So Deutsch/Spickhoff, Medizinrecht, Rn. 165; Katzenmeier, Schuldrechtsmodernisierung und Schadensersatzrechtsänderung – Umbruch in der Arzthaftung, VersR 2002, 1066, 1073.

23 Gehrlein, Grundriss der Arzthaftpflicht, Rn. B 2; Krahe, Die Haftungssystematik bei ärztlicher Arbeitsteilung und Zusammenarbeit in den Vereinigten Staaten von Amerika und in Deutschland, S. 170; Spickhoff, Das System der Arzthaftung im reformierten Schuldrecht, NJW 2002, 2530, 2537; Katzenmeier, Schuldrechtsmodernisierung und Schadensersatzrechtsänderung – Umbruch in der Arzthaftung, VersR 2002, 1066, 1074.

24 BSG (20.7.1963), BSGE 33, 158, 160f.; BSG (19.11.1985), BSGE 59, 172, 177; Laufs/Kern-Krauskopf/Clemens, Handbuch des Arztrechts, § 27, Rn. 7; aber auch OLG Koblenz (25.8.1989), NJW 1990, 1534.

25 So Laufs/Kern-Krauskopf/Clemens, Handbuch des Arztrechts, § 27, Rn. 7.

kommt. Dies entspricht jedoch nicht der Praxis, in welcher der Arzt ohnehin in kaum einem Fall die Krankenversichertenkarte des Patienten zu Gesicht bekommt und der Patient den behandelnden Arzt – auch im Hinblick auf die Haftung – als seinen Vertragspartner auswählt. Die freie Arztwahl ist dem Patienten dabei gerade durch das Sozialrecht in § 76 SGB V gesichert. Ferner wären in Schadensfällen unterschiedliche Gerichte – für Privatpatienten gemäß § 13 GVG die Zivilgerichte und für Kassenpatienten gemäß § 51 SGG die Sozialgerichte – sachlich zuständig. Vielmehr ist daher auch das Rechtsverhältnis zwischen dem Kassenpatient und dem Vertragsarzt zu Recht mit der Rechtsprechung des Bundesgerichtshofs[26] und der herrschenden Meinung in der zivilrechtlichen Literatur[27] ein zivilrechtliches Vertragsverhältnis. Einer Unterscheidung zwischen Privatpatienten und Kassenpatienten bedarf es insoweit nicht.

1. Der medizinische Behandlungsvertrag

In dem Behandlungsverhältnis zwischen Patient und Arzt wird regelmäßig ein medizinischer Behandlungsvertrag (Arztvertrag) abgeschlossen. Der medizinische Behandlungsvertrag ist nach ganz herrschender Meinung in der Rechtsprechung und Literatur rechtlich als Dienstvertrag (§§ 611ff. BGB) einzuordnen[28] –

26 BGH (3.2.1967), BGHZ 47, 75, 80; BGH (9.12.1974), BGHZ 63, 265, 270; BGH (18.3.1980), BGHZ 76, 259, 261; BGH (10.1.1984), BGHZ 89, 250, 255; BGH (25.3.1986), BGHZ 97, 273, 276; BGH (28.4.1987), BGHZ 100, 363, 367; BGH (9.5.2000), NJW 2000, 3429, 3430.

27 Staudinger-Richardi/Fischinger, Vorbem zu §§ 611ff, Rn. 107; Soergel-Kraft, Vor § 611, Rn. 105; MüKoBGB-Müller-Glöge, § 611, Rn. 84; Palandt-Weidenkaff, Einf v § 611, Rn. 18; Laufs/Kern-Kern, Handbuch des Arztrechts, § 39, Rn. 7; Geiß/Greiner, Arzthaftpflichtrecht, Rn. A 9; Laufs/Katzenmeier/Lipp-Lipp, Arztrecht, Rn. III 1; Deutsch/Spickhoff, Medizinrecht, Rn. 79; Giesen, Arzthaftungsrecht, Rn. 5; Gehrlein, Grundriss der Arzthaftpflicht, Rn. A 7; Katzenmeier, Arzthaftung, S. 97.

28 BGH (10.5.1951), BGHZ 2, 94, 96; BGH (22.10.1957), VersR 1957, 806, 808; BGH (9.12.1974), BGHZ 63, 306, 309; BGH (18.3.1980), BGHZ 76, 259, 261; BGH (2.12.1980), NJW 1981, 630; BGH (10.3.1981), NJW 1981, 2002, 2003; BGH (25.3.1986), BGHZ 97, 273, 276; BGH (9.11.1989), NJW 1990, 761, 766; Staudinger-Richardi/Fischinger, Vorbem zu §§ 611ff, Rn. 53 und 122; Soergel-Kraft, Vor § 611, Rn. 43; MüKoBGB-Müller-Glöge, § 611, Rn. 79; Palandt-Weidenkaff, Einf v § 611, Rn. 18; Rieger/Dahm/Steinhilper-Kern, Heidelberger Kommentar, Rn. 335 2; Laufs/Kern-Kern, Handbuch des Arztrechts, § 38, Rn. 9; Geiß/Greiner, Arzthaftpflichtrecht, Rn. A 4; Laufs/Katzenmeier/Lipp-Lipp, Arztrecht, Rn. III 26; Deutsch/Spickhoff, Medizinrecht, Rn. 108; Giesen, Arzthaftungsrecht, Rn. 7; Gehrlein, Grundriss der Arzthaftpflicht, Rn. A 4; Katzenmeier, Arzthaftung, S. 99; Hirte, Berufshaftung, S. 91; Weyers, Gutachten A für den 52. Deutschen Juristentag, in: Ständige Deputation des Deutschen Juristentages (Hrsg.), Verhandlungen des zweiundfünfzigsten Deutschen Ju-

und gerade nicht als Werkvertrag (§§ 631ff. BGB). Das bedeutet, dass der behandelnde Arzt dem Patienten die ordnungsgemäße medizinische Behandlung und nicht etwa einen bestimmten Heilerfolg schuldet. Dieser Einordnung liegt freilich zugrunde, dass der behandelnde Arzt einen bestimmten Heilerfolg nicht zusagen kann und will. Selbst bei chirurgischen Eingriffen, wie dem Entfernen des Blinddarms (Appendektomie) oder der Amputation eines Körperteils, sowie der Durchführung einer Sterilisation, eines Schwangerschaftsabbruchs, einer Geschlechtsumwandlung, einer kosmetischen Operation oder einer künstlichen Befruchtung steht die ärztliche Behandlung und nicht etwa der Erfolg im Vordergrund.[29] Allein die Anfertigung einer technischen Prothese fällt demgegenüber in den Bereich des Werkvertragsrechts.[30] Gleichwohl müssen die Pflichten des behandelnden Arztes im Rahmen des Dienstvertrages bestimmt werden. Zu diesen gehört „alles das, was nach dem Stand der medizinischen Wissenschaft im Zeitpunkt der Behandlung gehörigerweise zu veranlassen ist"[31]. Auch wenn dies sehr weit gefasst ist, ist die Einordnung des medizinischen Behandlungsvertrages als Dienstvertrag dennoch eine, die „rechtsdogmatisch durchaus befriedigt"[32]. Bei ordnungsgemäßer Durchführung eines gebotenen medizinischen Eingriffs haftet der Arzt folglich zu Recht nicht, auch wenn der Heilerfolg für den Patienten ausbleibt.

Auch ist der medizinische Behandlungsvertrag nicht etwa ein Vertrag sui generis.[33] Obwohl es in ihrem Beitrag über den medizinischen Behandlungsvertrag ein Hauptanliegen von *Deutsch/Geiger* in den 1981 vom Bundesminister der Justiz herausgegebenen Gutachten und Vorschläge zur Überarbeitung des Schuldrechts[34] war, sah der Regierungsentwurf vom 9.5.2001 keinen eigenständigen Vertragstyp vor. Folglich ist der medizinische Behandlungsvertrag auch

---

ristentages, Band I, 1978, S. A 14; bereits im Jahr 1904 Rabel, Die Haftpflicht des Arztes, S. 6. Andere Ansicht Deutsch/Geiger, Medizinischer Behandlungsvertrag, in: Bundesminister der Justiz (Hrsg.), Gutachten und Vorschläge zur Überarbeitung des Schuldrechts, Band II, 1981, S. 1095.

29 Laufs/Kern-Kern, Handbuch des Arztrechts, § 38, Rn. 9 und 11; Deutsch/Spickhoff, Medizinrecht, Rn. 108.

30 Laufs/Kern-Kern, Handbuch des Arztrechts, § 38, Rn. 11; Deutsch/Spickhoff, Medizinrecht, Rn. 109.

31 Geiß/Greiner, Arzthaftpflichtrecht, Rn. A 2.

32 So Giesen, Arzthaftungsrecht, Rn. 7.

33 Andere Ansicht Deutsch/Geiger, Medizinischer Behandlungsvertrag, in: Bundesminister der Justiz (Hrsg.), Gutachten und Vorschläge zur Überarbeitung des Schuldrechts, Band II, 1981, S. 1095.

34 Siehe Deutsch/Geiger, Medizinischer Behandlungsvertrag, in: Bundesminister der Justiz (Hrsg.), Gutachten und Vorschläge zur Überarbeitung des Schuldrechts, Band II, 1981, S. 1090.

nicht durch das Schuldrechtsmodernisierungsgesetz einzelvertraglich im Bürgerlichen Gesetzbuch geregelt worden.[35]

2. Vertragsverhältnisse bei ambulanter Krankenhausbehandlung

Bei der Krankenhausbehandlung ist für die vertragliche Arzthaftung grundsätzlich zwischen der ambulanten und der stationären Behandlung zu unterscheiden. Die ambulante Behandlung von Patienten ist dabei nicht vorrangig Aufgabe eines Krankenhausträgers.[36] Dies verdeutlicht § 2 Nr. 1 KHG; danach sind Krankenhäuser „Einrichtungen, in denen durch ärztliche und pflegerische Hilfeleistung Krankheiten, Leiden oder Körperschäden festgestellt, geheilt oder gelindert werden sollen oder Geburtshilfe geleistet wird und in denen die zu versorgenden Personen untergebracht und versorgt werden können". Dennoch begeben sich nicht selten Patienten zur ambulanten Behandlung in ein Krankenhaus – meist geschieht dies in Notfällen.[37] Kommt es dann zu einer ambulanten Behandlung eines Patienten in einem Krankenhaus, so wird regelmäßig ein medizinischer Behandlungsvertrag zwischen dem Patient und dem Betreiber der Ambulanz abgeschlossen. Dabei ist jedoch die folgende Unterscheidung zu beachten.

Wird die Ambulanz von einem nach §§ 95, 116 SGB V zur Teilnahme an der vertragsärztlichen Versorgung ermächtigten Chefarzt betrieben (Chefarztambulanz), kommt regelmäßig ein medizinischer Behandlungsvertrag zwischen dem Patient und dem an der ambulanten Behandlung beteiligten Chefarzt und nicht etwa dem Krankenhausträger zustande. Dies hat der Bundesgerichtshof ausdrücklich für den Kassenpatienten festgestellt und damit begründet, allein der die Ambulanz kraft kassenärztlicher Beteiligung betreibende Chefarzt sei über seine Mitgliedschaft bei der kassenärztlichen Vereinigung durch den öffent-

---

35 Siehe dazu ausführlich Katzenmeier, Arzthaftung, S. 85-89; Spickhoff, Aktuelle Rechtsfragen des medizinischen Behandlungsverhältnisses, S. 62-64; Geiger, Gesetzliche Regelung des medizinischen Behandlungsvertrages, S. 131-183; Deutsch/Geiger, Medizinischer Behandlungsvertrag, in: Bundesminister der Justiz (Hrsg.), Gutachten und Vorschläge zur Überarbeitung des Schuldrechts, Band II, 1981, S. 1088-1113; Katzenmeier, Schuldrechtsmodernisierung und Schadensersatzrechtsänderung – Umbruch in der Arzthaftung, VersR 2002, 1066, 1071-1072.

36 BGH (28.4.1987), BGHZ 100, 363, 366; BGH (20.9.1988), BGHZ 105, 189, 194; BGH (8.12.1992), BGHZ 120, 376, 381; Geiß/Greiner, Arzthaftpflichtrecht, Rn. A 18. Ausnahmen davon stellen Notfälle dar.

37 Die belegärztliche Behandlung gehört hingegen nicht zur ambulanten Behandlung eines Patienten in einem Krankenhaus (Kuhlmann, Ambulante Versorgung durch und in Krankenhäusern, in: Luxenburger/Beeretz/Dahm/Harneit/Ratzel/Schulz-Hillenbrand/Stegers (Hrsg.), Medizinrecht heute: Erfahrungen, Analysen, Entwicklungen, 2008, S. 546).

lich-rechtlichen Gesamtvertrag mit der Krankenkasse des Kassenpatienten verbunden.[38] Für den Privatpatienten sollen nach Auffassung des Bundesgerichtshofs entsprechend die für den Kassenpatienten entwickelten Grundsätze gelten,[39] da er rechtlich nicht schlechter als der Kassenpatient gestellt sein soll.[40] Der medizinische Behandlungsvertrag zwischen dem Patient und dem Chefarzt kommt freilich auch dann zustande, wenn der Chefarzt abwesend ist und ein nachgeordneter diensthabender Krankenhausarzt die medizinische Behandlung übernimmt.[41]

Anders ist es bei einer ambulanten Behandlung in einer seit 1.1.1993 durch das „Gesetz zur Sicherung und Strukturverbesserung der gesetzlichen Krankenversicherung (Gesundheitsstrukturgesetz)“[42] zugelassenen und durch den Krankenhausträger organisierten krankenhausinternen Ambulanz (Institutsambulanz). Wird die Ambulanz gemäß §§ 115a, 115b, 116, 117, 118, 119 SGB V als Notfallambulanz, als klinische Ambulanz für besondere ärztliche Leistungen oder als allgemein-klinische Ambulanz betrieben, tritt der Patient regelmäßig mit dem dadurch liquidationsberechtigten Krankenhausträger in vertragliche Beziehungen,[43] nicht hingegen mit dem behandelnden Chefarzt.

3. Vertragsverhältnisse bei stationärer Krankenhausbehandlung

Zunächst gilt auch bei der stationären Behandlung des Patienten im Krankenhaus der Grundsatz, dass das Behandlungsverhältnis zivilrechtlicher Natur ist[44] – auch dann, wenn das Krankenhaus – wie noch oft – öffentlich-rechtlich organisiert ist, das heißt von einer Gemeinde, einem Landkreis, einem Bundesland,

---

38 BGH (28.4.1987), BGHZ 100, 363, 368.

39 BGH (20.9.1988), BGHZ 105, 189, 195; BGH (8.12.1992), BGHZ 120, 376, 382.

40 BGH (20.9.1988), BGHZ 105, 189, 195; Giesen, Arzthaftungsrecht, Rn. 11; Katzenmeier, Arzthaftung, S. 105.

41 BGH (28.4.1987), BGHZ 100, 363, 368; BGH (20.9.1988), BGHZ 105, 189, 193f.; Laufs/Kern-Kern, Handbuch des Arztrechts, § 40, Rn. 29; Laufs/Katzenmeier/Lipp-Lipp, Arztrecht, Rn. III 6; Katzenmeier, Arzthaftung, S. 105.

42 BGBl. 1992 I, S. 2266-2334.

43 Laufs/Kern-Kern, Handbuch des Arztrechts, § 40, Rn. 26; Geiß/Greiner, Arzthaftpflichtrecht, Rn. A 20; Katzenmeier, Arzthaftung, S. 105.

44 BGH (11.4.1951), BGHZ 1, 383, 386; BGH (13.12.1951), BGHZ 4, 138, 152; BGH (26.3.1953), BGHZ 9, 145, 148; BGH (14.2.1957), BGHZ 23, 319, 320; BGH (5.10.1972), BGHZ 59, 310, 313; BGH (9.12.1974), BGHZ 63, 265, 270; BGH (10.1.1984), BGHZ 89, 250, 254; Laufs/Kern-Kern, Handbuch des Arztrechts, § 40, Rn. 28; Laufs/Kern-Genzel/Degener-Hencke, Handbuch des Arztrechts, § 88, Rn. 5; Geiß/Greiner, Arzthaftpflichtrecht, Rn. A 22; Laufs/Katzenmeier/Lipp-Lipp, Arztrecht, Rn. III 1.

dem Bund, einer Universität oder einem religiösen Orden betrieben wird. Ein zivilrechtliches Vertragsverhältnis besteht grundsätzlich selbst dann, wenn der Akt der Einweisung öffentlich-rechtlicher Natur war.[45]

Für ein umfassendes Verständnis der Vertragsbeziehungen ist es wichtig, die innerbetriebliche Organisation und streng hierarchische Aufgabenverteilung in Krankenhäusern zu kennen. Der ärztliche Krankenhausdienst teilt sich in den ärztlichen Direktor, die Chefärzte, die Oberärzte und die Stations- oder Assistenzärzte und steht dem nichtärztlichen Pflegedienst vor. Der ärztliche Direktor steht an oberster Stelle des ärztlichen Krankenhausdienstes und ist für die gesamte Organisation des Krankenhausbetriebs sowie alle medizinischen Fragen, insbesondere solche, die über den Bereich einer einzelnen Fachabteilung oder eines Instituts hinausreichen, zuständig und übt wesentliche Führungs- und Leitungsfunktionen aus.[46] Die Chefärzte (leitende Ärzte) stehen einer Fachabteilung vor und leiten diese medizinisch selbständig.[47] Die Oberärzte sind ständige Vertreter der Chefärzte und den Stations- oder Assistenzärzten vorgestellt.[48] Die Stations- oder Assistenzärzte sind regelmäßig unmittelbare Erbringer der medizinischen Leistung.[49] Neben dem ärztlichen Personal besteht das regelmäßig beim Krankenhausträger angestellte und gegenüber den Ärzten weisungsgebundene nichtärztliche Pflegepersonal.

Bei der stationären Aufnahme in ein Krankenhaus, aber auch bei stationärer Fortsetzung einer ambulanten Krankenhausbehandlung, wird regelmäßig ein neuer medizinischer Behandlungsvertrag abgeschlossen. Freilich begründet allein die Tatsache, dass ein Patient zur medizinischen Behandlung in ein Krankenhaus eingeliefert wird, noch nicht vertragliche Beziehungen.[50] Auch wenn der Vertrag formlos und damit auch konkludent abgeschlossen werden kann (Umkehrschluss aus § 17 II 1 KHEntgG), muss er zwischen den Parteien tat-

---

45 BGH (13.12.1951), BGHZ 4, 138, 151; BGH (26.3.1953), BGHZ 9, 145, 148; BGH (5.10.1972), BGHZ 59, 310, 313.

46 Laufs/Kern-Genzel/Degener-Hencke, Handbuch des Arztrechts, § 85, Rn. 25; Krahe, Die Haftungssystematik bei ärztlicher Arbeitsteilung und Zusammenarbeit in den Vereinigten Staaten von Amerika und in Deutschland, S. 195.

47 Laufs/Kern-Genzel/Degener-Hencke, Handbuch des Arztrechts, § 85, Rn. 28; Krahe, Die Haftungssystematik bei ärztlicher Arbeitsteilung und Zusammenarbeit in den Vereinigten Staaten von Amerika und in Deutschland, S. 195.

48 Krahe, Die Haftungssystematik bei ärztlicher Arbeitsteilung und Zusammenarbeit in den Vereinigten Staaten von Amerika und in Deutschland, S. 197.

49 Krahe, Die Haftungssystematik bei ärztlicher Arbeitsteilung und Zusammenarbeit in den Vereinigten Staaten von Amerika und in Deutschland, S. 198.

50 Laufs/Kern-Kern, Handbuch des Arztrechts, § 40, Rn. 24; noch in der 3. Auflage Laufs/Uhlenbruck-Uhlenbruck/Laufs, Handbuch des Arztrechts, § 41, Rn. 13: „Die Lehre vom faktischen Vertrag dürfte inzwischen überholt sein.".

sächlich abgeschlossen worden sein. Den medizinischen Behandlungsvertrag nennt man im Bereich der stationären Krankenhausbehandlung Krankenhausaufnahmevertrag (Krankenhausbehandlungsvertrag). Der Krankenhausaufnahmevertrag ist ebenfalls als Dienstvertrag (§§ 611ff. BGB) einzuordnen,[51] dessen Inhalt die medizinische Behandlung sowie Unterkunft und Verpflegung ist. Im Vordergrund steht freilich die medizinische Behandlung und nicht etwa Unterkunft und Verpflegung. Es gibt im Wesentlichen drei verschiedene Krankenhausaufnahmeverträge: der totale Krankenhausaufnahmevertrag, der gespaltene Krankenhausaufnahmevertrag und der totale Krankenhausaufnahmevertrag mit Arztzusatzvertrag.

a) Der totale Krankenhausaufnahmevertrag

Der totale (einheitliche) Krankenhausaufnahmevertrag bildet seit Inkrafttreten des „Gesetzes zur wirtschaftlichen Sicherung der Krankenhäuser und zur Regelung der Krankenhauspflegesätze (Krankenhausfinanzierungsgesetz – KHG)“[52] vom 29.6.1972, der „Verordnung zur Regelung der Krankenhauspflegesätze (Bundespflegesatzverordnung – BPflV)“[53] vom 25.4.1973 und nunmehr des „Gesetzes über die Entgelte für voll- und teilstationäre Krankenhausleistungen (Krankenhausentgeltgesetz – KHEntgG)“[54] vom 23.4.2002 den Regelfall des Krankenhausaufnahmevertrages;[55] er steht gemäß § 17 I KHG sowohl dem Privatpatienten als auch dem Kassenpatienten offen. Beim totalen Krankenhausaufnahmevertrag bestehen vertragliche Beziehungen ausschließlich zwischen dem Patient und dem Krankenhausträger.[56] Eigene vertragliche Beziehungen zwischen dem Patient und den an der medizinischen Behandlung beteiligten Ärzten oder dem sonstigen nichtärztlichen Personal des Krankenhausträgers werden indes nicht begründet. Dadurch schuldet alleine der Krankenhausträger dem Patienten sämtliche nichtärztliche und ärztliche Leistungen.

Durch diese Vertragsgestaltung soll die vertragliche Haftung gegenüber dem geschädigten Patienten ausschließlich auf den Krankenhausträger konzentriert

---

51 BGH (10.5.1951), BGHZ 2, 94, 96.

52 BGBl. 1972 I, S. 1009-1017, Neufassung BGBl. 1991 I, S. 886-894.

53 BGBl. 1973 I, S. 333-356, Neufassung BGBl. 1994 I, S. 2750-2765.

54 BGBl. 2002 I, S. 1412-1437, 1422-1432.

55 Laufs/Kern-Kern, Handbuch des Arztrechts, § 40, Rn. 17; Laufs/Kern-Genzel/Degener-Hencke, Handbuch des Arztrechts, § 89, Rn. 9; Geiß/Greiner, Arzthaftpflichtrecht, Rn. A 26; Laufs/Katzenmeier/Lipp-Lipp, Arztrecht, Rn. III 8; Deutsch/Spickhoff, Medizinrecht, Rn. 85; Gehrlein, Grundriss der Arzthaftpflicht, Rn. A 22; Katzenmeier, Arzthaftung, S. 106.

56 Laufs/Kern-Kern, Handbuch des Arztrechts, § 40, Rn. 17; Laufs/Kern-Genzel/Degener-Hencke, Handbuch des Arztrechts, § 89, Rn. 9.

werden.[57] Mangels vertraglicher Beziehungen haftet das ärztliche und nichtärztliche Krankenhauspersonal dem geschädigten Patienten nicht vertraglich. Sie können lediglich vom Krankenhausträger in Regress genommen werden.[58]

b) Der gespaltene Krankenhausaufnahmevertrag

Bei dem gespaltenen (aufgespaltenen) Krankenhausaufnahmevertrag[59] gestalten sich die Vertragsbeziehungen weitaus komplexer. Beim gespaltenen Krankenhausaufnahmevertrag bestehen nämlich doppelte Vertragsbeziehungen.[60] Der Patient schließt zwei unabhängige Verträge ab – zum einen einen medizinischen Behandlungsvertrag mit dem behandelnden Arzt, zum anderen einen weiteren Vertrag mit dem Krankenhausträger. Dieser Form des Krankenhausaufnahmevertrages liegt regelmäßig das Belegarztsystem zugrunde. Belegärzte sind nach der Legaldefinition des § 121 II SBG V (ähnlich § 18 I 1 KHEntgG) „nicht am Krankenhaus angestellte Vertragsärzte, die berechtigt sind, ihre Patienten (Belegpatienten) im Krankenhaus unter Inanspruchnahme der hierfür bereitgestellten Dienste, Einrichtungen und Mittel vollstationär oder teilstationär zu behandeln, ohne hierfür vom Krankenhaus eine Vergütung zu erhalten". Aufgrund der doppelten Vertragsbeziehungen, ist Schuldner zum einen der (Beleg-) Arzt für die (beleg-) ärztlichen Leistungen und zum anderen der (Beleg-) Krankenhausträger für sämtliche nichtärztliche Pflegeleistungen, sowie solche ärztliche Leistungen, die von dem (Beleg-) Arzt nicht persönlich erbracht werden (können[61]), sondern aufgrund der personellen und sachlichen Ausstattung des (Beleg-) Krankenhauses von dessen Träger durch das nachgeordnete ärztliche Personal gewährt werden oder gewährt zu werden pflegen.[62] Auch das Gesetz unterscheidet in § 2 I 2 KHEntgG und § 2 I 2 BPflV zwischen den Leistungen des (Beleg-) Arztes und denen des (Beleg-) Krankenhausträgers und zählt zu den (Beleg-) Krankenhausleistungen nicht die Leistungen des (Beleg-) Arztes.

---

57 Geiß/Greiner, Arzthaftpflichtrecht, Rn. A 26.

58 Schmid, Die Passivlegitimation im Arzthaftpflichtprozess, S. 109.

59 Der gespaltene Krankenhausaufnahmevertrag galt bis zum Inkrafttreten des Krankenhausfinanzierungsgesetzes, der Bundespflegesatzverordnung und des Krankenhausentgeltgesetzes als der Regelfall, soweit es sich um Selbstzahler der ersten und zweiten Pflegeklasse handelte (Laufs/Kern-Genzel/Degener-Hencke, Handbuch des Arztrechts, § 89, Rn. 12).

60 Laufs/Kern-Genzel/Degener-Hencke, Handbuch des Arztrechts, § 89, Rn. 12.

61 Noch in der 3. Auflage Laufs/Uhlenbruck-Genzel, Handbuch des Arztrechts, § 93, Rn. 4.

62 BGH (27.2.1952), BGHZ 5, 321, 323f. Beispielsweise sind dies die Verabreichung von Medikamenten, Injektionen oder Bestrahlungen; für die Bluttransfusion siehe BGH (27.2.1952), BGHZ 5, 321, 324.

Durch diese Vertragsgestaltung soll die vertragliche Haftung gegenüber dem geschädigten Patienten gespalten werden.[63] Da jedoch die Abgrenzung der Leistungsbereiche oft Schwierigkeiten bereitet, kann die Aufspaltung insbesondere bei der Frage, ob das beim (Beleg-) Krankenhausträger angestellte nichtärztliche oder nachgeordnete ärztliche Personal im konkreten Fall im Leistungsbereich des (Beleg-) Krankenhausträgers oder des (Beleg-) Arztes eingesetzt wurde, zu Problemen führen.[64]

c) Der totale Krankenhausaufnahmevertrag mit Arztzusatzvertrag

Schließlich gibt es eine weitere in der Praxis nicht seltene Form des Krankenhausaufnahmevertrages – den totalen Krankenhausaufnahmevertrag mit Arztzusatzvertrag. Viele Krankenhausträger bieten den Patienten die Möglichkeit, vor der medizinischen Behandlung die Leistung eines bestimmten Krankenhausarztes, beispielsweise des Chefarztes, vertraglich zu vereinbaren. Dann schließt der Patient neben dem mit dem Krankenhausträger abgeschlossenen totalen Krankenhausaufnahmevertrag mit dem Chefarzt oder einem sonstigen liquidationsberechtigten Krankenhausarzt einen zusätzlichen medizinischen Behandlungsvertrag ab.[65] Auf diese Weise „kauft“[66] sich der Patient die persönliche Behandlung eines bestimmten Krankenhausarztes hinzu. Aufgrund des totalen Krankenhausaufnahmevertrages schuldet zunächst der Krankenhausträger dem Patienten sämtliche ärztliche und nichtärztliche Leistungen. Wegen des Arztzusatzvertrages schuldet der selbstliquidierende Krankenhausarzt indessen zusätzlich selbst die ärztlichen Leistungen. Der Patient möchte also regelmäßig sowohl den Krankenhausträger verpflichten, die ärztlichen Leistungen zu erbringen, als auch den selbstliquidierenden Krankenhausarzt verpflichten, die ärztlichen Leistungen zu erbringen. Der Arztzusatzvertrag bietet dem Patienten somit doppelte Schuldner hinsichtlich der ärztlichen Leistungen.[67] Dadurch wird der totale

63 Geiß/Greiner, Arzthaftpflichtrecht, Rn. A 33.

64 Siehe dazu unten S. 35ff.

65 Laufs/Kern-Genzel/Degener-Hencke, Handbuch des Arztrechts, § 89, Rn. 14; siehe noch in der 3. Auflage Laufs/Uhlenbruck-Genzel, Handbuch des Arztrechts, § 93, Rn. 8: „Trotz kritischer Literaturstimmen ist festzustellen, dass der Grundsatz der Vertragsfreiheit den totalen Krankenhausaufnahmevertrag mit Arztzusatzvertrag zulässt.“. In BGH (18.6.1985), BGHZ 95, 63, 68; BGH (22.12.1992), BGHZ 121, 107, 110f. wurde dieser Vertragstyp sogar zum Regelmodell erhoben.

66 BGH (18.6.1985), BGHZ 95, 63, 69; BGH (22.12.1992), BGHZ 121, 107, 121.

67 BGH (18.6.1985), BGHZ 95, 63, 69; Laufs/Kern-Genzel/Degener-Hencke, Handbuch des Arztrechts, § 89, Rn. 15; Deutsch/Spickhoff, Medizinrecht, Fn. 90. Das Honorar wird freilich nur einmal fällig (Laufs/Kern-Genzel/Degener-Hencke, Handbuch des Arztrechts, § 89, Rn. 15).

Krankenhausaufnahmevertrag mit Arztzusatzvertrag dem Interesse des Patienten gerecht, sich die persönliche Behandlung und besondere fachliche Qualifikation und Erfahrung des selbstliquidierenden Krankenhausarztes zu verschaffen, ohne den Krankenhausträger aus der Verpflichtung zu entlassen, ihm die ärztlichen Leistungen gleichfalls zu schulden.[68]

Durch diese Vertragsgestaltung soll die vertragliche Haftung gegenüber dem geschädigten Patienten auf den Krankenhausträger konzentriert werden – auch hinsichtlich der Leistungen des selbstliquidierenden Krankenhausarztes.[69] Keinesfalls etwa soll aufgrund der Haftung des selbstliquidierenden Krankenhausarztes die Haftung des Krankenhausträgers eingeschränkt werden.[70] Der zwischen dem Patient und dem selbstliquidierenden Krankenhausarzt abgeschlossene (Zusatz-) Vertrag[71] begründet insofern eine zusätzliche vertragliche Haftungsgrundlage gegenüber einem zusätzlichen Haftungsschuldner.

II. Deliktsrecht

Das Recht der unerlaubten Handlungen (§§ 823ff. BGB) schützt unter anderem den Körper und die Gesundheit eines anderen Menschen. Dies gilt freilich auch bei der medizinischen Behandlung eines Patienten und ergibt sich für jeden beteiligten Arzt und das gesamte nichtärztliche Pflegepersonal aus § 823 I BGB und § 823 II BGB in Verbindung mit einem sogenannten Schutzgesetz, für beamtete Ärzte aus § 839 I BGB. Daneben kommt stets die Haftung für Verrichtungsgehilfen nach § 831 BGB in Betracht. Die deliktische Haftung des behandelnden Arztes ist von bestehenden vertraglichen Beziehungen unabhängig.[72] Vielmehr findet das Recht der unerlaubten Handlungen zum Schutze von jedermann stets Anwendung, wenn ein bestimmter gesetzlicher Tatbestand erfüllt ist. Zu den bei der Arzthaftung oftmals erfüllten gesetzlichen Tatbeständen gehören insbesondere Körper- und Gesundheitsverletzungen. Eine Körperverletzung liegt vor, wenn der Arzt oder das Pflegepersonal in die äußere, leibliche Integrität des Patienten eingreift (etwa durch einen Einstich oder einen Schnitt) oder dem Patienten bloßen Schmerz zufügt; eine Gesundheitsverletzung liegt vor,

68 BGH (18.6.1985), BGHZ 95, 63, 67; BGH (22.12.1992), BGHZ 121, 107, 110f.

69 Geiß/Greiner, Arzthaftpflichtrecht, Rn. A 52.

70 Giesen, Arzthaftungsrecht, Rn. 16.

71 Wirksam ist der Arztzusatzvertrag nur, wenn der Patient vor Vertragsschluss über die Entgelte der Wahlleistungen und deren Inhalte im Einzelnen schriftlich unterrichtet wird (§ 17 II 1 2. HS KHEntgG, § 126 BGB) und die Wahlleistungen vor der Erbringung schriftlich vereinbart werden (§ 17 II 1 1. HS KHEntgG, § 126 BGB).

72 Katzenmeier, Arzthaftung, S. 128.

wenn der Arzt oder das Pflegepersonal den Ablauf der inneren Lebensvorgänge des Patienten stört (etwa bei Verabreichung von Gift oder bei einer Infektion) oder physische oder psychische Erkrankungen des Patienten hervorruft.[73]

Unstreitig ist, dass der Arzt und das Pflegepersonal durch Fehlverhalten bei der medizinischen Behandlung Körper und Gesundheit des Patienten verletzen. Eine tatbestandliche Körper- oder Gesundheitsverletzung liegt nach ständiger Rechtsprechung des Bundesgerichtshofs[74] ferner auch bei jedem medizinisch indizierten und lege artis durchgeführten ärztlichen Heileingriff vor, die dann rechtswidrig ist, wenn der konkrete Eingriff nicht aufgrund einer wirksam erteilten Einwilligung gerechtfertigt ist. Die in der Literatur überwiegende Meinung[75] lehnt eine solche tatbestandliche Gleichsetzung von Heileingriff und Körper- oder Gesundheitsverletzung ab. Danach ist eine zu Heilzwecken durchgeführte medizinische Maßnahme, die nach dem Erkenntnisstand der medizinischen Wissenschaft geboten ist und deren Ausführung dem aktuellen medizinischen Standard entspricht, schon tatbestandlich keine Körperverletzung; auch dann nicht, wenn der Heilerfolg ausbleibt.[76]

Inwieweit das Pflegepersonal bei übertragenen Aufgaben haftet, kann unterschiedlich sein. Grundsätzlich darf eine Krankenschwester darauf vertrauen, dass eine ärztliche Anordnung fehlerfrei ist,[77] weshalb sie mangels Verschuldens regelmäßig trotz der von ihr durchgeführten fehlerhaften Maßnahme nicht selbst aus unerlaubter Handlung haftet. Freilich kann bei offensichtlichen Fehlern, die sich ihr aufdrängen, eine Ausnahme vorliegen.

Schließlich kann auch der Krankenhausträger selbst deliktsrechtlich nach §§ 823ff. BGB haften, obwohl die unmittelbare medizinische Behandlung des Patienten stets durch einen (angestellten oder Beleg-) Arzt oder das Pflegeper-

---

73 Siehe Laufs/Kern-Laufs/Kern, Handbuch des Arztrechts, § 103, Rn. 2; Katzenmeier, Arzthaftung, S. 111.

74 Die Ausgangsentscheidung dazu erging am 31.5.1894 vom III. Strafsenat des Reichsgerichts (RG (31.5.1894), RGSt 25, 375). Mit der Leitentscheidung RG (27.5.1908), RGZ 68, 431, 433f. übernahm der VI. Zivilsenat des Reichsgerichts am 27.5.1908 diese Auffassung für die Zivilgerichte. Der Bundesgerichtshof ist trotz zum Teil heftiger Kritik in der Literatur bis heute nicht von diesem Standpunkt abgewichen. Siehe dazu ausführlich Katzenmeier, Arzthaftung, S. 112-127.

75 Laufs/Kern-Ulsenheimer, Handbuch des Arztrechts, § 138, Rn. 5; Laufs/Katzenmeier/Lipp-Katzenmeier, Arztrecht, Rn. V 12; Katzenmeier, Arzthaftung, S. 126; Katzenmeier, Schuldrechtsmodernisierung und Schadensersatzrechtsänderung – Umbruch in der Arzthaftung, VersR 2002, 1066, 1074; zustimmend aber Giesen, Arzthaftungsrecht, Rn. 204; offen lassend Laufs/Kern-Laufs/Kern, Handbuch des Arztrechts, § 103, Rn. 4.

76 So Katzenmeier, Arzthaftung, S. 115.

77 Geiß/Greiner, Arzthaftpflichtrecht, Rn. A 59.

sonal erbracht wird. Die deliktische Haftung des Krankenhausträgers nennt man Organisationsverschulden.[78] Dem Krankenhausträger obliegen nämlich dahingehend Organisationspflichten, den Krankenhausbetrieb zweckmäßig und an den Aufgaben orientiert zu leiten.[79] Werden diese Organisationspflichten beispielsweise durch zu lange Arbeitszeiten der Ärzte, defekte Apparate und Einrichtungen oder mangelnde Hygiene verletzt, haftet der Krankenhausträger aus unerlaubter Handlung.

B. Passivlegitimation

Liegt ein medizinisches Fehlverhalten vor, so stellt sich für den geschädigten Patienten regelmäßig die Frage nach der Passivlegitimation, also nach dem richtigen Klagegegner. Wann ist nach einer Krankenhausbehandlung eine Klage gegen den behandelnden Arzt und wann gegen den Krankenhausträger zu richten? Wer hat jeweils für das medizinische Fehlverhalten des eingesetzten nachgeordneten ärztlichen oder nichtärztlichen Personals einzustehen? Bei der Beantwortung dieser Fragen kommt es entscheidend darauf an, welche Art der medizinischen Behandlung – ambulant oder stationär – vorlag, welche Form des Krankenhausaufnahmevertrages abgeschlossen wurde und wer an der medizinischen Behandlung beteiligt war. Entscheidend kann ferner sein, ob der behandelnde Arzt beamtet war oder nicht. Ausgangspunkt ist bei der ambulanten Krankenhausbehandlung die Unterscheidung zwischen Chefarztambulanz und Institutsambulanz und bei der stationären Behandlung die Unterscheidung der verschiedenen Krankenhausaufnahmeverträge. Diese ist keinesfalls rein akademischer Natur; welcher der verschiedenen Vertragsformen vorliegt, ist insbesondere für die Frage nach der Passivlegitimation von entscheidender Bedeutung.[80] Die Passivlegitimation bestimmt sich nämlich grundsätzlich danach, wer im konkreten Fall für die Pflichtverletzung haftet.[81]

Im Folgenden wird ergebnisorientiert darstellt, wann der behandelnde Arzt und wann der Krankenhausträger – gegebenenfalls neben dem behandelnden Arzt – für den verursachten Schaden haftet und somit passivlegitimiert ist.

---

78 Kern, Organisationsverschulden, MedR 2000, 347.

79 Deutsch/Spickhoff, Medizinrecht, Rn. 378.

80 Giesen, Wandlungen im Arzthaftungsrecht, JZ 1990, 1053, 1054.

81 Reutter, Der Arzthaftungsprozess, S. 82.

I. Der behandelnde Arzt

Der behandelnde Arzt kann bei der Krankenhausbehandlung aufgrund Haftung als Vertragspartner, Haftung für Erfüllungsgehilfen, akzessorischer Haftung, Haftung aus eigener unerlaubter Handlung und Haftung für Verrichtungsgehilfen passivlegitimiert sein. Ist der behandelnde Arzt beamtet, ist eine spezielle Anspruchsgrundlage im Deliktsrecht zu beachten.

1. Haftung als Vertragspartner

Der behandelnde Arzt ist bei Vorliegen eines ärztlichen Fehlverhaltens immer dann richtiger Klagegegner, wenn er selbst Vertragspartner des zwischen ihm und dem Patient abgeschlossenen medizinischen Behandlungsvertrages ist und daher dem geschädigten Patienten gegenüber haftet. Bei der Krankenhausbehandlung können Vertragspartner des Patienten der nach §§ 95, 116 SGB V zur Teilnahme an der vertragsärztlichen Versorgung ermächtigte Chefarzt in der Chefarztambulanz, der Belegarzt im Rahmen eines gespaltenen Krankenhausaufnahmevertrages oder der selbstliquidierende Chefarzt aus dem Arztzusatzvertrag zum totalen Krankenhausaufnahmevertrag sein.[82] In diesen Fällen kommt regelmäßig bei Übernahme der medizinischen Behandlung durch den Arzt unmittelbar zwischen diesem und dem Patient ein medizinischer Behandlungsvertrag zustande. Mit Abschluss des medizinischen Behandlungsvertrages verpflichtet sich der Arzt zur Durchführung einer medizinischen Behandlung; insbesondere ist er verpflichtet, „den Patienten eingehend zu untersuchen, die Diagnose zu stellen und ihn zu therapieren mit dem Ziel der Heilung beziehungsweise Linderung auf die angemessen einfachste, schnellste und schonendste Weise unter Berücksichtigung des jeweiligen Standes der medizinischen Wissenschaft“[83]. Macht der behandelnde Arzt hierbei einen Fehler, ist dies eine vertragliche Pflichtverletzung,[84] für die er nach § 280 I BGB haftet.

2. Haftung für Erfüllungsgehilfen

Als Vertragspartner des geschädigten Patienten haftet der behandelnde Arzt außerdem für Fehler, die von ihm herangezogene Hilfskräfte als seine Erfüllungsgehilfen (§ 278 BGB) machen, und ist somit richtiger Klagegegner. Sinn und Zweck dieser Haftung ist, dass derjenige, der sich der Hilfe Dritter zur Erfüllung

82 Siehe oben S. 12ff.

83 Rieger/Dahm/Steinhilper-Kern, Heidelberger Kommentar, Rn. 335 32.

84 Staudinger-Richardi/Fischinger, Vorbem zu §§ 611ff, Rn. 131; Hirte, Berufshaftung, S. 95. Siehe zur rechtlichen Qualifikation des medizinischen Behandlungsvertrages oben S. 10.

seiner eigenen vertraglichen Pflichten bedient, das damit verbundene Risiko trägt und folglich für ein Verschulden des Erfüllungsgehilfen wie für eigenes Verschulden haftet.[85] Erfüllungsgehilfe im Sinne des § 278 BGB ist, „wer nach den tatsächlichen Gegebenheiten des Falles mit dem Willen des Schuldners bei der Erfüllung einer diesem obliegenden Verbindlichkeit als seine Hilfsperson tätig wird"[86]. Dazu zählt bei der medizinischen Behandlung grundsätzlich das gesamte nichtärztliche Personal, aber auch das nachgeordnete ärztliche Personal, Famulanten und Praktikanten. Im Einzelnen ist zu beachten: Der nichtbehandelnde Arztkollege, den der behandelnde Arzt nur für sich selbst zur eigenen Sicherheit hinzuzieht (sogenanntes internes Konsultationsverfahren), ist regelmäßig Erfüllungsgehilfe, es sei denn es bestehen eigene vertragliche Pflichten des Konsiliarius gegenüber dem Patienten. Kein Erfüllungsgehilfe hingegen ist der Laborarzt oder Pathologe, wenn im Rahmen der medizinischen Behandlung Untersuchungsmaterial an diesen übersandt wird, weil zwischen ihm und dem Patient regelmäßig ein neuer medizinischer Behandlungsvertrag zustande kommt. Der Laborarzt oder Pathologe geht daher eigene vertragliche Pflichten ein und wird nicht im Pflichtenkreis des behandelnden Arztes tätig. Dabei wird – weil der Patient regelmäßig nicht persönlich mit dem Laborarzt oder Pathologen zusammentrifft – durch den behandelnden Arzt als Vertreter des Patienten (§ 164 I 1 BGB) ein neuer medizinischer Behandlungsvertrag abgeschlossen.[87] Überweist der behandelnde Arzt den Patienten an einen anderen Arzt, wird der Überweisungsempfänger aufgrund eines neuen zwischen ihm und dem Patient abgeschlossenen medizinischen Behandlungsvertrages unmittelbarer Vertragspartner des Patienten und nicht Erfüllungsgehilfe des überweisenden Arztes.[88] Dies ist auch dann der Fall, wenn die medizinische Behandlung bei dem überweisenden Arzt fortgeführt wird, beispielsweise bei der Überweisung an einen Radiologen zur Erstellung behandlungsnotwendiger Röntgenaufnahmen.[89] Der Urlaubsvertreter hingegen ist regelmäßig Erfüllungsgehilfe des die medizinische Behandlung begonnenen urlaubsabwesenden Arztes. In anderen Fällen ist es weitaus schwieriger abzugrenzen, in wessen Pflichtenkreis jemand tätig wird. Operiert beispielsweise ein Belegarzt seinen Patienten in einem Belegkrankenhaus aufgrund des dort voll ausgestatteten Operationssaals samt Personals und

85 Siehe Staudinger-Löwisch/Caspers, § 278, Rn. 1.

86 Palandt-Grüneberg, § 278, Rn. 7.

87 BGH (29.6.1999), BGHZ 142, 126, 133; Laufs/Kern-Kern, Handbuch des Arztrechts, § 40, Rn. 32; Gehrlein, Grundriss der Arzthaftpflicht, Rn. A 13.

88 BGH (28.4.1987), BGHZ 100, 363, 367; BGH (29.6.1999), 142, 126, 132; Laufs/Kern-Kern, Handbuch des Arztrechts, § 40, Rn. 33; Gehrlein, Grundriss der Arzthaftpflicht, Rn. A 13.

89 Gehrlein, Grundriss der Arzthaftpflicht, Rn. A 13.

bedient er sich einer Operationsschwester zur Assistenz, so ist es zunächst unklar, in wessen Pflichtenkreis die Operationsschwester tätig wird, da der Patient sowohl mit dem Belegarzt als auch mit dem Belegkrankenhausträger einen Vertrag abgeschlossen hat.[90]

3. Akzessorische Haftung

Ist in einem seltenen Fall das Krankenhaus als Personengesellschaft organisiert und der behandelnde Arzt zugleich Gesellschafter, haftet er akzessorisch für Ansprüche gegen die Gesellschaft und ist damit richtiger Klagegegner, ohne selbst Vertragspartner zu sein. Vertragspartner ist in einem solchen Fall die Personengesellschaft, die gemäß § 124 I HGB rechtsfähig ist – für die Gesellschaft bürgerlichen Rechts im Sinne der §§ 705ff. BGB hat der Bundesgerichtshof[91] in der Entscheidung vom 29.1.2001 die Rechtsfähigkeit ausdrücklich anerkannt. Neben der Personengesellschaft haften die Gesellschafter gemäß § 128 HGB – bei der Gesellschaft bürgerlichen Rechts in analoger Anwendung des § 128 HGB – akzessorisch für die Verbindlichkeiten der Gesellschaft. Dies trifft freilich auf behandelnde und nichtbehandelnde Gesellschafterärzte gleichermaßen zu.

Anders ist es, wenn das Krankenhaus als Kapitalgesellschaft organisiert ist. Eine (akzessorische) Haftung einzelner Ärzte für die Verbindlichkeiten beispielsweise einer Gesellschaft mit beschränkter Haftung oder einer Aktiengesellschaft kommt im Recht der Kapitalgesellschaften naturgemäß nicht in Betracht.

4. Haftung aus eigener unerlaubter Handlung

Richtiger Klagegegner ist zudem stets der Täter einer unerlaubten Handlung im Sinne der §§ 823ff. BGB. Jeder an der medizinischen Behandlung Beteiligte haftet für eigenes Verschulden selbst aus unerlaubter Handlung.[92] Die Passivlegitimation aus vertraglichen Ansprüchen und die Passivlegitimation aus deliktischen Ansprüchen schließen sich dabei nicht aus,[93] sondern ergänzen sich zum Schutze des Geschädigten.

5. Haftung für Verrichtungsgehilfen

Das Deliktsrecht sieht in § 831 BGB eine weitere Haftung vor, die den behandelnden Arzt zum richtigen Klagegegner macht. Gemäß § 831 I 1 BGB haftet

90 Siehe dazu unten S. 33.

91 BGH (29.1.2001), BGHZ 146, 341, 343.

92 Giesen, Arzthaftungsrecht, Rn. 23. Siehe dazu oben S. 18ff.

93 Vergleiche oben Fn. 17.

der Geschäftsherr für Gehilfenunrecht wegen eigenen Auswahl-, Anleitungs- oder Überwachungsverschuldens. Demnach haftet der Geschäftsherr, wenn er schuldhaft seine Auswahl-, Anleitungs- oder Überwachungspflicht verletzt und einem Dritten dadurch ein von der Hilfsperson durch eine unerlaubte Handlung widerrechtlich herbeigeführter Schaden entsteht. Dabei handelt es sich um einen eigenständigen Anspruch gegen den Geschäftsherrn wegen dessen eigenen Verschuldens – die unmittelbar schadensstiftende Handlung hingegen wurde durch den von ihm eingesetzten Verrichtungsgehilfen widerrechtlich herbeigeführt. Maßgeblich für die Haftung aus § 831 I 1 BGB ist die Bestimmung des Geschäftsherrn und des Verrichtungsgehilfen. Im Bereich der medizinischen Behandlung ist dies indes oft nicht einfach.

Geschäftsherr im Sinne des § 831 BGB ist „derjenige, der den Gehilfeneinsatz durch seine Weisungsgewalt planvoll steuern kann“[94]. Dabei sind für die Bestimmung des nach § 831 I 1 BGB Haftpflichtigen grundsätzlich die Vertragsverhältnisse im Einzelfall maßgeblich. Die deliktische Haftung folgt insoweit den vertraglichen Beziehungen im jeweiligen Behandlungsverhältnis.[95] Dies gilt freilich für alle Vertragsverhältnisse – bei ambulanter und bei stationärer Krankenhausbehandlung. Der Geschäftsherr muss nicht natürliche Person sein, weshalb auch der Krankenhausträger als Geschäftsherr nach § 831 I 1 BGB haften kann.[96]

Verrichtungsgehilfe im Sinne des § 831 BGB ist, „wer weisungsabhängig in fremdem Verantwortungsbereich tätig wird“[97]. Diese Merkmale erfüllen ohne Weiteres das vom behandelnden Arzt eingesetzte nichtärztliche Personal sowie Famulanten und Praktikanten. Doch auch Ärzte können Verrichtungsgehilfen sein, sofern sie weisungsgebunden sind. Dies ist oft bei angestellten nachgeordneten Ärzten der Fall. Verrichtungsgehilfe ist freilich auch der hochspezialisierte Arzt, der sich durch besondere Kenntnisse in seinem Fachgebiet auszeichnet und insoweit kaum kontrollierbar ist.[98] Entscheidend ist nicht etwa die fachliche Überlegenheit oder die ausgeübte Kontrolle, sondern allein die rechtliche Weisungsgebundenheit.[99]

Anders als bei der vertraglichen Haftungszurechnung nach § 278 BGB steht dem Geschäftsherrn ein gesetzlich gesicherter Entlastungsbeweis zur Verfügung

---

94 Staudinger-Belling, § 831, Rn. 63.

95 Gehrlein, Grundriss der Arzthaftpflicht, Rn. A 45. Siehe zu den einzelnen vertraglichen Beziehungen oben S. 12ff.

96 Siehe dazu unten S. 31.

97 Staudinger-Belling, § 831, Rn. 59.

98 Geiß/Greiner, Arzthaftpflichtrecht, Rn. A 63.

99 Geiß/Greiner, Arzthaftpflichtrecht, Rn. A 63; Gehrlein, Grundriss der Arzthaftpflicht, Rn. A 44.

(Exkulpation). Gemäß § 831 I 2 BGB tritt die Ersatzpflicht nicht ein, wenn der Geschäftsherr bei der Auswahl, Anleitung und Überwachung des Verrichtungsgehilfen die im Verkehr erforderliche Sorgfalt beobachtet hat. Die Beweislast trägt der Geschäftsherr. Kann also der Arzt nachweisen, dass das schadensbegründende Ereignis auch bei sorgfältiger Auswahl, Anleitung und Überwachung eingetreten wäre, haftet er nicht nach § 831 I 1 BGB. Im Arzthaftungsprozess stellen die Gerichte indes hohe Anforderungen an den Entlastungsbeweis.[100] Der Entlastungsbeweis gelingt daher nur „ausnahmsweise“[101] beziehungsweise „selten“[102].

6. Haftung des beamteten Arztes

Die deliktische Haftung eines beamteten Arztes richtet sich nach § 839 BGB und schließt die Anwendung des § 823 BGB aus. Um nach § 839 BGB richtiger Klagegegner zu sein, muss der behandelnde Arzt Beamter sein. Dies können sowohl Chefärzte, Oberärzte als auch Stations- oder Assistenzärzte sein.[103] Verletzt der beamtete Arzt eine einem Dritten gegenüber bestehende Amtspflicht (als Amtspflichtverletzung ist ein Behandlungs- oder Aufklärungsfehler anzusehen[104]), haftet er nach § 839 I BGB. Allerdings stellt das Verweisungsprivileg aus § 839 I 2, II, III BGB und § 841 BGB den beamteten Arzt in einem Arzthaftungsprozess besser.[105] Fällt dem beamteten Arzt Fahrlässigkeit zur Last, besteht gemäß § 839 I 2 BGB ein Anspruch nur, soweit der Geschädigte nicht auf andere Weise Ersatz zu erlangen vermag (Verweisungsprivileg). Verwiesen werden kann insbesondere auf eine Haftung der hinter dem Beamten stehenden Körperschaft, nicht dagegen auf andere Beamte. Als besonders naheliegende anderweitige Ersatzmöglichkeit kommt daher eine Inanspruchnahme des Krankenhausträgers[106] oder des nachgeordneten, nicht beamteten Krankenhauspersonals in

---

100 Laufs/Kern-Laufs/Kern, Handbuch des Arztrechts, § 93, Rn. 21; Laufs/Kern-Laufs/Kern, Handbuch des Arztrechts, § 104, Rn. 2; Laufs/Katzenmeier/Lipp-Katzenmeier, Arztrecht, Rn. XI 22; Giesen, Arzthaftungsrecht, Rn. 24; Katzenmeier, Arzthaftung, S. 132; Pelz, Verschulden – Realität oder Fiktion. Die ärztliche Haftung in der Rechtsprechung, in: Laufs/Dierks/Wienke/Graf-Baumann/Hirsch (Hrsg.), Die Entwicklung der Arzthaftung, 1997, S. 51.

101 So Laufs/Kern-Laufs/Kern, Handbuch des Arztrechts, § 104, Rn. 3; Deutsch/Spickhoff, Medizinrecht, Rn. 398.

102 So Laufs/Katzenmeier/Lipp-Katzenmeier, Arztrecht, Rn. XI 22; Katzenmeier, Arzthaftung, S. 133.

103 Gehrlein, Grundriss der Arzthaftpflicht, Rn. A 52.

104 Kern, Die Haftpflicht des beamteten Arztes aus § 839 BGB, VersR 1981, 316, 317.

105 Laufs/Kern-Laufs/Kern, Handbuch des Arztrechts, § 105, Rn. 5.

106 So Staudinger-Wurm, § 839, Rn. 282.

Betracht. Kann sich der beamtete Arzt auf das Verweisungsprivileg berufen, haftet er daher nicht persönlich, sondern zumeist der Krankenhausträger vertraglich sowie nach §§ 31, 89 I BGB und § 831 I 1 BGB.[107] Freilich besteht das Verweisungsprivileg dabei nur für die Haftung des beamteten Arztes aus unerlaubter Handlung, nicht aber für seine vertragliche Haftung.[108] Diese bleibt in vollem Umfang bestehen. Kann der beamtete Arzt den Patienten nicht erfolgreich auf einen anderen vertraglichen oder deliktischen Haftungsschuldner verweisen[109] oder liegt keine Staatshaftung nach Art. 34 GG i.V.m. § 839 BGB vor[110], haftet er persönlich und ist insoweit selbst passivlegitimiert.

Bei der ambulanten Behandlung im Krankenhaus durch einen selbstliquidierenden beamteten Arzt ist § 839 I 2, II, III BGB nach der Rechtsprechung des Bundesgerichtshofs[111] nicht anwendbar. Das begründet der Bundesgerichtshof damit, die ärztliche Tätigkeit sei so weit aus dem Krankenhausbetrieb ausgegrenzt, dass der Patient nicht mehr davon ausgehen könne, dass die ärztliche Tätigkeit zu den Beamtendienstpflichten gehört.[112] Der beamtete Arzt haftet daher bei der medizinischen Behandlung in der Chefarztambulanz – trotz seiner Beamtenstellung[113] – stets nicht nach § 839 I BGB, sondern nach § 823 BGB ohne Verweisungsmöglichkeit. Freilich gilt dies nicht bei der Institutsambulanz, die gerade Teil des Krankenhausbetriebs ist.[114]

Nimmt der Arzt bei der medizinischen Behandlung hoheitliche Aufgaben wahr, haftet er selbst nicht für schuldhaft verursachte Schäden;[115] vielmehr haftet nach den Grundsätzen der Staatshaftung (Art. 34 GG i.V.m. § 839 BGB) unmittelbar und ausschließlich der öffentlich-rechtliche Anstellungsträger (Körperschaft).[116] Bei der medizinischen Behandlung nimmt der Arzt indes nur selten hoheitliche Aufgaben wahr. Hoheitlicher Natur ist die ärztliche Behandlung – sowohl ambulant als auch stationär – vornehmlich bei medizinischen Zwangsmaßnahmen, bei therapeutischen Maßnahmen im Rahmen freier Heilfür-

---

107 Laufs/Kern-Laufs/Kern, Handbuch des Arztrechts, § 105, Rn. 6.

108 Geiß/Greiner, Arzthaftpflichtrecht, Rn. A 75.

109 Der Patient muss darlegen und beweisen, dass er keine andere Ersatzmöglichkeit hat.

110 Siehe dazu sogleich S. 26.

111 BGH (28.6.1988), VersR 1989, 145, 146; BGH (8.12.1992), BGHZ 120, 376, 380; BGH (22.12.1992), BGHZ 121, 107, 115f.

112 BGH (8.12.1992), BGHZ 120, 376, 383.

113 Jorzig, Die Passivlegitimation im Arzthaftungsprozess, in: Luxenburger/Beeretz/Dahm/Harneit/Ratzel/Schulz-Hillenbrand/Stegers (Hrsg.), Medizinrecht heute: Erfahrungen, Analysen, Entwicklungen, 2008, S. 195.

114 BGH (8.12.1992), BGHZ 120, 376, 384.

115 Katzenmeier, Arzthaftung, S. 144.

116 Geiß/Greiner, Arzthaftpflichtrecht, Rn. A 85.

sorge etwa des Sanitätsoffiziers, des durch die Bundeswehr beauftragten Zivilarztes, des Truppen- oder Polizeiarztes, bei Verfahren des öffentlichen Gesundheitsdienstes etwa des Amts- oder Schularztes, bei Vollzug von Aufgaben der Sozialversicherungsträger durch im medizinischen Dienst angestellte Ärzte, Vertrauens-, Versorgungs-, Durchgangs-, Arbeitsamts- oder Bundesknappschaftsärzte und schließlich bei Behandlungen durch den im Rahmen des Rettungsdienstes tätigen Notarztes, wenn dieser nach landesrechtlicher Gesetzgebung hoheitliche Tätigkeit ausübt.[117] Der als Hoheitsträger fahrlässig handelnde Arzt haftet selbst nicht persönlich – weder aus Vertrag noch aus Delikt.[118]

II. Der Krankenhausträger

Auch der Krankenhausträger als solches kann in einem Haftungsprozess passivlegitimiert sein. Seine Parteifähigkeit ergibt sich je nach Gesellschaftsform des Krankenhausträgers beispielsweise aus § 124 I HGB, § 124 I HGB analog, § 13 I GmbHG oder § 1 I 1 AktG. Welche Körperschaft Träger eines auf öffentlich-rechtlicher Grundlage errichteten Krankenhauses ist, bedarf dabei genauerer Betrachtung. Krankenhausträger ist bei einem kommunalen Krankenhaus die kreisfreie Stadt oder der Landkreis, bei den Landeskliniken das Bundesland und bei den Bundeswehrkrankenhäusern der Bund.[119] Bei den Universitätskliniken ist dies je nach Gesetzeslage in den entsprechenden landesrechtlichen Hochschulgesetzen der jeweiligen Bundesländer entweder das Bundesland oder die Universität.[120]

Grundlage für die Passivlegitimation des Krankenhausträgers kann die Haftung für Erfüllungsgehilfen, das Organisationsverschulden, die Organhaftung oder die Haftung für Verrichtungsgehilfen sein.

1. Haftung für Erfüllungsgehilfen

Wie auch der behandelnde Arzt, ist der Krankenhausträger immer dann richtiger Klagegegner, wenn er selbst Vertragspartner ist und dadurch für das Fehlverhalten seiner Erfüllungsgehilfen (§ 278 BGB) einzustehen hat. Der Krankenhausträger in der Form einer Personen- oder Kapitalgesellschaft kann als Denkgebil-

117 Siehe Laufs/Kern-Laufs/Kern, Handbuch des Arztrechts, § 105, Rn. 12; Geiß/Greiner, Arzthaftpflichtrecht, Rn. A 88f.; Laufs/Katzenmeier/Lipp-Katzenmeier, Arztrecht, Rn. XI 44; Katzenmeier, Arzthaftung, S. 145.

118 Geiß/Greiner, Arzthaftpflichtrecht, Rn. A 87.

119 Geiß/Greiner, Arzthaftpflichtrecht, Rn. A 25; Gehrlein, Grundriss der Arzthaftpflicht, Rn. A 22.

120 Laufs/Kern-Schlund, Handbuch des Arztrechts, § 115, Rn. 66.

de selbst nicht handeln. Er handelt daher stets durch seine Gesellschafter oder kraft Vertretungsmacht durch seine Angestellten oder sonstige Personen, die jeweils seine Erfüllungsgehilfen sind. Werden also die vom Krankenhausträger vertraglich geschuldeten Leistungen durch die angestellten (auch beamteten) Ärzte und das nichtärztliche Personal (einschließlich Famulanten und Praktikanten) fehlerhaft erbracht, haftet der Krankenhausträger.

Bei der ambulanten Behandlung ist der Krankenhausträger selbst nur dann Vertragspartner des Patienten, wenn die medizinische Behandlung in seiner Institutsambulanz – im Gegensatz zur Chefarztambulanz – durchgeführt wird.[121] Ist dies der Fall, schuldet der Krankenhausträger die gesamte ärztliche und nichtärztliche Leistung.

Bei der stationären Behandlung kommt der Krankenhausträger immer als Vertragspartner des Patienten in Betracht, sei es durch einen totalen Krankenhausaufnahmevertrag oder einen gespaltenen Krankenhausaufnahmevertrag.[122]

Beim totalen Krankenhausaufnahmevertrag schuldet der Krankenhausträger dem Patienten als dessen alleiniger Vertragspartner sämtliche ärztliche und nichtärztliche Leistungen selbst. Schließt der Patient mit dem Krankenhausträger einen totalen Krankenhausaufnahmevertrag mit Arztzusatzvertrag ab, gelten insoweit die gleichen Grundsätze wie zum totalen Krankenhausaufnahmevertrag; der Arztzusatzvertrag verringert nicht etwa die vertraglichen Pflichten des Krankenhausträgers.

Besteht zwischen dem Patient und dem Krankenhausträger ein gespaltener Krankenhausaufnahmevertrag, ist die Bestimmung der Leistungspflichten deutlich schwerer. Zwar schuldet der (Beleg-) Krankenhausträger grundsätzlich die gesamte nichtärztliche Pflege des Patienten, haftet aber dann grundsätzlich nicht, wenn der (Beleg-) Arzt das pflegerische Personal als Erfüllungsgehilfen seiner eigenen vertraglichen Verbindlichkeiten eingesetzt hat. Bei den ärztlichen Leistungen ist es genau umgekehrt. Diese schuldet der (Beleg-) Krankenhausträger zwar grundsätzlich nicht, jene allerdings schon, die nicht persönlich vom (Beleg-) Arzt erbracht werden (können) oder aufgrund der personellen und sachlichen Ausstattung des (Beleg-) Krankenhauses von dessen Träger durch das nachgeordnete ärztliche Personal gewährt werden oder gewährt zu werden pflegen[123].

---

121 Siehe dazu oben S. 13.

122 Siehe dazu oben S. 13ff.

123 Siehe oben Fn. 62.

2. Organisationsverschulden

Daneben kann der Krankenhausträger selbst wegen unerlaubter Handlung nach §§ 823ff. BGB haften und somit richtiger Klagegegner sein. Die Haftung des Krankenhausträgers nach §§ 823ff. BGB erfordert dabei stets eine Zurechnung – bei einer juristischen Person nach § 31 BGB und bei einer Personengesellschaft (einschließlich der Gesellschaft bürgerlichen Rechts) nach § 31 BGB analog. Bei öffentlich-rechtlich organisierten Krankenhäusern ergibt sich die entsprechende Anwendbarkeit des § 31 BGB aus § 89 I BGB. Diese Haftung wird als Haftung für Organisationsverschulden bezeichnet und bildet einen eigenständigen Haftungsgrund.[124]

Ein Organisationsverschulden liegt vor, wenn der Krankenhausträger durch seine Organe die allein ihm obliegenden und von ihm in vollem Umfang beherrschbaren Organisationspflichten (organisatorische Gefahrabwendungspflichten[125]) schuldhaft verletzt. Zu den Organisationspflichten des Krankenhausträgers gehören die Wahl der zweckmäßigen Rechtsform, die Sicherstellung der sozialrechtlichen Befugnis zu ambulanten Operationen, das Erstellen eines Haushalts- oder Wirtschaftsplans, das Vorhalten eines hinreichenden Personalstandes, das Vorhalten einer hinreichenden Sachausstattung, die Aufbewahrung der Krankenunterlagen und die Dokumentationspflicht, Verkehrssicherungspflichten, der Schutz der Patienten vor Selbstschädigung, die Sicherung des Patienteneigentums, die betriebliche Organisation für Haftungsfälle, die Qualitätssicherung, die Kontrolle des Chefarztes, die Remonstrationspflicht des Chefarztes, Dienstanweisungen und die Überwachung des nachgeordneten Personals, die Verantwortung für den Sacheinsatz, die Zugänglichkeit von Operationsräumen, die Krankenhaushygiene, die Vereinbarung und Überwachung von Arztterminen, Dienstanweisungen bezüglich der Aufklärungspflicht, die Organisation von Unterbringung und Versorgung,[126] sogar die Ermöglichung der Errichtung eines Testaments[127]. Ferner muss insbesondere durch Dienstpläne und Einweisungen sichergestellt werden, dass fachlich einwandfrei arbeitende Ärzte und Hilfskräfte tätig werden, niemand überlastet ist und die Dienste so eingeteilt sind, dass die ärztliche Tätigkeit nicht beeinträchtigt wird.[128] Dies ist besonders

124 Deutsch, Das Organisationsverschulden des Krankenhausträgers, NJW 2000, 1745.

125 So Hart, „Organisationsaufklärung", MedR 1999, 47.

126 Siehe ausführlich zu den aufgezählten Organisationspflichten des Krankenhausträgers Laufs/Kern-Laufs/Kern, Handbuch des Arztrechts, § 101, Rn. 10-46; Kern, Organisationsverschulden, MedR 2000, 347, 348-351.

127 BGH (13.2.1958), NJW 1958, 2107, 2108; BGH (8.6.1989), NJW 1989, 2945; Brandes, Die Haftung für Organisationspflichtverletzung, S. 74.

128 Deutsch/Spickhoff, Medizinrecht, Rn. 379; Deutsch, Das Organisationsverschulden des Krankenhausträgers, NJW 2000, 1745.

bei der Zusammenarbeit von verschiedenen Ärzten und dem Pflegepersonal zu beachten, weil für die medizinische Behandlung eines Patienten in einem Krankenhaus heute regelmäßig die Mitwirkung mehrerer Ärzte aus unterschiedlichen Fachgebieten erforderlich ist. Diese Zusammenarbeit bildet daher gerade einen wesentlichen Gegenstand bei der Organisation.[129] Selbst in Bezug auf den an sich völlig selbständig und weisungsfrei arbeitenden Belegarzt bestehen für den Belegkrankenhausträger gewisse Organisationspflichten. Beispielsweise hat der Belegkrankenhausträger bei Ungeeignetheit des Belegarztes von seinem Recht auf fristlose Kündigung Gebrauch zu machen.[130]

Dabei weist das Organisationsverschulden gewisse Besonderheiten auf. Der Krankenhausträger kann im Rahmen des Organisationsverschuldens auch dann als Haftungsschuldner passivlegitimiert sein, obwohl er die medizinische Behandlung selbst nicht erbringt oder gar schuldet.[131] Eine Verletzung der Organisationspflichten lässt sich ferner im Vergleich zu rein medizinischem Fehlverhalten leichter beweisen.[132] Zudem stellt die Rechtsprechung an die Organisationspflichten des Krankenhausträgers hohe Anforderungen.[133] Gleichwohl handelt es sich um eine Verschuldenshaftung, insbesondere auch im Bereich des Umganges mit technischen Geräten, Arzneimitteln und Mikroorganismen, sodass für eine Haftung mindestens Fahrlässigkeit vorliegen muss. Eine Entlastungsmöglichkeit des Krankenhausträgers für die Haftung für Organisationsverschulden besteht freilich nicht.[134]

3. Organhaftung

§ 31 BGB, der nicht selbständig einen Schadensersatzanspruch begründet, sondern eine zum Schadensersatz verpflichtende Handlung eines verfassungsmäßig berufenen Vertreters voraussetzt, rechnet der juristischen Person – in analoger Anwendung der Personengesellschaft (einschließlich der Gesellschaft bürgerlichen Rechts) – diese Handlung (im Unterschied zu § 278 BGB) als eigene zu und zwar ohne Exkulpationsmöglichkeit (im Unterschied zu § 831 BGB) und macht sie zum richtigen Klagegegner. Nach § 89 I BGB findet § 31 BGB auf

---

129 Deutsch/Spickhoff, Medizinrecht, Rn. 381ff.

130 Deutsch, Das Organisationsverschulden des Krankenhausträgers, NJW 2000, 1745, 1747.

131 Pflüger, Krankenhaushaftung und Organisationsverschulden, S. 256.

132 Pflüger, Krankenhaushaftung und Organisationsverschulden, S. 256.

133 Bergmann, Die Organisation des Krankenhauses unter haftungsrechtlichen Gesichtspunkten, VersR 1996, 810, 812.

134 Kern, Organisationsverschulden, MedR 2000, 347, 351.

den Fiskus sowie auf die Körperschaften, Stiftungen und Anstalten des öffentlichen Rechts entsprechende Anwendung.

Im Rahmen der innerbetrieblichen Organisation und streng hierarchischen Aufgabenverteilung tragen Chefärzte in ihrer jeweiligen Fachabteilung regelmäßig die Organisationsverantwortung hinsichtlich der ordnungsgemäßen Erfüllung der von dem Krankenhausträger geschuldeten ärztlichen Leistungen.[135] Dabei arbeiten sie weisungsfrei,[136] werden selbständig tätig, übertragen Aufgaben an Oberärzte, Stations- oder Assistenzärzte, teilen die Hilfskräfte ein und kontrollieren sie.[137] Das haben die Gerichte früh erkannt und sehen daher nicht die satzungsmäßige Stellung des Chefarztes oder eine rechtsgeschäftliche Vertretungsmacht für das in § 31 BGB geforderte Kriterium des verfassungsmäßig berufenen Vertreters als entscheidend an, sondern allein die Tatsache, dass der Chefarzt völlig weisungsfrei tätig wird. Nach der Rechtsprechung des Bundesgerichtshofs[138] ist daher der Chefarzt grundsätzlich Organ im Sinne des § 31 BGB. Demgemäß haftet für das Fehlverhalten des Chefarztes der Krankenhausträger nach §§ 31, 89 I BGB – und zwar auch dann, wenn dem Chefarzt eine rechtsgeschäftliche Vertretungsmacht nicht erteilt wurde.[139] Freilich gilt dies auch für den Oberarzt in Wahrnehmung seiner Funktion als Vertreter des Chefarztes, weil die Stellung des Oberarztes rechtlich nicht anders zu beurteilen ist, als die des Chefarztes selbst, wenn er anwesend gewesen wäre.[140]

Auch der selbstliquidierende Chefarzt, der im Rahmen eines Arztzusatzvertrages den Patienten medizinisch behandelt, ist Organ des Krankenhausträgers.[141] Der Belegarzt hingegen ist, auch wenn er sich etwa als Chefarzt bezeichnet, nicht Organ des (Beleg-) Krankenhausträgers.[142]

4. Haftung für Verrichtungsgehilfen

Deliktsrechtlich verantwortlich und damit richtiger Klagegegner ist der Krankenhausträger gemäß § 831 I 1 BGB auch für das bei der medizinischen Behandlung eingesetzte ärztliche und nichtärztliche Personal. Gemäß

135 Deutsch/Spickhoff, Medizinrecht, Rn. 392.
136 Deutsch/Spickhoff, Medizinrecht, Rn. 392; Gehrlein, Grundriss der Arzthaftpflicht, Rn. A 42.
137 Deutsch/Spickhoff, Medizinrecht, Rn. 392.
138 BGH (21.9.1971), NJW 1972, 334; BGH (18.6.1985), BGHZ 95, 63, 70.
139 BGH (21.9.1971), NJW 1972, 334, 335.
140 BGH (30.6.1987), BGHZ 101, 215, 218.
141 BGH (18.6.1985), BGHZ 95, 63, 70; Laufs/Kern-Laufs/Kern, Handbuch des Arztrechts, § 104, Rn. 18.
142 OLG Koblenz (25.8.1989), NJW 1990, 1534.

§ 831 I 1 BGB haftet der Krankenhausträger als Geschäftsherr für eigenes Verschulden bei der Auswahl, Anleitung und Überwachung des Verrichtungsgehilfen, wenn dieser in Ausführung der Verrichtung einem Dritten widerrechtlich einen Schaden zufügt. Für Verrichtungsgehilfen – seien sie ärztlich oder nichtärztlich – haftet also nicht immer allein der sie einsetzende Arzt. Auch der Krankenhausträger selbst kann für Verrichtungsgehilfen haften, wenngleich diese in den meisten Fällen eine direkte Anweisung von dem Chefarzt oder anderen Krankenhausärzten erhalten. Maßgeblich für die Haftung im Rahmen des § 831 BGB ist daher, wer dem Gehilfen aus seiner eigenen Verantwortung heraus die schadenstiftende Tätigkeit zugewiesen hat.[143] Dabei kommt es bei der Krankenhausbehandlung wesentlich auf die Vertragsverhältnisse im konkreten Fall an.[144]

Wird die Ambulanz als Chefarztambulanz betrieben, nimmt der Chefarzt bei der ärztlichen und nichtärztlichen Behandlung die Stellung des Geschäftsherrn ein;[145] bei der Institutsambulanz hingegen ist der Krankenhausträger Geschäftsherr des ärztlichen und nichtärztlichen Personals, weil insoweit allein Aufgaben des Krankenhausträgers wahrgenommen werden.[146]

Erfolgt die stationäre Behandlung des Patienten auf Grundlage eines totalen Krankenhausaufnahmevertrages, so ist Geschäftsherr des ärztlichen und nichtärztlichen Personals allein der Krankenhausträger.[147] Bei Abschluss eines totalen Krankenhausaufnahmevertrages mit Arztzusatzvertrag gilt insoweit das Gleiche; der selbstliquidierende Chefarzt ist lediglich zusätzlicher Geschäftsherr für das in seinem Fachgebiet eingesetzte ärztliche und nichtärztliche Personal. Beim gespaltenen Krankenhausaufnahmevertrag folgt die Geschäftsherrenhaftung für das Fehlverhalten eines Verrichtungsgehilfen im Grundsatz der Trennung der vertraglichen Leistungsbereiche.[148] Danach haftet der Krankenhausträger gemäß § 831 I 1 BGB grundsätzlich nur für das Fehlverhalten des ärztlichen Personals eigener Fachabteilungen sowie des nichtärztlichen Personals,[149] nicht aber für das Fehlverhalten des selbstliquidierenden Chefarztes und des Belegarztes.[150]

---

143 Laufs/Kern-Laufs/Kern, Handbuch des Arztrechts, § 104, Rn. 9.

144 Laufs/Kern-Laufs/Kern, Handbuch des Arztrechts, § 104, Rn. 10; Katzenmeier, Arzthaftung, S. 130.

145 Gehrlein, Grundriss der Arzthaftpflicht, Rn. A 51.

146 Geiß/Greiner, Arzthaftpflichtrecht, Rn. A 73.

147 Katzenmeier, Arzthaftung, S. 130.

148 Geiß/Greiner, Arzthaftpflichtrecht, Rn. A 68; Katzenmeier, Arzthaftung, S. 130. Zur schwierigen Abgrenzung der Leistungsbereiche siehe unten S. 35ff.

149 Geiß/Greiner, Arzthaftpflichtrecht, Rn. A 68; Katzenmeier, Arzthaftung, S. 131.

150 BGH (14.2.1995), BGHZ 129, 6, 14; Laufs/Kern-Laufs/Kern, Handbuch des Arztrechts, § 104, Rn. 11; Katzenmeier, Arzthaftung, S. 131.

Der selbstliquidierende Chefarzt und der Belegarzt sind mangels Weisungsgebundenheit nicht Verrichtungsgehilfen des Krankenhausträgers.

Auch dem Krankenhausträger steht die Möglichkeit des Entlastungsbeweises aus § 831 I 2 BGB zur Seite (Exkulpation). Kann der Krankenhausträger beweisen, dass er die erforderliche Sorgfalt bei Auswahl, Anleitung und Überwachung des Verrichtungsgehilfen beobachtet hat, haftet er nicht nach § 831 I 1 BGB.

III. Problemfälle

In der Praxis ist oftmals die Passivlegitimation trotz der oben aufgezeigten Regeln nur schwer zu ermitteln. Im Folgenden werden einige Behandlungsverhältnisse dargestellt, bei welchen regelmäßig Abgrenzungsschwierigkeiten bei der Frage nach der Passivlegitimation auftreten.

1. Die Belegarztbehandlung

Besonders schwierig ist die Frage nach der Passivlegitimation bei einer medizinischen Behandlung des Patienten durch einen sogenannten Belegarzt zu beantworten. Diese Art der ärztlichen Behandlung, welche in nahezu jedem gewöhnlichen Krankenhaus oder in eigens organisierten reinen Belegkrankenhäusern durchgeführt wird, ist zugleich der häufigste Anwendungsfall des gespaltenen Krankenhausaufnahmevertrages.[151] Der Patient schließt danach zwei verschiedene Verträge ab – einen mit dem Belegarzt und einen mit dem Belegkrankenhausträger.

a) Der Belegarzt

Der Belegarzt ist ein Arzt, „dem zusätzlich die Möglichkeit der Krankenhausbehandlung eingeräumt wird“[152]; der also seine (einschließlich der ihm überwiesenen) Patienten in einem Belegkrankenhaus unter Inanspruchnahme hierfür bereitgestellter Räume und Einrichtungen stationär behandeln darf.[153] Die medizi-

---

151 Siehe dazu oben S. 16.

152 Rieger/Dahm/Steinhilper-Peikert, Heidelberger Kommentar, Rn. 805 1.

153 § 121 II SGB V: „Belegärzte im Sinne dieses Gesetzbuchs sind nicht am Krankenhaus angestellte Vertragsärzte, die berechtigt sind, ihre Patienten (Belegpatienten) im Krankenhaus unter Inanspruchnahme der hierfür bereitgestellten Dienste, Einrichtungen und Mittel vollstationär oder teilstationär zu behandeln, ohne hierfür vom Krankenhaus eine Vergütung zu erhalten.“; § 18 I 1 KHEntgG: „Belegärzte im Sinne dieses Gesetzes sind nicht am Krankenhaus angestellte Vertragsärzte, die berechtigt sind, ihre Patienten (Be-

nische Behandlung durch einen Belegarzt ist typisch für die Gynäkologie und Geburtshilfe sowie für diejenigen Fachgebiete, bei denen regelmäßig nur mittelschwere Eingriffe ohne Mitwirkung eines größeren Operationsteams erfolgen (zum Beispiel Hals-Nasen-Ohrenheilkunde, Augenheilkunde und Orthopädie). Weil dennoch gerade heute Operationen ohne Operationshilfspersonal kaum vorstellbar sind, bedient sich der Belegarzt regelmäßig neben der Einrichtungen auch des beim Belegkrankenhausträger angestellten Operationshilfspersonals.

Zwischen dem Belegarzt und dem Belegkrankenhausträger besteht ein sogenannter Belegarztvertrag (ärztlicher Belegungsvertrag). Dieser wird als Dauerrechtsverhältnis atypischen Inhalts eingeordnet[154] – und ist kein Dienstvertrag[155] oder Arbeitsvertrag[156]. Insbesondere besteht zwischen dem Belegarzt und dem Belegkrankenhausträger gerade kein Arbeitsverhältnis.[157] Weder ist der Belegarzt weisungsgebunden, noch bekommt er für seine Tätigkeit im Belegkrankenhaus eine Vergütung von dem Belegkrankenhausträger.[158] Vielmehr wird der Belegarzt selbständig tätig und berechnet seine Tätigkeit unmittelbar dem Patienten oder der kassenärztlichen Vereinigung.

b) Die Haftung des Belegarztes

Aufgrund seiner arbeitsvertraglichen Unabhängigkeit finden auf den Belegarzt die Regeln über die Haftung sowie Passivlegitimation eines selbständigen (niedergelassenen) Arztes Anwendung. Mithin haftet der Belegarzt gemäß § 280 I BGB für schuldhafte Pflichtverletzungen im Rahmen seiner eigenen vertraglich geschuldeten Leistungen[159] sowie für das Verschulden seiner von ihm zur Erfüllung seiner eigenen vertraglich geschuldeten Leistungen eingesetzten Erfüllungsgehilfen (§ 278 BGB). Ferner haftet der Belegarzt aufgrund deliktischen Verschuldens für eigene unerlaubte Handlungen (§§ 823ff. BGB) sowie

---

legpatienten) im Krankenhaus unter Inanspruchnahme der hierfür bereitgestellten Dienste, Einrichtungen und Mittel stationär oder teilstationär zu behandeln, ohne hierfür vom Krankenhaus eine Vergütung zu erhalten.".

154 BGH (28.2.1972), NJW 1972, 1128; Deutsch/Spickhoff, Medizinrecht, Rn. 149; Münzel, Chefarzt- und Belegarztvertrag, S. 3; Weber/Müller, Chefarzt- und Belegarztvertrag, Rn. 37.

155 Münzel, Chefarzt- und Belegarztvertrag, S. 3; Weber/Müller, Chefarzt- und Belegarztvertrag, Rn. 34.

156 Weber/Müller, Chefarzt- und Belegarztvertrag, Rn. 34.

157 Münzel, Chefarzt- und Belegarztvertrag, S. 3.

158 Weber/Müller, Chefarzt- und Belegarztvertrag, Rn. 34.

159 § 2 I 2 KHEntgG und § 2 I 2 BPflV unterscheiden insoweit klar zwischen Leistungen des Belegarztes und Leistungen des Belegkrankenhausträgers.

gemäß § 831 I 1 BGB für das Verhalten seiner ihm gegenüber weisungsgebundenen Verrichtungsgehilfen.

c) Die Haftung des Belegkrankenhausträgers

Auf den Belegkrankenhausträger finden die bereits dargestellten Regeln der Haftung und Passivlegitimation des Krankenhausträgers unverändert Anwendung. Danach haftet der Belegkrankenhausträger vertraglich für seine angestellten Ärzte und sein angestelltes nichtärztliches Personal als Erfüllungsgehilfen (§ 278 BGB) sowie deliktisch gemäß §§ 823ff. BGB für eigenes Organisationsverschulden, für seine Organe (§§ 31, 89 I BGB) und für seine Verrichtungsgehilfen (§ 831 I 1 BGB). Nicht dagegen haftet grundsätzlich der Belegkrankenhausträger – weder vertraglich noch deliktisch – für das Fehlverhalten des behandelnden Belegarztes.[160] Der Belegarzt ist mangels vertraglicher Verpflichtung des Belegkrankenhausträgers für ärztliche Leistungen gegenüber dem Patienten sowie mangels Weisungsgebundenheit und sozialer Abhängigkeit insoweit weder Erfüllungsgehilfe[161] noch Verrichtungsgehilfe[162] des Belegkrankenhausträgers. Ferner scheidet eine Haftung auch über die Zurechnung der §§ 31, 89 I BGB aus; der Belegarzt ist gerade nicht Organ des Belegkrankenhausträgers.[163]

d) Abgrenzungsschwierigkeiten

Obwohl soeben dargelegt wurde, dass grundsätzlich die allgemeinen Regeln der Passivlegitimation sowohl auf den Belegarzt als auch auf den Belegkrankenhausträger Anwendung finden, bleibt es bei einer nicht unerheblichen Anzahl von Fällen, in denen die Frage nach der Passivlegitimation Schwierigkeiten bereitet. Gerade bei umfassenden medizinischen Behandlungen des Patienten, die nur unter Zusammenarbeit des Belegarztes mit anderen Belegkrankenhausärzten oder mit dem nichtärztlichen Belegkrankenhauspersonal durchgeführt werden können, kommt es zu Abgrenzungsschwierigkeiten. Problematisch ist in diesem Zusammenhang vor allem die Bestimmung der jeweiligen Leistungsbereiche der an der medizinischen Behandlung des Patienten beteiligten Personen und damit

---

160 BGH (14.2.1995), BGHZ 129, 6, 13.

161 BGH (14.2.1995), BGHZ 129, 6, 14; Laufs/Kern-Laufs/Kern, Handbuch des Arztrechts, § 94, Rn. 14. Anders ist dies nur, wenn der Krankenhausträger dieselben Leistungen schuldet; siehe dazu BGH (7.12.2004), BGHZ 161, 255, 259f., wonach der Belegarzt durchaus Erfüllungsgehilfe des Krankenhausträgers sein konnte.

162 BGH (14.2.1995), BGHZ 129, 6, 14; Laufs/Kern-Laufs/Kern, Handbuch des Arztrechts, § 104, Rn. 18.

163 Laufs/Kern-Laufs/Kern, Handbuch des Arztrechts, § 104, Rn. 18.

einhergehend insbesondere wann wer wessen Erfüllungsgehilfe im Sinne von § 278 BGB ist.

Unterläuft beispielsweise der Operationsschwester bei einer von einem Belegarzt durchgeführten Operation ein Fehler, so stellt sich die entscheidende Frage, wessen Erfüllungsgehilfin (§ 278 BGB) die Operationsschwester bei der Schadensverursachung war. Auf den ersten Blick mag dies leicht zu beurteilen sein, da die Operationsschwester regelmäßig als nichtärztliches Personal beim Belegkrankenhausträger angestellt ist und als solches nichtärztliche Leistungen erbringt, die bei einem gespaltenen Krankenhausaufnahmevertrag grundsätzlich vom Belegkrankenhausträger geschuldet werden. Die Haftung scheint daher beim Belegkrankenhausträger zu liegen. Dafür spricht auch das objektive Auftreten aus Sicht des Patienten, da das nichtärztliche Personal offensichtlich zum Arbeitnehmerkreis des Belegkrankenhausträgers und nicht des Belegarztes gehört. Bestärkt wird diese Ansicht durch das Gesetz, das in § 2 I 1, II KHEntgG und § 2 I 1, II BPflV bestimmt, dass alle nichtärztlichen Leistungen, also auch die Hilfe bei Operationen, Krankenhausleistungen sind. Zur Erfüllung seiner geschuldeten Leistungen setzt der Belegkrankenhausträger schließlich das bei ihm angestellte nichtärztliche Personal ein. Allein danach ist die Operationsschwester klar Erfüllungsgehilfin (§ 278 BGB) des Belegkrankenhausträgers. Übersehen wird hierbei jedoch, dass der Belegarzt die von ihm geschuldete ärztliche Leistung in den meisten Fällen ohne den Einsatz von Hilfspersonal kaum erfüllen kann. Insoweit setzt der Belegarzt ebenfalls zur Erfüllung seiner geschuldeten Leistung das bei dem Belegkrankenhausträger angestellte nichtärztliche Personal ein und bedient sich dazu seines regelmäßig schon in seinem Belegarztvertrag begründeten Weisungsrechts gegenüber nichtärztlichem Personal des Belegkrankenhausträgers. Anderenfalls wäre eine erfolgreiche Operation kaum vorstellbar. Die Operationsschwester ist danach gleichwohl klar Erfüllungsgehilfin (§ 278 BGB) des operierenden und damit seine eigene vertraglich geschuldete Leistung erbringenden Belegarztes. Dadurch würde die Operationsschwester nicht nur die Erfüllungsgehilfin (§ 278 BGB) sowohl des Belegkrankenhausträgers als auch des Belegarztes sein, sondern auch gleichzeitig zur Erfüllung zweier unterschiedlicher Leistungen – die nichtärztliche Leistung des Belegkrankenhausträgers und die ärztliche Leistung des Belegarztes – eingesetzt werden. Bei dem von der Operationsschwester verschuldeten Fehlverhalten bleibt damit allerdings unklar, welche Leistung nicht wie geschuldet erfüllt wurde. Somit bleibt auch unklar, wer – der Belegkrankenhausträger oder der Belegarzt – für das Verschulden der Operationsschwester haftet und mithin die Frage nach der Passivlegitimation zunächst unbeantwortet.

Das Problem der Abgrenzung der Passivlegitimation tritt dabei nicht nur im Zusammenhang mit nichtärztlichem Belegkrankenhauspersonal auf. Auch bei der Zusammenarbeit mit ärztlichem Belegkrankenhauspersonal bestehen oftmals Abgrenzungsschwierigkeiten, insbesondere bei der prä- und postoperativen Mitwirkung von Belegkrankenhausärzten bei der stationären Behandlung. In einem Verfahren vor dem Oberlandesgericht Düsseldorf[164] ging es um die Frage, ob der Belegarzt, ein Facharzt für Hals-, Nasen- und Ohrenkrankheiten, für etwaiges Fehlverhalten des präoperativ tätig gewordenen, beim Belegkrankenhausträger angestellten Radiologen und des hinzugezogenen ebenfalls beim Belegkrankenhausträger angestellten Anästhesisten haftet. Der Belegarzt diagnostizierte eine chronische Tonsillitis und empfahl der Patientin und späteren Klägerin eine operative Entfernung der Mandeln. Nach Hinzuziehung des Radiologen und Anästhesisten führte der Belegarzt die Tonsillektomie fehlerfrei durch, ohne jedoch zuvor ein Elektrokardiogramm veranlasst zu haben. Nach dem Eingriff litt die Patientin an einer lebensbedrohlichen Herzbeutelentzündung. Der Senat war der Auffassung, die Anfertigung eines Elektrokardiogramms möge zwar für den Anästhesisten wünschenswert sein, um die bei einer Vollnarkose zu erwartenden Risiken einschätzen zu können, aus Sicht eines Facharztes für Hals-, Nasen- und Ohrenkrankheiten wäre eine solche Untersuchung bei Vorliegen einer chronischen Tonsillitis aber nicht erforderlich.[165] Der Belegarzt habe regelmäßig nur für die in sein Fachgebiet fallenden Leistungen einzustehen, während der Belegkrankenhausträger die Gewähr für eine einwandfreie Tätigkeit der im Übrigen hinzugezogenen bei ihm angestellten Ärzte übernehmen müsse.[166] Nur wenn das Fehlverhalten der hinzugezogenen Spezialisten so deutlich zutage getreten wäre, dass auch ein Arzt eines anderen Fachgebietes misstrauisch hätte reagieren müssen, käme eine Haftung des Belegarztes in Betracht.[167] Im Ergebnis hielt der Senat den Belegarzt nicht für haftbar.

Selbst bei einer Verletzung der Organisationspflichten, die grundsätzlich trotz Einrichtung von Belegabteilungen für den Belegkrankenhausträger bestehen bleiben,[168] gibt es Abgrenzungsschwierigkeiten. So ist für die tech-

164 OLG Düsseldorf (17.12.1992), MedR 1993, 233.

165 OLG Düsseldorf (17.12.1992), MedR 1993, 233, 235.

166 OLG Düsseldorf (17.12.1992), MedR 1993, 233, 234; so auch Franzki/Hansen, Der Belegarzt – Stellung und Haftung im Verhältnis zum Krankenhausträger, NJW 1990, 737, 743.

167 OLG Düsseldorf (17.12.1992), MedR 1993, 233, 235.

168 OLG Stuttgart (20.8.1992), NJW 1993, 2384, 2386: „Bei einem Belegkrankenhaus ist der Krankenhausträger verantwortlich dafür, dass alle organisatorischen Maßnahmen im pflegerischen Bereich getroffen werden, um die ärztliche Versorgung der Patienten auch in seinen Belegabteilungen sicherzustellen.“; bestätigend BGH (16.4.1996), NJW 1996, 2429, 2430, der sogar eine Verletzung der Organisations- und Überwachungspflicht des

nisch-apparative Ausstattung grundsätzlich der Belegkrankenhausträger verantwortlich; der Belegarzt muss indessen selbst vor jeder medizinischen Behandlung sicherstellen, dass die von ihm eingesetzten Geräte funktionstüchtig sind.

Die drei angeführten Fallbeispiele zeigen, dass der Ausgangspunkt für die Beantwortung der Frage nach der Passivlegitimation bei der Belegarztbehandlung die Abgrenzung der jeweiligen Leistungsbereiche der an der medizinischen Behandlung des Patienten beteiligten Personen ist. Diese ist indes schwierig. Und so ist es weder der Rechtsprechung noch dem Schrifttum bisher gelungen, eine klare Lösung zur Abgrenzung der Leistungsbereiche zu entwickeln.[169] Während beispielsweise die Versorgung des Patienten mit Mahlzeiten zunächst zweifellos dem Leistungsbereich des Belegkrankenhausträgers zugeordnet werden kann, wird dies schon dann wieder fraglich, wenn der behandelnde Belegarzt die Anordnung von Diätnahrung versäumt. Besonders problematisch wird die Abgrenzung der Leistungsbereiche bei einer Operation. Der medizinisch indizierte Eingriff selbst gehört zu den ärztlichen Leistungen des Belegarztes. Fraglich ist aber, in wessen Leistungsbereich das Desinfizieren und Zurechtlegen der Instrumente, das Aufziehen der Spritzen, das Entfernen von Bauchtüchern, die Ausführung einer Bluttransfusion oder das Verabreichen von Medikamenten, Injektionen und Bestrahlungen fällt. Noch problematischer wird die Abgrenzung, wenn die Leistung doppelten Charakter hat. Gerade das Verabreichen von Injektionen ist eine typische Tätigkeit der Krankenschwester und fällt damit in den Leistungsbereich des Belegkrankenhausträgers. Ist dies auch der Fall, wenn die Krankenschwester ausschließlich auf ausdrückliche Anordnung des Belegarztes das Verabreichen der Medikamente durchführt? Setzt der Belegarzt selbst die Spritze, übernimmt jedenfalls er unzweifelhaft die Haftung für seine Leistung. Wie ist es im umgekehrten Fall, wenn die übereifrige Krankenschwester eigenmächtig Aufgaben übernimmt, die eigentlich in den Leistungsbereich des Belegarztes fallen oder wenn der Belegarzt Aufgaben, die eindeutig seinem Leistungsbereich zuzuordnen sind, an den beim Belegkrankenhausträger angestellten Pflegedienst überträgt, etwa um der Haftungsgefahr entkommen zu wollen? Das Herbeiführen der Narkose durch einen Anästhesisten ist unzweifelhaft eine ärztliche Leistung. Erfolgt sie dagegen durch eine Narkoseschwester kann dieselbe Maßnahme nur als nichtärztliche Leistung eingeordnet werden – anderenfalls wäre die ärztliche Maßnahme nicht durch einen Arzt durchgeführt

---

Belegkrankenhausträgers bejaht, wenn der Belegarzt dem nichtärztlichen Belegkrankenhauspersonal Aufgaben überlässt, die deren pflegerische Kompetenz übersteigen.

169 So auch Krahe, Die Haftungssystematik bei ärztlicher Arbeitsteilung und Zusammenarbeit in den Vereinigten Staaten von Amerika und in Deutschland, S. 247; Franzki/Hansen, Der Belegarzt – Stellung und Haftung im Verhältnis zum Krankenhausträger, NJW 1990, 737.

worden. Fällt etwa allein dadurch die Maßnahme aus dem Leistungsbereich des Belegarztes in den Leistungsbereich des Belegkrankenhausträgers?

In den vergangenen Jahren wurden verschiedene Theorien vom Gesetzgeber, dem Schrifttum und der Rechtsprechung entwickelt, um die Abgrenzungsschwierigkeiten der jeweiligen Leistungsbereiche der an der medizinischen Behandlung des Patienten beteiligten Personen zu lösen. Einige Lösungsansätze sollen im Folgenden besprochen werden.

aa) Abgrenzung der Leistungsbereiche nach dem Gesetz

Offensichtlich hat der Gesetzgeber das Problem der Abgrenzung zwischen dem Leistungsbereich des Belegarztes einerseits und dem Leistungsbereich des Belegkrankenhausträgers andererseits erkannt und die verschiedenen Leistungen daher – wenn auch nur spärlich – gesetzlich geregelt.

Die Leistungen des Belegarztes werden gesetzlich in § 18 I 2 KHEntgG und in § 121 III 3 SGB V bestimmt.

In § 18 I 2 KHEntgG heißt es:

> „Leistungen des Belegarztes sind
> 1. seine persönlichen Leistungen,
> 2. der ärztliche Bereitschaftsdienst für Belegpatienten,
> 3. die von ihm veranlassten Leistungen nachgeordneter Ärzte des Krankenhauses, die bei der Behandlung seiner Belegpatienten in demselben Fachgebiet wie der Belegarzt tätig werden,
> 4. die von ihm veranlassten Leistungen von Ärzten und ärztlich geleiteten Einrichtungen außerhalb des Krankenhauses.“

In § 121 III 3 SBG V, der zwar die Überschrift „Belegärztliche Leistungen“ trägt, heißt es sogar lediglich:

> „Hierzu gehören auch leistungsgerechte Entgelte für
> 1. den ärztlichen Bereitschaftsdienst für Belegpatienten und
> 2. die vom Belegarzt veranlassten Leistungen nachgeordneter Ärzte des Krankenhauses, die bei der Behandlung seiner Belegpatienten in demselben Fachgebiet wie der Belegarzt tätig werden.“

Zum einen sind diese Formulierungen hinsichtlich des Leistungsbereiches des Belegarztes ungenau und zum anderen regelt das Gesetz nicht die Zusammenarbeit des Belegarztes mit nichtärztlichem Belegkrankenhauspersonal, obwohl diese Fallgruppe letztlich am häufigsten Probleme aufwirft. Immerhin wird die Abgrenzung der verschiedenen Leistungsbereiche bezüglich einer Zusammenarbeit des Belegarztes mit anderen beim Belegkrankenhausträger angestellten Ärzten annähernd geregelt.

Die Leistungen des (Beleg-) Krankenhausträgers werden gesetzlich in § 2 KHEntgG und § 2 BPflV bestimmt, wobei (Beleg-) Krankenhausleistungen bei einem gespaltenen Krankenhausaufnahmevertrag ohnehin all diejenigen ärztlichen oder nichtärztlichen Leistungen sein müssen, die nicht Belegarztleistungen sind.

In § 2 I KHEntgG (und dem nahezu wortgleichen § 2 I BPflV) heißt es:

> „Krankenhausleistungen (...) sind insbesondere ärztliche Behandlung, Krankenpflege, Versorgung mit Arznei-, Heil- und Hilfsmitteln, die für die Versorgung im Krankenhaus notwendig sind, sowie Unterkunft und Verpflegung; sie umfassen allgemeine Krankenhausleistungen und Wahlleistungen. Zu den Krankenhausleistungen gehören nicht die Leistungen der Belegärzte (...) sowie der Beleghebammen und -entbindungspfleger."

Auch die Formulierung hinsichtlich des Leistungsbereiches des (Beleg-) Krankenhausträgers ist ungenau. Zwar werden in § 2 II KHEntgG und § 2 II BPflV die allgemeinen Krankenhausleistungen näher bestimmt, dennoch bleiben erhebliche Lücken. Immerhin unterscheidet das Gesetz klar zwischen Belegarztleistungen und (Beleg-) Krankenhausleistungen und rechnet die Belegarztleistungen in § 2 I 2 KHEntgG und § 2 I 2 BPflV eindeutig nicht den (Beleg-) Krankenhausleistungen zu; dies ist allerdings nur eine gesetzliche Bestätigung der ohnehin geltenden Grundsätze des gespaltenen Krankenhausaufnahmevertrages.

Im Ergebnis muss mithin festgestellt werden, dass die vom Gesetzgeber bereitgestellten Regeln zur Abgrenzung der Leistungsbereiche des Belegarztes und des Belegkrankenhausträgers ungeeignet sind.

bb) Abgrenzung der Leistungsbereiche nach den Allgemeinen Vertragsbedingungen für Krankenhäuser oder dem Belegarztvertrag

Die von dem „Deutsche Krankenhausgesellschaft e. V." herausgegebenen Muster-Allgemeine Vertragsbedingungen[170] sowie der Muster-Belegarztvertrag[171] verschaffen in diesem Zusammenhang ebenfalls keine Klarheit.

In § 3 III Muster-Allgemeine Vertragsbedingungen heißt es:

> „Nicht Gegenstand der allgemeinen Krankenhausleistungen sind
> a) (...)
> b) die Leistungen der Belegärzte (...)."

---

170 Siehe Deutsche Krankenhausgesellschaft e.V. (Hrsg.), Allgemeine Vertragsbedingungen (AVB), Behandlungsverträge und Wahlleistungsvereinbarungen für Krankenhäuser, S. 8ff.

171 Siehe Deutsche Krankenhausgesellschaft e.V. (Hrsg.), Der niedergelassene Arzt im Krankenhaus, S. 31ff.

Dies stellt lediglich klar, dass es verschiedene Leistungsbereiche – des (Beleg-) Krankenhausträgers und des Belegarztes – gibt, jedoch nicht, wie diese voneinander abzugrenzen sind.

In § 15 I Muster-Belegarztvertrag heißt es:

> „Der Belegarzt haftet gegenüber dem Patienten unmittelbar für alle Schäden, die bei der ärztlichen Versorgung sowie gegebenenfalls bei Ansprüchen aus Verletzung der Aufklärungspflicht gegenüber dem Patienten eintreten, gleichgültig, ob sie von ihm selbst oder von seinen Erfüllungsgehilfen verschuldet sind. Mitarbeiter des Krankenhauses, die bei der ärztlichen Versorgung mitwirken oder solche Leistungen erbringen, die zum Verantwortungsbereich des Belegarztes gehören, sind insoweit Erfüllungsgehilfen des Belegarztes."

Auch dieser Formulierungsvorschlag ist unklar. Es wird sogar ein neuer Begriff – „Verantwortungsbereich des Belegarztes" – eingeführt, ohne aber diesen näher zu bestimmen. Außerdem wird bei den „Mitarbeitern des Krankenhauses" nicht klar zwischen ärztlichem und nichtärztlichem Personal unterschieden. Es scheinen danach auch fachfremde (Beleg-) Krankenhausärzte Erfüllungsgehilfen (§ 278 BGB) des Belegarztes zu werden, sobald sie „bei der ärztlichen Versorgung mitwirken". Daraus könnte man folgern, der Belegarzt hafte schließlich für alle Schäden, die seinem Patienten bei der medizinischen Behandlung im (Beleg-) Krankenhaus entstehen. Es ist deutlich erkennbar, dass die Muster-Allgemeine Vertragsbedingungen und der Muster-Belegarztvertrag von einer den Krankenhausträgern nahestehenden Gesellschaft herausgegeben wurden und es ist umso erstaunlicher, dass dies unter Mitwirkung der Bundesärztekammer und der Kassenärztlichen Bundesvereinigung geschah. Es scheint nämlich, die Krankenhausträger wollten durch die Verwendung sowohl der Muster-Allgemeinen Vertragsbedingungen als auch der Muster-Belegarztverträge die Haftung für das gesamte ärztliche und nichtärztliche Personal auf den Belegarzt übertragen, obwohl sie selbst eine Vergütung für die Tätigkeit des nichtärztlichen Personals – den kleinen Pflegesatz – erhalten und der Belegarzt nach § 19 III KHEntgG verpflichtet ist, dem (Beleg-) Krankenhausträger die auf diese Leistungen entfallenden Kosten zu erstatten, sowie nach § 19 I KHEntgG, soweit er zur Erbringung seiner Leistungen Krankenhausärzte einsetzt.[172] Der Belegarzt ist hiernach einer strengen Haftung – im Gegensatz zu dem (Beleg-) Krankenhausträger – ausgesetzt, obwohl er selbst keinen Einfluss auf die Auswahl, Anleitung und Überwachung der (Beleg-) Krankenhausangestellten hat – unter Umständen beispielsweise die schuldhaft Schaden stiftende Operationsschwester niemals zuvor zu Gesicht bekam. Eine derartige Verlagerung der Haf-

172 So auch Franzki/Hansen, Der Belegarzt – Stellung und Haftung im Verhältnis zum Krankenhausträger, NJW 1990, 737, 740.

tung zulasten des möglicherweise weniger zahlungskräftigen Belegarztes kann zum Schutze des Belegarztes und des Patienten daher nicht die richtige Lösung zur Abgrenzung der Leistungsbereiche des Belegarztes und des Belegkrankenhausträgers sein.

cc) Abgrenzung der Leistungsbereiche nach der „Anstellungstheorie"

Eine Möglichkeit der Abgrenzung der verschiedenen Leistungsbereiche könnte die sogenannte „Anstellungstheorie" sein. Nach der „Anstellungstheorie" ist für die Abgrenzung allein maßgeblich, wer die schuldhaft schadensverursachende Hilfsperson – sei es ärztliches oder nichtärztliches Personal – angestellt hat. Auf den ersten Blick scheint eine derartige Abgrenzung klar, einfach und gerecht. Es wird nämlich rein formal an ein auch für den Patienten „leicht fassliches Kriterium"[173] angeknüpft. Doch bedarf es auch hier einer genauen Untersuchung. Weil der Krankenhausträger nach der „Anstellungstheorie" für alle angestellten Hilfspersonen haftet, kann dies zu einer Haftung des Krankenhausträgers auch dann führen, wenn er selbst dem Patienten die konkrete Leistung gar nicht schuldet.[174] Bedient sich beispielsweise der Belegarzt zur Erfüllung seiner eigenen vertraglichen Pflichten gegenüber dem Patienten einer beim Belegkrankenhausträger angestellten Hilfskraft und unterläuft dieser ein Fehler, so würde nicht der die Hilfskraft einsetzende Belegarzt, sondern der die Hilfskraft anstellende Belegkrankenhausträger haften, obwohl insofern keine vertragliche Pflicht des Belegkrankenhausträgers gegenüber dem Patienten besteht. Auch wird bei der „Anstellungstheorie" beim Einsatz nachgeordneter Ärzte nicht auf das Fachgebiet des Belegarztes abgestellt. So würde der Belegkrankenhausträger, wenn ein von ihm angestellter Arzt den Patienten schädigt, auch dann haften, wenn die ärztliche Hilfsleistung im Fachgebiet des Belegarztes erbracht wurde und insofern nicht vom Belegkrankenhausträger dem Patienten geschuldet wird. Schließlich widerspricht eine solche Haftung nicht nur dem Wortlaut sowie dem Sinn und Zweck des § 278 BGB, sondern auch § 2 I 2 BPflV, §§ 2 I 2, 18 I 2 Nr. 3 KHEntgG und § 121 III 3 Nr. 2 SBG V.[175] Daher ist die

---

173 So Franzki/Hansen, Der Belegarzt – Stellung und Haftung im Verhältnis zum Krankenhausträger, NJW 1990, 737, 740.

174 Uhlenbruck, Die vertragliche Haftung von Krankenhaus und Arzt für fremdes Verschulden, NJW 1964, 2187, 2189.

175 Eichholz, Die Rechtsstellung des Belegarztes, S. 111; Schmid, Die Passivlegitimation im Arzthaftpflichtprozess, S. 131; Uhlenbruck, Die vertragliche Haftung von Krankenhaus und Arzt für fremdes Verschulden, NJW 1964, 2187, 2189; Daniels, Probleme des Haftungssystems bei stationärer Krankenhausbehandlung, NJW 1972, 305, 306; Franz-

„Anstellungstheorie“ zur Abgrenzung der Leistungsbereiche des Belegarztes und des Belegkrankenhausträgers abzulehnen.

dd) Abgrenzung der Leistungsbereiche unter dem Gesichtspunkt der Repräsentationshaftung

Ferner ist eine Abgrenzung der verschiedenen Leistungsbereiche unter dem Gesichtspunkt der Repräsentationshaftung möglich. Danach ist maßgeblich, als wessen Repräsentant der schuldhaft Handelnde bei objektiver Betrachtungsweise anzusehen ist. Eine solche Abgrenzung zielt zunächst in die Richtung der „Anstellungstheorie“, ist allerdings nicht derart streng formal. „Repräsentation“ soll in diesem Zusammenhang ausdrücken, „dass der Handelnde nach der Vorstellung des Soziallebens das Zurechnungssubjekt in dem von der Zurechnungsnorm erfassten Teilbereich ‚darstellt‘“[176]. Eine derart offene Definition kann jedoch dazu führen, dass der Belegkrankenhausträger selbst für den Belegarzt haftet, wenn dieser eine Maßnahme fehlerhaft durchführt, die eigentlich dem Pflegedienst zuzuordnen ist[177] oder sich beim Begehen eines sonstigen Fehlers schlicht als Chefarzt ausgibt. Eine solche Haftung gehört in den Bereich der §§ 31, 89 I BGB,[178] die jedoch auf den Belegarzt gerade nicht anwendbar sind.[179] Auch haftet danach der Belegarzt für das Pflegepersonal, wenn dieses in seinem Fachgebiet eigenmächtig ärztliche Maßnahmen fehlerhaft durchführt.[180] Dies ist wiederum nicht mit § 278 BGB vereinbar.[181] Insofern führt die Repräsentationshaftung zu einer Rechtsunsicherheit, weshalb die Abgrenzung der Leistungsbereiche des Belegarztes und des Belegkrankenhausträgers unter dem Gesichtspunkt der Repräsentationshaftung abzulehnen ist.

---

ki/Hansen, Der Belegarzt – Stellung und Haftung im Verhältnis zum Krankenhausträger, NJW 1990, 737, 740.

176 Westermann, Haftung für fremdes Handeln, JuS 1961, 333, 334.

177 Franzki/Hansen, Der Belegarzt – Stellung und Haftung im Verhältnis zum Krankenhausträger, NJW 1990, 737, 740.

178 Westermann, Haftung für fremdes Handeln, JuS 1961, 333, 334.

179 Siehe dazu oben S. 35.

180 Franzki/Hansen, Der Belegarzt – Stellung und Haftung im Verhältnis zum Krankenhausträger, NJW 1990, 737, 740.

181 Uhlenbruck, Die vertragliche Haftung von Krankenhaus und Arzt für fremdes Verschulden, NJW 1964, 2187, 2189; Franzki/Hansen, Der Belegarzt – Stellung und Haftung im Verhältnis zum Krankenhausträger, NJW 1990, 737, 740.

ee) Abgrenzung der Leistungsbereiche nach Haupt- und Hilfstätigkeit

Ein weiterer Lösungsvorschlag unterscheidet Haupttätigkeiten von Hilfstätigkeiten und grenzt danach ab, ob die schadenstiftende Handlung eine Haupttätigkeit oder eine Hilfstätigkeit war. Maßgeblich ist dabei ausschließlich der Charakter der einzelnen Maßnahme – unabhängig von der Person des Handelnden. Obwohl dies zunächst wieder eine klare Abgrenzung zu sein scheint, bleibt hier die mitunter schwierige Unterscheidung zwischen Haupt- und Hilfstätigkeit. Während man den unmittelbaren ärztlichen Eingriff noch als Haupttätigkeit einordnen kann, ist dies beispielsweise bei der Herbeiführung der Narkose, dem Inganghalten des Kreislaufes oder dem Verabreichen lebenserhaltender Medikamente fraglich. Damit schafft dieser Lösungsvorschlag neue Abgrenzungsprobleme, anstatt sie zu lösen. Der Unterscheidung zwischen Haupt- und Hilfstätigkeit wird ferner zugrundegelegt, dass der behandelnde Belegarzt für die Haupttätigkeit und der Belegkrankenhausträger für die Hilfstätigkeit verantwortlich sind. Dies darf allerdings keinesfalls dazu führen, dass der Belegkrankenhausträger deshalb für eine von dem Belegarzt durchgeführte Hilfstätigkeit haftet.[182] Dies widerspricht dem Grundsatz des gespaltenen Krankenhausaufnahmevertrages, der tatsächlich gewollten Pflichtenaufteilung im Belegkrankenhaus,[183] der Rechtsprechung, wonach der Belegarzt nicht Erfüllungsgehilfe (§ 278 BGB) des Belegkrankenhausträgers ist,[184] und insbesondere dem Grundsatz, dass der Belegarzt stets für eigenes Fehlverhalten selbst haftet.[185] Die Abgrenzung der Leistungsbereiche des Belegarztes und des Belegkrankenhausträgers nach Haupt- und Hilfstätigkeit ist daher ungeeignet.

ff) Abgrenzung der Leistungsbereiche durch Beschränkung des Leistungsbereiches des Belegkrankenhausträgers

Nach einem weiteren Lösungsversuch schuldet der Belegkrankenhausträger im Rahmen des gespaltenen Krankenhausaufnahmevertrages ausschließlich das „Zurverfügungstellen des Krankenhauspersonals“, während die von dem Personal erbrachte Tätigkeit in den Leistungsbereich des Belegarztes fällt. Dieser Lösungsversuch stößt schnell auf Kritik, da der Belegarzt danach für jede Maß-

182 Franzki/Hansen, Der Belegarzt – Stellung und Haftung im Verhältnis zum Krankenhausträger, NJW 1990, 737, 741.

183 Eichholz, Die Rechtsstellung des Belegarztes, S. 110; Schmid, Die Passivlegitimation im Arzthaftpflichtprozess, S. 131.

184 BGH (14.2.1995), BGHZ 129, 6, 14.

185 Eichholz, Die Rechtsstellung des Belegarztes, S. 110; Schmid, Die Passivlegitimation im Arzthaftpflichtprozess, S. 131; Franzki/Hansen, Der Belegarzt – Stellung und Haftung im Verhältnis zum Krankenhausträger, NJW 1990, 737, 741.

nahme aller Hilfspersonen haftet, auf deren Auswahl, Anleitung und Überwachung er zudem keinerlei Einfluss hat. Der Leistungsbereich des Belegarztes vergrößert sich dadurch immens – selbst auf solche Maßnahmen, die unzweifelhaft Pflegeleistungen sind, wie beispielsweise das Waschen des Patienten oder die Herstellung der Mahlzeiten. Eine derartige Pflichtenaufteilung steht indes dem Grundsatz des gespaltenen Krankenhausaufnahmevertrages entgegen, nach dem der Belegarzt jedenfalls Pflegeleistungen nicht schuldet. Dies zeigt auch die Regelung über die Bezahlung, nach welcher der Krankenhausträger für seine erbrachten Leistungen den kleinen Pflegesatz berechnen darf.[186] Auch der Patient hat aufgrund zweier verschiedener Verträge von Beginn an die Erwartung, dass der Belegkrankenhausträger neben Unterkunft und Verpflegung die nichtärztlichen und auch die fachfremden ärztlichen Leistungen selbst schuldet. Jedenfalls Pflegeleistungen durch das nichtärztliche Belegkrankenhauspersonal müssen deshalb im Leistungsbereich des Belegkrankenhausträgers bleiben. Daher kann dem Lösungsversuch der Abgrenzung der Leistungsbereiche des Belegarztes und des Belegkrankenhausträgers durch Beschränkung des Leistungsbereiches des Belegkrankenhausträgers nicht gefolgt werden.

gg) Abgrenzung der Leistungsbereiche aufgrund ärztlicher Bestimmung

Eine neuere Ansicht wurde von *Eichholz*, *Schmid* sowie *Franzki/Hansen* entwickelt. *Franzki/Hansen* betonen, bei einem Lösungsversuch solle ein äußerlich sichtbares, auch für den Patienten leicht feststellbares Kriterium maßgeblich sein.[187] *Eichholz* und *Schmid* erkennen zudem, es sei verfehlt, durch eine Generalisierung oder Typisierung eine Abgrenzung der Leistungsbereiche herbeizuführen.[188] Nach Ansicht der Vertreter dieses Lösungsvorschlages soll allein der Belegarzt im Rahmen der stationären Behandlung den Umfang der von ihm selbst und der vom Belegkrankenhausträger geschuldeten Leistungen aus dem gespaltenen Krankenhausaufnahmevertrag bestimmen.[189] Die Bestimmung erfolgt dabei regelmäßig durch Weisungen des Belegarztes, durch die allein der Belegarzt festlegt, welche Aufgaben er selbst und welche Aufgaben der Beleg-

186 Eichholz, Die Rechtsstellung des Belegarztes, S. 110.

187 Franzki/Hansen, Der Belegarzt – Stellung und Haftung im Verhältnis zum Krankenhausträger, NJW 1990, 737, 742.

188 Eichholz, Die Rechtsstellung des Belegarztes, S. 113; Schmid, Die Passivlegitimation im Arzthaftpflichtprozess, S. 134.

189 Eichholz, Die Rechtsstellung des Belegarztes, S. 113; Schmid, Die Passivlegitimation im Arzthaftpflichtprozess, S. 138; Franzki/Hansen, Der Belegarzt – Stellung und Haftung im Verhältnis zum Krankenhausträger, NJW 1990, 737, 742.

krankenhausträger erfüllen soll.[190] Weist also der behandelnde Belegarzt beispielsweise eine Krankenschwester an, eine Injektion vorzunehmen, so fällt die Erfüllung dieser Aufgabe in den Leistungsbereich des Belegkrankenhausträgers; führt er die Maßnahme hingegen selbst durch, so fällt sie in seinen eigenen Leistungsbereich.[191] Eine derartige Bestimmung durch den Belegarzt lässt sich schließlich auf alle Behandlungsmaßnahmen übertragen, sei es das Vornehmen der Narkose, das Zurechtlegen des Operationsbestecks, das Aufziehen der Spritze, das Verabreichen von Medikamenten oder das Zubereiten von Diätnahrung. Die rechtliche Ermächtigung für die Bestimmung der Leistungsbereiche erhält der Belegarzt zum einen vom Patienten durch den medizinischen Behandlungsvertrag und zum anderen vom Belegkrankenhausträger durch den regelmäßig ein Weisungsrecht erteilenden Belegarztvertrag.[192] Im Rahmen seines eigenen Vertrages mit dem Patient ist der Belegarzt „Leistungsbestimmer" im Sinne von § 315 BGB; hinsichtlich des Vertrages zwischen Belegkrankenhausträger und Patient ist er „leistungsbestimmender Dritter" im Sinne von § 317 BGB. Damit scheint eine rechtlich begründete und leicht anwendbare Abgrenzung der verschiedenen Leistungsbereiche gefunden zu sein.

Doch auch hier bleiben erhebliche Bedenken. So ist es einem Belegarzt unmöglich, im Vorfeld einer medizinischen Behandlung des Patienten alle zur medizinischen Behandlung notwendigen Maßnahmen den jeweiligen Leistungsbereichen zuzuordnen – obwohl eine frühzeitige Klarheit über die jeweiligen Leistungsbereiche etwa für die Einhaltung der gebotenen Sorgfalt durchaus wichtig sein könnte. Gerade bei intraoperativ auftretenden Komplikationen, bei denen die Hinzuziehung weiterer Ärzte oder Operationsschwestern notwendig ist, ist eine frühzeitige Bestimmung der Leistungsbereiche kaum vorstellbar. Die Vertreter dieses Lösungsvorschlages erlauben daher auch jede spätere Bestimmung durch den behandelnden Belegarzt. Weist also der operierende Belegarzt während der Operation des Patienten beispielsweise der Operationsschwester an, eine bestimmte Maßnahme durchzuführen, so erfüllt diese – nach Weisung des Belegarztes – Leistungen des Belegkrankenhausträgers.[193] Dadurch werden gleichwohl sämtliche Leistungen, die vom nichtärztlichen Personal erbracht

---

190 Eichholz, Die Rechtsstellung des Belegarztes, S. 113; Schmid, Die Passivlegitimation im Arzthaftpflichtprozess, S. 138.

191 Eichholz, Die Rechtsstellung des Belegarztes, S. 113; Schmid, Die Passivlegitimation im Arzthaftpflichtprozess, S. 138; Franzki/Hansen, Der Belegarzt – Stellung und Haftung im Verhältnis zum Krankenhausträger, NJW 1990, 737, 742.

192 Schmid, Die Passivlegitimation im Arzthaftpflichtprozess, S. 139.

193 Eichholz, Die Rechtsstellung des Belegarztes, S. 114; Schmid, Die Passivlegitimation im Arzthaftpflichtprozess, S. 139; Franzki/Hansen, Der Belegarzt – Stellung und Haftung im Verhältnis zum Krankenhausträger, NJW 1990, 737, 742.

werden, Leistungen des Belegkrankenhausträgers – selbst wenn der Belegarzt die Weisungen während der Erfüllung seiner eigenen vertraglichen Pflichten erteilt. Somit erfüllt das nichtärztliche Personal stets Leistungen des Belegkrankenhausträgers und ist insoweit stets dessen Erfüllungsgehilfe (§ 278 BGB).[194] Wann aber ist dann die Operationsschwester, auf deren Hilfeleistung der operierende Belegarzt angewiesen ist, Erfüllungsgehilfin des behandelnden Belegarztes? Nach diesem Lösungsversuch scheinen geradezu sowohl das gesamte nichtärztliche Personal als auch die sonstigen Belegkrankenhausärzte stets im Leistungsbereich des Belegkrankenhausträgers tätig zu sein. Dann jedoch braucht man nicht an die Bestimmung der Leistungsbereiche durch den behandelnden Belegarzt anzuknüpfen, sondern kann die Abgrenzung mithilfe der bereits oben untersuchten und im Ergebnis abzulehnenden „Anstellungstheorie" vornehmen.

Vielleicht müsste der Belegarzt daher seine Weisungen jeweils auf irgendeine Art qualifizieren können. Dann wäre der Belegarzt in der Lage, zum einen solche Weisungen zu erteilen, durch die angestellte Ärzte oder nichtärztliches Personal im Leistungsbereich des Belegkrankenhausträgers tätig werden, und zum anderen solche Weisungen, durch die die Angewiesenen lediglich Erfüllungsgehilfen (§ 278 BGB) des Belegarztes werden. Dazu sind jedoch von den Vertretern dieses Lösungsvorschlages keine Ausführungen zu finden. Die Unterscheidung zwischen einer den Leistungsbereich bestimmenden und einer die Hilfsperson zur Erfüllung selbst geschuldeter Leistungen einsetzenden Weisung würde allerdings – abgesehen von den praktischen Umsetzungs- und Beweisschwierigkeiten – lediglich ein neues Abgrenzungsproblem schaffen. Schließlich ist anzunehmen, dass Belegärzte sämtliche Weisungen an das ärztliche oder nichtärztliche Belegkrankenhauspersonal als eine den Leistungsbereich bestimmende Weisung erteilen, um dadurch eine mögliche Haftung von sich auf den Belegkrankenhausträger zu verlagern. Dieses Problem erkennen zwar die Vertreter dieses Lösungsvorschlages, glauben es aber allein dadurch zu lösen, indem sie darauf verweisen, der Belegarzt müsse das Bestimmungsrecht nach bestem ärztlichen Gewissen ausüben.[195] Eine Gewissensentscheidung setzt indes zwangsläufig eine Unterscheidung der Weisungen voraus, über die die Vertreter dieses Lösungsvorschlages, wie soeben erwähnt, gleichwohl schweigen. Letztlich wird von den Vertretern dieses Lösungsvorschlages faktisch eine Haftungs-

194 Schmid, Die Passivlegitimation im Arzthaftpflichtprozess, S. 135; Franzki/Hansen, Der Belegarzt – Stellung und Haftung im Verhältnis zum Krankenhausträger, NJW 1990, 737, 742.

195 So Eichholz, Die Rechtsstellung des Belegarztes, S. 115 und Schmid, Die Passivlegitimation im Arzthaftpflichtprozess, S. 139, die jeweils das ohnehin dürftige Argument mit den Worten „Im Übrigen" einleiten.

verlagerung auf den Belegkrankenhausträger geschaffen – ohne dies beabsichtigt zu haben.

Problematisch in diesem Zusammenhang sind ferner falsche Anweisungen durch den Belegarzt. Während der Belegarzt freilich für falsche Anweisungen aufgrund eigenen Verschuldens haftet, müsste hier auch der Belegkrankenhausträger haften, da die Maßnahme zu seinen Leistungspflichten bestimmt wurde. Entsteht hier etwa eine gesamtschuldnerische Haftung, die wiederum nicht beabsichtigt war?

Eine derartige Abgrenzung der Leistungsbereiche ist somit – abgesehen von erheblichen Beweisproblemen des Patienten im Arzthaftungsprozess – kaum klarer, obwohl *Franzki*/*Hansen* doch gerade auf ein auch für den Patienten leicht feststellbares Kriterium abstellen wollten. Nach alledem ist der Lösungsvorschlag zur Abgrenzung der Leistungsbereiche des Belegarztes und des Belegkrankenhausträgers aufgrund ärztlicher Bestimmung abzulehnen.

hh) Abgrenzung der Leistungsbereiche nach dem Einschaltungswillen

Möglicherweise ist der richtige Ansatz zur Abgrenzung der Leistungsbereiche, sich völlig von formalen Kriterien zu lösen. Maßgeblich ist dann der jeweilige Einschaltungswille der an der medizinischen Behandlung Beteiligten, das heißt der Wille des Belegarztes oder des Belegkrankenhausträgers, die jeweilige Hilfsperson zur Erfüllung der eigenen Leistung einzusetzen. Dies entspricht im Wesentlichen dem Sinn und Zweck des § 278 BGB.

Allerdings wirft dieser Ansatz gerade bei der Haftung gegenüber dem Patienten Probleme auf. Aufgrund des gespaltenen Krankenhausaufnahmevertrages ist der Belegkrankenhausträger dem Patienten gegenüber nämlich nicht verpflichtet und daher auch nicht gewillt, seine Einrichtungen und das Hilfspersonal für die ärztliche Behandlung zur Verfügung zu stellen – der Belegkrankenhausträger macht dies allein wegen seiner Verpflichtung gegenüber dem Belegarzt aus dem Belegarztvertrag.[196] Verursacht dennoch die dem Belegazt assistierende Krankenschwester dem Patienten schuldhaft einen Schaden, haftet insofern der Belegkrankenhausträger nicht. Weil eine Verpflichtung des Belegkrankenhausträgers gegenüber dem Patienten zur Erbringung ärztlicher Leistung von diesem bei einem gespaltenen Krankenhausaufnahmevertrag gerade nicht gewollt ist, würde der Belegkrankenhausträger somit bei Fehlverhalten des Belegkrankenhauspersonals im Rahmen von ärztlichen Tätigkeiten und Hilfstätigkeiten zur ärztlichen Behandlung stets nicht haften. Ferner ist danach die Haftung des Belegkrankenhausträgers ausgeschlossen, wenn die Krankenschwester zwar

196 So BGH (28.4.1987), BGHZ 100, 363, 371; Uhlenbruck, Die vertragliche Haftung von Krankenhaus und Arzt für fremdes Verschulden, NJW 1964, 2187, 2189.

auf ausdrückliche Anweisung des Belegarztes aber im rein pflegerischen Dienst einen Schaden verursacht. Dadurch wird der Leistungsbereich des Belegkrankenhausträgers lediglich auf Unterkunft und Verpflegung beschränkt. Allein der Einschaltungswille kann insoweit für die Abgrenzung der verschiedenen Leistungsbereiche nicht maßgeblich sein.

Insbesondere spricht gegen eine Abgrenzung der Leistungsbereiche nach dem Einschaltungswillen, dass es dem geschädigten Patienten im Arzthaftungsprozess meist nicht gelingen wird, einen auf die Einzelleistung bezogenen Einschaltungswillen nachzuweisen.[197] Die Abgrenzung der Leistungsbereiche nach dem Einschaltungswillen ist daher zur Abgrenzung der Leistungsbereiche des Belegarztes und des Belegkrankenhausträgers ungeeignet.

ii) Lösungsversuch durch Annahme einer gesamtschuldnerischen Haftung

Aufgrund der erheblichen Abgrenzungsschwierigkeiten der Leistungsbereiche des Belegarztes und des Belegkrankenhausträgers ist mehrfach eine eher ergebnisorientierte Lösung vorgeschlagen worden. Belegarzt und Belegkrankenhausträger sollen danach gesamtschuldnerisch für schadenstiftende Handlungen haften. Dieser Lösungsversuch wird unterschiedlich begründet.

Um die Schwierigkeiten der Abgrenzung der verschiedenen Leistungsbereiche zu vermeiden, stellen *Kleinewefers/Wilts* auf das Innenverhältnis zwischen Belegarzt und Belegkrankenhausträger ab. Sie vertreten die Ansicht, es handele sich dabei um eine Gesellschaft bürgerlichen Rechts im Sinne der §§ 705ff. BGB.[198] Der erforderliche gemeinsame Zweck im Sinne des § 705 BGB könnte dabei die gemeinsame medizinische Behandlung des im Belegkrankenhaus aufgenommenen Patienten nach dem aktuellen Stand der medizinischen Wissenschaft sein. Zugrunde gelegt wird dabei freilich eine (gemeinsame) Verbindlichkeit der Gesellschaft bürgerlichen Rechts (§§ 705ff. BGB) gegenüber dem Patienten für sämtliche Leistungen, die zur medizinischen Behandlung erforderlich sind. Dadurch schulden der Belegarzt und der Belegkrankenhausträger nunmehr sämtliche Leistungen als Gesamtschuldner, obgleich die Leistungen nach dem Grundsatz des gespaltenen Krankenhausaufnahmevertrages gerade auf den Belegarzt und den Belegkrankenhausträger aufgespalten

197 Uhlenbruck, Die vertragliche Haftung von Krankenhaus und Arzt für fremdes Verschulden, NJW 1964, 2187, 2189f.; Daniels, Probleme des Haftungssystems bei stationärer Krankenhausbehandlung, NJW 1972, 305, 306.

198 Kleinewefers/Wilts, Vertragliche Schadensersatzansprüche des Patienten bei gespaltenem Arzt-Krankenhaus-Vertrag, VersR 1964, 201, 205.

werden.[199] Durch die (gemeinsame) Verbindlichkeit der Gesellschaft bürgerlichen Rechts werden schließlich sämtliche an der medizinischen Behandlung des Patienten Beteiligte zu Erfüllungsgehilfen (§ 278 BGB) der Gesellschaft bürgerlichen Rechts. Bei jeder Pflichtverletzung haften dann dem Patienten gegenüber die Gesellschaft bürgerlichen Rechts und akzessorisch sowohl der Belegarzt als auch der Belegkrankenhausträger als Gesamtschuldner. Freilich werden hierdurch die Haftungsbereiche des Belegkrankenhausträgers und des Belegarztes zu weit gefasst, weil hiernach der Belegkrankenhausträger auch für ein Fehlverhalten des Belegarztes und der Belegarzt für ein Fehlverhalten sämtlicher Belegkrankenhausangestellten haftet. Problematisch ist dies insbesondere bei der ärztlichen Tätigkeit des Belegarztes und bei Tätigkeiten, die von der eigentlichen ärztlichen Leistung leicht zu trennen sind (beispielsweise die Tätigkeiten der Belegkrankenhausköchin oder des Belegkrankenhausingenieurs).[200] Dies erkennen auch *Kleinewefers/Wilts* und lassen daher die Möglichkeit zu, nach Kriterien für die Abgrenzung von gesamtschuldnerischen Verpflichtungen und danebenstehenden Einzelverpflichtungen zu suchen, um bestimmte Leistungen ohne besondere Schwierigkeiten aus dem Bereich der gesamtschuldnerisch zu erbringenden Leistungen herauszunehmen.[201] Damit geht jedoch der praktische Wert dieses Lösungsversuches verloren. Denn wiederum muss jeder Einzelfall abgegrenzt werden und zwar danach, ob die Leistung eine gesamtschuldnerische Verpflichtung oder eine Einzelverpflichtung ist. Zwar weichen damit die Abgrenzungsschwierigkeiten aus dem engsten Operationsbereich, aber verlagern sich indes auf andere Bereiche (zum Beispiel, ob der Belegarzt für eine fehlerhafte Injektion durch das Belegkrankenhauspersonal, für Verbrennungen des Patienten durch ein von der Krankenschwester falsch eingestelltes Heizkissen oder für eine Infektion des Patienten bei der Blutentnahme durch eine Krankenschwester haftet).[202] Außerdem widerspricht die Annahme einer Gesellschaft bürgerlichen Rechts (§§ 705ff. BGB) zwischen Belegarzt und Belegkrankenhausträger dem Grundsatz des gespaltenen Krankenhausaufnahmevertrages, weil der Patient bei einer Belegarztbehandlung zum einen zwei verschiedene

---

199 Kleinewefers/Wilts, Schadensersatzansprüche bei Verletzung der ärztlichen Schweigepflicht, NJW 1963, 2345, 2348; Kleinewefers/Wilts, Vertragliche Schadensersatzansprüche des Patienten bei gespaltenem Arzt-Krankenhaus-Vertrag, VersR 1964, 201, 205; Kleinewefers/Wilts, Die vertragliche Haftung bei gespaltenem Arzt-Krankenhaus-Vertrag, NJW 1965, 332, 334.

200 Franzki/Hansen, Der Belegarzt – Stellung und Haftung im Verhältnis zum Krankenhausträger, NJW 1990, 737, 742.

201 Kleinewefers/Wilts, Vertragliche Schadensersatzansprüche des Patienten bei gespaltenem Arzt-Krankenhaus-Vertrag, VersR 1964, 201, 205.

202 Eichholz, Die Rechtsstellung des Belegarztes, S. 112.

Verträge abschließt und zum anderen damit erkennbar getrennte Leistungspflichten begründet. Ferner besteht ein Widerspruch zu § 2 I 2 KHEntgG und § 2 I 2 BPflV, die von einer klaren Trennung von (Beleg-) Krankenhausleistungen und Leistungen der Belegärzte ausgehen. Das Bestehen einer Gesellschaft bürgerlichen Rechts (§§ 705ff. BGB) zwischen Belegarzt und Belegkrankenhausträger kann somit nicht angenommen[203] und eine gesamtschuldnerische Haftung von Belegarzt und Belegkrankenhausträger infolgedessen auf diese Weise nicht begründet werden.

Uhlenbruck meint, eine gesamtschuldnerische Haftung von Belegarzt und Belegkrankenhausträger unmittelbar aus § 278 BGB ableiten zu können und begründet dies damit, nach der Rechtsprechung des Bundesgerichtshofs[204] sei jeder Erfüllungsgehilfe, der mit Willen des Schuldners im Rahmen seines Aufgabenkreises in „gegenständliche Beziehung" zur Vertragserfüllung tritt, und beim gespaltenen Krankenhausaufnahmevertrag liege eine solche „gegenständliche Beziehung" beim Einsatz des Hilfspersonals sowohl für die Vertragserfüllung des Belegarztes als auch des Belegkrankenhausträgers vor, sodass beide dem Patienten als Gesamtschuldner für eine schuldhafte Pflichtverletzung durch das Hilfspersonal haften.[205] Indessen liegt dieser Ansicht weiterhin eine Unterscheidung von Leistungspflichten zur jeweiligen Vertragserfüllung zugrunde. Insofern muss erst der Umfang dieser vertraglichen Leistungspflichten feststehen, bevor das eingesetzte Hilfspersonal dazu in die erforderliche „gegenständliche Beziehung" treten kann.[206] Diese Lösung kehrt damit wieder zu dem ursprünglichen Problem – die Abgrenzung der verschiedenen Leistungsbereiche – zurück und lässt dieses ungelöst. Eine gesamtschuldnerische Haftung von Belegarzt und Belegkrankenhausträger durch unmittelbare Ableitung aus § 278 BGB scheint somit fraglich. *Uhlenbruck* bestimmt vielmehr eine gesamtschuldnerische Haf-

---

203 So auch OLG Koblenz (26.7.2000), VersR 2001, 897, 898; Schmid, Die Passivlegitimation im Arzthaftpflichtprozess, S. 133; Münzel, Chefarzt- und Belegarztvertrag, S. 88; Weber/Müller, Chefarzt- und Belegarztvertrag, Rn. 38; Nebendahl, Haftungsbeziehungen bei der Behandlung durch Belegärzte und Beleghebammen in Fällen der „Rollenkonfusion", in: Luxenburger/Beeretz/Dahm/Harneit/Ratzel/Schulz-Hillenbrand/Stegers (Hrsg.), Medizinrecht heute: Erfahrungen, Analysen, Entwicklungen, 2008, S. 247; Westermann, Zivilrechtliche Verantwortlichkeit bei ärztlicher Teamarbeit, NJW 1974, 577, 582; Franzki/Hansen, Der Belegarzt – Stellung und Haftung im Verhältnis zum Krankenhausträger, NJW 1990, 737, 741.

204 BGH (21.4.1954), BGHZ 13, 111, 114; BGH (14.2.1957), BGHZ 23, 319, 323.

205 Uhlenbruck, Die vertragliche Haftung von Krankenhaus und Arzt für fremdes Verschulden, NJW 1964, 2187, 2190.

206 Eichholz, Die Rechtsstellung des Belegarztes, S. 111; Schmid, Die Passivlegitimation im Arzthaftpflichtprozess, S. 133; Franzki/Hansen, Der Belegarzt – Stellung und Haftung im Verhältnis zum Krankenhausträger, NJW 1990, 737, 741.

tung „praeter legem“, was er selbst *Kleinewefers/Wilts* vorwirft,[207] und bietet selbst keine Begründung für eine gesamtschuldnerische Haftung von Belegarzt und Belegkrankenhausträger.

Daniels spricht sich für eine gesamtschuldnerische Haftung von Belegarzt und Belegkrankenhausträger jedenfalls bei einer Operation damit aus, die Unteilbarkeit des Operationsvorganges und die Notwendigkeit der Zusammenarbeit von Belegarzt und Belegkrankenhauspersonal rechtfertigten es, beiden Schuldnern die Haftung für den gesamten Bereich der Hilfstätigkeit zuzuweisen.[208] Aus Gründen der Rechtssicherheit müsse bei einer Operation daher ausnahmsweise angenommen werden, dass Belegarzt und Belegkrankenhausträger als Gesamtschuldner haften (§ 421 BGB).[209] Allerdings bleiben Bedenken dahingehend, dass bei einem gespaltenen Krankenhausaufnahmevertrag der Patient zwei verschiedene Verträge schließt, die Leistungen also grundsätzlich teilbar sind und diese von verschiedenen Vertragspartnern geschuldet werden. *Daniels* versucht diese Bedenken damit auszuräumen, dass nach seiner Ansicht Belegarzt und Belegkrankenhausträger sich beim gespaltenen Krankenhausaufnahmevertrag nicht verpflichten, die Hilfstätigkeiten in persönlichem Bemühen zu erbringen; vielmehr solle nach dem objektiven Vertragsinhalt von vornherein eine Mehrheit von Hilfspersonen tätig werden.[210] Dies wiederum stellt keine dem Patientenwillen entsprechende Auslegung des gespaltenen Krankenhausaufnahmevertrages dar, nach welchem die verschiedenen Schuldner jeweils gerade nur einen Teil der für den gemeinsamen Heilerfolg notwendigen Maßnahmen zu leisten haben, und wird insbesondere dem persönlichen Vertrauensverhältnis zwischen Patient und Belegarzt nicht gerecht, welches oftmals überhaupt der Grund für den Abschluss eines gespaltenen Krankenhausaufnahmevertrages sein kann. Ferner ist fraglich, wann eine ärztliche Behandlung als Operation zu werten ist. Zwar versteht man darunter „jeden von einem Arzt zu diagnostischen beziehungsweise therapeutischen Zwecken vorgenommenen chirurgischen Eingriff in den lebenden Organismus eines Menschen als besondere Form der Heilbehandlung“[211], doch bleibt fraglich, ob beispielsweise nicht schon die Herbeiführung der Narkose zur Operation gehört. Wäre dies nicht der Fall, so käme bei einem Fehler

207 Siehe Uhlenbruck, Die vertragliche Haftung von Krankenhaus und Arzt für fremdes Verschulden, NJW 1964, 2187, 2190.

208 Daniels, Probleme des Haftungssystems bei stationärer Krankenhausbehandlung, NJW 1972, 305, 307.

209 Daniels, Probleme des Haftungssystems bei stationärer Krankenhausbehandlung, NJW 1972, 305, 307.

210 Daniels, Probleme des Haftungssystems bei stationärer Krankenhausbehandlung, NJW 1972, 305, 307.

211 Rieger/Dahm/Steinhilper-Jansen, Heidelberger Kommentar, Rn. 3940 1.

bei der Herbeiführung der Narkose keine gesamtschuldnerische Haftung in Betracht, anderenfalls doch. *Daniels* liefert daher keine – ohnehin von vornhinein auf den unklaren Bereich der Operation begrenzte – Begründung für die Annahme einer gesamtschuldnerischen Haftung von Belegarzt und Belegkrankenhausträger.

Auch *Laufs* sieht jedenfalls bei Operationen, welche nach seiner Ansicht eine unteilbare Leistung des gesamten Krankenhausbetriebs im Sinne von § 431 BGB sind, den Belegarzt und den Belegkrankenhausträger als Gesamtschuldner für Schäden, die von dem nachgeordneten ärztlichen und nichtärztlichen Hilfspersonal schuldhaft verursacht wurden.[212] Obwohl *Laufs* erkennt, dass das gewonnene Ergebnis dem Grundsatz des gespaltenen Krankenhausaufnahmevertrages widerspricht, meint er, es hebe dennoch die Gespaltenheit nicht im Ganzen auf, weil er die gesamtschuldnerische Haftung nicht für sämtliche Behandlungsmaßnahmen annimmt.[213] Damit bleibt jedoch eine Abgrenzung zwischen den verschiedenen Behandlungsmaßnahmen bestehen und für nichtzugehörige Behandlungsmaßnahmen weiterhin die Abgrenzung der verschiedenen Leistungsbereiche ungelöst. Zudem ist die Anwendung des § 431 BGB im Bereich der Operation äußerst fraglich.[214] Insofern – und wegen der Begrenzung auf den Bereich der Operation – kann dies keine Begründung einer gesamtschuldnerischen Haftung von Belegarzt und Belegkrankenhausträger sein.

Jedenfalls auf den Bereich der Operation begrenzt, soll nach Ansicht von *Geiß/ Greiner* für das Fehlverhalten des dem Belegarzt in der Operation assistierenden Hilfspersonals neben die Haftung des Belegkrankenhausträgers eine gesamtschuldnerische Haftung auch des Belegarztes aufgrund einer gesteigerten Fehlerträchtigkeit und der engen Verzahnung zwischen belegärztlichen und pflegerischen Leistungen treten.[215] Gleiches soll auch für den Bereich der speziellen Weisungspflege aufgrund einer besonderen Risikobeherrschungspflicht des Belegarztes gelten.[216] Wann allerdings im Allgemeinen die Fehlerträchtigkeit stark genug ist beziehungsweise eine besondere Risikobeherrschungspflicht des Belegarztes besteht, um eine gesamtschuldnerische Haftung des Belegarztes und des Belegkrankenhausträgers anzunehmen, bleibt unbeantwortet. Mithin fehlt eine – auch auf die benannten Einzelfälle begrenzte – Begründung der gesamtschuldnerischen Haftung von Belegarzt und Belegkrankenhausträger.

---

212 Noch in der 5. Auflage Laufs, Arztrecht, Rn. 563.

213 Noch in der 5. Auflage Laufs, Arztrecht, Rn. 563.

214 So auch BGH (22.10.1957), VersR 1957, 806, 808; Schmid, Die Passivlegitimation im Arzthaftpflichtprozess, S. 134.

215 Geiß/Greiner, Arzthaftpflichtrecht, Rn. A 47.

216 Geiß/Greiner, Arzthaftpflichtrecht, Rn. A 48.

Gehrlein nimmt eine gesamtschuldnerische Haftung von Belegarzt und Belegkrankenhausträger ausnahmsweise dann an, wenn das Fehlverhalten des Belegarztes ein Organisationsversäumnis des Belegkrankenhausträgers „aufdeckt", sich also im Schaden zugleich das Fehlverhalten des Belegarztes und ein Organisationsverschulden des Belegkrankenhausträgers niederschlagen.[217] Allerdings ist dies ohnehin geltendes Recht (§ 840 I BGB).

Schließlich weichen auch *Deutsch/Spickhoff* zum Schutz des Patienten und zur Vermeidung haftungsrechtlicher Lücken auf eine Gesamtschuld des Belegarztes und des Belegkrankenhausträgers aus,[218] gar ohne überhaupt eine Begründung zu nennen.

Im Ergebnis kann daher festgestellt werden, dass eine gesamtschuldnerische Haftung von Belegarzt und Belegkrankenhausträger nicht das Problem der Abgrenzung der Leistungsbereiche des Belegarztes und des Belegkrankenhausträgers löst. Es ist bisher auch keine Rechtsprechung ersichtlich, die eine gesamtschuldnerische Haftung von Belegarzt und Belegkrankenhausträger bejaht. Insbesondere widerspricht die Annahme einer gesamtschuldnerischen Haftung von Belegarzt und Belegkrankenhausträger dem Grundsatz des gespaltenen Krankenhausaufnahmevertrages und ist mithin abzulehnen.

jj) Lösungsversuch durch Umkehr der Beweislast

Teilweise[219] wurde früher vorgeschlagen, das Problem der Abgrenzung der Leistungsbereiche des Belegarztes und des Belegkrankenhausträgers durch Umkehr der Beweislast zu lösen. Oftmals meint in einem Arzthaftungsprozess der beklagte Belegarzt, der Belegkrankenhausträger hafte alleine, und der beklagte Belegkrankenhausträger meint, der Belegarzt hafte alleine. Dann stellt sich für den geschädigten Patienten das Problem, dass er nicht beweisen kann, in wessen Leistungsbereich die schadenstiftende Handlung fällt. Der geschädigte Patient ist somit regelmäßig einem Beweisnotstand ausgesetzt. Dies sollte durch eine analoge Anwendung des § 282 BGB a.F. auch auf den medizinischen Behandlungsvertrag vermieden werden, weil dadurch die Beweispflicht des geschädigten Patienten entfällt. Vielmehr sind Belegarzt und Belegkrankenhausträger jeweils beweispflichtig, dass die schadenstiftende Handlung in den Leistungsbereich des jeweils anderen fällt. Hinsichtlich des Einsatzes von Hilfspersonal hätten auf diese Weise im Schadensfall Belegarzt und Belegkrankenhausträger zu

217 Gehrlein, Grundriss der Arzthaftpflicht, Rn. A 28.

218 Deutsch/Spickhoff, Medizinrecht, Rn. 150.

219 Uhlenbruck, Die vertragliche Haftung von Krankenhaus und Arzt für fremdes Verschulden, NJW 1964, 2187, 2190f.; Westermann, Zivilrechtliche Verantwortlichkeit bei ärztlicher Teamarbeit, NJW 1974, 577, 583.

beweisen, dass sie nicht gemäß § 278 BGB für das schuldhafte Handeln der ärztlichen oder nichtärztlichen Hilfskraft haften.[220] Dies wurde damit begründet, nach früherer ständiger Rechtsprechung des Bundesgerichtshofs[221] sei es dem Geschädigten nicht zuzumuten, einen Beweis über Dinge zu führen, die seinem Gefahrenbereich und seiner Sachkenntnis entzogen sind, und für den geschädigten Patienten sei nicht erkennbar, in wessen Leistungsbereich die Schadensursache liegt.[222] Auch wenn sich dadurch die Anwendung der Beweislastumkehr konstruieren ließ,[223] so führte sie nicht zu einer vollständigen Lösung. Es reicht nämlich nicht nur die Haftung im Außenverhältnis zum Patienten durch die Beweislastumkehr zu klären; auch im Innenverhältnis zwischen Belegarzt und Belegkrankenhausträger muss die Haftung im Hinblick auf mögliche Regressansprüche geklärt werden.[224] Ferner kann nicht unbeachtet bleiben, dass eine Beweislastumkehr zu einer Beweiserleichterung in tatsächlicher Hinsicht führen soll; in diesen Fällen geht es jedoch um eine Rechtsfrage.[225]

Heute ist in § 280 I 2 BGB die Beweislastumkehr gesetzlich geregelt. Gegen § 280 I 2 BGB ist grundsätzlich auch für den Bereich des medizinischen Behandlungsvertrages nichts einzuwenden.[226] Es zeigt sich gleichwohl, dass allein durch eine gesetzliche Verschuldensvermutung das Problem der Abgrenzung der

---

220 Uhlenbruck, Die vertragliche Haftung von Krankenhaus und Arzt für fremdes Verschulden, NJW 1964, 2187, 2190.

221 BGH (11.2.1957), BGHZ 23, 288, 291; BGH (8.5.1958), BGHZ 27, 236, 238; BGH (23.10.1958), BGHZ 28, 251, 254; BGH (26.9.1961), NJW 1962, 31, 32; BGH (16.10.1963), NJW 1964, 33, 35f.

222 Uhlenbruck, Die vertragliche Haftung von Krankenhaus und Arzt für fremdes Verschulden, NJW 1964, 2187, 2190; Westermann, Zivilrechtliche Verantwortlichkeit bei ärztlicher Teamarbeit, NJW 1974, 577, 583.

223 Andere Ansicht Franzki/Hansen, Der Belegarzt – Stellung und Haftung im Verhältnis zum Krankenhausträger, NJW 1990, 737, 741: „Indessen wird damit § 282 BGB, der bei objektiv feststehender Leistungsstörung nur den Entlastungsbeweis für das fehlende Verschulden dem Schuldner auferlegt, wohl überstrapaziert (…).“; Kleinewefers/Wilts, Die vertragliche Haftung bei gespaltenem Arzt-Krankenhaus-Vertrag, NJW 1965, 332, 334: „Richtiger scheint es uns aber nach wie vor zu sein, (…) einer nicht unbedenklichen Ausweitung der Beweislastumkehrung auf dem Wege auszuweichen, (…).“.

224 Franzki/Hansen, Der Belegarzt – Stellung und Haftung im Verhältnis zum Krankenhausträger, NJW 1990, 737, 741.

225 Eichholz, Die Rechtsstellung des Belegarztes, S. 111; Schmid, Die Passivlegitimation im Arzthaftpflichtprozess, S. 132; Kleinewefers/Wilts, Die vertragliche Haftung bei gespaltenem Arzt-Krankenhaus-Vertrag, NJW 1965, 332, 334; Franzki/Hansen, Der Belegarzt – Stellung und Haftung im Verhältnis zum Krankenhausträger, NJW 1990, 737, 741.

226 So auch Katzenmeier, Schuldrechtsmodernisierung und Schadensersatzrechtsänderung – Umbruch in der Arzthaftung, VersR 2002, 1066, 1069.

Leistungsbereiche des Belegarztes und des Belegkrankenhausträgers nicht gelöst wurde und daher die Umkehr der Beweislast keine Lösung ist.

kk) Abgrenzung der Leistungsbereiche nach Auffassung der Rechtsprechung

Der Bundesgerichtshof versuchte in seiner Rechtsprechung zunächst, die Leistungsbereiche des Belegarztes und des Belegkrankenhausträgers danach abzugrenzen, der Belegkrankenhausträger schulde neben Unterkunft und Verpflegung alles, was „gewöhnlich nur mittels der personellen und sachlichen Einrichtungen eines Krankenhauses gewährt zu werden pflegt“[227]. In dem dieser Auffassung zugrunde liegenden vom Bundesgerichtshof entschiedenen Fall[228] ging es um eine von einem im Rahmen eines gespaltenen Krankenhausaufnahmevertrages selbstliquidierenden Chefarzt angewiesene und von einem Krankenhausarzt ausgeführte Bluttransfusion, durch die der Patient an Lues erkrankte. Der Bundesgerichtshof ordnete die Ausführung der Bluttransfusion nach seiner Formel in den Leistungsbereich des Krankenhausträgers ein. Diese Einordnung ist dabei durchaus vertretbar und führte auch zu einem angemessenen Ergebnis.[229] Dass die Formel des Bundesgerichtshofs das Problem jedoch nicht endgültig zu lösen vermochte, sondern vielmehr Schwierigkeiten bei ihrer Anwendung bereitete, zeigte ein vom Oberlandesgericht Hamburg ungefähr ein Jahr später zu entscheidender Fall[230]. Es ging um die Haftung des Arztes oder des Krankenhausträgers, nachdem eine beim Krankenhausträger angestellte Krankenschwester dem operierenden mit dem Patienten in selbständigen vertraglichen Beziehungen stehenden Arzt eine von ihr mit falschem Mittel gefüllte Narkosespritze reichte und dieser durch die Injektion des falschen Mittels den Patienten schädigte. Das Oberlandesgericht Hamburg versuchte den Fall mithilfe der Formel des Bundesgerichtshofs zu lösen und prüfte deshalb, ob das Aufziehen einer Spritze eine Maßnahme ist, die „gewöhnlich nur mittels der personellen und sachlichen Einrichtungen eines Krankenhauses gewährt zu werden pflegt“[231]. Das Oberlandesgericht Hamburg bejahte diese Frage schließlich mit der Begründung, gerade bei derartigen Hilfeleistungen werde eine Krankenschwester aufgrund ihrer Ausbildung als zum selbständigen Arbeiten fähig angesehen und eine derartige Hilfeleistung erfordere weder ein Arbeiten unter Aufsicht des Arztes noch die unmittelbare Zusammenarbeit mit dem Arzt unter Inanspruch-

---

227 BGH (27.2.1952), BGHZ 5, 321, 323f.; BGH (8.5.1962), NJW 1962, 1763.

228 BGH (27.2.1952), BGHZ 5, 321.

229 So Kleinewefers/Wilts, Vertragliche Schadensersatzansprüche des Patienten bei gespaltenem Arzt-Krankenhaus-Vertrag, VersR 1964, 201, 202.

230 OLG Hamburg (30.12.1953), VersR 1954, 125.

231 Siehe oben Fn. 227.

nahme von dessen ärztlicher Sachkunde, weshalb diese Tätigkeit in den Leistungsbereich des Krankenhausträgers gehöre; infolgedessen hafte der Krankenhausträger für das Verschulden der Krankenschwester gemäß § 278 BGB.[232] Nun mag auch diese Einordnung durchaus vertretbar sein,[233] gleichwohl erweist sich die Formel des Bundesgerichtshofs als ungeeignet, da es in vielen Fällen keine „gewöhnliche" Handhabung gibt.[234] Gerade das Aufziehen der Spritze, aber auch das Abnehmen von Blut, das Kontrollieren des Blutdruckes, das Verabreichen von Medikamenten oder das Durchführen einer Bestrahlung wird nicht nur von Krankenhaus zu Krankenhaus, sondern auch innerhalb desselben Krankenhauses von Station zu Station und von Arzt zu Arzt unterschiedlich gehandhabt und sogar derselbe Arzt führt die Tätigkeiten mal selbst aus, mal überträgt er sie auf eine Hilfsperson, die wiederum mal ärztlich, mal nichtärztlich ist. Besonders deutlich wird dies auch bei der Vornahme einer Narkose – der eine Arzt nimmt sie selbst vor, der andere lässt sie von einem Facharzt für Anästhesie, der nächste von einem nachgeordneten Arzt und der weitere von einer Narkoseschwester durchführen.[235] Selbst wenn der zentrale Begriff der „Gewöhnlichkeit" bei Tätigkeiten außerhalb einer Operation noch zu vertretbaren Ergebnissen führen mag, so lässt sich bei einer Operation oder der Zusammenarbeit mehrerer Ärzte aus unterschiedlichen Fachgebieten dagegen kaum beantworten, welche Aufgabenverteilung „gewöhnlich" ist.[236] Sodann äußerte auch der Bundesgerichtshof in einer späteren Entscheidung eines Falles[237], in dem eine Operationsschwester ein Bauchtuch bei der Operation in der Bauchhöhle der Patientin zurückgelassen hatte, Bedenken, ob sich gerade bei Operationen mit seiner Formel eine zutreffende Abgrenzung vornehmen lasse.[238] Außerdem widerspricht diese Abgrenzung § 2 I 2 BPflV, §§ 2 I 2, 18 I 2 Nr. 3 KHEntgG und

232 OLG Hamburg (30.12.1953), VersR 1954, 125, 126.

233 So Kleinewefers/Wilts, Die vertragliche Haftung bei gespaltenem Arzt-Krankenhaus-Vertrag, NJW 1965, 332, 333.

234 So auch Eichholz, Die Rechtsstellung des Belegarztes, S. 109; Schmid, Die Passivlegitimation im Arzthaftpflichtprozess, S. 130; Franzki/Hansen, Der Belegarzt – Stellung und Haftung im Verhältnis zum Krankenhausträger, NJW 1990, 737, 741;

235 Siehe Eichholz, Die Rechtsstellung des Belegarztes, S. 109; Schmid, Die Passivlegitimation im Arzthaftpflichtprozess, S. 130.

236 So auch Kleinewefers/Wilts, Vertragliche Schadensersatzansprüche des Patienten bei gespaltenem Arzt-Krankenhaus-Vertrag, VersR 1964, 201, 203; Kleinewefers/Wilts, Die vertragliche Haftung bei gespaltenem Arzt-Krankenhaus-Vertrag, NJW 1965, 332, 333; Westermann, Zivilrechtliche Verantwortlichkeit bei ärztlicher Teamarbeit, NJW 1974, 577, 581.

237 BGH (22.10.1957), VersR 1957, 806.

238 BGH (22.10.1957), VersR 1957, 806, 808.

§ 121 III 3 Nr. 2 SGB V,[239] weil sie alle Tätigkeiten, die „gewöhnlich" durch den nachgeordneten ärztlichen Dienst erbracht werden, auch dann dem Leistungsbereich des Belegkrankenhausträgers zurechnet, wenn diese Tätigkeiten in demselben Fachbereich wie dem des Belegarztes erbracht werden.

Auch in der Rechtsprechung aus jüngerer Zeit lässt sich keine klare Abgrenzung der Leistungsbereiche des Belegarztes und des Belegkrankenhausträgers finden. Es wird vielmehr pauschal[240] festgestellt, der Belegkrankenhausträger habe jedenfalls für ein Fehlverhalten des nichtärztlichen Personals bei der Pflegetätigkeit einzustehen. Diese pauschale Abgrenzung erinnert an eine Kombination aus der Abgrenzung nach der „Anstellungstheorie" und der Abgrenzung nach Haupt- und Hilfstätigkeit. Bei der Haftung für ein Fehlverhalten des nichtärztlichen Belegkrankenhauspersonals bei Pflegetätigkeiten mag dies durchaus der richtige Ansatz sein. Dennoch bleibt die ohnehin schwierigere Abgrenzung der verschiedenen Leitungsbereiche beim Einsatz von Hilfspersonal bei ärztlichen Tätigkeiten und damit weiterhin die Frage, wann das Belegkrankenhauspersonal Erfüllungsgehilfe (§ 278 BGB) des Belegkrankenhausträgers und wann des Belegarztes ist. Hier weicht die jüngere Rechtsprechung dem Problem aus, indem sie Fallgruppen aufstellt, in denen jedenfalls der Belegarzt haftet. Das sei dann der Fall, wenn der Belegarzt es unterlässt, dem beim Belegkrankenhausträger angestellten nichtärztlichen Personal hinreichende und notwendige Anweisungen zu erteilen[241], falsche Anweisungen erteilt[242] oder Aufgaben überträgt, die den fachlichen Kompetenzbereich des nichtärztlichen Personals überschreiten[243]. Damit kann festgestellt werden, dass nach Auffassung der jüngeren Rechtsprechung zum einen der Belegkrankenhausträger bei einem Fehlverhalten des nichtärztlichen Personals im Pflegebereich und zum anderen der Belegarzt bei ärztlichen Eingriffen sowie fehlenden, falschen und kompetenzüberschreitenden Anweisungen haftet – was jedoch wenig überraschend wirkt. Neue Ab-

239 So auch Franzki/Hansen, Der Belegarzt – Stellung und Haftung im Verhältnis zum Krankenhausträger, NJW 1990, 737, 741.

240 BGH (7.2.1956), VersR 1956, 221, 222; BGH (10.1.1984), BGHZ 89, 263, 271; BGH (14.2.1995), BGHZ 129, 6, 13; BGH (16.4.1996), NJW 1996, 2429, 2430; BGH (16.5.2000), BGHZ 144, 296, 301f.; OLG Stuttgart (20.8.1992), NJW 1993, 2384, 2385; OLG Düsseldorf (17.12.1992), MedR 1993, 233, 234; OLG Köln (21.8.1996), VersR 1997, 1404; OLG Koblenz (26.7.2000), VersR 2001, 897, 898; OLG Karlsruhe (16.5.2001), VersR 2003, 116, 117; OLG Frankfurt (11.10.2005), MedR 2006, 294, 296.

241 Fehlende Anweisung: zum Beispiel OLG Stuttgart (19.9.2000), VersR 2002, 235, 236.

242 Falsche Anweisung: zum Beispiel (Chefarzt) OLG München (27.3.1975), NJW 1977, 2123, 2124.

243 Kompetenzüberschreitende Anweisung: zum Beispiel BGH (16.4.1996), NJW 1996, 2429, 2430.

grenzungskriterien werden in jüngerer Zeit von der Rechtsprechung nicht genannt. Eine abstrakte Lösung der Abgrenzung der verschiedenen Leistungsbereiche lässt sich mithin in der Rechtsprechung nicht finden.

Darüber hinaus kann wenigstens auch festgestellt werden, dass selbst im Bereich der Operation die Annahme einer gesamtschuldnerischen Haftung von Belegarzt und Belegkrankenhausträger zwangsläufig schon seit mehreren Jahrzehnten von der Rechtsprechung nicht vertreten wird.

Im Ergebnis liefert mithin auch die Rechtsprechung keine Lösung zur Abgrenzung der Leistungsbereiche des Belegarztes und des Belegkrankenhausträgers.

2. Die Chefarztbehandlung

In manchen Krankenhäusern kann der Privat- oder Kassenpatient bei der stationären Behandlung vereinbaren, dass die ärztliche Leistung von einem bestimmten selbstliquidierenden Chefarzt erbracht wird. Auf diese Weise kommt ein totaler Krankenhausaufnahmevertrag mit Arztzusatzvertrag zustande.[244] Danach schulden der Krankenhausträger aufgrund des totalen Krankenhausaufnahmevertrages sämtliche ärztliche und nichtärztliche Leistungen und der selbstliquidierende Chefarzt aufgrund des Zusatzvertrages zwischen ihm und dem Patient ebenfalls selbst die ärztliche Leistung. Im Unterschied zur Belegarztbehandlung geht es bei der Chefarztbehandlung im Rahmen der Passivlegitimation nicht um die Frage, wer von den beiden möglichen Haftungsgegnern – Belegarzt oder Belegkrankenhausträger – der richtige Klagegegner ist. Vielmehr geht es um die Frage, ob der selbstliquidierende Chefarzt neben dem Krankenhausträger zusätzlich richtiger Klagegegner ist, denn der Krankenhausträger ist als Schuldner sämtlicher ärztlicher und nichtärztlicher Leistungen in jedem Fall richtiger Klagegegner. Der behandelnde selbstliquidierende Chefarzt ist dann Erfüllungsgehilfe (§ 278 BGB) des Krankenhausträgers.[245]

Maßgeblich ist die Abgrenzung der verschiedenen Leistungsbereiche des selbstliquidierenden Chefarztes und des Krankenhausträgers. Dabei müssen Abgrenzungskriterien gefunden werden, die die Haftung des selbstliquidierenden Chefarztes gerecht beschränken – zwar muss der selbstliquidierende Chefarzt stets für seine Erfüllungsgehilfen im Sinne von § 278 BGB haften, darf aber gleichzeitig nicht für Pflichtverletzungen des Krankenhausträgers haften müssen. Insbesondere bei Fällen, in denen nichtärztliches Krankenhauspersonal von dem behandelnden selbstliquidierenden Chefarzt eingesetzt wird, kommt es daher entscheidend auf die schwierige Abgrenzung der Leistungsbereiche des

244 Siehe dazu oben S. 17.

245 BGH (18.6.1985), BGHZ 95, 63, 70.

selbstliquidierenden Chefarztes und des Krankenhausträgers an. Hinsichtlich der Abgrenzung der verschiedenen Leistungsbereiche wird auf die unterschiedlichen Lösungsversuche im Rahmen der Ausführungen zur Belegarztbehandlung verwiesen und festgestellt, dass keine klare Lösung zur Abgrenzung der Leistungsbereiche des selbstliquidierenden Chefarztes und des Krankenhausträgers vorliegt.

3. Die ambulante Krankenhausbehandlung

Bei der ambulanten Krankenhausbehandlung gibt es im Bezug auf die Passivlegitimation mehrere Abgrenzungen zu beachten. Der sich zur ambulanten Behandlung in ein Krankenhaus begebende Patient tritt nämlich entweder ausschließlich mit dem behandelnden Chefarzt – bei der Chefarztambulanz – oder ausschließlich mit dem Krankenhausträger – wenn im Krankenhaus eine Institutsambulanz eingerichtet wurde – in vertragliche Beziehungen[246] mit jeweils unterschiedlichen Folgen für die Passivlegitimation.

Zunächst ist es zwar unproblematisch, zwischen Chefarzt- und Institutsambulanz zu unterscheiden. Während dann bei der Institutsambulanz der Krankenhausträger uneingeschränkt für das gesamte ärztliche und nichtärztliche Personal haftet, stellt sich indes bei der Chefarztambulanz erneut das Problem der Abgrenzung zwischen den Leistungsbereichen des Chefarztes und des Krankenhausträgers. Es wird insoweit wiederum auf die unterschiedlichen Lösungsversuche im Rahmen der Ausführungen zur Belegarztbehandlung verwiesen und festgestellt, dass keine klare Lösung zur Abgrenzung der Leistungsbereiche des Chefarztes und des Krankenhausträgers vorliegt.

4. Die medizinische Behandlung im Alten- und Pflegeheim

Den für die Passivlegitimation entscheidenden Abgrenzungsschwierigkeiten der verschiedenen Leistungsbereiche könnte auch ein Bewohner eines Alten- und Pflegeheims ausgesetzt sein, wenn dieser sich beispielsweise mangels Mobilität in dem Heim von seinem Hausarzt behandeln lässt. Diese Behandlungssituation unterscheidet sich von einem sonstigen Hausbesuch des Hausarztes in der Wohnung des Patienten in entscheidender Hinsicht. Bei einem Hausbesuch, bei dem der Patient in seiner Wohnung behandelt wird, ist dieser meist in der Lage, sich selbst zu versorgen und nach der ärztlichen Behandlung die notwendigen Medikamente einzunehmen. Bei einer Vielzahl von Heimbewohnern hingegen kommt es aufgrund Bettlägerigkeit, Alterslähmung oder Demenz in den Räumen des Heims zur Zusammenarbeit von Hausarzt und Heimpflegekräften, die bei-

---

246 Siehe dazu oben S. 12.

spielsweise dem Patienten nach der ärztlichen Behandlung Medikamente verabreichen. Gerade ältere Menschen vermögen dabei die verschiedenen Leistungen – die ärztliche Behandlung durch den Hausarzt einerseits und die Pflegedienstleistungen durch die Heimpflegekräfte andererseits – nicht zu unterscheiden. Sie sehen sich in dem Heim vielmehr in ständiger Umsorgung – unerkennbar, ob die erbrachte Leistung eine ärztliche Leistung des selbständigen Hausarztes oder eine pflegerische Leistung der beim Heimträger angestellten Heimpflegekräfte ist. Diese Wahrnehmung wird dadurch bestärkt, dass neben den in der Regel niedergelassenen Hausärzten gelegentlich auch hauptberuflich bei dem Heimträger angestellte Heimärzte tätig werden.

Schließlich müssen auch die Leistungsbereiche des behandelnden Arztes und des Heimträgers klar voneinander abgegrenzt werden. Allerdings unterscheiden sich trotz der vermeintlich unübersichtlichen Behandlungssituation die Leistungsbereiche des Arztes und des Heimträgers von Grund auf deutlich voneinander. Ausschließlich der Arzt schuldet die ärztlichen Leistungen und ausschließlich der Heimträger die pflegerischen Leistungen. Da in einem Alten- und Pflegeheim nicht einmal einfachste Operationen durchgeführt werden, tritt das Problem der Abgrenzung gerade im Bezug auf die Person des Erfüllungsgehilfen im Sinne von § 278 BGB nur in abgeschwächter Form auf. Schon aufgrund der von einer Krankenschwester zu unterscheidenden Ausbildung kann und darf der behandelnde Arzt eine Heimpflegekraft nicht bei der Erfüllung seiner ärztlichen Leistungen einsetzen. In Betracht kommt allenfalls die Anordnung zur Verabreichung von Medikamenten, wobei sich dann die Frage stellt, ob das Verabreichen von Medikamenten beispielsweise bei altersgelähmten Patienten noch Teil der Heilbehandlung des Arztes oder schon Teil der Pflegedienstleistung der Heimpflegekraft ist. Unverkennbar ist ferner, dass Pflegedienstleistungen nicht zum Leistungsbereich des behandelnden Arztes gehören. Bei der Ausübung seiner ärztlichen Tätigkeit trifft der behandelnde Arzt im Alten- und Pflegeheim – anders als der Belegarzt im Belegkrankenhaus – insofern nur äußerst selten mit dem nur auf den Bereich der Pflege ausgebildeten Heimpersonal zusammen. Abgrenzungsschwierigkeiten der Leistungsbereiche des Arztes und des Heimträgers gibt es daher bei der medizinischen Behandlung im Alten- und Pflegeheim nur selten.

5. Die Zusammenarbeit von Belegkrankenhausträger, Belegarzt und (Beleg-) Hebamme

Auch die der Passivlegitimation zugrunde liegenden Haftungsverhältnisse bei der Betreuung einer Schwangeren bergen eine Vielzahl von Abgrenzungsschwierigkeiten. Als richtiger Klagegegner kommen bei der Entbindung gleich drei Parteien in Betracht: die Beleghebamme, der Beleggynäkologe und der Belegkrankenhausträger.

Zunächst einmal ist zu klären, ob die Schwangere von einer mit einem Belegrecht ausgestatteten frei praktizierenden Hebamme (Beleghebamme) oder einer von einem Belegkrankenhausträger angestellten Hebamme betreut wird. Eine von einer Beleghebamme betreute Schwangere geht mit der Aufnahme in das Belegkrankenhaus grundsätzlich nicht ohne Weiteres auch vertragliche Beziehungen mit dem dort tätigen Beleggynäkologen ein.[247] Erst mit der Übernahme der Geburtsleitung durch die Eingangsuntersuchung begründet der Beleggynäkologe selbst ein Vertragsverhältnis mit der Schwangeren.[248] Sobald er die medizinische Behandlung der Schwangeren übernommen hat, haftet der Beleggynäkologe dann für das Fehlverhalten der Beleghebamme – obwohl er freilich die Leistung der Beleghebamme selbst nicht schuldet.[249] Die Beleghebamme wird kraft Berufsrecht seine Gehilfin.[250] Für ein Fehlverhalten der Beleghebamme haftet demzufolge der Beleggynäkologe jedenfalls vor der Eingangsuntersuchung nicht – erst ab diesem Zeitpunkt wird die Beleghebamme ungeachtet ihrer eigenen vertraglichen Beziehung zu der Schwangeren seine Gehilfin, für die der Beleggynäkologe vertraglich nach § 278 BGB und deliktisch im Rahmen des § 831 BGB haftet.[251]

Vor der Eingangsuntersuchung kommen daher als richtige Klagegegner aus vertraglicher Haftung die Beleghebamme oder der Belegkrankenhausträger beziehungsweise bei einer angestellten Hebamme nur der Belegkrankenhausträger in Betracht. Nach der Eingangsuntersuchung kommen hingegen die Beleghebamme, der Beleggynäkologe oder der Belegkrankenhausträger beziehungsweise bei einer angestellten Hebamme der Beleggynäkologe oder der Belegkrankenhausträger als richtige Klagegegner aus vertraglicher Haftung in Betracht. Es sind erneut die Abgrenzungsschwierigkeiten der verschiedenen Leistungsberei-

---

247 Gehrlein, Grundriss der Arzthaftpflicht, A 29.

248 BGH (14.2.1995), BGHZ 129, 6, 11; BGH (16.5.2000), BGHZ 144, 296, 301.

249 Laufs/Kern-Laufs/Kern, Handbuch des Arztrechts, § 94, Rn. 14; Laufs/Kern-Laufs/Kern, Handbuch des Arztrechts, § 104, Rn. 8.

250 BGH (14.2.1995), BGHZ 129, 6, 11; Laufs/Kern-Laufs/Kern, Handbuch des Arztrechts, § 94, Rn. 14; Laufs/Kern-Laufs/Kern, Handbuch des Arztrechts, § 104, Rn. 8.

251 BGH (14.2.1995), BGHZ 129, 6, 11; Gehrlein, Grundriss der Arzthaftpflicht, Rn. A 29. Andere Ansicht Müller, Die freiberufliche Hebamme als Erfüllungs- und Verrichtungsgehilfin eines Belegarztes, MedR 1996, 208, 209f.: „Richtigerweise wird man aber nicht – temporär – auf einen bestimmten Zeitpunkt abstellen dürfen, sondern – materiell – auf eine Art der von der freiberuflichen Hebamme durchgeführten Tätigkeit. (...) Im Ergebnis ist festzuhalten, dass die freiberufliche Hebamme weder Erfüllungs- noch Verrichtungsgehilfin eines Belegarztes ist.“.

che zu lösen. Insoweit wird wiederum auf die unterschiedlichen Lösungsversuche im Rahmen der Ausführungen zur Belegarztbehandlung verwiesen und festgestellt, dass keine klare Lösung zur Abgrenzung der Leistungsbereiche der Beleghebamme, des Belegarztes und des Belegkrankenhausträgers vorliegt. Immerhin findet man etwas Klarheit in Bezug auf eine Gehilfenstellung im Berufsrecht der Hebammen, das sowohl die Beleghebamme als auch die beim Belegkrankenhausträger angestellte Hebamme mit der Übernahme der Geburtsleitung durch den Belegarzt kraft Gesetz zur (Erfüllungs- und Verrichtungs-) Gehilfin des Belegarztes macht. Indessen kann auch zu den Organisationspflichten des Belegkrankenhausträgers die Durchführung einer nach Mutterschaftsrichtlinien gebotenen Eingangsuntersuchung gehören.

C. Stellungnahme

Das Haftungssystem im aktuellen Arzthaftungsrecht, das der Passivlegitimation im Arzthaftungsprozess zugrunde liegt, birgt erhebliche Probleme,[252] welchen ein Patient bei der Frage nach dem richtigen Klagegegner, also der Passivlegitimation, ausgesetzt sein kann. Die Bestimmung der Passivlegitimation ist insbesondere problematisch, sobald sich der Patient zur medizinischen Behandlung – ambulant oder stationär – in ein Krankenhaus begibt. Dann arbeiten nämlich oftmals mehrere Ärzte unterschiedlicher Zugehörigkeit zusammen: selbstliquidierende Chefärzte, nachgeordnete von dem Krankenhausträger angestellte Ärzte und Belegärzte. Daneben ist bei der medizinischen Behandlung des Patienten stets nichtärztliches von dem Krankenhausträger angestelltes Personal beteiligt. Bei der ambulanten Krankenhausbehandlung sind die unterschiedlichen Ausgestaltungen der Ambulanzen als Chefarztambulanz oder Institutsambulanz zu beachten; bei der stationären Krankenhausbehandlung muss bereits bei Behandlungsbeginn zwischen drei verschiedenen Krankenhausaufnahmeverträgen, dem totalen Krankenhausaufnahmevertrag, dem gespaltenen Krankenhausaufnahmevertrag und dem totalen Krankenhausaufnahmevertrag mit Arztzusatzvertrag, unterschieden werden, die jeweils zu unterschiedlichen Folgen im Haftungssystem und damit der Passivlegitimation führen. Einigen sich etwa der Patient, der behandelnde Belegarzt und der Belegkrankenhausträger auf den Abschluss eines gespaltenen Krankenhausaufnahmevertrages, ist dies der schlimmste Fall für die Rechtssicherheit im Arzthaftungsrecht. Gerade die Zusammenarbeit von Beleg-

252 Spickhoff, Aktuelle Rechtsfragen des medizinischen Behandlungsverhältnisses, S. 47: „Die derzeitige Rechtslage in Bezug auf die Passivlegitimation des Haftpflichtigen wegen fehlerhafter Behandlung im Krankenhaus ist kaum befriedigend.“.

ärzten und dem Personal des Belegkrankenhausträgers, sei es nachgeordnetes ärztliches oder nichtärztliches Personal, birgt erhebliche Schwierigkeiten bei der Bestimmung der Passivlegitimation. Um eine Operation erfolgreich durchführen zu können, muss sich der operierende Belegarzt jedoch ärztlichen oder nichtärztlichen von dem Belegkrankenhausträger angestellten Personals bedienen. Damit entsteht die über die Haftung entscheidende Frage nach dem Erfüllungsgehilfen im Sinne des § 278 BGB. Wann die Operationsschwester Erfüllungsgehilfin (§ 278 BGB) des operierenden Belegarztes und wann sie die des Belegkrankenhausträgers ist, ist weder durch Gesetz noch in Rechtsprechung und Literatur bis heute abschließend geklärt. Entscheidend ist die Abgrenzung der Leistungsbereiche des Belegarztes und des Belegkrankenhausträgers. Diese Abgrenzung bereitet indes erhebliche Schwierigkeiten. Das Problem, an wen sich der geschädigte Patient halten kann, wurde bereits mehrmals höchstrichterlich entschieden und in zahlreichen wissenschaftlichen Beiträgen diskutiert. Es sind verschiedene Lösungen vorgeschlagen worden, die im Ergebnis jedoch alle nicht zufriedenstellend sind. Daher bleibt dem bei der medizinischen Behandlung im Krankenhaus geschädigten Patienten stets das meist zeit- und kostenintensive Risiko, den Falschen zu verklagen.

Für die Lösung des Problemes der Passivlegitimation in solchen Fällen gibt es dem Grunde nach vier Möglichkeiten:

Zunächst könnte man es bei der aktuellen schwierigen und für die Rechtssicherheit unbefriedigenden auf den Einzelfall bezogenen Abgrenzung der Leistungsbereiche des Belegarztes und des Belegkrankenhausträgers belassen, wonach entweder der Belegarzt oder der Belegkrankenhausträger für das eingesetzte Belegkrankenhauspersonal haftet.

Auch könnten behandelnder Belegarzt und Belegkrankenhausträger stets pauschal für das eingesetzte Belegkrankenhauspersonal gemeinsam als Gesamtschuldner dem Patienten gegenüber haften, obwohl die Rechtsprechung dies bisher ablehnt.

Ferner könnte ein Korrelat zulasten des behandelnden Belegarztes eingeführt werden und dieser dann für alle Fehler, die im unmittelbaren Zusammenhang mit der ärztlichen Behandlung stehen, alleine nach außen haften. Eine derartige Lösung ließe sich durchaus mit dem Weisungsrecht des behandelnden Belegarztes aus dem Belegarztvertrag begründen. Dies ist so jedoch von der Rechtsprechung bislang nicht entschieden worden und stößt zudem auf große Bedenken. Der Belegarztvertrag regelt nämlich nur die Beziehungen zwischen dem Belegarzt und dem Belegkrankenhausträger und gerade nicht die Haftung des Belegarztes und des Belegkrankenhausträgers gegenüber dem Patienten im Außenverhältnis.[253] Im Verhältnis zwischen dem Patient und dem Belegkrankenhausträger tritt der Belegarzt lediglich als „leistungsbestimmender Dritter" im Sinne des § 317 BGB auf. Würde der Belegarztvertrag die Haftung des Belegkrankenhausträgers ausschließen, sodass dieser dem Patienten als Haftungsschuldner und Passivlegitimierter verloren geht, läge ein unzulässiger Vertrag zulasten Dritter vor, der mit der Privatautonomie nicht vereinbar und im Bürgerlichen Gesetzbuch nicht vorgesehen ist.[254]

Schließlich könnte der Belegkrankenhausträger für alle in seinem Belegkrankenhaus auftretenden Schäden im Außenverhältnis dem Patienten gegenüber haften. Dies entspricht endlich der Tendenz der neueren Rechtsprechung[255] hin zu einer strengeren Haftung des (Beleg-) Krankenhausträgers.

---

253 BGH (16.4.1996), NJW 1996, 2429, 2430.

254 Krahe, Die Haftungssystematik bei ärztlicher Arbeitsteilung und Zusammenarbeit in den Vereinigten Staaten von Amerika und in Deutschland, S. 250.

255 Siehe beispielsweise BGH (30.11.1982), BGHZ 85, 393, 396: „[D]as führt zu einer weitgehenden Konzentrierung der Schadensregulierung beim Krankenhausträger, die dem Arzt-Patienten-Verhältnis zugute kommt.".

2. Teil: Die Haftung des Krankenhausträgers nach aktueller U.S.-amerikanischer Rechtslage

Das U.S.-amerikanische Recht kennt ähnliche Probleme bei der Frage nach der Passivlegitimation im Arzthaftungsprozess, insbesondere sobald ein sogenannter „independent contractor (physician)“ bei der medizinischen Behandlung eines Patienten in einem Krankenhaus beteiligt ist. Der Begriff des „independent contractor“ wird wie folgt definiert: „One who is entrusted to undertake a specific project but who is left free to do the assigned work and to choose the method for accomplishing it.“[256] Ein „independent contractor“ ist also ein selbständiger Arzt, der seine eigenen Patienten in einem Krankenhaus medizinisch behandelt und nicht vom Krankenhausträger angestellt ist.[257] Vertragliche Beziehungen zum Krankenhausträger bestehen lediglich über die Nutzung der Krankenhauseinrichtungen; hinsichtlich der ärztlichen Tätigkeit besteht traditionell kein Weisungsrecht des Krankenhausträgers gegenüber dem „independent contractor“.[258] Im Schadensfall ist die Ermittlung des richtigen Haftungsgegners indes schwierig. Die Abgrenzung zwischen der Haftung des „independent contractor“ und der Haftung des Krankenhausträgers wurde meist mit der „borrowed servant rule“ oder der „‚captain of the ship‘ doctrine“ gelöst, die allerdings beide nicht selten Probleme aufwarfen. Um die damit verbundene Rechtsunsicherheit hinsichtlich der Passivlegitimation im Arzthaftungsprozess zu beseitigen, entwickelten einzelne Gerichte in den verschiedenen U.S.-Staaten in einer „neuen“ Rechtsprechung unterschiedliche dogmatische Ansätze, nach denen sie den Krankenhausträger – auch nach aktueller U.S.-amerikanischer Rechtslage – in bestimmten Fällen selbst für Fahrlässigkeiten eines „independent contractor“ haftbar halten. Dadurch entfällt – zumindest im Außenverhältnis zum Patienten – die schwierige Abgrenzung zwischen der Haftung des „independent contractor“ und der Haftung des Krankenhausträgers und die damit verbundene Frage nach der Passivlegitimation im Arzthaftungsprozess. Sie bedienen sich dabei entweder der Lehre der „corporate negligence“, der Lehre der „respondeat superior“ oder der Lehre der „ostensible agency“, obgleich deren Anwendung dogmatisch nicht abschließend geklärt ist und indessen neue nicht unerhebliche Probleme aufwirft.

Im Folgenden werden die rechtlichen Grundlagen im U.S.-amerikanischen Recht für die Haftung des Krankenhausträgers bei der medizinischen Behand-

256 Black's Law Dictionary, 839 (9th ed. 2009).

257 Dan B. Dobbs, The Law Of Torts, 668 (2000).

258 Der Begriff des „independent contractor“ umfasst dabei entsprechend Belegärzte und selbstliquidierende Chefärzte gleichermaßen.

lung des Patienten im Krankenhaus untersucht. Dabei wird nicht nur auf die Abgrenzung zwischen der Haftung des Krankenhausträgers und der Haftung des „independent contractor“ eingegangen, sondern insbesondere auch darauf, wann nach Auffassung der „neuen“ Rechtsprechung U.S.-amerikanischer Gerichte der Krankenhausträger selbst für Fahrlässigkeiten der „independent contractors“ haftet.

A. Haftungsgrundlagen

Erst im Jahr 1942 hob der United States Court of Appeals for the District of Columbia in der grundlegenden Entscheidung *President and Directors of Georgetown College v. Hughes*[259] die bis dahin geltende Haftungsimmunität der Krankenhausträger („doctrine of charitable immunity“) auf und erkannte erstmals die grundsätzliche Haftung eines Krankenhausträgers an. Im U.S.-amerikanischen Recht wird seitdem die Haftung des Krankenhausträgers nahezu ausschließlich im Deliktsrecht („law of torts“) begründet. Prozessual werden Schadensersatzansprüche bei einer fahrlässigen Schadensverursachung mithilfe der sogenannten „action for negligence“ geltend gemacht. Ferner liegt der medizinischen Behandlung des Patienten stets ein medizinischer Behandlungsvertrag zugrunde, weshalb theoretisch bei fahrlässiger Schadensverursachung auch ein Schadensersatzanspruch aus dem Vertragsrecht („law of contracts“) und damit prozessual eine sogenannte „action for breach of contract“ in Betracht kommt. Gleichwohl stützen die Gerichte heute ganz überwiegend ihre Entscheidungen ausschließlich auf die deliktsrechtliche Haftung des Krankenhausträgers.

Die Arzthaftung ist in den Vereinigten Staaten von Amerika nur sehr spärlich durch Gesetz geregelt.[260] Vielmehr wird diese – wie es typisch für das Common Law ist – überwiegend durch Rechtsprechung („case law“) innerhalb der verschiedenen U.S.-Staaten bestimmt. Dadurch gehen die Haftungsgrundlagen und ihre Entwicklung auf eine Vielzahl von Gerichtsentscheidungen zurück,

259 130 F.2d 810 (D. C. Cir. 1942). Die wohl berühmteste Entscheidung, die die Haftungsimmunität des Krankenhausträgers ablehnte, erging vom Court of Appeals of New York im Jahr 1957 in *Bing v. Thunig*, 2 N.Y.2d 656, 143 N.E.2d 3 (N. Y. 1957).

260 Siehe Manuel A. Reboso & Lincoln J. Connolly, Hospital liability for physician malpractice, 2004 ATLA-CLE 2117, 2120 (2004): „Finally, when all else fails, as it sometimes does, it is worthwhile to research whether your state has a financial responsibility statute requiring doctors practicing in hospitals to possess a certain level of liability insurance which may be construed to make the hospital liable for the physicians who do not.“.

welche sich zum Teil sehr stark, zum Teil nur sehr schwach oder gar nicht von einem U.S.-Staat zum anderen U.S.-Staat unterscheiden.

Bis heute wenden die einzelnen Gerichte der verschiedenen U.S.-Staaten eine Vielzahl unterschiedlicher Theorien an, um die Haftung des behandelnden Arztes, insbesondere des „independent contractor", oder des Krankenhausträgers zu ermitteln. Früher wurde von den Gerichten meist die „borrowed servant rule" und die „‚captain of the ship' doctrine" angewendet, um die Haftung des „independent contractor" von der Haftung des Krankenhausträgers für Fahrlässigkeiten des eingesetzten Hilfspersonals abzugrenzen. Die „borrowed servant rule" verlangt als Haftungsgrundlage dabei zumindest das Recht, die Kontrolle über die Arbeit des anderen an sich und deren konkrete Ausführung zu haben. Die „‚captain of the ship' doctrine" ist davon eine Weiterentwicklung, deren Anwendbarkeit auf dem Bereich der Operation vereinfacht wurde. Die später von den Gerichten entwickelte „neue" Rechtsprechung, nach der die Gerichte den Krankenhausträger selbst für Fahrlässigkeiten eines „independent contractor" haftbar halten, lässt sich aus einer Vielzahl von Entscheidungen auf drei[261] wesentliche Haftungsgrundlagen zusammenfassen: die Lehre der „corporate negligence"[262], die Lehre der „respondeat superior" und die Lehre der „ostensible agency"[263].

Nach der Lehre der „corporate negligence" besteht eine unabhängige und umfassende Pflicht des Krankenhausträgers, eine ordnungsgemäße Patientenversorgung zu ermöglichen. Aufgrund einer Verletzung dieser dem Patienten gegenüber bestehenden Pflicht des Krankenhausträgers, kann dieser somit auch bei Fahrlässigkeiten der „independent contractors" unmittelbar in Anspruch genommen werden.

---

261 Als eine weitere Alternative wenden die Gerichte einiger U.S.-Staaten auch die „non-delegable duty doctrine" an, nach der der Krankenhausträger aufgrund einer unübertragbaren Pflicht für alle Fahrlässigkeiten seiner Ärzte haftet. Der Supreme Court of Alaska war ausdrücklich der Auffassung, die rechtliche Verantwortlichkeit der Krankenhausträger für Fahrlässigkeiten ihrer Ärzte sei eine „non-delegable and non-waivable duty"; siehe *Jackson v. Power*, 743 P.2d 1376, 1377 (Alaska 1987): „[The hospital] ha[s] a non-delegable duty to provide non-negligent physician care in its emergency room and, therefore, may be liable.". Dieser Auffassung war auch der Supreme Court of South Carolina; siehe *Simmons v. Toumey Regional Medical Center*, 341 S.C. 32, 48, 533 S.E.2d 312, 321 (S. C. 2000): „Consequently, we believe the better solution, grounded primarily in public policy reasons [...], is to impose a nondelegable duty on hospitals.". Der größte Unterschied zu den anderen Haftungsgrundlagen ist, dass die „non-delegable duty doctrine" verschuldensunabhängig ist.

262 Auch unter dem Begriff „direct liability" bekannt.

263 Auch unter den Begriffen „apparent agency", „agency by estoppel", „estoppel to deny employment" und „apparent authority" bekannt.

Völlig anders knüpfen die beiden anderen Lehren an. Diese sehen nämlich nicht eine Haftung für eigene Pflichtverletzungen vor, sondern eine Haftung für fremdes Fehlverhalten. Im Allgemeinen nennt man im U.S.-amerikanischen Recht die Haftung für andere „vicarious liability". „Vicarious liability" überträgt die Haftung für fahrlässiges Handeln einer bei der medizinischen Behandlung des Patienten beteiligten Person auf den Krankenhausträger, wenn eine sogenannte „master-servant relationship" besteht, wie beispielsweise bei einem Angestelltenverhältnis zwischen Krankenhausträger und behandelndem Arzt („respondeat superior") oder wenn ein Krankenhausträger seinen Patienten ein solches Verhältnis vermittelt und die Patienten vernünftigerweise darauf vertrauen („ostensible agency"). Daher ist „vicarious liability" eine übertragene Haftung des Geschäftsherrn für Fahrlässigkeiten seines tatsächlichen Gehilfen oder seines Anscheins- oder Duldungsgehilfen. Es zeigt sich indes zunächst, dass dieser Grundsatz für Nicht-Gehilfen gerade keine Haftung des Geschäftsherrn begründet.[264] Typischer Nicht-Gehilfe ist dabei grundsätzlich der „independent contractor", der gerade in keinem Angestelltenverhältnis zu dem Krankenhausträger steht. Trotzdem sind die Lehren der „respondeat superior" und der „ostensible agency" genau die zwei Lehren, welche von den Gerichten am häufigsten angewendet werden, um dem Krankenhausträger eine Haftung für Fahrlässigkeiten der „independent contractors" aufzuerlegen. Dabei gibt es nur zwei Möglichkeiten, um dieses Ergebnis mithilfe der beiden Lehren zu erreichen: Entweder muss zum einen das Verhältnis zwischen „independent contractor" und Krankenhausträger gerade noch den Anforderungen an ein Angestelltenverhältnis genügen, welches für eine Haftung nach der Lehre der „respondeat superior" erforderlich ist, oder der „independent contractor" muss zum anderen von dem Krankenhausträger dem Patienten durchweg als angestellter Arzt vermittelt worden sein, worauf der Patient vernünftigerweise vertraute („ostensible agency").[265]

264 Claire G. Combs, Hospital vicarious liability for the negligence of independent contractors and staff physicians: Criticism of ostensible agency doctrine in Ohio, 56 U. Chin. L. Rev. 711, 716 (1987).

265 Kritisch Martin C. McWilliams, Jr. & Hamilton E. Russell, III, Hospital liability for torts of independent contractor physicians, 47 S. C. L. Rev. 431, 432-33 (1996): „In the hospital context, however, this traditional rule is crumbling before enthusiastic applications of the doctrine of [...] 'ostensible' agency, [...], and even elastic interpretations of respondeat superior.".

I. „Borrowed servant rule“

Ihren Ursprung hat die „borrowed servant rule“ im Vertretungsrecht („law of agency“); sie wurde nicht etwa speziell für den Bereich der Arzthaftung entwickelt. Die traditionelle Anwendung der „borrowed servant rule“ fasste beispielsweise der Supreme Court of Pennsylvania in *Mature v. Angelo*[266] wie folgt zusammen: „[W]hether a servant furnished by one person to another becomes the employe[e] of the person to whom he is loaned [depends on] whether he passes under the latter's right of control with regard not only to the work to be done but also to the manner of performing it. [...] A servant is the employe[e] of the person who has the right of controlling the manner of his performance of the work, irrespective of whether he actually exercises that control or not.“[267] Danach haftet derjenige für Fahrlässigkeiten eines anderen, dem das Recht zusteht, sowohl über die Arbeit des anderen an sich als auch über deren konkrete Ausführung die Kontrolle auszuüben.

Dass die „borrowed servant rule“ bei ihrer Anwendung im Bereich der Arzthaftung Probleme aufwarf, zeigte sich in *Harris v. Miller*[268]. Der Supreme Court of North Carolina musste sich mit der Frage auseinandersetzen, unter welchen Umständen ein behandelnder Arzt für Fahrlässigkeiten des ihm assistierenden Operationshilfspersonals haftet. Um eine klare Anwendbarkeit der „borrowed servant rule“ zu schaffen, entschied das Gericht, es sei allein maßgeblich, ob der Chirurg das Recht hatte, Kontrolle über die konkret erbrachte Hilfeleistung auszuüben.[269] Dass die Operationsschwester gegebenenfalls andere Kenntnisse bei der Ausübung einzelner Tätgkeiten hat, ändert daran nichts. Gleichwohl blieben Probleme bei der Anwendung der „borrowed servant rule“ im Bereich der Arzthaftung nicht aus. Kann ein Chirurg überhaupt Kontrolle über eine speziell ausgebildete Narkoseschwester ausüben? Wie ist es bei prä- und postoperativen Tätigkeiten der Operationsschwester, bei denen der operierende Arzt noch nicht oder nicht mehr anwesend ist? Wie sind vom Krankenhausträger heute üblich eingeführte Verhaltensregeln für Operationsschwestern in diesem Zusammenhang zu werten? Muss danach unterschieden werden, ob die Operationsschwester medizinisch tätig wird oder Krankenhausverwaltungsaufgaben ausführt? Es wird deutlich, dass die „borrowed servant rule“ im Bereich der Arzthaftung nicht problemlos anwendbar ist.

---

266 373 Pa. 593, 97 A.2d 59 (Pa. 1953).

267 *Mature v. Angelo*, 373 Pa. 593, 594-96, 97 A.2d 59, 60 (Pa. 1953).

268 335 N.C. 379, 438 S.E.2d 731 (N. C. 1994).

269 *Harris v. Miller*, 335 N.C. 379, 395, 438 S.E.2d 731, 740 (N. C. 1994).

II. „„Captain of the ship‘ doctrine“

Die „„captain of the ship‘ doctrine“ ist eine modifizierte Anwendung der „borrowed servant rule“, die speziell für die Arzthaftung im Bereich der Operation entwickelt wurde. Ihr wird zugrunde gelegt, dass ein operierender Arzt grundsätzlich stets die Kontrolle über alle Aktivitäten im Operationssaal ausübt. Ihren Namen verdankt die „„captain of the ship‘ doctrine“ dem Supreme Court of Pennsylvania, der in *McConnell v. Williams*[270] die Situation des operierenden Arztes im Operationssaal mit der Situation eines Kapitäns auf einem Schiff verglich.[271] Auch für die Anwendbarkeit der „„captain of the ship‘ doctrine“ ist es grundsätzlich weiterhin erforderlich, dass dem behandelnden Arzt das Recht zusteht, die Kontrolle über die Arbeit an sich und deren konkrete Ausführung des ihm assisierenden Hilfspersonals auszuüben; dies wird indessen von den Gerichten aufgrund obiger Zugrundelegung im Rahmen der „„captain of the ship‘ doctrine“ im Bereich der Operation stets pauschal[272] angenommen. Nach der „„captain of the ship‘ doctrine“ haftet der operierende Arzt somit für alle Fahrlässigkeiten des gesamten ihm assistierenden Operationsteams. Dies führt zu einer enorm weiten Haftung des operierenden Arztes. Es ist deutlich erkennbar, dass die Entwicklung der „„captain of the ship‘ doctrine“ auf die Zeit zurückgeht, als sowohl Ärzte als auch Krankenschwestern stets „independent contractors“ und viele Krankenhausträger nach der „doctrine of charitable immunity“ nicht haftungsfähig waren; so war diese Entwicklung eher rechtspolitisch motiviert, um dem geschädigten Patienten zu helfen.[273]

Später gingen sodann die Auffassungen der einzelnen Gerichte bei der Anwendung der „„captain of the ship‘ doctine“ auseinander. Hinsichtlich der Haftung des Krankenhausträgers waren einige Gerichte[274] der Auffassung, der Krankenhausträger hafte nicht, wenn der operierende Arzt für die Fahrlässigkeit

---

270 361 Pa. 355, 65 A.2d 243 (Pa. 1949).

271 *McConnell v. Williams*, 361 Pa. 355, 362, 65 A.2d 243, 246 (Pa. 1949): „And indeed it can readily be understood that in the course of an operation in the operating room of a hospital, and until the surgeon leaves that room at the conclusion of the operation, [...] he is in the same complete charge of those who are present and assisting him as is the captain of a ship over all on board, [...].“.

272 *McCullough v. Bethany Medical Center*, 235 Kan. 732, 738, 683 P.2d 1258, 1263 (Kan. 1984): „Conceivably, a factual situation could exist where summary judgment would be proper on the issue of responsibility of the operating surgeon for the negligence of a nurse-anesthetist. However, such a situation would be a rare bird.“.

273 So auch Dan B. Dobbs, The Law Of Torts, 669 (2000).

274 Zum Beispiel *Synnott v. Midway Hospital*, 287 Minn. 270, 178 N.W.2d 211 (Minn. 1970).

einer Operationsschwester haftet. Die Mehrheit der Gerichte[275] war hingegen der Auffassung, sowohl der operierende Arzt als auch der Krankenhausträger konnten für Fahrlässigkeiten des Operationshilfspersonals haften. Mit zunehmender Spezialisierung im Medizinbereich wurde die „‚captain of the ship‘ doctrine“ immer umstrittener. Und so ist die Theorie, nach der ein operierender Arzt grundsätzlich die unmittelbare Kontrolle über alle Aktivitäten – egal welcher Art und von wem – im Operationssaal stets ausübt, heute schlicht nicht realistisch.[276] Die „‚captain of the ship‘ doctrine“ wird daher von den Gerichten in den verschiedenen U.S.-Staaten nunmehr ganz überwiegend abgelehnt.[277]

III. „Corporate negligence“

Die Lehre der „corporate negligence“ wurde zum ersten Mal als Haftungsgrundlage im Bereich der Krankenhaushaftung im Jahr 1965 vom Supreme Court of Illinois in der Entscheidung *Darling v. Charleston Community Memorial Hospital*[278] entwickelt. Diese Haftungsgrundlage verlangt grundsätzlich von dem Krankenhausträger während der medizinischen Behandlung des Patienten seinen Organisationspflichten nachzukommen.[279] Was zu den Organisationspflichten des Krankenhausträgers gehört, haben die Gerichte grundsätzlich in vier Kategorien unterteilt: Erstens, die Pflicht zur Qualitätssicherung und Kontrolle der Einrichtungen und technischer Geräte, zweitens, die Pflicht zur ständigen Überwa-

---

275 Zum Beispiel *McConnell v. Williams*, 361 Pa. 355, 65 A.2d 243 (Pa. 1949); *Truhitte v. French Hospital*, 128 Cal.App.3d 332 (Cal. Ct. App. 1982); *McCullough v. Bethany Medical Center*, 235 Kan. 732, 683 P.2d 1258 (Kan. 1984).

276 So *Truhitte v. French Hospital*, 128 Cal.App.3d 332, 348 (Cal. Ct. App. 1982).

277 *Sparger v. Worley Hospital, Inc.*, 547 S.W.2d 582, 585 (Tex. 1977): „We disapprove the captain of the ship doctrine and hold that it is a false special rule of agency.“; *Truhitte v. French Hospital*, 128 Cal.App.3d 332, 348 (Cal. Ct. App. 1982): „We question whether the 'captain of the ship' doctrine has any remaining independent existence: [...].“; *Thomas v. Raleigh General Hospital*, 178 W.Va. 138, 141, 358 S.E.2d 222, 225 (W. Va. 1987): „We reject the captain of the ship doctrine. The trend toward specialization in medicine has created situations where surgeons do not always have the right to control all personnel within the operating room.“.

278 33 Ill.2d 326, 211 N.E.2d 253 (Ill. 1965).

279 Cassandra P. Priestley, Hospital liability for the negligence of independent contractors: A summary of trends, 50 J. Mo. B. 263, 265-66 (1994). In *Johnson v. Misericordia Community Hospital*, 99 Wis.2d 708, 723, 301 N.W.2d 156, 164 (Wis. 1981) wurde für die geschuldete Organisationspflicht des Krankenhausträgers die weite Definition, „The duty [...] is the obligation of due care to refrain from any act which will cause foreseeable harm to others even though the nature of that harm and the identity of the harmed person [...] is unknown at the time of the act.“, angewandt.

chung aller im Krankenhaus tätigen Personen während der Patientenbehandlung, drittens, die Pflicht zur sorgfältigen Auswahl von qualifiziertem Personal und Fachkräften und viertens, die Pflicht, Dienstvorschriften, Dienstpläne und sonstige Verwaltungsaufgaben derart zu gestalten, dass die Qualität der medizinischen Behandlung gewährleistet bleibt.[280]

Die Organisationspflichten des Krankenhausträgers bestehen dabei unmittelbar dem Patienten gegenüber. Mithin haftet der Krankenhausträger bei der schuldhaften Verletzung einer dieser Organisationspflichten unmittelbar dem Patienten gegenüber und zwar für eigenes Verschulden. Hinsichtlich der Haftung des Krankenhausträgers für Fahrlässigkeiten eines „independent contractor" ergibt sich somit, dass der Krankenhausträger im Rahmen der Lehre der „corporate negligence" haftet, wenn der Krankenhausträger selbst eine der Organisationspflichten schuldhaft verletzt hat, die gerade für die Fahrlässigkeit des „independent contractor" ursächlich war. Dies ist beispielsweise schon dann der Fall, wenn der Krankenhausträger den „independent contractor" nicht sorgfältig auswählt oder bei wiederholten Fahrlässigkeiten des „independent contractor" keine Maßnahmen ergreift.[281] Insoweit findet die Lehre der „corporate negligence" stets Anwendung, unabhängig davon, ob der Patient von einem angestellten Arzt oder einem „independent contractor" behandelt wurde.

---

280 Siehe *Thompson v. Nason Hospital*, 527 Pa. 330, 339-40, 591 A.2d 703, 707 (Pa. 1991). Siehe ausführlich zu den einzelnen Organisationspflichten Barry R. Furrow & Thomas L. Greaney & Sandra H. Johnson & Timothy S. Jost & Robert L. Schwartz, Health Law, 474-75 (2008); Jeannie Pinkston, Negligence: Strubhart v. Perry Memorial Hospital: Taming the monster of corporate negligence or creating an unpredictable form of hospital liability?, 48 Okla. L. Rev. 797, 808-09 (1995). Nur wenige Gerichte, wie beispielsweise der Supreme Court of Ohio in *Albain v. Flower Hospital*, 50 OhioSt.3d 251, 257, 553 N.E.2d 1038, 1045 (Ohio 1990), lehnen eine Auswahl- und Überwachungssorgfaltspflicht als „unduly broad theory of 'corporate negligence'" ab, mit der Begründung, eine Auswahl- und Überwachungssorgfaltspflicht des Krankenhausträgers hänge von der Vorhersehbarkeit der Gefahren für Patienten ab. Der Patient müsse beweisen können, dass der behandelnde Arzt nur aufgrund einer Sorgfaltspflichtverletzung des Krankenhausträgers angestellt wurde oder dass der Krankenhausträger Gründe dafür kannte, dass der Eintritt einer Fahrlässigkeit wahrscheinlich ist. Ferner betont das Gericht, ein Krankenhausträger sei kein Garant bei Fähigkeiten seiner angestellten Ärzte und nicht verpflichtet, diese zu überwachen, weil nur Ärzte und nicht der Krankenhausträger selbst in Ohio die medizinische Tätigkeit ausüben. Siehe dazu ausführlich Gerry Gressel, Albain v. Flower Hospital: Halting the expansion of hospital liability for negligence of physicians in Ohio, 19 N. Ky. L. Rev. 393, 404-12 (1992).

281 Cassandra P. Priestley, Hospital liability for the negligence of independent contractors: A summary of trends, 50 J. Mo. B. 263, 266 (1994).

IV. „Respondeat superior“

Nach der Lehre der „respondeat superior“ haftet typischerweise ein Arbeitgeber für Fahrlässigkeiten seines Arbeitnehmers, sofern der Arbeitnehmer im Rahmen seiner Anstellung gehandelt hat.[282] Die Haftung nach der Lehre der „respondeat superior“ setzt dabei stets das Bestehen einer sogenannten „master-servant relationship“ voraus, welche klassischerweise das Angestelltenverhältnis ist. Freilich findet die Lehre der „respondeat superior“ auch im Bereich der Krankenhaushaftung Anwendung. So ist es unstreitig, dass der Krankenhausträger haftet, sobald eine „master-servant relationship“ vorliegt.[283]

Das Vorliegen einer „master-servant relationship“ ist bei angestellten Ärzten und dem nichtärztlichen Personal unproblematisch. Der Krankenhausträger haftet daher nach der Lehre der „respondeat superior“ grundsätzlich für Fahrlässigkeiten des bei ihm angestellten ärztlichen oder nichtärztlichen Personals. Hinsichtlich der Haftung des Krankenhausträgers für Fahrlässigkeiten eines „independent contractor“ bedeutet dies zugleich, dass der Krankenhausträger grundsätzlich nicht für Fahrlässigkeiten des „independent contractor“ haftet, welcher gerade kein Angestellter des Krankenhausträgers ist. Dennoch wird in vielen U.S.-Staaten von den Gerichten gerade die Lehre der „respondeat superior“ dazu genutzt, um eine Rechtsgrundlage für die Haftung des Krankenhausträgers für Fahrlässigkeiten der „independent contractors“ zu schaffen. Um dieses Ergebnis zu erreichen, werden keine hohen Anforderungen an das Vorliegen der „master-servant relationship“, welche für eine Haftung nach der Lehre der „respondeat superior“ erforderlich ist, gestellt. Dies wird nicht zu Unrecht kritisiert, weil dadurch der „independent contractor“ durch die Gerichte rechtlich zum angestellten Arzt werde, was tatsächlich gerade vermieden werden sollte. Dagegen wird vorgebracht, ein Vertrag zwischen Krankenhausträger und „independent contractor“ habe keine Wirkung auf die Haftungsverhältnisse, wenn der „independent contractor“ tatsächlich wie ein angestellter Arzt handelt. Entscheidend ist also die tatsächliche Ausübung der Tätigkeit des behandelnden Arztes. Ob eine „master-servant relationship“ zwischen dem Krankenhausträger und einem bestimmten Arzt besteht, wann also ein bestimmter Arzt tatsächlich ein angestellter Arzt und kein „independent contractor“ ist, wird von den Gerichten unterschiedlich bewertet. Für eine solche Bewertung haben die einzelnen Gerichte in den verschiedenen U.S.-Staaten jeweils unterschiedliche Kriterien entwickelt. Auch das vom „American Law Institute (ALI)“ herausgegebene Restatement

282 Siehe Restatement (Third) of Agency § 2.04 (2006).

283 Adam Alstott, Hospital liability for negligence of independent contractor physicians under principles of apparent agency, 25 J. Legal Med. 485, 487 (2004).

(Second[284]) of Agency (1958), welches zwar keine rechtlich bindende Wirkung hat, aber oft von den Gerichten herangezogen wird, behandelt die Unterscheidung zwischen Angestellten und „independent contractors“ und stellt zehn Kriterien auf, anhand derer Gerichte ermitteln können, ob jemand, der für einen anderen handelt, tatsächlich ein Angestellter oder ein „independent contractor“ ist.

1. Restatement (Second) of Agency (1958)

Um zu ermitteln, ob ein Arzt tatsächlich als angestellter Arzt des Krankenhausträgers oder als „independent contractor“ handelt, nennt Restatement (Second) of Agency § 220(2) (1958) zehn Kriterien.

Diese lauten:

> „(1) the extent of control which, by the agreement, the master may exercise over the details of the work;
>
> (2) whether or not the one employed is engaged in a distinct occupation or business;
>
> (3) the kind of occupation with reference to whether, in the locality, the work is usually done under the direction of the employer or by a specialist without supervision;
>
> (4) the skill required in the particular occupation;
>
> (5) whether the employer or the workman supplies the instrumentalities, tools, and the place of work for the person doing the work;
>
> (6) the length of time for which the person is employed;
>
> (7) the method of payment, whether by time or by the job;
>
> (8) whether or not the work is a part of the regular business of the employer;
>
> (9) whether or not the parties believe they are creating the relation of master and servant; and
>
> (10) whether the principal is or is not in business.“

Bei der Bewertung des konkreten Einzelfalls ist es nicht notwendig, dass alle zehn Kriterien erfüllt sind, um ein Angestelltenverhältnis zu bejahen. Früher legten Gerichte besonders Wert auf die Kriterien (3) „Spezialisierung“, (4) „Fachwissen“ und (9) „gewolltes Vertragsverhältnis“.[285] Heute ist das einzig

---

284 Im Restatement (Third) of Agency vom 14.3.2006 wurden keine Angrenzungskriterien mehr eingearbeitet.

285 Cassandra P. Priestley, Hospital liability for the negligence of independent contractors: A summary of trends, 50 J. Mo. B. 263, 264 (1994).

ausschlaggebende Kriterium (1) „Kontrolle“, welches Gerichte gerade als Abgrenzungskriterium im Hinblick auf Ärzte und Krankenhausträger anwenden.[286]

2. Rechtsprechung

Aufgrund des Einzelstaatenrechts in den Vereinigten Staaten von Amerika hat jeder U.S.-Staat durch seine Rechtsprechung eigenständig und unterschiedlich Kriterien entwickelt, um für bestimmte Ärzte ein Angestelltenverhältnis von einem Verhältnis eines „independent contractor“ zu dem Krankenhausträger abzugrenzen. Im Folgenden sollen die entwickelten Abgrenzungskriterien nur einiger weniger U.S.-Staaten beispielhaft dargestellt werden.

Der United States District Court, Northern District of Georgia analysierte im Jahr 1980 in *Harris v. City of Chattanooga, Tennessee*[287] nahezu fünfzig Entscheidungen der Gerichte in Georgia, um Kriterien zur Abgrenzung zwischen Angestellten und „independent contractors“ zu entwickeln. Das Gericht kam zu dem Schluss, dass abermalig acht Kriterien berücksichtigt wurden, und listete diese in seiner Entscheidung auf.

Diese sind:

„(1) the right of the employer to make additional plans and specifications, to impose his will in lieu of contractual provisions; and to direct the work step-by-step;

(2) contracts to perform a service rather than to accomplish a task;

(3) the hospital's right to control the physician's time;

(4) the hospital's right to inspect the physician's work;

(5) who supplies the equipment;

(6) the hospital's right to terminate the contract;

(7) the nature or skill of the physician's work;

(8) the method of payment.“[288]

Das Gericht verwies außerdem ausdrücklich auf die spezifischen Vertragsvereinbarungen zwischen dem Krankenhausträger und dem behandelnden Arzt.[289] Die entwickelten Kriterien sind in Georgia bis heute in nahezu unveränderter Form anwendbar. So wendete der Court of Appeals of Georgia im Jahr 1996 in *Lee v. Satilla Health Services, Inc.*[290] zwar einen Elf-Kriterien-Test an,

---

286 Manuel A. Reboso & Lincoln J. Connolly, Hospital liability for physician malpractice, 2004 ATLA-CLE 2117 (2004).

287 507 F.Supp. 365 (N. D. Ga. 1980).

288 Siehe *Harris v. City of Chattanooga, Tennessee*, 507 F.Supp. 365 (N. D. Ga. 1980).

289 *Harris v. City of Chattanooga, Tennessee*, 507 F.Supp. 365, 372 (N. D. Ga. 1980).

290 220 Ga.App. 885, 470 S.E.2d 461 (Ga. Ct. App. 1996).

den er aber vom *Harris*-Fall abgewandelt hat. Noch Jahre später, im Jahr 2004, wendete das gleiche Gericht dieselben Kriterien in *Cooper v. Binion*[291], einem Notaufnahmefall, weiterhin an. Erst im Jahr 2007 reduzierte wiederum das gleiche Gericht in *Blackmon v. Tenet Healthsystem Spalding, Inc.*[292] den Elf-Kriterien-Test auf einen Test mit nur fünf Kriterien, die indes immer noch auf die Kriterien aus dem *Harris*-Fall zurückzuführen sind.

In *Keller v. Missouri Baptist Hospital of Sullivan*[293] musste der Missouri Court of Appeals entscheiden, ob ein bestimmter Arzt in der Notaufnahme als angestellter Arzt oder als „independent contractor" gehandelt hat, um entscheiden zu können, ob der Krankenhausträger aufgrund einer „wrongful death action" haftet, nachdem der Patient in der Notaufnahme aufgrund einer Fahrlässigkeit dieses Arztes gestorben war. Zuerst zitierte das Gericht Restatement (Second) of Agency § 220(2) (1958), entwickelte dann aber sechs eigene Kriterien zur Abgrenzung zwischen Angestellten und „independent contractors". Hinsichtlich dieser gab das Gericht folgende Anleitung: „The following evidence supports finding an employer-employee relationship between [hospital] and physician."[294]

Die Kriterien sind:

> „(1) some control by the hospital, such as in-house codes, is needed to establish a „master/servant" relationship;
>
> (2) non-compete clause between physician and hospital;
>
> (3) a longterm relationship between physician and hospital (one year or longer);
>
> (4) hospital pays physician a fixed, hourly rate;
>
> (5) hospital retains the right to terminate physician;
>
> (6) hospital undertook to insure physician."[295]

Das Gericht führte dazu in seiner Entscheidung aus: „When all these factors are considered together, they are sufficient to raise a question of material fact as to [hospital]'s vicarious liability."[296]

Schließlich entwickelte jüngst der Supreme Court of Pennsylvania in *Valles v. Albert Einstein Medical Center*[297] Kriterien zur Abgrenzung zwischen Angestellten und „independent contractors".

---

291 266 Ga.App. 709, 598 S.E.2d 6 (Ga. Ct. App. 2004).

292 288 Ga.App. 137, 653 S.E.2d 333 (Ga. Ct. App. 2007).

293 800 S.W.2d 35 (Mo. Ct. App. 1990).

294 *Keller v. Missouri Baptist Hospital of Sullivan*, 800 S.W.2d 35, 38 (Mo. Ct. App. 1990).

295 Siehe *Keller v. Missouri Baptist Hospital of Sullivan*, 800 S.W.2d 35 (Mo. Ct. App. 1990).

296 *Keller v. Missouri Baptist Hospital of Sullivan*, 800 S.W.2d 35, 39 (Mo. Ct. App. 1990).

Die Kriterien, welche ausdrücklich auf das Verhältnis zwischen Arzt und Krankenhausträger angewandt wurden, sind:

„(1) control of manner work is to be done;

(2) responsibility for result only;

(3) terms of agreement between the parties;

(4) the nature of the work or occupation;

(5) skill required for performance;

(6) whether one employed is engaged in a distinct occupation or business;

(7) which party supplies the tools;

(8) whether payment is by the time or by the job;

(9) whether work is part of the regular business of the employer;

(10) the right to terminate the employment at any time."[298]

Das Gericht nahm dann allerdings in seiner Entscheidung folgende Einschränkung vor: „[N]one of these factors is absolutely dispositive of a person's status as an employee and each case must be determined on its own facts."[299]

V. „Ostensible agency"

Nach der Lehre der „ostensible agency" haftet der Krankenhausträger für Fahrlässigkeiten eines „independent contractors", der unstreitig in keinem Angestelltenverhältnis zu dem Krankenhausträger steht, wenn der Krankenhausträger den Anschein eines Angestelltenverhältnisses geschaffen und der geschädigte Patient vernünftigerweise darauf vertraut hat. Der Krankenhausträger ist danach allein aufgrund des „Anscheinsangestelltenverhältnisses" zwischen ihm und dem „independent contractor" haftbar,[300] welches der geschädigte Patient irrtümlich als ein tatsächliches Angestelltenverhältnis deutet.[301] Auf diese Weise haftet der Krankenhausträger, auch wenn der fahrlässig handelnde Arzt unzweifelhaft ein

---

297 569 Pa. 542, 805 A.2d 1232 (Pa. 2002).

298 Siehe *Valles v. Albert Einstein Medical Center*, 569 Pa. 542, 805 A.2d 1232 (Pa. 2002).

299 *Valles v. Albert Einstein Medical Center*, 569 Pa. 542, 552, 805 A.2d 1232, 1238 (Pa. 2002).

300 Claire G. Combs, Hospital vicarious liability for the negligence of independent contractors and staff physicians: Criticism of ostensible agency doctrine in Ohio, 56 U. Chin. L. Rev. 711, 717 (1987).

301 Bradford C. Kendall, The ostensible agency doctrine: In search for the deep pocket?, 57 UMKC L. Rev. 917, 923 (1989).

„independent contractor" ist – ein Umstand, der nach der Lehre der „respondeat superior" nicht zur Haftung des Krankenhausträgers führen würde.[302]

Die Lehre der „ostensible agency" ist in Restatement (Second) of Torts § 429 (1965) definiert.

Dieser lautet:

> „One who employs an independent contractor to perform services for another which are accepted in the reasonable belief that the services are being rendered by the employer or by his servants, is subject to liability for physical harm caused by the negligence of the contractor in supplying such services, to the same extent as though the employer were supplying them himself or by his servants."

Zum Teil wird die Lehre der „ostensible agency" streng von der sogenannten Lehre der „agency by estoppel" unterschieden.[303] Die Lehre der „agency by estoppel" ist in Restatement (Second) of Agency § 267 (1958) definiert.

Er lautet:

> „One who represents that another is his servant or agent and thereby causes a third person justifiably to rely upon the care or skill of such apparent agent is subject to liability to the third person for harm caused by the lack of care or skill of the one appearing to be a servant or other agent as if he were such."

Die Unterschiede zwischen der im Deliktsrecht („law of torts") begründeten Lehre der „ostensible agency" und der im Vertretungsrecht („law of agency") begründeten Lehre der „agency by estoppel" sind jedoch minimal. Ihre Voraussetzungen überschneiden sich zumeist, auch wenn Restatement (Second) of Agency § 267 (1958) im Gegensatz zu Restatement (Second) of Torts § 429 (1965) ausdrücklich das Erfordernis der „reliance" erwähnt und man daher meinen könnte, der Anwendungsbereich der Lehre der „agency by estoppel" sei enger. Allerdings wird das Erfordernis der „reliance" nach der Lehre der „ostensible agency" oft in gleichem Maße gefordert. Wenn auch grundsätzlich zwischen den beiden Restatements unterschieden wird, so bleibt letztlich kein praktischer Unterschied, weil ohnehin beide Lehren unter den gleichen Voraussetzungen die Haftung dem Krankenhausträger auferlegen.[304] Um Unklarheiten zu vermeiden,

302 Bradford C. Kendall, The ostensible agency doctrine: In search for the deep pocket?, 57 UMKC L. Rev. 917, 923 (1989).

303 Siehe beispielsweise *Jackson v. Power*, 743 P.2d 1376, 1380 (Alaska 1987).

304 Bradford C. Kendall, The ostensible agency doctrine: In search for the deep pocket?, 57 UMKC L. Rev. 917, 924-25 (1989); Adam Alstott, Hospital liability for negligence of independent contractor physicians under principles of apparent agency, 25 J. Legal Med. 485, 489 (2004).

welche lediglich auf unterschiedliche Bezeichnungen[305] zurückzuführen sind, wird im Folgenden ausschließlich der Begriff „ostensible agency" benutzt.

Die Elemente der Lehre der „ostensible agency" sind: Erstens, der Dritte, der mit dem unmittelbar Handelnden zusammentrifft, muss darauf vertrauen, dass diesem von dem Geschäftsherrn eine Handlungsbefugnis erteilt wurde; zweitens, dieses Vertrauen muss auf irgendein Handeln, Dulden oder Unterlassen des Geschäftsherrn gestützt sein; drittens, der Dritte, der auf die Handlungsbefugnis vertraut, muss seine Rechtsposition verändert haben und einen Schaden erleiden.[306] Vor dem Hintergrund der Krankenhaushaftung sind demzufolge nach der Lehre der „ostensible agency" die Voraussetzungen für die Haftung des Krankenhausträgers für Fahrlässigkeiten eines „independent contractor": Erstens, der Patient muss darauf vertrauen, dass der „independent contractor" ein vom Krankenhausträger angestellter Arzt ist. Zweitens, dieses Vertrauen muss auf einem Rechtsschein begründet sein, den der Krankenhausträger durch Handeln, Dulden oder Unterlassen gesetzt hat. Drittens, der Patient muss einen Schaden erlitten haben. Mit anderen Worten sind die Voraussetzungen der Lehre der „ostensible agency" erfüllt, wenn der Krankenhausträger es vorsätzlich oder fahrlässig durch Handeln, Dulden oder Unterlassen verursacht, dass der geschädigte Patient glaubt, der behandelnde Arzt sei ein vom Krankenhausträger angestellter Arzt, obwohl dieser tatsächlich ein „independent contractor" ist, und der Patient vernünftigerweise auf diesen Glauben vertraute.

1. Handeln, Dulden oder Unterlassen des Krankenhausträgers

Um eine Haftung des Krankenhausträgers für Fahrlässigkeiten eines „independent contractor" nach der Lehre der „ostensible agency" zu begründen, muss der Krankenhausträger durch Handeln, Dulden oder Unterlassen den Rechtsschein gesetzt haben, aufgrund dessen der geschädigte Patient darauf vertraut, der behandelnde Arzt stehe in einem Angestelltenverhältnis zu dem Krankenhausträger. Dieser irreführende Rechtsschein kann auf verschiedene Weisen herbeigeführt werden.

Allein die Zusammenarbeit mit einem „independent contractor" genügt indes jedenfalls nicht. So verkündete der Court of Appeals of Ohio in *Hannola v. City of Lakewood*[307]: „Of course, we fully agree that the mere practice of medi-

305 Diese Lehre wurde als „ostensible agency", „apparent agency", „agency by estoppel", „estoppel to deny employment" und „apparent authority" bezeichnet.

306 Claire G. Combs, Hospital vicarious liability for the negligence of independent contractors and staff physicians: Criticism of ostensible agency doctrine in Ohio, 56 U. Chin. L. Rev. 711, 713-14 (1987).

307 68 OhioApp.2d 61, 426 N.E.2d 1187 (Ohio Ct. App. 1981).

cine by a licensed physician in a hospital is not sufficient to create an agency by estoppel."[308]

a) „'Hold out' to the public"

Viele Gerichte halten Krankenhausträger schon allein danach, wie sie sich der Öffentlichkeit gegenüber darbieten, nach der Lehre der „ostensible agency" für Fahrlässigkeiten der „independent contractors" haftbar. Das Auftreten des Krankenhausträgers in der Öffentlichkeit bietet oft den Grund für das Vertrauen des Patienten; dies kann durch unmittelbare oder mittelbare Einwirkungen geschaffen werden – möglicherweise schlicht durch Werbung[309]. Im Jahr 1992 verdeutlichte der Supreme Court of Wisconsin genau dies in *Kashishian v. Port*[310]: „[H]ospitals increasingly hold themselves out to the public in expensive advertising campaigns as offering and rendering quality health care services. One need only pick up a daily newspaper to see full and half page advertisements extolling the medical virtues of an individual hospital and the quality health care that the hospital is prepared to deliver in any number of medical areas. Modern hospitals have spent billions of dollars marketing themselves, nurturing the image with the consuming public that they are full-care modern health facilities. All of these expenditures have but one purpose: to persuade those in need of medical services to obtain those services at a specific hospital."[311] Durch gezielte Werbung versuchen Krankenhausträger möglichst früh ihre Patienten zu binden,[312] weil der Wettbewerb unter den verschiedenen Krankenhausträgern stark ist. Patienten könnten durchaus das eine Krankenhaus dem anderen Krankenhaus vorziehen, um dort eine spezielle Art der medizinischen Behandlung zu erhalten, von der sie in irgendeiner Form durch Werbung des Krankenhausträgers erfahren ha-

---

308 *Hannola v. City of Lakewood*, 68 OhioApp.2d 61, 69, 426 N.E.2d 1187, 1192 (Ohio Ct. App. 1981).

309 So Adam Alstott, Hospital liability for negligence of independent contractor physicians under principles of apparent agency, 25 J. Legal Med. 485, 488 (2004).

310 167 Wis.2d 24, 481 N.W.2d 277 (Wis. 1992).

311 *Kashishian v. Port*, 167 Wis.2d 24, 38, 481 N.W.2d 277, 282 (Wis. 1992), zitiert in *Gilbert v. Sycamore Municipal Hospital*, 156 Ill.2d 511, 520, 622 N.E.2d 788, 793 (Ill. 1993), wobei der Supreme Court of Illinois zu dem Schluss kommt, das Element „hold out" sei schon dann erfüllt, wenn der Krankenhausträger angibt, eine Notaufnahme zu betreiben, ohne Patienten darüber zu informieren, dass die Notbehandlung von einem „independent contractor" durchgeführt wird.

312 Siehe James W. Gustafson, Jr. & Thomas D. Masterson, Suing the hospital when superdoc falls, 38-MAY Trail 20 (2002): „For example, the average hospital spent $206,000 on advertising in 1997.".

ben.[313] Daher können allein Werbekampagnen genügender Rechtsschein nach den Grundsätzen der Lehre der „ostensible agency" sein.[314] Das Prinzip ist einfach: Ein Krankenhausträger, der jedes Jahr viel Geld für Werbung ausgibt, in der er die Qualität seiner Ärzte anpreist, um so Patienten anzulocken, sollte nicht der Haftung für Fahrlässigkeiten genau dieser Ärzte entkommen können, selbst dann nicht, wenn diese keine angestellten Ärzte sind.[315] In *Sword v. NKC Hospitals, Inc.*[316] warb der Krankenhausträger beispielsweise in einer Broschüre damit, dass er „the most technically sophisticated birthplace in the region"[317] sei. Die Broschüre enthielt außerdem folgende Aussage: „The Women's Pavilion medical staff includes the only physicians in the region who specialize exclusively in obstetrical anesthesiology. They are immediately available within the unit 24 hours a day and are experts in administering continuous epidural anesthesia."[318] Bei der medizinischen Behandlung der Patientin verursachte der behandelnde Anästhesist fahrlässig einen Schaden. Tatsächlich war der behandelnde Anästhesist ein „independent contractor". In seiner Entscheidung stützte sich der Supreme Court of Indiana auch auf die Werbung des Krankenhausträgers, welche ohne jegliches Indiz, dass die behandelnden Ärzte keine vom Krankenhausträger angestellten Ärzte sind, erschien und hielt den Krankenhausträger für die Fahrlässigkeit des „independent contractor" haftbar.[319] Das gilt besonders dann, wenn Krankenhausträger damit werben, dass sie „full-service"[320] oder „complete care"[321] leisten. In *Hannola v. City of Lakewood*[322] war der Court of Appeals of Ohio der Auffassung, der Krankenhausträger, der angab, ein „full-service hospital" zu sein, und eine der Öffentlichkeit zugängliche Notaufnahme betrieb, sei rechtlich daran gehindert, die Gehilfen-

---

313 So Sylvester „Sly" James, Jr., Hospital liability, 2006 ATLA-CLE 627 (2006).

314 So auch Barry R. Furrow & Thomas L. Greaney & Sandra H. Johnson & Timothy S. Jost & Robert L. Schwartz, Health Law, 452 (2008); James W. Gustafson, Jr. & Thomas D. Masterson, Suing the hospital when superdoc falls, 38-MAY Trail 20, 24 (2002); Adam Alstott, Hospital liability for negligence of independent contractor physicians under principles of apparent agency, 25 J. Legal Med. 485, 488 (2004).

315 James W. Gustafson, Jr. & Thomas D. Masterson, Suing the hospital when superdoc falls, 38-MAY Trail 20 (2002).

316 714 N.E.2d 142 (Ind. 1999).

317 *Sword v. NKC Hospitals, Inc.*, 714 N.E.2d 142, 145 (Ind. 1999).

318 *Sword v. NKC Hospitals, Inc.*, 714 N.E.2d 142, 145 (Ind. 1999).

319 *Sword v. NKC Hospitals, Inc.*, 714 N.E.2d 142, 153 (Ind. 1999).

320 Siehe *Hannola v. City of Lakewood*, 68 OhioApp.2d 61, 426 N.E.2d 1187 (Ohio Ct. App. 1981).

321 Siehe *Pamperin v. Trinity Memorial Hospital*, 144 Wis.2d 188, 423 N.W.2d 848 (Wis. 1988).

322 68 OhioApp.2d 61, 426 N.E.2d 1187 (Ohio Ct. App. 1981).

stellung des in der Notaufnahme behandelnden Arztes zu verneinen;[323] dies gelte unabhängig von jeglichen vertraglichen Vereinbarungen mit dem „independent contractor".[324] Schließlich verkündete der Supreme Court of Wisconsin in *Pamperin v. Trinity Memorial Hospital*[325]: „[W]hen a hospital holds itself out to the public as providing complete medical care, a hospital can be held liable under the doctrine of apparent authority[326] for the negligent acts of the physicians retained by the hospital to provide emergency room care, irrespective of the fact that the person who committed the negligent act was an independent contractor."[327]

Krankenhausträger preisen aber auch nur mittelbar die Qualität ihrer Ärzte an, indem sie für ihre Spezialeinrichtungen, wie „Chest Pain Center", „Stroke Center" oder „Trauma Center", werben;[328] teilweise sogar unter Angabe der „national rankings" ihrer Spezialeinrichtungen.[329] Daher kann die Gründung einer derartigen „gesonderten" Einrichtung nicht die Haftung des Krankenhausträgers für Fahrlässigkeiten sämtlicher dort tätigen Ärzte ausschließen, wenn der Krankenhausträger selbst genau diese Einrichtung nach außen hin unter seinem Namen bewirbt. In *Brownsville Medical Center and Valley Community Hospital v. Gracia*[330] entschied der Court of Appeals of Texas, der Krankenhausträger könne für Fahrlässigkeiten der „independent contractors" in der „gesonderten" Notaufnahme gleichwohl haften.[331] Der Court of Appeals of Texas führte in der Entscheidung aus, der Krankenhausträger hafte für Fahrlässigkeiten auch der „independent contractors", wenn er sich der Öffentlichkeit gegenüber so gibt, dass er eine mit qualifizierten Ärzten besetzte Notaufnahme leitet und geschädigte Patienten begründet darauf vertrauen.[332]

---

323 *Hannola v. City of Lakewood*, 68 OhioApp.2d 61, 65-66, 426 N.E.2d 1187, 1190 (Ohio Ct. App. 1981).

324 *Hannola v. City of Lakewood*, 68 OhioApp.2d 61, 66, 426 N.E.2d 1187, 1190 (Ohio Ct. App. 1981).

325 144 Wis.2d 188, 423 N.W.2d 848 (Wis. 1988).

326 Siehe oben Fn. 305.

327 *Pamperin v. Trinity Memorial Hospital*, 144 Wis.2d 188, 193, 423 N.W.2d 848, 849 (Wis. 1988).

328 James W. Gustafson, Jr. & Thomas D. Masterson, Suing the hospital when superdoc falls, 38-MAY Trail 20 (2002).

329 James W. Gustafson, Jr. & Thomas D. Masterson, Suing the hospital when superdoc falls, 38-MAY Trail 20 (2002).

330 704 S.W.2d 68 (Tex. App. 1985).

331 *Brownsville Medical Center and Valley Community Hospital v. Gracia*, 704 S.W.2d 68, 75 (Tex. App. 1985).

332 *Brownsville Medical Center and Valley Community Hospital v. Gracia*, 704 S.W.2d 68, 75 (Tex. App. 1985).

Grundsätzlich ist ein bestimmter Wortlaut, dass der behandelnde Arzt ein angestellter Arzt sei, keine Voraussetzung für Gerichte zur Annahme eines „holding out"; dies kann auch durch Auslegung ermittelt werden.[333] In *Lundberg v. Bay View Hospital*[334] ging der Supreme Court of Ohio sogar so weit, allein das Verteilen der Rechnungen des „independent contractor" für dessen ärztliche Behandlung von Patienten durch den Krankenhausträger genüge den Anforderungen des Rechtscheins nach den Grundsätzen der Lehre der „ostensible agency", wodurch der „independent contractor" zum Gehilfen des Krankenhausträgers wurde.[335]

b) Mangelnde Bekanntmachung

Wie ist es zu bewerten, wenn der Krankenhausträger den Patienten schlicht nicht über sein Verhältnis zu den behandelnden Ärzten informiert und dieses für den Patienten nicht erkennbar ist? Einige Gerichte entschieden, unter gewissen Voraussetzungen genüge bereits die mangelnde Bekanntmachung, dass der behandelnde Arzt ein „independent contractor" ist, um das Vertrauen des Patienten auf das Vorliegen eines Angestelltenverhältnisses zu begründen. In *Sztorc v. Northwest Hospital*[336] hatte der Appellate Court of Illinois über genau diese Frage zu entscheiden und untersuchte Elemente, die das Vertrauen des geschädigten Patienten darauf begründeten, der Krankenhausträger weise den behandelnden Arzt als angestellten Arzt aus, obwohl dieser tatsächlich ein „independent contractor" war.[337] Die beiden vom Gericht in der Entscheidung genannten Elemente sind: Erstens, die Lage der Röntgenabteilung am Hauptflur des Krankenhauses; zweitens, der Mangel an unterschiedlicher Kleidung für angestellte Ärzte und „independent contractors".[338] Demnach genügt es schon für die Haftung des Krankenhausträgers für Fahrlässigkeiten der „independent contractors" nach der Lehre der „ostensible agency", dass diese in dem Krankenhausgebäude Patienten behandeln und die einheitliche Krankenhauskleidung tragen, sofern nicht

---

333 Adam Alstott, Hospital liability for negligence of independent contractor physicians under principles of apparent agency, 25 J. Legal Med. 485, 489 (2004).

334 175 OhioSt. 133, 191 N.E.2d 821 (Ohio 1963).

335 *Lundberg v. Bay View Hospital*, 175 OhioSt. 133, 134, 191 N.E.2d 821, 822 (Ohio 1963).

336 146 Ill.App.3d 275, 496 N.E.2d 1200 (Ill. App. Ct. 1986).

337 Siehe *Sztorc v. Northwest Hospital*, 146 Ill.App.3d 275, 279, 496 N.E.2d 1200, 1202 (Ill. App. Ct. 1986).

338 *Sztorc v. Northwest Hospital*, 146 Ill.App.3d 275, 277, 496 N.E.2d 1200, 1201 (Ill. App. Ct. 1986).

ausdrücklich bekannt gemacht wurde, dass der behandelnde Arzt kein angestellter Arzt ist.

An dieser Stelle sei erwähnt, dass der Court of Appeals of Texas in *Brownsville Medical Center and Valley Community Hospital v. Gracia*[339] die Vermutung aufstellte, der Patient habe ohne anderweitige Bestimmung grundsätzlich keine Bekanntmachung des Verhältnisses zwischen Arzt und Krankenhausträger erfahren.[340]

c) Keine Arztwahl

Die Auffassung einer noch weiteren Anwendung der Lehre der „ostensible agency" vertrat der Court of Appeals of Ohio, welcher in *Stratso v. Song*[341] entschied, für das erforderliche rechtsscheinsetzende Verhalten des Krankenhausträgers genüge bereits, dass der Patient keine Möglichkeit zur Wahl seines Anästhesisten hat und es keine äußerliche Unterscheidungsmöglichkeit zwischen angestellten und nichtangestellten Ärzten gibt.[342] Auch erklärte der Court of Appeals of Tennessee in *White v. Methodist Hospital South*[343] die Lehre der „ostensible agency" für anwendbar, wenn der Krankenhausträger eine medizinische Behandlung anbietet aber der Patient keine Möglichkeit zur Wahl darüber hat, wer die ärztliche Behandlung tatsächlich durchführt.[344]

2. „Reliance"

Inwieweit muss ein Patient auf den vom Krankenhausträger gesetzten Rechtsschein eines Angestelltenverhältnisses zwischen dem behandelnden Arzt und dem Krankenhausträger vertraut haben, damit der Krankenhausträger nach der Lehre der „ostensible agency" für Fahrlässigkeiten des behandelnden Arztes haftet, obgleich dieser tatsächlich ein „independent contractor" ist? Diese Frage wird von den einzelnen Gerichten in den verschiedenen U.S.-Staaten unterschiedlich beantwortet. Während einige Gerichte ein Vertrauen des Patienten voraussetzen, verlangen andere Gerichte überhaupt kein Vertrauenselement auf Seiten des Patienten.

---

339 704 S.W.2d 68 (Tex. App. 1985).

340 *Brownsville Medical Center and Valley Community Hospital v. Gracia*, 704 S.W.2d 68, 75 (Tex. App. 1985).

341 17 OhioApp.3d 39, 477 N.E.2d 1176 (Ohio Ct. App. 1984).

342 *Stratso v. Song*, 17 OhioApp.3d 39, 47-48, 477 N.E.2d 1176, 1187 (Ohio Ct. App. 1984).

343 844 S.W.2d 642 (Tenn. Ct. App. 1992).

344 *White v. Methodist Hospital South*, 844 S.W.2d 642, 647-48 (Tenn. Ct. App. 1992).

a) „Reliance" erforderlich

Gerichte, die die Lehre der „ostensible agency" in ihrer strengen traditionellen Form anwenden, verlangen stets ein Vertrauen des Patienten. Allerdings gibt es – soweit man sich einig ist, dass ein Vertrauen des Patienten grundsätzlich erforderlich ist – unterschiedliche Auffassungen darüber, auf was genau der Patient vertraut haben musste.

Einige Gerichte wenden die Lehre der „ostensible agency" bereits an, wenn der Patient die medizinische Behandlung durch das Krankenhaus selbst als Institution für medizinische Dienstleistungen möchte. In diesen Fällen vertraut der Patient regelmäßig darauf, dass der Krankenhausträger alle medizinischen – ärztliche und nichtärztliche – Leistungen erbringt und nicht etwa darauf, dass tatsächlich ein „independent contractor" die ärztliche Behandlung durchführt. In *Pamperin v. Trinity Memorial Hospital*[345] stellte der Supreme Court of Wisconsin fest: „An individual who seeks care from a hospital itself, as opposed to care from his or her personal physician, accepts care from the hospital in reliance upon the fact that complete emergency room care [...] will be provided by the hospital through its staff."[346] Damit übereinstimmend hielt der Supreme Court of Ohio in *Clark v. Southview Hospital and Family Health Center*[347] den Krankenhausträger für die Fahrlässigkeit des „independent contractor" mit folgender Begründung haftbar: „[T]he patient looks to the hospital, as opposed to the individual practitioner, to provide competent medical care."[348] Bereits im Jahr 1980 war der Superior Court of Pennsylvania in *Capan v. Divine Providence Hospital*[349] der Auffassung, die Jury könne zu der Überzeugung gelangen, dass der Patient auf das Krankenhaus selbst und nicht auf einen bestimmten Arzt als Leistungserbringer vertrauen kann, sobald der Krankenhausträger alle behandelnden Ärzte als angestellte Ärzte ausweist, indem er seine Leistungen der Öffentlichkeit zugänglich macht.[350] Schließlich erkannte in einem aktuelleren Fall der Supreme Court of Illinois in *York v. Rush-Presbyterian-St. Luke's Medical Center*[351] den Vortrag des Klägers an, in welchem es hieß: „[T]he relevant inquiry with respect to the reliance element is not whether the plaintiff reported

---

345 144 Wis.2d 188, 423 N.W.2d 848 (Wis. 1988).

346 *Pamperin v. Trinity Memorial Hospital*, 144 Wis.2d 188, 212, 423 N.W.2d 848, 857 (Wis. 1988).

347 68 OhioSt.3d 435, 628 N.E.2d 46 (Ohio 1994).

348 *Clark v. Southview Hospital and Family Health Center*, 68 OhioSt.3d 435, 445, 628 N.E.2d 46, 53 (Ohio 1994).

349 287 Pa.Super. 364, 430 A.2d 647 (Pa. Super. Ct. 1980).

350 *Capan v. Divine Providence Hospital*, 287 Pa.Super. 364, 370, 430 A.2d 647, 650 (Pa. Super. Ct. 1980).

351 222 Ill.2d 147, 845 N.E.2d 635 (Ill. 2006).

to the hospital at the direction of another person but, rather, whether the plaintiff looked to the hospital to furnish all that is essential for treatment, including supporting medical personnel."[352] Das Gericht stellte sodann in seiner Entscheidung klar: „[T]he reliance element of a plaintiff's apparent agency claim is satisfied if the plaintiff reasonably relies upon a hospital to provide medical care, rather than upon a specific physician."[353] Dies gilt insbesondere dann, wenn der Patient ein bestimmtes Krankenhaus ausschließlich aufgrund seines Rufes ausgewählt hat. In *Chicago Title and Trust Company v. Sisters of St. Mary*[354] stellte der Appellate Court of Illinois fest, der Kläger erfülle das Erfordernis „reliance" allein aufgrund folgender Tatsache: „[He] particularly selected the defendant['s hospital] instead of another hospital because he believed that [he] would receive good medical care from the doctors at the defendant['s hospital]"[355].

Dagegen halten andere Gerichte ein Vertrauen des Patienten auf das Krankenhaus selbst als Institution für medizinische Dienstleistungen für die Anwendbarkeit der Lehre der „ostensible agency" für nicht genügend. Der Supreme Court of Ohio betonte in *Albain v. Flower Hospital*[356] die dogmatische Grundlage der Lehre der „ostensible agency": „[T]he question is whether the plaintiff relied on the ostensible agency relationship, not whether the plaintiff relied on the reputation of the hospital."[357] In U.S.-Staaten, in denen diese Auffassung vertreten wird, haftet ein Krankenhausträger für Fahrlässigkeiten eines „independent contractor" daher solange nicht nach der Lehre der „ostensible agency", bis der Beweis erbracht wurde, dass der Patient die medizinische Behandlung verweigert hätte, wenn er gewusst hätte, dass der behandelnde Arzt gerade kein vom Krankenhausträger angestellter Arzt war.[358] Freilich kann diese Beweisführung kaum gelingen. Allerdings ist es durchaus erwähnenswert, dass in dem *Albain*-Fall der behandelnde Arzt mit seinen Patienten unmittelbar abgerechnet und eine eigene Praxis hatte. Vor diesem Hintergrund erscheint es naheliegend, dass der Supreme Court of Ohio die Aufmerksamkeit besonders auf das

352 *York v. Rush-Presbyterian-St. Luke's Medical Center*, 222 Ill.2d 147, 191, 845 N.E.2d 635, 660 (Ill. 2006).

353 *York v. Rush-Presbyterian-St. Luke's Medical Center*, 222 Ill.2d 147, 194, 845 N.E.2d 635, 661 (Ill. 2006).

354 264 Ill.App.3d 913, 637 N.E.2d 543 (Ill. App. Ct. 1994).

355 *Chicago Title and Trust Company v. Sisters of St. Mary*, 264 Ill.App.3d 913, 917, 637 N.E.2d 543, 546 (Ill. App. Ct. 1994).

356 50 OhioSt.3d 251, 553 N.E.2d 1038 (Ohio 1990).

357 *Albain v. Flower Hospital*, 50 OhioSt.3d 251, 263, 553 N.E.2d 1038, 1049-50 (Ohio 1990).

358 John D. Ingram, Vicarious liability of employer of an apparent servant, 41 Tort Trial & Ins. Prac. L. J. 1, 9 (2005).

Vertrauen des Patienten auf die „ostensible agency relationship“ und nicht etwa den Ruf des Krankenhauses richtete. Indes entschied das gleiche Gericht vier Jahre später in dem oben genannten *Clark*-Fall, der Krankenhausträger könne gleichwohl für die Fahrlässigkeit des „independent contractor“ nach der Lehre der „ostensible agency“ haften, wenn der Patient darauf vertraute, dass das Krankenhaus an sich fachkundige medizinische Dienstleistungen erbringe.[359]

b) „Reliance“ nicht erforderlich

Demgegenüber setzen andere Gerichte ein Vertrauenselement auf Seiten des Patienten überhaupt nicht voraus, um den Krankenhausträger nach der Lehre der „ostensible agency“ für Fahrlässigkeiten eines „independent contractor“ haftbar zu halten. Diese Auffassung bevorzugt freilich den geschädigten Patienten und ist zugleich die strengste Haftungsgrundlage für den Krankenhausträger im Rahmen der Lehre der „ostensible agency“. Der Appellate Court of Illinois vertrat diese Auffassung in *Uhr v. Lutheran General Hospital*[360]. Das Gericht lehnte ein Beweiserfordernis für ein Vertrauen des Patienten ab und begründete dies – eher rechtspolitisch – damit, ein solches Erfordernis verfestige die Grenzen, die ohnehin schon die Haftung des Krankenhausträgers beschränken, weiter.[361] Der Verzicht auf das Vertrauenselement auf Seiten des Patienten als Erfordernis für die Anwendbarkeit der Lehre der „ostensible agency“ widerspricht jedoch stark der allgemein anerkannten Praxis in den meisten U.S.-Staaten, in denen die Lehre der „ostensible agency“ Anwendung findet.[362]

c) Glaube genügt

Wiederum andere Gerichte verzichten nicht völlig auf das Vertrauenselement, sondern ersetzen es durch eine etwas schwächere Form. Danach genügt der bloße Glaube des Patienten, der behandelnde Arzt sei ein vom Krankenhausträger angestellter Arzt, um nach der Lehre der „ostensible agency“ den Krankenhausträger für Fahrlässigkeiten eines „independent contractor“ haftbar zu halten. In *Funk v. Hancock*[363] wendete der Court of Appeals of Ohio die Lehre der „ostensible agency“ allein aufgrund der Behauptung des Patienten, er glaubte der be-

359 Siehe oben Fn. 348.

360 226 Ill.App.3d 236, 589 N.E.2d 723 (Ill. App. Ct. 1992).

361 *Uhr v. Lutheran General Hospital*, 226 Ill.App.3d 236, 249, 589 N.E.2d 723, 733 (Ill. App. Ct. 1992).

362 Bradford C. Kendall, The ostensible agency doctrine: In search for the deep pocket?, 57 UMKC L. Rev. 917, 926 (1989).

363 26 OhioApp.3d 107, 498 N.E.2d 490 (Ohio Ct. App. 1985).

handelnde Arzt arbeitete für den Krankenhausträger, an.[364] Der Krankenhausträger selbst unternahm aber nichts, was den Patienten zu diesem Glauben hatte leiten können. Der einzige Beweis, der von dem Patienten erbracht wurde und zur Haftung des Krankenhausträgers für die Fahrlässigkeit des „independent contractor" nach der Lehre der „ostensible agency" führte, war folgende eidesstattliche Erklärung: „[The patient] believed, based upon all of the circumstances, that the physician provided [...] was working for the hospital at their request."[365]

d) Sonderfall: Notaufnahme

Schließlich unterscheiden einige Gerichte bei der Anwendung der Lehre der „ostensible agency" die medizinische Behandlung in der Notaufnahme von anderen stationären Behandlungen im Krankenhaus, weil in einem Notfall der Patient gewöhnlich nicht die Zeit hat, eine klare Wahl zu treffen. Dies ist auch besonders dann der Fall, wenn ein Patient bewusstlos zur medizinischen Behandlung in die Notaufnahme eines Krankenhauses eingeliefert wird. Ist in solchen Situationen noch Platz für ein Vertrauenselement? Schließlich entscheiden sich die meisten Patienten nicht etwa aufgrund des Rufes eines bestimmten Krankenhauses für dessen Notaufnahme, wenngleich dies durch entsprechende frühzeitige Vorkehrungen grundsätzlich vorstellbar ist. Die große Mehrheit der auf eine Notaufnahmebehandlung angewiesenen Patienten ist doch beunruhigt oder geschwächt und hat insbesondere keine Zeit irgendeine Wahl zu treffen, weil gerade Zeit für die meist sofort notwendige medizinische Behandlung entscheidend sein kann und zudem oftmals keine anderen Möglichkeiten bestehen.

So vertreten einige Gerichte, die Lehre der „ostensible agency" könne nicht in gleicher Weise sowohl bei Notaufnahmefällen als auch bei Nicht-Notaufnahmefällen angewendet werden; Notaufnahmefälle sollten vielmehr eine Ausnahme sein. Der Superior Court of New Jersey führte dazu in *Arthur v. St. Peters Hospital*[366] Folgendes aus: „[I]t would be natural for [the patient] to assume that [the emergency room physicians] are employees of the hospital."[367] „Absent notice to the contrary, [a patient has] the right to assume that the [emergency room] treatment received [is] being rendered through hospital employees and that any negligence associated with that treatment would ren-

364 *Funk v. Hancock*, 26 OhioApp.3d 107, 112, 498 N.E.2d 490, 495 (Ohio Ct. App. 1985).

365 *Funk v. Hancock*, 26 OhioApp.3d 107, 112, 498 N.E.2d 490, 495 (Ohio Ct. App. 1985).

366 169 N.J.Super. 575, 405 A.2d 443 (N. J. Super. Ct. Law Div. 1979).

367 *Arthur v. St. Peters Hospital*, 169 N.J.Super. 575, 583, 405 A.2d 443, 447 (N. J. Super. Ct. Law Div. 1979).

der the hospital responsible."[368] Dadurch wäre ein Vertrauenselement in Notaufnahmefällen entbehrlich. Diese Auffassung wurde vom Supreme Court of Kentucky, welcher die Entscheidung des *Arthur*-Falles zitierte, in *Paintsville Hospital Co. v. Rose*[369] sogar dann vertreten, als ein Patient bewusstlos in die Notaufnahme des Krankenhauses eingeliefert wurde.[370] Sehr deutlich beschrieb schließlich der Supreme Court of New York in *Martell v. St. Charles Hospital*[371] sein Rechtsverständnis – gar als Vorschlag – wie folgt: „[T]he law of New York should be that hospitals are liable for the malpractice of physicians in hospital emergency rooms […] without regard for whether the patient has reason not to rely upon the appearance that the physician is a hospital employee."[372]

B. Stellungnahme

Die Haftung des Krankenhausträgers und die damit verbundene Frage nach der Passivlegitimation im Arzthaftungsprozess ist auch im U.S.-amerikanischen Recht nicht unproblematisch.

Die Abgrenzung zwischen der Haftung des „independent contractor" und der Haftung des Krankenhausträgers wurde lange von den einzelnen Gerichten der verschiedenen U.S.-Staaten entweder mit der „borrowed servant rule" oder der „‚captain of the ship' doctrine" gelöst. Dabei werfen beide indes nicht selten Probleme auf.

Schon die Anwendbarkeit der „borrowed servant rule" im Bereich der Arzthaftung ist umstritten. Die „borrowed servant rule" verlangt zumindest das Recht, die Kontrolle über die Arbeit eines anderen an sich und deren konkrete Ausführung zu haben. Ob der behandelnde Arzt die Kontrolle über die Tätigkeit einer ihm assistierenden Hilfsperson ausüben kann, ist jedoch fraglich.

Auch ist die Anwendbarkeit der „‚captain of the ship' doctrine", wonach der operierende Arzt grundsätzlich stets die Kontrolle über alle Aktivitäten im Operationssaal ausübt, umstritten. Mit der Zunahme der Spezialisierung im Medizinbereich ist dies schlicht nicht realistisch. Die „‚captain of the ship' doctrine" wird daher von den U.S.-amerikanischen Gerichten heute ganz überwiegend abgeleht.

---

368 *Arthur v. St. Peters Hospital*, 169 N.J.Super. 575, 584, 405 A.2d 443, 447 (N. J. Super. Ct. Law Div. 1979).

369 683 S.W.2d 255 (Ky. 1985).

370 *Paintsville Hospital Co. v. Rose*, 683 S.W.2d 255 (Ky. 1985).

371 523 N.Y.S.2d 342 (N. Y. Sup. Ct. 1987).

372 *Martell v. St. Charles Hospital*, 523 N.Y.S.2d 342, 352 (N. Y. Sup. Ct. 1987).

Nach einer „neuen“ Rechtsprechung halten einzelne Gerichte – auch nach aktueller U.S.-amerikanischer Rechtslage – Krankenhausträger selbst für Fahrlässigkeiten eines „independent contractor“ haftbar. Die Haftung des Krankenhausträgers für Fahrlässigkeiten des „independent contractor“ bestimmt sich dabei unterschiedlich in den verschiedenen U.S.-Staaten insbesondere nach drei Lehren: die Lehre der „corporate negligence“, die Lehre der „respondeat superior“ und die Lehre der „ostensible agency“. Bei der Anwendung dieser Lehren werden allerdings neue nicht unerhebliche Probleme aufgeworfen. Obwohl die meisten Gerichte dennoch nach diesen Lehren – in den überwiegenden Fällen nach der Lehre der „respondeat superior“ oder der Lehre der „ostensible agency“ – letztlich eine Haftung des Krankenhausträgers für Fahrlässigkeiten des „independent contractor“ bejahen, lässt sich dies keinesfalls problemlos dogmatisch herleiten, sondern erscheint eher als ergebnisorientierte Lösung.

Nach der Lehre der „corporate negligence“ haftet der Krankenhausträger für Fahrlässigkeiten eines „independent contractor“, wenn er eine seiner eigenen unmittelbar dem Patienten gegenüber bestehenden für die Fahrlässigkeit des „independent contractor“ ursächlichen Organisationspflichten schuldhaft verletzt hat. Zwei nicht unerhebliche Probleme sind bei der Anwendung der Lehre der „corporate negligence“ dabei im Hinblick auf die Verletzung einer Organisationspflicht des Krankenhausträgers, erstens, dass die Krankenhausverwaltungsangestellten zumeist keine medizinische Ausbildung besitzen und daher oft auf die Entscheidungen der Ärzte vertrauen müssen, und zweitens, dass es für den Krankenhausträger schwierig ist, die Fahrlässigkeit eines Arztes rechtzeitig zu erkennen und dagegen einzuschreiten, weil Ärzte selten gegen Ärzte aussagen.[373] Mangels Fachwissen ist es somit für den Krankenhausträger schwierig, im Bereich der ärztlichen Behandlung die erforderliche Sorgfalt gerade für die Organisationspflichten, die für die Fahrlässigkeit eines „independent contractor“ ursächlich sein können, zu beobachten. Damit ist schon der Anwendungsbereich der Lehre der „corporate negligence“ auf den Bereich der Krankenhaushaftung fraglich. Als Grundlage für die Haftung des Krankenhausträgers für Fahrlässigkeiten eines „independent contractor“ ist die – an sich berechtigte – Lehre der „corporate negligence“ mithin ungeeignet.

Nach der Lehre der „respondeat superior“ haftet der Krankenhausträger grundsätzlich für Fahrlässigkeiten seiner angestellten Ärzte und des nichtärztlichen Personals. Hinsichtlich der Haftung des Krankenhausträgers für Fahrlässigkeiten eines „independent contractor“ bedeutet dies, dass das Verhältnis zwi-

373 So Gregory T. Perkes, Medical malpractice – ostensible agency and corporate negligence – hospital liability may be based on either doctrine of ostensible agency or doctrine of corporate negligence, 17 St. Mary’s L. J. 551, 571-72 (1986).

schen „independent contrator“ und Krankenhausträger somit gerade noch den Anforderungen an ein Angestelltenverhältnis genügen muss – der „independent contractor“ also tatsächlich wie ein beim Krankenhausträger angestellter Arzt handelt. Maßgeblich ist mithin das Arzt-Krankenhausträger-Verhältnis.

Die Lehre der „respondeat superior“ wurde im Restatement (Second) of Agency (1958) aufgenommen und nennt in Restatement (Second) of Agency § 220(2) (1958) zehn Kriterien für die Abgrenzung zwischen Angestellten und „independent contractors“. Das Restatement (Second) of Agency (1958) dient der Klarstellung und Vereinfachung des Rechts und ist annäherungsweise abstrakt, jedenfalls aber für eine Vielzahl an Fällen, geschrieben. So sind die in Restatement (Second) of Agency § 220(2) (1958) genannten Kriterien nicht bestimmt genug, um gerade für Ärzte klar zwischen Angestellten und „independent contractors“ abgrenzen zu können, was nicht zuletzt an der ganz eigenen Natur des Arztberufes liegt. Zum Beispiel würde ein behandelnder Arzt, aufgrund seiner hochspezialisierten Tätigkeit, nach den Kriterien (2) „Eigenständigkeit“, (3) „Spezialisierung“ und (4) „Fachwissen“ kaum jemals als angestellter Arzt ermittelt werden können. Das letzte Kriterium (10) „fachliche Qualifikation des Geschäftsherrn“ kann indes kein Indiz bei der Ermittlung des Arzt-Krankenhausträger-Verhältnisses sein, da eine Vielzahl an Krankenhäusern von nichtärztlichem Personal geleitet wird, was auch die Entscheidung über Arbeitsverhältnisse mit einschließt.

Auch sind die Kriterien, die von den Gerichten in ihrer Rechtsprechung im Rahmen der Lehre der „respondeat superior“ sogar speziell dafür entwickelt wurden, das Arzt-Krankenhausträger-Verhältnis ermitteln zu können, nicht bestimmt genug, um klar einen „independent contractor“ von einem angestellen Arzt abgrenzen zu können. Man kann all jene Abgrenzungskriterien in drei Gruppen zusammenfassen:

Zunächst sind dies solche Kriterien, die ausschließlich dafür sprechen, dass der behandelnde Arzt tatsächlich wie ein beim Krankenhausträger angestellter Arzt gehandelt hat. Kriterien dieser Art sind beispielsweise ein festes Einkommen für den behandelnden Arzt, welches ihm von dem Krankenhausträger ausgezahlt wird, und vom Krankenhausträger bezahlte Sozialversicherungsbeiträge für den bestimmten Arzt. Wenn der Arzt eine regelmäßige Vergütung von dem Krankenhausträger bekommt und der Krankenhausträger Sozialversicherungsbeiträge für den Arzt abführt, kann der behandelnde Arzt stets als Angestellter des Krankenhausträgers ermittelt werden, selbst wenn nicht ausdrücklich ein Arbeitsvertrag zwischen Krankenhausträger und behandelndem Arzt abgeschlossen wurde. Eine „echte“ Abgrenzung findet mit diesen Kriterien nicht statt.

Ferner wurden Kriterien entwickelt, die indes nicht zur Ermittlung des Arzt-Krankenhausträger-Verhältnisses beitragen. Diese Kriterien sind ineffizient. Ein Kriterium dieser Art ist beispielsweise das Recht des Krankenhausträgers, die Arbeitszeit des behandelnden Arztes zu bestimmen. Dies ist sowohl bei angestellten Ärzten als auch bei „independent contractors“ der Fall. So kann ein „independent contractor“ nicht etwa zu jeder Zeit seine eigenen Patienten in ein Krankenhaus bestellen und mit der medizinischen Behandlung beginnen; vielmehr muss sich auch der „independent contractor“, wie ein angestellter Arzt, nach den Dienstplänen des Krankenhausträgers richten, insbesondere dann, wenn er auf die Unterstützung eines Operationsteams angewiesen ist. Dass der Krankenhausträger die genauen Arbeitszeiten des behandelnden Arztes regelt, trägt mithin nicht zur Ermittlung des Arzt-Krankenhausträger-Verhältnisses bei. Ineffiziente Kriterien sind ferner die Dauer und das Recht zur Beendigung der Zusammenarbeit von behandelndem Arzt und Krankenhausträger, die sowohl für angestellte Ärzte als auch für „independent contractors“ individuell vereinbart werden können. Weitere ineffiziente Kriterien sind das Fachwissen des Arztes, die Natur der Arbeit, die Eigenständigkeit der Tätigkeit, die fachliche Qualifikation des Geschäftsherrn und die Bereitstellung der medizinischen Geräte. Besonders wäre nach dem Fachwissen jeder behandelnde Arzt stets als „independent contractor“ zu ermitteln, weil ein Arzt naturgemäß bei der medizinischen Behandlung eines Patienten Fachwissen anwendet. Die Bereitstellung der medizinischen Geräte ließe hingegen in kaum einem Fall zu, dass der behandelnde Arzt als „independent contractor“ ermittelt werden kann, weil in nahezu allen Fällen der Krankenhausträger die medizinischen Geräte bereitstellt. Dies ist doch oftmals gerade der Grund für einen „independent contractor“, seinen Patienten in einem Krankenhaus zu behandeln, da er sich selbst die notwendigen aber sehr teuren medizinischen Geräte nicht leisten kann. Eine „echte“ Abgrenzung kann mit diesen Kriterien nicht vorgenommen werden.

Schließlich bleiben die Kriterien, die eine „echte“ Abgrenzung zwischen einem angestellten Arzt und einem „independent contractor“ zulassen und für beide Möglichkeiten ausschlaggebend sein können. Das ist letztlich nur ein Kriterium, nämlich die Kontrolle des Krankenhausträgers über die Tätigkeit des behandelnden Arztes. So bestehen viele Gerichte und Stimmen in der Literatur darauf, das einzig ausschlaggebende Kriterium sei das der Kontrolle.[374] In *Jones v.*

---

374 *Jones v. Angelette*, 921 So.2d 1017, 1020 (La. Ct. App. 2005); Martin C. McWilliams, Jr. & Hamilton E. Russell, III, Hospital liability for torts of independent contractor physicians, 47 S. C. L. Rev. 431, 439-40 (1996); Manuel A. Reboso & Lincoln J. Connolly, Hospital liability for physician malpractice, 2004 ATLA-CLE 2117 (2004).

Angelette[375] betonte dies im Jahr 2005 der Court of Appeal of Louisiana: „In determining whether a physician is an employee or an independent contractor of a hospital, […] [i]t is well established that the single most important factor for determining whether an employer-employee relationship exists is the right of the employer to control the work of the employee."[376] Dabei ist dieses Kriterium äußerst unbestimmt. Das Maß der Kontrolle kann stark von einem Krankenhaus zum anderen abweichen und sogar innerhalb desselben Krankenhauses von einer Station zur anderen. Daher unterscheiden sich auch von Gericht zu Gericht die Anforderungen an die Kontrolle, die durch den Krankenhausträger ausgeübt werden muss, um für einen bestimmten Arzt ein Angestelltenverhältnis zu dem Krankenhausträger ermitteln zu können. So entschied beispielsweise die Appellate Division of New York in *Mduba v. Benedictine Hospital*[377]: „While conducting the operations of the Emergency Room, the doctor was to do so in accordance with the rules and regulations of the defendant hospital's governing board. Thus, under the contract, the doctor was […] controlled by the defendant hospital as to the means or manner […]. Since the hospital controlled the manner in which the doctor operated the Emergency Room, [the physician] was not an independent contractor but an employee of defendant hospital."[378] Die Mehrheit der Gerichte[379] ist dagegen der Auffassung, allein Regeln, Vorschriften und sonstige Verhaltensvorgaben des Krankenhausträgers seien nicht genügend Kontrolle, um ein Angestelltenverhältnis ermitteln und damit die Lehre der „respondeat superior" anwenden zu können. Dieser Auffassung ist zu folgen, weil jeder Arzt – angestellter Arzt und „independent contractor" – bei der medizinischen Behandlung eines Patienten im Krankenhaus nicht nur die allgemeinen medizinischen Berufsvorschriften, sondern gerade auch spezielle Vorschriften des Krankenhausträgers befolgen muss. Dies gilt besonders in „Spezialkrankenhäusern" mit zum Teil sogar höheren als durch Gesetz vorgeschriebenen Standards. Daher können allein Regeln, Vorschriften und sonstige Verhaltensvorgaben des Krankenhausträgers nicht genügend Kontrolle für die Ermittlung eines Angestelltenverhältnisses sein. Schließlich stellt sich die grundlegende Frage: Ist der Krankenhausträger überhaupt in der Lage, Kontrolle über einen Arzt auszuüben? Zum einen sind Ärzte hochspezialisiert medizinisch tätig; zum anderen wurde Krankenhausträgern traditionell nach der „corporate practice"-Theorie verboten, selbst medizinische Tätigkeiten durchzuführen. Wenn

375 921 So.2d 1017 (La. Ct. App. 2005).

376 *Jones v. Angelette*, 921 So.2d 1017, 1020 (La. Ct. App. 2005).

377 384 N.Y.S.2d 527 (N. Y. App. Div. 1976).

378 *Mduba v. Benedictine Hospital*, 384 N.Y.S.2d 527, 529 (N. Y. App. Div. 1976).

379 Zum Beispiel *Kashishian v. Port*, 167 Wis.2d 24, 34, 481 N.W.2d 277, 280 (Wis. 1992).

aber ein Krankenhausträger selbst nicht medizinisch tätig sein darf, dann vermag dieser auch nicht die medizinischen Tätigkeiten der Ärzte kontrollieren zu können oder gar das Recht einer solchen Kontrolle zu haben.[380] Auch in der Praxis mangelt es oft gerade an der medizinischen Ausbildung der die Kontrolle ausübenden Krankenhausverwaltungsangestellten des Krankenhausträgers. Die Kontrolle des Krankenhausträgers über die Tätigkeit des behandelnden Arztes ist mithin als Kriterium für die Abgrenzung zwischen einem angestellten Arzt und einem „independent contractor" zu weich. Somit ist die Lehre der „respondeat superior" als Grundlage für die Haftung des Krankenhausträgers für Fahrlässigkeiten eines „independent contractor" ungeeignet.

Nach der Lehre der „ostensible agency" haftet der Krankenhausträger für Fahrlässigkeiten eines „independent contractor", wenn er den Anschein, zwischen ihm und dem „independent contractor" bestehe ein Angestelltenverhältnis, geschaffen und der geschädigte Patient vernünftigerweise darauf vertraut hat. Bei der Anwendung der Lehre der „ostensible agency" bleiben viele Probleme.

Zunächst einmal ist für die Haftung des Krankenhausträgers für Fahrlässigkeiten eines „independent contractor" nach der Lehre der „ostensible agency" ein Handeln, Dulden oder Unterlassen des Krankenhausträgers erforderlich, durch das er den Rechtsschein gesetzt haben muss. Schon die Anforderungen an dieses Handeln, Dulden oder Unterlassen sind problematisch. In *Porter v. Sisters of St. Mary*[381] war eines der stärksten Argumente des Klägers dafür, dem Krankenhausträger die Haftung für die Fahrlässigkeit des „independent contractor" aufzuerlegen, dass die Einwilligungserklärung, welche der Krankenhausträger ausgegeben hatte, den Kläger dazu bewegte, darauf zu vertrauen, der behandelnde Arzt sei ein angestellter Arzt, obwohl dieser tatsächlich ein „independent contractor" war. Die Einwilligungserklärung deutete nicht darauf hin, dass der behandelnde Arzt tatsächlich ein „independent contractor" war. Der United States Court of Appeals, Eighth Circuit führte dazu zunächst aus: „[I]f a hospital furnishes consent forms to a patient for his signature, it does not thereby assume duties that are the business of the physician."[382] Obwohl dies grundsätzlich zutreffend sein kann, kann indes eine ausgegebene Einwilligungserklärung durchaus zusätzliche Pflichten für den Krankenhausträger begründen. Ferner erwähnt das Gericht: „The consent forms [...] nowhere indicate that [the particular physician] was an agent of [the hospital]."[383] Aus diesem Grund hielt das Gericht

380 So Martin C. McWilliams, Jr. & Hamilton E. Russell, III, Hospital liability for torts of independent contractor physicians, 47 S. C. L. Rev. 431, 440-41 (1996).

381 756 F.2d 669 (8th Cir. 1985).

382 *Porter v. Sisters of St. Mary*, 756 F.2d 669, 673 (8th Cir. 1985).

383 *Porter v. Sisters of St. Mary*, 756 F.2d 669, 673 (8th Cir. 1985). Der United States Court of Appeals, Eighth Circuit hat nicht abschließend geklärt, ob die Lehre der „ostensible

die Ansicht des Klägers, der Krankenhausträger habe den erforderlichen Rechtsschein – der behandelnde Arzt sei ein vom Krankenhausträger angestellter Arzt – gesetzt, für nicht überzeugend. Das erscheint paradox. Zwar wies die vom Krankenhausträger ausgegebene Einwilligungserklärung tatsächlich nicht aus, dass der behandelnde Arzt ein angestellter Arzt war, entscheidend ist aber doch, dass auf der Einwilligungserklärung die ausdrückliche Bezeichnung des behandelnden Arztes als „independent contractor", für dessen Fahrlässigkeit der Krankenhausträger nicht haften möchte, fehlte. Auch heute noch sind die Anforderungen an das Handeln, Dulden oder Unterlassen des Krankenhausträgers, durch das der Rechtsschein geschaffen wird, aufgrund dessen der Patient vernünftigerweise darauf vertraut, der behandelnde Arzt sei ein vom Krankenhausträger angestellter Arzt, und damit eine Voraussetzung für die Haftung des Krankenhausträgers für Fahrlässigkeiten eines „independent contractor" nach der Lehre der „ostensible agency" problematisch.

Bezüglich des Vertrauenselementes gehen die unterschiedlichen Auffassungen der einzelnen Gerichte sehr viel weiter auseinander. Einige Gerichte setzen ein Vertauen des Patienten voraus, andere verlangen überhaupt kein Vertrauenselement auf Seiten des Patienten. Die Auffassung, im Rahmen der Lehre der „ostensible agency" sei ein Vertrauenselement auf Seiten des Patienten nicht erforderlich, ist abzulehnen. Das Vertrauen des geschädigten Dritten ist ein grundlegendes Element der Lehre der „ostensible agency". Ohne das Vertauen des geschädigten Dritten kommt eine Haftung nach der strengen traditionellen Form der Lehre der „ostensible agency" nicht in Betracht. So haftet der Krankenhausträger für Fahrlässigkeiten des „independent contractor" nach der Lehre der „ostensible agency" nur dann, wenn der Patient vernünftigerweise darauf vertraut hat, der „independent contractor" sei ein vom Krankenhausträger angestellter Arzt. Daher ist auch die Auffassung, der bloße Glaube des Patienten an ein Angestelltenverhältnis zwischen behandelndem Arzt und Krankenhausträger genüge, um nach der Lehre der „ostensible agency" den Krankenhausträger für Fahrlässigkeiten eines „independent contractor" haftbar zu halten, abzulehnen. Damit bleibt die Frage, auf was genau der Patient vertraut haben muss. Um letztlich dem geschädigten Patienten nicht die Möglichkeit, Schadensersatz zu bekommen, zu nehmen, sollten jedoch nicht zu strenge Anforderungen an das Vertrauenselement gestellt werden. Abzulehnen ist daher die Auffassung des Supreme Court of Ohio in *Albain v. Flower Hospital*[384], wonach der Krankenhausträger für Fahrlässigkeiten eines „independent contractor" nur dann nach

---

agency" eine Rechtsgrundlage für die Haftung des Krankenhausträgers für Fahrlässigkeiten eines „independent contractor" in Missouri ist.

384 50 OhioSt.3d 251, 553 N.E.2d 1038 (Ohio 1990).

der Lehre der „ostensible agency“ haftet, wenn bewiesen werden kann, dass der Patient die medizinische Behandlung verweigert hätte, wenn er gewusst hätte, dass der behandelnde Arzt gerade kein vom Krankenhausträger angestellter Arzt war. Es wäre nur selten der Fall, dass ein Patient seine medizinische Behandlung nur aufgrund des tatsächlichen Verhältnisses zwischen seinem ihn behandelnden Arzt und dem Krankenhausträger verweigern würde.[385] Außerdem kann eine solche Beweisführung kaum gelingen. Vielmehr ist an das Vertrauen des Patienten auf das Krankenhaus selbst als Institution für medizinische Dienstleistungen anzuknüpfen, insbesondere, weil viele Patienten sich selbst als Patienten des Krankenhausträgers betrachten und nicht als Patienten eines bestimmten Arztes. Sie vertrauen darauf, dass der Krankenhausträger fachkundige Ärzte auswählt, anleitet und überwacht, um sämtliche medizinische – ärztliche und nichtärztliche – Leistungen, die der Patient benötigt, zu erbringen.[386]

Schließlich wird von einigen Gerichten bei der Anwendung der Lehre der „ostensible agency“ in Bezug auf das Vertrauenselement zwischen Notaufnahmefällen und Nicht-Notaufnahmefällen unterschieden. Grundsätzlich muss für die Haftung des Krankenhausträgers für Fahrlässigkeiten eines „independent contractor“ nach der Lehre der „ostensible agency“ der Patient auch in einem Notaufnahmefall auf ein Angestelltenverhältnis des behandelnden Arztes zu dem Krankenhausträger vertraut haben. Es wird jedoch vertreten, das Vertrauenselement besonders in Notaufnahmefällen nicht eng auszulegen. Dieser Auffassung ist zu folgen. Abgesehen von jenen Patienten, die schon vor der Krankenhausaufnahme ein Behandlungsverhältnis mit einem bestimmten Arzt haben, betreten nahezu alle Patienten ein Krankenhaus durch die Notaufnahme. Die Tatsache, dass in den Vereinigten Staaten von Amerika heute viele Ärzte in der Notaufnahme „independent contractors“ sind, ohne dass dies die Patienten wissen, sollte einen Patienten nicht davon abhalten, den Krankenhausträger für Fahrlässigkeiten der in der Notaufnahme behandelnden Ärzte haftbar zu halten. Anderenfalls wäre in Bezug auf die Haftung des Krankenhausträgers für Fahrlässigkeiten eines „independent contractor“ die Notaufnahme praktisch ein haftungsfreier Raum für den Krankenhausträger. Letztlich hängt das zugrundegelegte Konzept – die Haftung des Krankenhausträgers auch für Fahrlässigkeiten

385 So auch John D. Ingram, Vicarious liability of employer of an apparent servant, 41 Tort Trial & Ins. Prac. L. J. 1, 9 (2005). Siehe auch *Clark v. Southview Hospital and Family Health Center*, 68 OhioSt.3d 435, 440, 628 N.E.2d 46, 50 (Ohio 1994): „[I]t is virtually impossible for the plaintiff, especially in a wrongful-death case, to establish reliance as required in *Albain*.“.

386 So John D. Ingram, Liability of medical institutions for the negligence of independent contractors practicing on their premises, 10 J. Contemp. Health & Pol’y 221, 227 (1993).

eines „independent contractor“ – besonders mit Notaufnahmefällen zusammen: Weil Krankenhausträger Patienten gezielt durch Werbung, auch mit bestimmten Ärzten, in ihre ertragreichen Notaufnahmen locken, sollten sie auch haften, wenn genau diese Ärzte fahrlässig handeln.[387] Die Lehre der „ostensible agency“ kommt daher als Grundlage für die Haftung des Krankenhausträgers für Fahrlässigkeiten eines „independent contractor“ gerade noch in Betracht, ist jedoch aufgrund einer Vielzahl an Problemen unzweckmäßig.

Nach alledem ist festzustellen, dass die Haftung des Krankenhausträgers nach aktueller U.S.-amerikanischer Rechtslage viele Probleme aufwirft. Die Gerichte in den Vereinigten Staaten von Amerika versuchen in ihrer Rechtsprechung hinsichtlich der Frage nach der Passivlegitimation im Arzthaftungsprozess Rechtssicherheit zu schaffen, indem sie den Krankenhausträger auch für Fahrlässigkeiten eines „independent contractor“ haftbar halten, werfen indessen dadurch neue Probleme auf, weil eine derart weite Haftung des Krankenhausträgers nicht ohne Weiteres mithilfe des aktuellen U.S.-amerikanischen Rechts erreicht werden kann.

387 So Howard Levin, Hospital vicarious liability for negligence by independent contractor physicians: A new rule for new times, 2005 U. Ill. L. Rev. 1291, 1302 (2005).

3. Teil: Die „medical enterprise liability“ des U.S.-amerikanischen Rechts

Die „medical enterprise liability“ wird in den Vereinigten Staaten von Amerika als Reform des Arzthaftungsrechts vorgeschlagen und im U.S.-amerikanischen Schrifttum stark diskutiert. Nach der „medical enterprise liability“ haftet der Krankenhausträger grundsätzlich sowohl für Fahrlässigkeiten seiner angestellten Ärzte (und des angestellten nichtärztlichen Personals) als auch für Fahrlässigkeiten der „independent contractors“. Dabei stellt die „medical enterprise liability“ gleichzeitig den behandelnden Arzt – zumindest im Außenverhältnis – von der Haftung frei. Im Folgenden wird das Konzept der „medical enterprise liability“ samt ihrer möglichen Vorteile für das Haftungssystem und der Bedenken dagegen dargestellt.

A. Das Konzept der „medical enterprise liability“

In den letzten 40 Jahren wurde in den Vereinigten Staaten von Amerika eine schier unüberschaubare Vielzahl unterschiedlicher Reformen vorgeschlagen und teilweise umgesetzt, welche die vielfältigen Probleme des U.S.-amerikanischen Arzthaftungsrechts lösen sollten. Die Reformen im Arzthaftungsrecht lassen sich in zwei Generationen einteilen: Die Reformen der ersten Generation wurden in den 1970ern in den verschiedenen U.S.-Staaten hauptsächlich eingeführt, um die Anzahl an Klagen zu verringern und dabei das Haftungssystem aus Sicht von Ärzten und Versicherern zu verbessern; um das Entschädigungssystem aus Sicht von Patienten und Ärzten zu modernisieren, entwickelten Rechtswissenschaftler und Patienteninteressenverbände in den späten 1980ern und frühen 1990ern die Reformen der zweiten Generation.[388] Zu den bekanntesten Reformen zählen gesetzliche Höchstbeträge für Schadensersatz („damage caps“[389]), gesetzliche Höchstbeträge für Rechtsanwaltserfolgshonorare („attorney contingency fees caps“), Ratenzahlungen für Schadensersatz („installment payments for damages“), Veröffentlichungen von Ausfallprüfungen medizinischer Tätigkeiten („screening boards“), Anrechnung aller Versicherungs- und anderer Leistungen („collateral source payments“), kleinere gesetzliche Beschränkungen in

388 Eleanor D. Kinney, Malpractice reforms in the 1990s: Past disappointments, future success?, 20 J. Health Pol. Pol'y & L. 99, 100 (1995).

389 So zum Beispiel im Jahr 2003 im „Help Efficient, Accessible, Low-Cost, Timely Healthcare Act of 2003“ von U.S.-Präsident *Bush* vorgeschlagen, aber im gleichen Jahr vom U.S.-Senat abgelehnt.

Arzthaftungsfällen, abgeänderte Gutachtenvoraussetzungen sowie neue Methoden der Streitbeilegung („alternative dispute resolution“ und „health courts“). Diese Reformen haben jedoch ausschließlich Auswirkungen auf die Haftungsfolgen oder das Verfahrensrecht. Keine der Reformen führt zu einer Änderung in der Haftungsbegründung. Ganz anders dagegen ist das Konzept der „medical enterprise liability“.

I. Die Geschichte der „medical enterprise liability“

Erstmals wurde die „medical enterprise liability“ in den 1970ern als eine systematische Reform des Arzthaftungsrechts in den Vereinigten Staaten von Amerika vorgeschlagen.[390] Dieser Reformvorschlag entstand aus der stetigen Entwicklung der Rechtsprechung U.S.-amerikanischer Gerichte, Krankenhausträger immer öfter für Schäden bei der medizinischen Behandlung des Patienten haftbar zu halten,[391] und der Tatsache, dass moderne Krankenbehandlungen immer mehr von Institutionen als von einzelnen Ärzten geleistet werden.

Jedoch hat die „medical enterprise liability“ ihren Ursprung schon im Produkthaftungsrecht und in der Diskussion über „Workers' Compensation Acts“ um die 19. Jahrhundertwende.[392] Bereits in den 1930ern wurden Theorien entwickelt, nach denen Unternehmen für solche Schäden haften sollten, welche durch Produkte, die sie selbst entwickelten und vermarkteten, verursacht wurden. Eine Unternehmenshaftung im U.S.-amerikanischen Deliktsrecht („law of torts“) wurde dann erstmals vor über 50 Jahren ernsthaft von *Calabresi* vorgeschlagen.[393] Dies gilt als die Entstehung der Produkthaftung. In den folgenden Jahren wurden diese Theorien von den einzelnen Gerichten mit Wohlwollen aufgegriffen und weit verbreitet angewandt.

Im Medizinbereich ist die „medical enterprise liability“ das Ergebnis zweier Entwicklungen im Arzthaftungsrecht: Erstens wurden medizinische Institutionen verstärkt für das Handeln ihrer angestellten und sonstigen Ärzte verantwortlich gehalten; zweitens haben Auslastungsüberprüfungen und anderes finanziell motiviertes Verhalten von Versicherern und anderen Unternehmen zunehmend zu

---

390 Kristie Tappan, Medical-malpractice reforms: Is enterprise liability or no-fault a better reform?, 46 B. C. L. Rev. 1095, 1103 (2005).

391 Kristie Tappan, Medical-malpractice reforms: Is enterprise liability or no-fault a better reform?, 46 B. C. L. Rev. 1095, 1103 (2005).

392 Barry R. Furrow, Enterprise liability and health care reform: Managing care and managing risk, 39 St. Louis U. L. J. 77, 80 (1994).

393 Siehe Guido Calabresi, Some thoughts on risk distribution and the law of torts, 70 Yale L. J. 499, 500-17 (1961); siehe auch Guido Calabresi, The Costs Of Accidents, 309-18 (1970).

Arzthaftungsprozessen geführt.[394] Ein systematischer Entwurf der „medical enterprise liability" im Medizinbereich – damals noch „organizational liability" genannt – wurde schließlich im Jahr 1987 bei der Bearbeitung des Projektes zur Reform des U.S.-amerikanischen Deliktsrechts des „American Law Institute (ALI)" erarbeitet und wenige Jahre später insbesondere von *Abraham* und *Weiler* in dem American Law Institute Report[395] aus dem Jahr 1991 weiterentwickelt und veröffentlicht.

Darin heißt es:

> „[W]e would exculperate doctors from personal liability for negligence (and thus eliminate their need to purchase insurance against such liability), on the condition that the hospital assume such liability and provide the insurance, a change that would leave untouched the patient's present entitlement to recover for injuries caused by the doctor's negligence."[396]

Dies gilt als die Entstehung der „medical enterprise liability". Dabei blieb die „medical enterprise liability" keineswegs ein rein theoretisches Konstrukt. Sie wurde in den letzten Jahren viel und ernsthaft[397] sowohl in der Lehre als auch in der Praxis diskutiert und zu einem Hauptthema in politischen Auseinandersetzungen über eine mögliche Gesundheitsreform. So genoss die „medical enterprise liability" im Frühling 1993 einen kurzen Moment in der politischen Öffentlichkeit. *Abraham* und *Weiler* sprachen sich nämlich mit Nachdruck dafür aus, die „medical enterprise liability" auf die Agenda der „Health Care Task Force" des damaligen U.S.-Präsidenten *Clinton* aufzunehmen. Nachdem die Vorsitzende der „Health Care Task Force", *Clinton*, davon überzeugt war, veröffentlichte sie am 9.9.1993 einen Gesetzentwurf für eine Gesundheitsreform in den Vereinigten Staaten von Amerika. Diesen Gesetzentwurf, der die „medical enterprise liability" als Kernstück aufgenommen hatte, nahm die *Clin-*

---

394 William M. Sage & Kathleen E. Hastings & Robert A. Berenson, Enterprise liability for medical malpractice and health care quality improvement, 20 Am. J. L. & Med. 1, 16-17 (1994).

395 The American Law Institute, Reporters' Study: Enterprise Responsibility For Personal Injury: Volume I: The Institutional Framework, 285-300 (1991); The American Law Institute, Reporters' Study: Enterprise Responsibility For Personal Injury: Volume II: Approaches To Legal And Institutional Change, 111-26 (1991). Siehe auch Paul C. Weiler, Medical Malpractice On Trial, 122-32 (1991).

396 The American Law Institute, Reporters' Study: Enterprise Responsibility For Personal Injury: Volume II: Approaches To Legal And Institutional Change, 114-15 (1991).

397 Beispielsweise hat die „University of Virginia Law School Foundation" einen Zuschuss von über 170.000 $ von der „Robert Wood Johnson Foundation of Princeton, N.J." erhalten, damit *Abraham* und *Weiler* nach Möglichkeiten der Umsetzung ihres Vorschlages forschen können.

ton-Regierung schließlich in ihrem „Health Security Act of 1993" auf und begann für diesen zu werben. Der *Clinton*-Entwurf sah ein nationales System der „medical enterprise liability" vor.[398] Lediglich ein kleiner Unterschied bestand zwischen dem Gesetzentwurf und dem ursprünglichen Vorschlag aus dem American Law Institute Report. Anstelle von Krankenhausträgern sollten sogenannte „Managed Care Organizations" die verantwortlichen Unternehmen sein, gegen welche Klagen einzureichen wären. Gleich zu Beginn der Veröffentlichung des Gesetzentwurfs gab es jedoch aus verschiedenen Reihen der Politik und von vielen Interessengruppen, einschließlich medizinischer Vereinigungen, unerwartet starke Proteste gegen die „medical enterprise liability".[399] In einem Brief an die *Clinton*-Regierung sprachen 119 Interessengruppen klar ihre Bedenken gegen die „medical enterprise liability" aus. Als schließlich am 22.9.1993 der endgültige Gesetzentwurf von U.S.-Präsident *Clinton* dem 103. U.S.-Kongress zur Entscheidung vorgelegt wurde, enthielt er nicht mehr die Einführung einer nationalen „medical enterprise liability". Er beinhaltete aber eine Klausel, die ab dem Jahr 1996 Bundesmittel für U.S.-Staaten zur Durchführung von Versuchsprojekten zur „medical enterprise liability" bereitstellte.[400]

Dabei wirkten hauptsächlich zwei große und einflussreiche Vereinigungen der Einführung der „medical enterprise liability" stark entgegen. Das waren die „American Medical Association (AMA)" und die „Physician Insurer Association of America (PIAA)". Die PIAA war darüber besorgt, Ärzte, die nicht für Fahrlässigkeiten haften, benötigten auch keine Berufshaftpflichtversicherung mehr.[401] Dadurch würden die Versicherer erhebliche Gewinneinbußen verzeichnen. Aber auch die AMA, eine reine Ärztevereinigung, war gegen die Einführung der „medical enterprise liability". Dies erscheint auf den ersten Blick geradezu widersprüchlich,[402] da man erwarten könnte, eine Ärztevereinigung befür-

---

398 Alan D. Lieberson, Healthcare Enterprise Liability, 23 (1997) spricht von „true enterprise liability".

399 Es gab aber auch vereinzelt Zustimmung zur „medical enterprise liability" von Arbeitgeberverbänden, wie beispielsweise die „Washington Business Group on Health (WBGH)", und von Medizinverbänden, wie beispielsweise die „American Nurses Association (ANA)".

400 Diese Projekte sollten dazu dienen, herauszufinden, ob die „medical enterprise liability" wirklich die Qualität der medizinischen Behandlung verbessert, sogenannte „defensive medicine" verringert und zu einem besseren sogenannten „risk management" führt. Die „Physician Payment Review Commission (PPRC)" unterstützte ein nationales Versuchsprojekt.

401 Siehe Kenneth S. Abraham & Paul C. Weiler, Enterprise medical liability and the evolution of the American health care system, 108 Harv. L. Rev. 381, 383 (1994).

402 Kenneth S. Abraham & Paul C. Weiler, Enterprise medical liability and the evolution of the American health care system, 108 Harv. L. Rev. 381, 383 (1994); Paul C. Weiler,

worte einen Gesetzentwurf, der Ärzte von der Haftung für Fahrlässigkeiten freistellt. Die AMA war jedoch der Ansicht, eine ausschließliche Haftung des Krankenhausträgers schränke die Eigenständigkeit der Ärzte in der medizinischen Behandlung des Patienten ein.[403] Die Ärzte befürchteten besonders, der Krankenhausträger gebe eine ärztliche Fahrlässigkeit nach eigenem Ermessen zu und könne dadurch die persönliche Geltung des behandelnden Arztes in Frage stellen und zudem seinen Ruf schädigen. Die ablehnende Haltung der AMA stützte sich auf zwei zentrale Interessen: Sie bevorzugte, dass, erstens, jeder für sein Handeln selbst einzustehen hat und, zweitens, der Krankenhausträger keinen zusätzlichen Einfluss bekommt.[404] Viele Ärzte – besonders diejenigen, die von der AMA vertreten wurden – sahen sich vor einem Gesetzentwurf, der, während er versprach Rechtsanwälte von ihnen fern zu halten, diese vielleicht einfach nur mit dem Krankenhausverwaltungspersonal ersetze.[405] Speziell die „California Medical Association (CMA)" befürchtete, gewisse Vorteile, wie Höchstbeträge für Schmerzensgeld, die im Recht von Kalifornien in dem „Medical Injury Compensation Reform Act of 1991" seit langem umgesetzt[406] waren, würden mit Einführung der „medical enterprise liability" aufgehoben. Die Vorwürfe und Bedenken der AMA ließen nicht ab. Selbst jüngst sprach sich die AMA erneut für die Einführung von Höchstbeträgen für Schadensersatz und weiterhin gegen die Einführung der „medical enterprise liability" aus.[407] Ferner war die „American Trial Lawyers Association (ATLA)" erwartungsgemäß gegen diese – wie gegen nahezu jede – Veränderung im traditionellen Common Law Delikts- und Verfahrensrecht.[408] Wenn es nach der „medical enterprise lia-

---

Fixing the tail: The place of malpractice in health care reform, 47 Rutgers L. Rev. 1157, 1192 (1995); Paul C. Weiler, Reforming medical malpractice in a radically moderate – and ethical – fashion, 54 DePaul L. Rev. 205, 223 (2005) beschreiben das damit, als würden Ärzte dem U.S.-Kongress zurufen: „Please don't take our liability away from us!".

403 Siehe Kristie Tappan, Medical-malpractice reforms: Is enterprise liability or no-fault a better reform?, 46 B. C. L. Rev. 1095, 1105 (2005).

404 Siehe Michael C. Thornhill & William H. Ginsburg, Enterprise liability: Cure or curse, 16 Whittier L. Rev. 143, 152 (1995).

405 Siehe Kenneth S. Abraham & Paul C. Weiler, Enterprise medical liability and the evolution of the American health care system, 108 Harv. L. Rev. 381, 383 (1994).

406 Cal. Civ. Code § 3333.2(b) (1975): „In no action shall the amount of damages for noneconomic losses exceed two hundred fifty thousand dollars ($250,000).".

407 Siehe Mark Geistfeld, Malpractice insurance and the (il)legitimate interests of the medical profession in tort reform, 54 DePaul L. Rev. 439 (2005).

408 Siehe Paul C. Weiler, Fixing the tail: The place of malpractice in health care reform, 47 Rutgers L. Rev. 1157, 1191 (1995).

bility“ nur noch einen Beklagten gibt, dann fiele damit ein nicht unerheblicher Teil alltäglicher Arbeit vieler Rechtsanwälte weg.

Schließlich lenkte die *Clinton*-Regierung ein und damit endete der Gesetzentwurf zur Einführung der „medical enterprise liability“ noch vor der Entscheidung im U.S.-Kongress.[409] Obwohl die Ablehnung weitere Erwartungen von baldigem Regierungshandeln in diesem Bereich in Zweifel lässt, haben die zwei Jahre intensiver Auseinandersetzung die „medical enterprise liability“ wie noch nie zuvor in das öffentliche Interesse gerückt.[410] Bis heute ist die „medical enterprise liability“ noch im Bewusstsein bedeutender Rechtswissenschaftler, was die Diskussionen in neueren Fachsymposien[411] und neuerer Literatur[412] zeigen.

II. Das Haftungssystem der „medical enterprise liability“

Im Folgenden wird das Haftungssystem nach dem Konzept der „medical enterprise liability“ in der ursprünglichen Fassung des „American Law Institute (A-LI)“ aus dem Jahr 1991 dargestellt. Dabei wird an einigen Stellen besonders auf die Argumentation der Begründer der „medical enterprise liability“, *Abraham* und *Weiler*, eingegangen.

1. Die Haftung nach der „medical enterprise liability“

Der ursprünglich von *Abraham* und *Weiler* in den späten 1980ern entwickelte Vorschlag für die „medical enterprise liability“ ist speziell auf den Bereich des

409 Paul C. Weiler, Fixing the tail: The place of malpractice in health care reform, 47 Rutgers L. Rev. 1157, 1193 (1995) beschreibt die Ablehnung der „medical enterprise liability“ durch die *Clinton*-Regierung mit den dramatischen Worten: „Doctors learn from mistakes made in the operating room. Lawyers learn from mistakes made in the court room. Let us hope that politicians will learn from mistakes made in health care reform.“.

410 So auch Kenneth S. Abraham & Paul C. Weiler, Enterprise medical liability and the evolution of the American health care system, 108 Harv. L. Rev. 381, 382 (1994).

411 Zum Beispiel Tenth Annual Clifford Symposium on Tort Law and Social Policy: „Starting Over? Redesigning the Medical Malpractice System“, DePaul University College of Law, Chicago, IL, U.S.A., 15.-16.4.2004; siehe dazu Stephan Landsman, Introduction, 54 DePaul L. Rev. 203-04 (2005).

412 Zum Beispiel John V. Jacobi & Nicole Huberfeld, Quality control, enterprise liability, and disintermediation in managed care, 29 J. L. Med. & Ethics 305-17 (2001); Kristie Tappan, Medical-malpractice reforms: Is enterprise liability or no-fault a better reform?, 46 B. C. L. Rev. 1095-130 (2005); Philip G. Peters, Jr., Resuscitating hospital enterprise liability, 73 Mo. L. Rev. 369-97 (2008).

Arzthaftungsrechts zugeschnitten.[413] Es geht um die Haftung des Krankenhausträgers und des behandelnden Arztes im Fall einer fahrlässig verursachten Schädigung eines Patienten bei der medizinischen Behandlung im Krankenhaus. Nach der „medical enterprise liability" tragen Krankenhausträger die ausschließliche Haftung für jeden Schaden, der von einem Arzt fahrlässig verursacht und einem Patienten im Krankenhaus entstanden ist – unabhängig davon, ob der Arzt ein vom Krankenhausträger angestellter Arzt war oder nicht.[414] Gleichzeitig stellt die „medical enterprise liability" den einzelnen behandelnden Arzt von der Haftung gegenüber dem Patienten frei.[415] Dadurch verlagert sich die Haftung für entstandene Schäden vollkommen weg von den einzelnen behandelnden Ärzten hin zu den Krankenhausträgern. Die behandelnden Ärzte haften auf diese Weise nicht mehr selbst gegenüber den Patienten für die von ihnen fahrlässig verursachten Schäden. „Medical enterprise liability" soll insoweit die traditionelle persönliche Haftung der Ärzte ersetzen.[416] Die „medical enterprise liability" erweitert also nicht nur die Haftung der Krankenhausträger; vielmehr ist sie so konstruiert, dass sie die persönliche Haftung der behandelnden Ärzte gegenüber den Patienten für Fahrlässigkeiten aufgibt. Damit macht sie den Krankenhausträger nicht zu einem zusätzlichen Haftungsgegner, sondern zum alleinigen.

Dabei ist die „medical enterprise liability" keinesfalls verschuldensunabhängige Gefährdungshaftung. Sie verlangt nämlich wie auch das aktuelle

413 Daher wird das Konzept der „enterprise liability" in dieser Dissertation „medical enterprise liability" genannt. Damit soll deutlich gemacht werden, dass sich die Ausführungen ausschließlich auf die unternehmerische Haftung im Bereich des Arzthaftungsrechts beschränken und keinesfalls für alle Unternehmenshaftungen gelten. Der Begriff der „hospital enterprise liability" hingegen wäre zu eng, da richtigerweise zu den haftenden Unternehmen alle Träger – privater oder öffentlich-rechtlicher Natur – von Krankenhäusern und sonstigen Heilanstalten, die medizinische Dienstleistungen durch angestellte oder nichtangestelltes, ärztliches oder nichtärztliches Personal anbieten, zählen. Siehe schon oben Fn. 9. Siehe allgemein zur „enterprise liability" Virginia E. Nolan & Edmund Ursin, Understanding Enterprise Liability, 1-177 (1995); Lewis A. Kornhauser, An economic analysis of the choice between enterprise and personal liability for accidents, 70 Cal. L. Rev. 1345-92 (1982); George L. Priest, The invention of enterprise liability: A critical history of the intellectual foundations of modern tort law, 14 J. Legal Stud. 461-527 (1985); Robert L. Rabin, Some thoughts on the ideology of enterprise liability, 55 Md. L. Rev. 1190-209 (1996).

414 Kenneth S. Abraham & Robert L. Rabin & Paul C. Weiler, Enterprise responsibility for personal injury: Further reflections, 30 San Diego L. Rev. 333, 355-56 (1993).

415 Kenneth S. Abraham & Paul C. Weiler, Enterprise medical liability and the evolution of the American health care system, 108 Harv. L. Rev. 381, 382 (1994).

416 So Paul C. Weiler, Reforming medical malpractice in a radically moderate – and ethical – fashion, 54 DePaul L. Rev. 205, 223 (2005).

U.S.-amerikanische Arzthaftungsrecht ein Verschulden beim tatsächlich Handelnden und ist damit verschuldensabhängige Haftung. Nach dem Vorschlag von *Abraham* und *Weiler* ist – genauso wie nach der heutigen „vicarious liability" und „corporate liability" – eine Fahrlässigkeit des behandelnden Arztes eine Voraussetzung für die Haftung des Krankenhausträgers.[417] Im Unterschied zu den heutigen Formen der Haftungsbegründung haftet allerdings nach der „medical enterprise liability" ausschließlich der Krankenhausträger und zwar bei allen Arzthaftungsklagen der im Krankenhaus geschädigten Patienten – unabhängig von dem Verhältnis des Krankenhausträgers zum behandelnden Arzt als angestellten Arzt oder „independent contractor".[418] Der behandelnde Arzt ist von einer persönlichen Haftung gegenüber dem Patienten freigestellt – in der gleichen Weise wie es Krankenschwestern und anderes vom Krankenhausträger angestelltes medizinisches Personal unter dem aktuellen Recht sind.[419]

Durch die so geschaffene Begrenzung der Außenhaftung auf den Krankenhausträger stellen sich keine Abgrenzungsprobleme der Passivlegitimation bei der Haftung im Rahmen der medizinischen Behandlung des Patienten im Krankenhaus – richtiger Klagegegner ist stets der Krankenhausträger.[420]

2. Das haftende Unternehmen

Wer nach der „medical enterprise liability" haftet, bedarf insbesondere deshalb genauerer Betrachtung, weil zwischen dem ursprünglichen Vorschlag aus dem American Law Institute Report und dem Gesetzentwurf der *Clinton*-Regierung genau diesbezüglich ein Unterschied bestand. Während die ursprüngliche Fassung des „American Law Institute (ALI)" den Krankenhausträger als haftendes Unternehmen nennt, sah der *Clinton*-Entwurf sogenannte „Managed Care Organizations" als haftende Unternehmen vor.

---

417 Siehe Kenneth S. Abraham & Paul C. Weiler, Enterprise medical liability and the evolution of the American health care system, 108 Harv. L. Rev. 381, 393 (1994).

418 Kenneth S. Abraham & Paul C. Weiler, Enterprise medical liability and the evolution of the American health care system, 108 Harv. L. Rev. 381, 393 (1994).

419 Kenneth S. Abraham & Paul C. Weiler, Enterprise medical liability and the evolution of the American health care system, 108 Harv. L. Rev. 381, 393-94 (1994).

420 Die einzige Ausnahme ist die Haftung für von dem behandelnden Arzt vorsätzlich herbeigeführte Schäden (Kenneth S. Abraham & Robert L. Rabin & Paul C. Weiler, Enterprise responsibility for personal injury: Further reflections, 30 San Diego L. Rev. 333, 356 (1993)). In solchen Fällen haftet nicht der Krankenhausträger, sondern der behandelnde Arzt gegenüber dem geschädigten Patienten und bleibt vor Gericht passivlegitimiert.

a) Der Krankenhausträger

Das „American Law Institute (ALI)" sieht nach der „medical enterprise liability" als haftendes Unternehmen traditionell den Krankenhausträger vor.[421] Richtigerweise zählen dazu alle Träger – privater oder öffentlich-rechtlicher Natur – von Krankenhäusern und sonstigen Heilanstalten, die medizinische Dienstleistungen durch angestelltes oder nichtangestelltes, ärztliches oder nichtärztliches Personal anbieten.

b) „Managed Care Organizations"

In den Vereinigten Staaten von Amerika haben sich seit vielen Jahren verschiedene Alternativen zur „traditionellen", krankheitsspezifischen, kostenpflichtigen, medizinischen Behandlung im Krankenhaus („fee-for-service-system") eröffnet. Insbesondere entstanden große Organisationen, die die gesamte Krankenversorgung ihrer Mitglieder übernehmen („managed-care-system"). Bei diesen Organisationen handelt es sich um sogenannte „Managed Care Organizations"[422]. Neben dem Krankenhausträger kommen damit grundsätzlich auch „Managed Care Organizations" als haftende Unternehmen nach der „medical enterprise liability" in Betracht.

Aufgrund ihrer vielfältigen und sich ständig ändernden Ausgestaltungen in der Krankenversorgung und Finanzierung lässt sich kaum eine Definition für „Managed Care Organizations" finden.[423] Im weitesten Sinne sind „Managed Care Organizations" indes Organisationen, die mit einzelnen Ärzten oder Krankenhausträgern Verträge abschließen oder in seltenen Fällen auch Ärzte anstellen, damit diese den Mitgliedern der „Managed Care Organization" medizinische Dienstleistungen erbringen. Im *Clinton*-Entwurf werden solche Organisationen als Unternehmen beschrieben, die für die Organisation, das Management und die Finanzierung der Krankenversorgung ihrer Mitglieder verantwortlich sind. Dabei bieten „Managed Care Organizations" eine Vielzahl verschiedener Krankenversorgungsprogramme („health plans") für ihre Mitglieder an, welche teilweise weit über die reine Krankenbehandlung hinausgehen. Die Mitglieder einer „Managed Care Organization" sind Patienten, die regelmäßig für eines der vielen verschiedenen Krankenversorgungsprogramme einen Beitrag bezahlen.

---

421 Siehe The American Law Institute, Reporters' Study: Enterprise Responsibility For Personal Injury: Volume II: Approaches To Legal And Institutional Change, 113 (1991).

422 Siehe dazu allgemein William A. Chittenden III, Malpractice liability and managed health care: History and prognosis, 26 Tort & Ins. L. J. 451-96 (1991).

423 So Alice A. Noble & Troyen A. Brennan, Managing care in the new era of „systems-think": The implications for managed care organizational liability and patient safety, 29 J. L. Med. & Ethics 290, 292 (2001).

Diese Beiträge werden im Gegensatz zur „traditionellen“ „fee-for-service“-Krankenbehandlung zu festen Beträgen im Voraus bezahlt („prepaid“-Krankenversorgung). Anstatt die angefallenen Kosten jedes einzelnen Arztes oder Krankenhausträgers auf Grundlage der „traditionellen“ Honorarabrechnung von Einzelleistungen zu begleichen, zahlen Mitglieder einer „Managed Care Organization“ dieser vorab einen festen Beitrag, unabhängig davon, wie viel die medizinischen Behandlungen tatsächlich gekostet haben. In den meisten Fällen stellen „Managed Care Organizations“ nicht selbst Ärzte an, sondern nehmen Ärzte, selbständige medizinische Gesellschaften und Krankenhausträger, die ihrerseits Ärzte anstellen, lediglich zur Sicherung der Krankenversorgung unter Vertrag. „Managed Care Organizations“ haben daher andere Merkmale als Krankenhausträger, welche unmittelbar die medizinische Behandlung durch ihre Angestellten erbringen. Demgegenüber sind „Managed Care Organizations“ lediglich im Voraus bezahlte Organisationen, welche verpflichtet sind, ihren Mitgliedern eine angemessene Krankenversorgung – im Gegensatz zur Krankenbehandlung – zu gewährleisten.[424]

Die organisierte Krankenversorgung ist ein Produkt der Marktentwicklung, weil die Kosten für medizinische Behandlungen stetig gestiegen sind und sich dadurch immer weniger Patienten eine „traditionelle“ medizinische Behandlung in einem Krankenhaus leisten konnten. Im Jahr 1971 griff U.S.-Präsident *Nixon* die immensen Kosten für medizinische Behandlungen auf und warb im Jahr 1973 im U.S.-Kongress dafür, den „Health Maintenance Organization Act of 1973“ zu beschließen. Dieser sollte die Errichtung von „Managed Care Organizations“ fördern und gleichzeitig sicherstellen, dass „Managed Care Organizations“ so strukturiert waren, dass sie die Qualität und den Zugang zur medizinischen Versorgung verbessern während sie zugleich die Kosten verringern.[425] Nach Erlass des „Health Maintenance Organization Act of 1973“ am 29.12.1973 stieg die Anzahl der „Managed Care Organizations“ in den Vereinigten Staaten von Amerika rasant.

Die Rechtslage der „Managed Care Organizations“ in der Systematik des U.S.-amerikanischen Haftungsrechts ist bis heute nicht abschließend geklärt. Insbesondere die Frage, ob „Managed Care Organizations“ nach den gleichen Haftungsgrundlagen wie Krankenhausträger haften, ist von den einzelnen Gerichten noch nicht entschieden. Während früher viele U.S.-Staaten durch Gesetz „Managed Care Organizations“ ausdrücklich von der Haftung freistellten, wen-

424 Dabei sind sie nicht etwa Krankenversicherer, welche eine bestimme Versicherungssumme garantieren.

425 Siehe George J. Annas & Sylvia A. Law & Rand E. Rosenblatt & Kenneth R. Wing, American Health Law, 780 (1990).

den heute in den meisten U.S.-Staaten die Gerichte auf „Managed Care Organizations" die gleichen Common Law-Prinzipien des U.S.-amerikanischen Deliktsrechts, die auch auf Krankenhausträger angewendet werden, an.[426] Unabhängig davon könnten jedenfalls nach der „medical enterprise liability" grundsätzlich auch „Managed Care Organizations" haftende Unternehmen sein.

Es gibt viele unterschiedliche Formen von „Managed Care Organizations", welche sich insbesondere nach der Ausgestaltung der Rechtsbeziehungen zu den Ärzten unterscheiden. Auch hinsichtlich der Beziehung zu ihren Mitgliedern unterscheiden sich „Managed Care Organizations" stark; Patienten sehen ihre „Managed Care Organization" teilweise als unmittelbaren Erbringer der medizinischen Behandlung ebenso wie teilweise schlicht als Krankenfinanzierer an.[427] Allgemein unterscheidet man zwischen vier verschiedenen Typen von „Managed Care Organizations": „Health Maintenance Organization (HMO)", „Independent Practice Association (IPA)", „Preferred Provider Organization (PPO)" und „Point Of Service (POS)"; innerhalb der „Health Maintenance Organizations" wiederum unterscheidet man zwischen „staff model", „group model" und „network model". Daneben gibt es jedoch eine schier unüberschaubare Vielzahl an anderen Formen von „Managed Care Organizations", die sich zum Teil nur wenig, zum Teil sehr stark unterscheiden und sich auch oft aus mehreren Elementen verschiedener Strukturen zusammensetzen. Dazu zählen beispielsweise das „Integrated Delivery System (IDS)", die „Physician/Hospital Organization (PHO)" oder die „Management Service Organization (MSO)". Zudem ist es für „Managed Care Organizations" nicht unüblich, mehrere verschiedene Krankenversorgungsprogramme anzubieten. Im Folgenden werden die am weitesten verbreiteten Typen kurz dargestellt.

aa) „Staff Model Health Maintenance Organization"

Eine „Staff Model Health Maintenance Organization" stellt einzelne Ärzte und anderes medizinisches Personal selbst an. Die angestellten Ärzte erhalten unmittelbar von der „Health Maintenance Organization" einen festen Lohn – unabhängig von der Anzahl der behandelten Patienten. Die Ärzte einer „Staff Model Health Maintenance Organization" behandeln ausschließlich Mitglieder der „Health Maintenance Organization" und unterhalten keine zusätzliche eigene Praxis. Außerdem gehören Einrichtung und technische Geräte, die bei der medizinischen Behandlung benutzt werden, der „Health Maintenance Organization".

---

426 Sharon M. Glenn, Tort liability of integrated health care delivery systems: Beyond enterprise liability, 29 Wake Forest L. Rev. 305, 313 (1994).

427 William M. Sage, Enterprise liability and the emerging managed health care system, 60-Spring Law & Contemp. Probs. 159, 162 (1997).

bb) „Group Model Health Maintenance Organization“

Eine „Group Model Health Maintenance Organization“ nimmt regelmäßig eine größere Ärztevereinigung oder eine kleinere Institution anstelle von einzelnen Ärzten unter Vertrag, um ihren Mitgliedern eine angemessene Krankenversorgung zu gewährleisten. Die Ärztevereinigungen oder Institutionen werden von der „Health Maintenance Organization“ pro Patientenbehandlung bezahlt und bezahlen dann ihre Ärzte selbst. Die behandelnden Ärzte erhalten auf diese Weise ihren Lohn nicht unmittelbar von der „Health Maintenance Organization“. Daneben unterhalten die Ärztevereinigungen und Institutionen gewöhnlich weiterhin eigene Patienten.

cc) „Network Model Health Maintenance Organization“

Die „Network Model Health Maintenance Organization“ ist eine Abwandlung der „Group Model Health Maintenance Organization“. Eine „Network Model Health Maintenance Organization“ nimmt meist neben mehreren kleineren Ärztevereinigungen auch einzelne Ärzte in bestimmten Fachgebieten oder sonstiges medizinisches Personal, wie insbesondere Physiotherapeuten, unter Vertrag. Damit kann die „Health Maintenance Organization“ eine umfassendere medizinische Behandlung einschließlich der Nachbehandlung sicherstellen.

dd) „Independent Practice Association“

Eine „Independent Practice Association“ ist eine unabhängige Organisation, die ähnlich wie die „Health Maintenance Organization“ mehrere einzelne Ärzte unter Vertrag nimmt. Der Unterschied zu einer „Health Maintenance Organization“ ist jedoch, dass die „Independent Practice Association“ dabei meist eine reine Ärztevereinigung ist. Die „Independent Practice Association“ bietet dann ihre Dienste einer oder mehrerer „Health Maintenance Organizations“ an, also die medizinische Behandlung der Mitglieder der „Health Maintenance Organization“. Die „Health Maintenance Organization“ bezahlt die „Independent Practice Association“ pro Patientenbehandlung und die „Independent Practice Association“ bezahlt dann ihre Ärzte auf einer „fee-for-service“-Basis. Die Ärzte einer „Independent Practice Association“ unterhalten meist zusätzlich noch eigene Patienten.

Die „Independent Practice Association“ wird oft als eine Abwandlung der „Health Maintenance Organization“ gesehen,[428] was jedoch aufgrund der beste-

428 So beispielsweise William A. Chittenden III, Malpractice liability and managed health care: History and prognosis, 26 Tort & Ins. L. J. 451, 452 (1991); Sharon M. Glenn,

henden Unterschiede, insbesondere der Zusammensetzung als reine Ärztevereinigung, die größtenteils ihre Dienste gerade einer „Health Maintenance Organization“ anbietet, nicht sinnvoll erscheint und gar zu Verwirrungen und Verwechselungen führen kann.[429]

ee) „Preferred Provider Organization“

Eine „Preferred Provider Organization“ ist eine Organisation, die insbesondere mit einzelnen Ärzten (teilweise aber auch Krankenhausträgern, sonstigen Gesundheitsdienstleistern und Krankenversicherern) in vertragliche Beziehungen tritt, um so ihren Mitgliedern für medizinische Behandlungen speziell ausgehandelte, reduzierte Gebühren – im Gegenzug für eine schnelle und sichere Bezahlung sowie Marktvorteile als „bevorzugte“ Ärzte – bieten zu können. Die Mitglieder bezahlen die „Preferred Provider Organization“, die wiederum die behandelnden Ärzte bezahlt. Anders als bei einer „Health Maintenance Organization“ oder „Independent Practice Association“ haben die Mitglieder einer „Preferred Provider Organization“ die freie Wahl, ob sie die kostengünstige Leistung eines „preferred provider“-Arztes oder die eines nicht der „Preferred Provider Organization“ angehörenden Arztes in Anspruch nehmen.

ff) „Point Of Service“

Eine „Point Of Service“-Krankenversorgung ist ähnlich einer Krankenversorgung durch eine „Network Model Health Maintenance Organization“. Jedoch können die Mitglieder einer „Point Of Service“-Krankenversorgung zusätzlich zu einer der „Network Model Health Maintenance Organization“ ähnlich strukturierten Krankenversorgung auch medizinische Behandlungen durch selbständige Ärzte in Anspruch nehmen; in diesem Fall müssen die Mitglieder eine Selbstbeteiligung oder Zuzahlung bezahlen.

c) Kurze Stellungnahme

Es bleibt zu entscheiden, ob nach der „medical enterprise liability“ bei der Krankenhausbehandlung eines Mitglieds einer „Managed Care Organization“ für die Fahrlässigkeit des behandelnden Arztes der Krankenhausträger oder die dahinterstehende „Managed Care Organization“ haftet.

Tort liability of integrated health care delivery systems: Beyond enterprise liability, 29 Wake Forest L. Rev. 305, 312 (1994).

429 So auch Alan D. Lieberson, Healthcare Enterprise Liability, 813 (1997).

In ihrem ursprünglichen Vorschlag für die „medical enterprise liability" bestimmen *Abraham* und *Weiler* den Krankenhausträger als vorrangigen Haftungsgegner.[430] Zu dieser Zeit waren andere ärztliche oder organisatorische Zusammenschlüsse in Form von „Managed Care Organizations", welche heute grundsätzlich auch als Haftungsgegner in Betracht kommen, noch nicht so sehr verbreitet. Aber auch später sehen *Abraham* und *Weiler* den Krankenhausträger als besten Haftungsgegner für Fahrlässigkeiten des behandelnden Arztes an,[431] wie auch einige weitere Stimmen in der Literatur[432]. Weil der Krankenhausträger durch die behandelnden Ärzte und das nichtärztliche Personal sowie die eigenen Einrichtungen und technischen Geräte näher an der medizinischen Behandlung des Patienten ist, habe er einen deutlich größeren Einfluss auf die Verhinderung medizinischer Fehler.[433] Ferner seien die Beiträge der langjährigen Haftpflichtversicherung eines Krankenhausträgers geringer als die Beiträge bei neuen Versicherungsverträgen der „Managed Care Organizations".[434] Schließlich stellten zunächst einige U.S.-Staaten, wie beispielsweise Texas, in ihrer Rechtsprechung fest, „Managed Care Organizations" könnten selbst keine unmittelbare medizinische Behandlung erbringen;[435] infolgedessen könnten sie kaum die Haftung für Fahrlässigkeiten in der medizinischen Behandlung übernehmen.

430 Siehe The American Law Institute, Reporters' Study: Enterprise Responsibility For Personal Injury: Volume II: Approaches To Legal And Institutional Change, 113 (1991).

431 Kenneth S. Abraham & Paul C. Weiler, Enterprise medical liability and the evolution of the American health care system, 108 Harv. L. Rev. 381, 415, 419 (1994); Kenneth S. Abraham & Paul C. Weiler, Enterprise medical liability and the choice of the responsible enterprise, 20 Am. J. L. & Med. 29, 36 (1994); Paul C. Weiler, Fixing the tail: The place of malpractice in health care reform, 47 Rutgers L. Rev. 1157, 1190 (1995).

432 Patricia M. Danzon, Tort liability: A minefield for managed care?, 26 J. Legal Stud. 491, 518 (1997); Michelle M. Mello & Troyen A. Brennan, Deterrence of medical errors: Theory and evidence for malpractice reform, 80 Tex. L. Rev. 1595, 1625 (2002).

433 So Kenneth S. Abraham & Paul C. Weiler, Enterprise medical liability and the evolution of the American health care system, 108 Harv. L. Rev. 381, 416 (1994); Patricia M. Danzon, Tort liability: A minefield for managed care?, 26 J. Legal Stud. 491, 518 (1997); Michelle M. Mello & Troyen A. Brennan, Deterrence of medical errors: Theory and evidence for malpractice reform, 80 Tex. L. Rev. 1595, 1625 (2002).

434 So Kenneth S. Abraham & Paul C. Weiler, Enterprise medical liability and the evolution of the American health care system, 108 Harv. L. Rev. 381, 419 (1994).

435 Williams v. Good Health Plus, Inc.-Healthamerica Corporation of Texas, 743 S.W.2d 373, 378 (Tex. App. 1987).

Andere Stimmen in der Literatur[436] sprechen sich dafür aus, dass vielmehr „Managed Care Organizations" die haftenden Unternehmen nach dem Konzept der „medical enterprise liability" sein sollen. Die Haftung auf ein solches Unternehmen zu verlagern, habe sowohl wirtschaftliche als auch praktische Vorteile: Die Haftung der „Managed Care Organizations" bewirke effizientere Entscheidungen in der Krankenversorgung; „Managed Care Organizations" seien ebenso in der Lage medizinische Fehler zu verhindern; die Haftung schaffe außerdem Anreize zur Qualitätssicherung und -verbesserung.[437] Die heutigen „Managed Care Organizations" brauchten ferner einen Anreiz dafür, die Verantwortung für die Qualität der medizinischen Behandlung ihrer Mitglieder durch diejenigen Ärzte, die sie selbst auswählen, zu übernehmen.[438]

Dass „Managed Care Organizations" grundsätzlich für Fahrlässigkeiten der behandelnden Ärzte haften können, ist heute nahezu einheitlich in den Vereinigten Staaten von Amerika anerkannt. In Texas wurde dies bereits Anfang 1997 als erster U.S.-Staat durch Gesetzgebung[439] speziell für „Managed Care Organizations" eingeführt. Viele weitere U.S.-Staaten[440] folgten. Schließlich räumen

436 William M. Sage & Kathleen E. Hastings & Robert A. Berenson, Enterprise liability for medical malpractice and health care quality improvement, 20 Am. J. L. & Med. 1, 9 (1994); William M. Sage & James M. Jorling, A world that won't stand still: Enterprise liability by private contract, 43 DePaul L. Rev. 1007, 1018-19 (1994); William M. Sage, Enterprise liability and the emerging managed health care system, 60-Spring Law & Contemp. Probs. 159, 164 (1997); Clark C. Havighurst, Making health plans accountable for the quality of care, 31 Ga. L. Rev. 587, 624 (1997); Clark C. Havighurst, Vicarious liability: Relocating responsibility for the quality of medical care, 26 Am. J. L. & Med. 7, 17 (2000); John V. Jacobi & Nicole Huberfeld, Quality control, enterprise liability, and disintermediation in managed care, 29 J. L. Med. & Ethics 305, 312 (2001); wohl auch Barry R. Forrow, Managed care organizations and patient injury: Rethinking liability, 31 Ga. L. Rev. 419, 505 (1997); aus wirtschaftlichen Gründen selbst ohne unmittelbare Kontrolle über die Ärzte Jennifer H. Arlen & W. Bentley MacLeod, Malpractice liability for physicians and managed care organizations, 78 N. Y. U. L. Rev. 1929, 2005 (2003).

437 So William M. Sage & Kathleen E. Hastings & Robert A. Berenson, Enterprise liability for medical malpractice and health care quality improvement, 20 Am. J. L. & Med. 1, 10, 11 (1994).

438 So Clark C. Havighurst, Making health plans accountable for the quality of care, 31 Ga. L. Rev. 587, 623 (1997).

439 Nach texanischem Recht haben Krankenversicherer, „Managed Care Organizations" und sonstige Krankenversorgungsunternehmen eine Sorgfaltspflicht, wenn sie Entscheidungen in der Krankenversorgung treffen, und haften ihren Mitgliedern für Schäden, die durch eine Verletzung dieser Sorgfaltspflicht verursacht wurden.

440 Zum Beispiel Missouri, später auch Alaska, California, Colorado, Connecticut, Florida, Georgia, Maine, Maryland, New Jersey, New York, Ohio.

auch *Abraham* und *Weiler* ein, dass sich einige Organisationen durchaus so entwickelt haben, dass sie unmittelbar für die medizinische Behandlung verantwortlich sind: Soweit diese Organisationen aus Ärzten und Krankenhausträgern bestehen, könne eine Haftungsverlagerung auf diese unter Umständen auch den Zweck der „medical enterprise liability“ erfüllen.[441] Auch solle es erlaubt sein, durch Vertrag die Haftung der Krankenhausträger auf diese Organisationen zu übertragen.[442] Demgegenüber räumen wiederum einige Befürworter der „Managed Care Organizations“ als haftende Unternehmen ein, dass sich die „medical enterprise liability“ – zumindest in der Form, in der sie von der *Clinton*-Regierung im Jahr 1993 vorgesehen war – nicht völlig mit den heutigen „Managed Care Organizations“ vereinbaren lässt.[443] Auch solle es erlaubt sein, durch Vertrag die Haftung der „Managed Care Organizations“ auf Krankenhausträger zu übertragen.[444]

Entscheidend für die Frage nach dem richtigen haftenden Unternehmen nach der „medical enterprise liability“ ist die Wirksamkeit zur Qualitätssicherung und -verbesserung. Der Krankenhausträger ist als typischer Arbeitgeber für eine Vielzahl der im Krankenhaus arbeitenden Ärzte sowie das gesamte nichtärztliche Personal und als Verantwortlicher für die Einrichtungen und technischen Geräte im Vergleich zu nahezu jeder Form von „Managed Care Organization“ näher an der medizinischen Behandlung des Patienten und dadurch besser in der Lage, die Qualität der medizinischen Behandlung zu sichern und zu verbessern. Die Qualitätssicherung und -verbesserung ist eine zentrale Aufgabe der „medical enterprise liability“, die durch den Krankenhausträger effektiver umgesetzt werden kann. Die medizinische Behandlung des Patienten erfolgt heute weiterhin in Krankenhäusern, wohingegen „Managed Care Organizations“ lediglich unterschiedliche und sich gelegentlich überschneidende Teilbereiche der Krankenversorgung in eben diesen Krankenhäusern anbieten. Probleme treten auch insbesondere dann auf, wenn Patienten verschiedenen „Managed Care Organizations“ angehören. Anstelle eines einzelnen Haftungsgegners – nämlich allein der

441 Kenneth S. Abraham & Paul C. Weiler, Enterprise medical liability and the choice of the responsible enterprise, 20 Am. J. L. & Med. 29, 33 (1994).

442 So Kenneth S. Abraham & Paul C. Weiler, Enterprise medical liability and the evolution of the American health care system, 108 Harv. L. Rev. 381, 419 (1994); Kenneth S. Abraham & Paul C. Weiler, Enterprise medical liability and the choice of the responsible enterprise, 20 Am. J. L. & Med. 29, 36 (1994); Patricia M. Danzon, Tort liability: A minefield for managed care?, 26 J. Legal Stud. 491, 519 (1997).

443 So William M. Sage, Enterprise liability and the emerging managed health care system, 60-Spring Law & Contemp. Probs. 159, 194 (1997).

444 So Clark C. Havighurst, Vicarious liability: Relocating responsibility for the quality of medical care, 26 Am. J. L. & Med. 7, 17 mit Fn. 46 (2000).

Krankenhausträger, in dessen Krankenhaus die medizinische Behandlung des Patienten stattfand – kämen indessen mehrere Haftungsgegner in Betracht. Dann aber käme eine weitere zentrale Aufgabe der „medical enterprise liability" nicht zur Geltung, nämlich die Haftungskonzentration auf nur einen Haftungsgegner. Schließlich birgt die Vielfältigkeit und ständige Veränderung in der Ausgestaltung der „Managed Care Organizations" eine gewisse Rechtsunsicherheit. „Managed Care Organizations" können sehr unterschiedlich in ihrer Rolle bezüglich der reinen Krankenversorgung, der unmittelbaren medizinischen Krankenbehandlung oder der bloßen Krankenfinanzierung sein. Auf der einen Seite bieten „Managed Care Organizations" eine umfassende Krankenversorgung einschließlich der medizinischen Krankenbehandlung durch eigene angestellte Ärzte; auf der anderen Seite übernehmen sie allein die Aufgaben einer traditionellen Krankenversicherung. Es ist schwer möglich, diese Vielfalt an Organisationen haftungsrechtlich auch nur annähernd ähnlich zu behandeln. Schließlich ist es schlicht nicht notwendig, die Haftung noch weiter weg von der tatsächlichen medizinischen Behandlung zu verlagern. Das richtige haftende Unternehmen nach der „medical enterprise liability" ist mithin der Krankenhausträger – allenfalls auch die „Staff Model Health Maintenance Organization".

3. Der Anwendungsbereich der „medical enterprise liability"

Es gibt unterschiedliche Ansichten bezüglich des Anwendungsbereiches der „medical enterprise liability", die weit auseinander gehen. Im Wesentlichen handelt es sich dabei um drei Ansichten, nach denen der Krankenhausträger entweder für alle Fahrlässigkeiten der Ärzte (angestellte Ärzte oder „independent contractors") bei der medizinischen Behandlung im Krankenhaus haftet oder zusätzlich für alle Fahrlässigkeiten der Ärzte bei der medizinischen Behandlung auch außerhalb des Krankenhauses zulasten eines ehemaligen oder künftigen Krankenhauspatienten oder sogar bei der medizinischen Behandlung für alle Fahrlässigkeiten von Ärzten, die in irgendeiner Weise mit dem Krankenhaus in Verbindung stehen.

a) Die medizinische Behandlung im Krankenhaus

Die „medical enterprise liability" könnte zunächst alle innerhalb der Mauern eines Krankenhauses auftretenden Fahrlässigkeiten der Ärzte umfassen – sei es vor, nach oder während der medizinischen Behandlung und sei es durch einen angestellten Arzt oder einen „independent contractor". Dieser Anwendungsbereich würde einer zentralen Aufgabe der „medical enterprise liability" dienen, indem er die rechtliche Verantwortlichkeit für Fahrlässigkeiten in einem Umfeld, welches am ehesten unter der Kontrolle des Krankenhausträgers zu stehen scheint, diesem überträgt. Dennoch lehnen *Abraham* und *Weiler* diesen Anwendungsbereich mit der Begründung ab, eine solche Begrenzung der „medical enterprise liability" vernachlässige, dass sich tatsächlich Fahrlässigkeiten nicht nur innerhalb, sondern auch außerhalb des Krankenhauses ereignen, gerade „independent contractors" ihre Patienten zunächst in ihren eigenen Praxen untersuchen und sodann einige der Patienten zur weiteren medizinischen Behandlung im Krankenhaus aufnehmen und dadurch Patienten im Fall eines Schadens den Ort der Fahrlässigkeit herausfinden und beweisen müssten, „independent contractors" weiterhin Berufshaftpflichtversicherungen für die verbleibenden Fälle benötigten und schließlich gar die Haftung geteilt werden müsste, wenn sich die Fahrlässigkeit vor und während des Krankenhausaufenthaltes ereignete.[445]

b) Die medizinische Behandlung von Krankenhauspatienten

Der Krankenhausträger könnte nach der „medical enterprise liability" auch für alle Fahrlässigkeiten der Ärzte zulasten eines Krankenhauspatienten im gesamten Verlauf der medizinischen Behandlung haften – unabhängig davon, ob der Schaden vor, während oder nach dem Krankenhausaufenthalt verursacht wurde. Entscheidend ist dann ausschließlich, ob der Patient tatsächlich im Krankenhaus aufgenommen wurde. Auch diesen Anwendungsbereich lehnen *Abraham* und *Weiler* ab, weil „independent contractors" für fahrlässig verursachte Schäden an ihren Patienten, die nicht in einem Krankenhaus aufgenommen wurden, weiterhin persönlich haften würden und daher auch weiterhin Berufshaftpflichtversicherungen erwerben müssten.[446]

c) Die medizinische Behandlung durch einen dem Krankenhaus angehörenden Arzt

Schließlich könnte die „medical enterprise liability" auf alle Fahrlässigkeiten innerhalb oder außerhalb eines Krankenhauses, mit oder ohne Krankenhausaufnahme, aber von solchen Ärzten, die einem bestimmten Krankenhaus angehören, angewendet werden. Unter krankenhausangehörende Ärzte fallen sowohl angestellte Ärzte als auch „independent contractors" und sonstige Ärzte, die in irgendeiner Weise mit dem Krankenhaus in Verbindung stehen. Ohne jedoch die

445 Kenneth S. Abraham & Paul C. Weiler, Enterprise medical liability and the evolution of the American health care system, 108 Harv. L. Rev. 381, 420 (1994).

446 Kenneth S. Abraham & Paul C. Weiler, Enterprise medical liability and the evolution of the American health care system, 108 Harv. L. Rev. 381, 421 (1994).

erforderliche Verbindung zwischen behandelndem Arzt und Krankenhausträger genauer zu bestimmen geben *Abraham* und *Weiler* diesem Anwendungsbereich den Vorrang und begründen das damit, so entfalle nicht nur das Problem einer Haftungsteilung zwischen Arzt und Krankenhausträger, sondern auch die Notwendigkeit einer Berufshaftpflichtversicherung für Ärzte.[447]

d) Kurze Stellungnahme

Der Anwendungsbereich der „medical enterprise liability" ist auf die medizinische Behandlung eines Patienten im Krankenhaus beschränkt. In allen anderen Fällen ist der Anwendungsbereich zu weit.

Eine zentrale Aufgabe der „medical enterprise liability" ist das Schaffen von Rechtssicherheit. Dies kann gleichwohl nicht gewährleistet werden, wenn eine unüberschaubare Vielzahl an Fällen in ihren Anwendungsbereich fällt und zudem genug Platz – sogar Anreiz – zu rechtsmissbräuchlichem Handeln besteht. Würden alle Fahrlässigkeiten von Ärzten, die in irgendeiner Weise mit einem bestimmten Krankenhaus in Verbindung stehen, in den Anwendungsbereich der „medical enterprise liability" fallen, würde sie die Haftung des Krankenhausträgers auf eine nicht zu rechtfertigende Weise erweitern. Der Krankenhausträger würde so für Fahrlässigkeiten haften, auf deren Verursachung er keinerlei Einfluss – noch nicht einmal die Möglichkeit der Einflussnahme – hat. Dies ist mit den Common Law-Prinzipien des U.S.-amerikanischen Deliktsrechts nicht vereinbar, die bei der Haftung für andere („vicarious liability") strenge Anforderungen an das Vorliegen einer „master-servant relationship" („respondeat superior") oder eines Rechtsscheins („ostensible agency") verlangen. Völlig unklar ist außerdem, wie die Verbindung zwischen behandelndem Arzt und Krankenhausträger rechtlich oder auch tatsächlich ausgestaltet sein müsste, um eine Haftung des Krankenhausträgers zu begründen.

Eine weitere zentrale Aufgabe der „medical enterprise liability" ist die Sicherung und Verbesserung der Qualität bei der medizinischen Behandlung. Durch gezielte Kontrolle und Einwirkung auf die Arbeit der behandelnden Ärzte sowie das Schaffen guter Arbeitsbedingungen und eines guten Arbeitsumfeldes ist der Krankenhausträger in der Lage die Qualität der medizinischen Behandlung zu sichern und zu verbessern. Dies ist jedoch nur dann möglich, wenn der Krankenhausträger tatsächlich eine gewisse Kontrolle über die zu erbringende

447 Kenneth S. Abraham & Paul C. Weiler, Enterprise medical liability and the evolution of the American health care system, 108 Harv. L. Rev. 381, 421 (1994). In dem Fall, dass ein Arzt mehr als einem Krankenhaus angehört, wären *Abraham* und *Weiler* der Führungsrolle des damaligen Rechts von New York gefolgt, das die Haftung dem Krankenhausträger zuordnet, dem der Arzt hauptsächlich angehört (N. Y. Ins. § 3437 (1985)).

Leistung hat. Die medizinische Behandlung außerhalb des Krankenhauses bietet jedoch kaum Möglichkeiten für den Krankenhausträger, die Qualität zu beeinflussen. Auch *Abraham* und *Weiler* erkennen diesen Einwand gegen einen zu weiten Anwendungsbereich der „medical enterprise liability", begegnen ihm allerdings lediglich mit folgendem phrasenhaften Argument: Das Recht erkenne schon lange die Haftung von Unternehmen wie Fluggesellschaften, deren Piloten fahrlässig in der Luft handeln, und Rechtsanwaltskanzleien, deren Rechtsanwälte fahrlässig im Gerichtssaal handeln, an; in all diesen Situationen gebe es – was immer auch davor passiert sein mag – nichts, das die Unternehmensführung hätte tun können, um die fahrlässigen Handlungen in genau dem Moment, in dem sie passierten, zu ändern oder zu verhindern.[448] Dieses Argument überzeugt freilich nicht und verkennt zudem, dass es sich bei den angesprochenen Beispielen um Angestellte des Unternehmens handelt und nicht etwa um Personen, die „in irgendeiner Weise" mit dem Unternehmen in Verbindung stehen.

Auch eine Beschränkung des Anwendungsbereiches der „medical enterprise liability" auf die medizinische Behandlung von Krankenhauspatienten, also solche Patienten, die irgendwann im Verlauf der medizinischen Behandlung in einem Krankenhaus aufgenommen wurden, vermag die Rechtsunsicherheit nicht zu beseitigen. Indes schafft dies sogar einen Anreiz für „independent contractors", ihre Patienten stets im Krankenhaus zu behandeln, nur um sich dadurch die Haftungsfreistellung der „medical enterprise liability" zu sichern.

Insoweit ist der Anwendungsbereich der „medical enterprise liability" auf die medizinische Behandlung eines Patienten im Krankenhaus beschränkt.

4. Die krankenhausinterne Ausgleichszahlung

Nach der „medical enterprise liability" haften die behandelnden Ärzte nicht mehr persönlich dem fahrlässig geschädigten Patienten gegenüber. Dadurch würden Berufshaftpflichtversicherungen für angestellte Ärzte überflüssig und für „independent contractors" für weitaus weniger Fälle notwendig sein. Gleichzeitig würden aber die Versicherungsbeiträge der Krankenhausträger erheblich steigen. Daher müsste die Verlagerung der Haftung von dem behandelnden Arzt auf den Krankenhausträger finanziell ausgeglichen werden. Ein Ausgleich könnte entweder durch einen Vertrag zwischen den behandelnden Ärzten und dem Krankenhausträger vereinbart werden oder durch Anpassungen in den Rückvergütungen der Haftpflichtversicherungen geschehen.[449] Bei angestellten Ärzten

448 Kenneth S. Abraham & Paul C. Weiler, Enterprise medical liability and the evolution of the American health care system, 108 Harv. L. Rev. 381, 421-22 (1994).

449 Kenneth S. Abraham & Robert L. Rabin & Paul C. Weiler, Enterprise responsibility for personal injury: Further reflections, 30 San Diego L. Rev. 333, 357 (1993); Kenneth S.

könnte dies in Form eines Lohnabzuges erfolgen; „independent contractors" müssten vor der medizinischen Behandlung ihrer Patienten im Krankenhaus einen bestimmten Betrag an den Krankenhausträger bezahlen. So würden die behandelnden Ärzte zwar lediglich an den Krankenhausträger anstelle eines Versicherungsunternehmens zahlen;[450] der Krankenhausträger würde aber die behandelnden Ärzte von der Haftung freistellen und selbst haften. Mit dieser einfachen vertraglichen Einigung wären unmittelbare Anpassungen der Arzt- oder Krankenhausgebühren nicht notwendig.[451]

5. Modifikationen der „medical enterprise liability"

Neben der soeben dargestellten Form der „medical enterprise liability" in der ursprünglichen Fassung des „American Law Institute (ALI)" wurden in der Folgezeit mehrere Modifikationen entwickelt. Insbesondere wurde die „medical enterprise liability" in Kombination mit einer verschuldensunabhängigen Gefährdungshaftung („no-fault liability") vorgeschlagen. Aber auch andere kleinere Modifikationen innerhalb der „medical enterprise liability" haben Einzug in die wissenschaftliche Diskussion gefunden. Die Modifikationen der „medical enterprise liability" wurden jedoch bei Weitem nicht in derselben Ausführlichkeit wie die ursprüngliche „medical enterprise liability" diskutiert. Die bedeutendsten Modifikationen der „medical enterprise liability" werden dennoch im Folgenden kurz dargestellt.[452]

a) „Medical enterprise liability" mit „no-fault liability"

Eine der bekanntesten Modifikation der ursprünglichen „medical enterprise liability" ist die „no-fault medical enterprise liability". Damit würde aufgrund des „no-fault"-Elements eine verschuldensunabhängige Gefährdungshaftung im Be-

---

Abraham & Paul C. Weiler, Enterprise medical liability and the evolution of the American health care system, 108 Harv. L. Rev. 381, 423 (1994).

450 Kenneth S. Abraham & Paul C. Weiler, Enterprise medical liability and the evolution of the American health care system, 108 Harv. L. Rev. 381, 424 (1994).

451 Kenneth S. Abraham & Paul C. Weiler, Enterprise medical liability and the evolution of the American health care system, 108 Harv. L. Rev. 381, 424 (1994).

452 Keine Modifikation der „medical enterprise liability" ist die „enterprise insurance", weil diese die persönliche Haftung der fahrlässig handelnden Ärzte bestehen lässt. Keine Modifikationen sind auch die „enterprise liability by contract", die lediglich ein Vorschlag für die Umsetzung ist, sowie „health courts", die das Verfahren, nicht aber die Haftungsgrundlage, regeln.

reich der medizinischen Behandlung eingeführt werden.[453] Diese Modifikation der „medical enterprise liability“ wird insbesondere von *Weiler*, einem der Begründer der ursprünglichen Form der „medical enterprise liability“, vertreten. *Weiler* sieht nämlich die „medical enterprise liability“ in der im Jahr 1991 vorgeschlagenen Form nur als Zwischenstufe zu einer „no-fault medical enterprise liability“. Nach der „no-fault medical enterprise liability“ würden Patienten grundsätzlich einen Schadensersatzanspruch haben, wann immer ihnen ein nicht unerheblicher Schaden bei ihrer medizinischen Behandlung entstanden ist – unabhängig davon, ob die Schadensverursachung verschuldet war.[454] Der Haftungsgegner wäre nicht der behandelnde Arzt, sondern ausschließlich der Krankenhausträger, in dessen Krankenhaus der Patient behandelt wurde.[455] Damit würde ein zentrales Element der „medical enterprise liability“ beibehalten werden. Auch das „Institute Of Medicine (IOM)“ sieht durchaus Vorteile in der Kombination aus „medical enterprise liability“ und „no-fault liability“.[456] Noch völlig ungeklärt sind allerdings die genauen Voraussetzungen für eine solche Haftung, insbesondere hinsichtlich der Erheblichkeit des Schadens, einer Mindestaufenthaltsdauer im Krankenhaus oder der Vermeidbarkeit des Schadens. Auch die Vereinbarkeit mit den Common Law-Prinzipien des U.S.-amerikanischen Deliktsrechts ist beispielsweise im Hinblick auf das verfassungsmäßige Recht auf eine Verhandlung vor einer Jury unklar, weil bei einer verschuldensunabhängigen Gefährdungshaftung den Jurymitgliedern erhebliche Entscheidungskompetenzen genommen würden. Dieser Vorschlag steht ferner in der Kritik, aufgrund der hohen Anzahl an Entschädigungszahlungen im Medizinbereich nicht finanzierbar zu sein.

---

453 Siehe dazu ausführlich Paul C. Weiler, Medical Malpractice On Trial, 132-58 (1991); Paul C. Weiler, The case for no-fault medical liability, 52 Md. L. Rev. 908-50 (1993); David M. Studdert & Eric J. Thomas & Brett I. W. Zbar & Joseph P. Newhouse & Paul C. Weiler & Jonathon Bayuk & Troyen A. Brennan, Can the United States afford a „no-fault“ system of compensation for medical injury?, 60-Spring Law & Contemp. Probs. 1, 10-34 (1997); David M. Studdert & Troyen A. Brennan, Towards a workable model of „no-fault“ compensation for medical injury in the United States, 27 Am. J. L. & Med. 225, 227-52 (2001).

454 Paul C. Weiler, The case for no-fault medical liability, 52 Md. L. Rev. 908, 919-20 (1993).

455 Paul C. Weiler, The case for no-fault medical liability, 52 Md. L. Rev. 908, 920 (1993); David M. Studdert & Troyen A. Brennan, Towards a workable model of „no-fault“ compensation for medical injury in the United States, 27 Am. J. L. & Med. 225, 231 (2001).

456 Siehe Linda T. Kohn & Janet M. Corrigan & Molla S. Donaldson, To Err Is Human: Building A Safer Health System, 111 (2000).

b) *„Medical enterprise liability" mit „limited no-fault liability"*

Eine andere Modifikation der ursprünglichen „medical enterprise liability" ist die „limited no-fault medical enterprise liability". Die verschuldensunabhängige Gefährdungshaftung soll danach nur auf vermeidbare Schäden begrenzt sein. Damit wird das schwedische Modell[457] der Krankenhaushaftung aufgegriffen. Nach dem schwedischen Modell haftet der Krankenhausträger dem Patienten gegenüber für einen erheblichen Schaden, wenn, erstens, der Schaden durch eine medizinische Behandlung verursacht wurde, zweitens, diese medizinisch indiziert war und, drittens, der Schaden vermeidbar war. Diese Kriterien sind relativ klar und werden von einer über 30-jährigen Rechtsprechung begleitet. *Mello* und *Brennan*, die diesen Vorschlag vertreten, meinen, durch diese Modifikation der „medical enterprise liability" werde die Abschreckungswirkung des U.S.-amerikanischen Deliktsrechts verstärkt und gleichzeitig die Entschädigung der Patienten verbessert.[458] Sie räumen jedoch auch ein, die Unterscheidung zwischen einer verschuldeten und einer vermeidbaren Schadensverursachung sei schwierig, und versuchen sie damit zu erklären, die Vermeidbarkeit beziehe sich allgemein auf Schäden, die durch ein oder mehrere Fehler verursacht wurden, wohingegen das Verschulden sich nur auf die Schäden beziehe, die durch Sorgfaltspflichtverletzungen verursacht wurden.[459] Zwar führten diese Definitionen nicht zu einer genauen Unterscheidung, aber sie zeigten, dass hinsichtlich der Vermeidbarkeit eine Fehlerverringerung durch Veränderungen in den systematischen Abläufen bewirkt werden könnte, wohingegen das Verschulden den Eindruck erweckt, Fehler könnten durch Vorsichtsmaßnahmen und Übung des Einzelnen verringert werden.[460] Letztlich könne für die Anwendbarkeit in den Vereinigten Staaten von Amerika auf die schwedische Rechtsprechung zurückgegriffen werden.[461] Bedenken bestehen jedoch insbesondere im Hinblick auf die

---

457 Siehe zu einer ausführlichen Darstellung des schwedischen Modells Patricia M. Danzon, The Swedish patient compensation system: Myths and realities, 14 Int'l Rev. L. & Econ. 453, 454-64 (1994); David M. Studdert & Eric J. Thomas & Brett I. W. Zbar & Joseph P. Newhouse & Paul C. Weiler & Jonathon Bayuk & Troyen A. Brennan, Can the United States afford a „no-fault" system of compensation for medical injury?, 60-Spring Law & Contemp. Probs. 1, 5-10 (1997).

458 Michelle M. Mello & Troyen A. Brennan, Deterrence of medical errors: Theory and evidence for malpractice reform, 80 Tex. L. Rev. 1595, 1636 (2002).

459 Michelle M. Mello & Troyen A. Brennan, Deterrence of medical errors: Theory and evidence for malpractice reform, 80 Tex. L. Rev. 1595, 1627 (2002).

460 Michelle M. Mello & Troyen A. Brennan, Deterrence of medical errors: Theory and evidence for malpractice reform, 80 Tex. L. Rev. 1595, 1627 (2002).

461 Michelle M. Mello & Troyen A. Brennan, Deterrence of medical errors: Theory and evidence for malpractice reform, 80 Tex. L. Rev. 1595, 1627 (2002).

Unterscheidung zwischen erheblichen und unerheblichen Schäden, die Finanzierung höherer Entschädigungszahlungen, die Auswirkungen auf die Abschreckungswirkung des U.S.-amerikanischen Deliktsrechts und die gesetzliche Umsetzung,[462] sowie die angesprochenen Unterscheidungsschwierigkeiten zwischen Verschulden und Vermeidbarkeit.

c) „Medical enterprise liability" als „Workers' Compensation"

Auch wird gelegentlich eine Modifikation der ursprünglichen „medical enterprise liability" als eine Art „Workers' Compensation" angesprochen.[463] Nach der „Workers' Compensation" haftet in den meisten U.S.-Staaten der Arbeitgeber aufgrund vermuteten Verschuldens für berufsbedingte Verletzungen seiner Arbeitnehmer. Der Schadensersatz wird dabei nach festen Regelsätzen geleistet und das Schmerzensgeld durch Höchstbeträge beschränkt. Ein weiterer wichtiger Bestandteil der „Workers' Compensation" ist, dass es für die Entschädigung des Arbeitnehmers keines gerichtlichen Verfahrens bedarf. Der Arbeitnehmer braucht bei berufsbedingten Verletzungen nicht seinen Arbeitgeber auf Schadensersatz und Schmerzensgeld zu verklagen. Die Abwicklung der Entschädigung erfolgt über eine speziell eingerichtete staatliche Entschädigungsstelle. „Medical enterprise liability" als „Workers' Compensation" würde somit insbesondere den erforderlichen Beweis für ein Verschulden durch eine gesetzliche Verschuldensvermutung ersetzen und damit eine Begünstigung für den geschädigten Patienten schaffen, der nicht mehr das Vorliegen eines Verschuldens beweisen müsste.[464] Diese Modifikation der „medical enterprise liability" beinhaltet also eine Beweislastumkehr bezüglich des Verschuldens des behandelnden Arztes und des Krankenhausträgers. Dies führe zu einer umfassenderen Entschädigung, einschließlich kleinerer Schäden, und einem erhöhten Schutz vor medizinischen Fehlern.[465] Fraglich ist allerdings inwieweit dieses ursprünglich auf das Verhältnis zwischen Arbeitgeber und Arbeitnehmer zugeschnittene Haftungs- und Entschädigungssystem auf das Verhältnis zwischen Krankenhausträ-

---

462 David A. Hyman, Medical malpractice and the tort system: What do we know and what (if anything) should we do about it?, 80 Tex. L. Rev. 1639, 1652-53 (2002).

463 Siehe Barry R. Furrow, Enterprise liability and health care reform: Managing care and managing risk, 39 St. Louis U. L. J. 77, 118 (1994); Mark Geistfeld, Malpractice insurance and the (il)legitimate interests of the medical profession in tort reform, 54 DePaul L. Rev. 439, 462 (2005).

464 Barry R. Furrow, Enterprise liability and health care reform: Managing care and managing risk, 39 St. Louis U. L. J. 77, 118 (1994).

465 Barry R. Furrow, Enterprise liability and health care reform: Managing care and managing risk, 39 St. Louis U. L. J. 77, 118-19 (1994).

ger und Patient anwendbar und praktisch umsetzbar ist. Problematisch könnte auch die Vielzahl der unterschiedlichen Ausgestaltungen der einzelstaatlich geregelten „Workers' Compensation Acts“ in den verschiedenen U.S.-Staaten sein. Letztlich wurde eine solche Modifikation der „medical enterprise liability“ noch nicht vollständig entwickelt und ernsthaft vorgeschlagen.[466]

d) „Medical enterprise liability“ begrenzt auf bestimmte Fachgebiete

Als eine weitere Modifikation kommt in Betracht, dass die „medical enterprise liability“ in der ursprünglichen Form bestehen bleibt, jedoch nur begrenzt auf spezielle medizinische Fachgebiete Anwendung findet. Eines dieser Fachgebiete könnte die Verabreichung von Medikamenten (Medikation) sein, wie es *Furrow* vorschlägt, weil mehr als 75 % aller Arztbesuche von Patienten mit mindestens einer Medikamentenverschreibung enden, was die Medikation zu der bei Weitem üblichsten Form des medizinischen Eingriffs macht.[467] Obwohl Medikamente Verbrauchsgüter sind, die für den privaten Absatzmarkt und Gebrauch geschaffen wurden, unterscheiden sie sich von anderen Verbrauchsgütern insofern, dass sie sehr stark reguliert, typischerweise von Ärzten für die Patienten ausgewählt und den Patienten nur von Apothekern mit Fachwissen über den Gebrauch und die Risiken verkauft werden. Dieses Geflecht aus einbezogenen Personen lege eine Haftungskonzentration auf den Krankenhausträger nahe.[468] Die Krankenhausträger müssten dann verstärkt Schäden verhindern, die durch Medikamentenverschreibungen der behandelnden Ärzte verursacht werden. Dazu gehört auch, dass Krankenhausträger ihrerseits Medikamente nach Kosten, Effizienz und Risiko verantwortungsbewusst auswählen.

B. Vorteile und Bedenken hinsichtlich der „medical enterprise liability“ im gegenseitigen Interessenausgleich

Im Folgenden wird untersucht, welche möglichen Vorteile die „medical enterprise liability“ gegenüber dem aktuellen U.S.-amerikanischen Deliktsrecht („law of torts“) hat und welche Bedenken insbesondere gegen die Haftungsverschie-

466 Siehe Barry R. Furrow, Enterprise liability and health care reform: Managing care and managing risk, 39 St. Louis U. L. J. 77, 119 (1994).

467 Siehe Barry R. Furrow, Enterprise liability for bad outcomes from drug therapy: The doctor, the hospital, the pharmacy, and the drug firm, 44 Drake L. Rev. 377, 378 (1996).

468 Barry R. Furrow, Enterprise liability for bad outcomes from drug therapy: The doctor, the hospital, the pharmacy, and the drug firm, 44 Drake L. Rev. 377, 415 (1996).

bung auf den Krankenhausträger und die Haftungsbefreiung der schadensverursachenden Ärzte bestehen. Die Untersuchung wird dabei in verschiedene Interessengebiete unterteilt.

I. Rechtsstaatliche Interessen

Hinsichtlich der rechtsstaatlichen Interessen seiner Bürger sollte ein Staat für genügend Rechtssicherheit und angemessene Entschädigungsmöglichkeiten bei Rechtsgutsverletzungen Sorge tragen.

Nach der „medical enterprise liability" haftet der Krankenhausträger für alle im Krankenhaus fahrlässig verursachten Schäden dem Patienten gegenüber – unabhängig davon, ob der Schadensverursacher ein angestellter Arzt oder ein „independent contractor" ist. Auf diese Weise würde die in vielen Fällen schwierige Abgrenzung im aktuellen U.S.-amerikanischen Deliktsrecht zwischen der Haftung des Krankenhausträgers einerseits und der Haftung des „independent contractor" andererseits beseitigt werden. Rechtsunsicherheiten würden weder im Rahmen der klassischen Abgrenzung nach der „borrowed servant rule" oder der „‚captain of the ship' doctrine" auftreten, noch im Rahmen der durch die „neue" Rechtsprechung auch für Fahrlässigkeiten der „independent contractors" erweiterten Haftung des Krankenhausträgers. Es entfiele zunächst die Zuordnung des Falles zu den Lehren der „corporate negligence", „respondeat superior" oder „ostensible agency"; sodann entfiele im Rahmen der Lehre der „corporate negligence" die Bestimmung der Organisationspflichten des Krankenhausträgers, im Rahmen der Lehre der „respondeat superior" die schwierige und oft einzelfallabhängige Ermittlung des behandelnden Arztes als tatsächlich angestellten Arzt oder „independent contractor" und im Rahmen der Lehre der „ostensible agency" die Festlegung der einzelnen Voraussetzungen für eine Haftung des Krankenhausträgers. Vielmehr ist nach der „medical enterprise liability" der Krankenhausträger der alleinige Passivlegitimierte im Arzthaftungsprozess, wodurch Rechtssicherheit geschaffen werden würde.

Ein Haftungssystem im Bereich der Arzthaftung sollte ferner für jeden Patienten, der durch ein Fehlverhalten in der medizinischen Behandlung geschädigt wurde, eine angemessene Entschädigung sicherstellen. Die „medical enterprise liability" würde eine solche Sicherstellung begünstigen, während das aktuelle U.S.-amerikanische Deliktsrecht gerade dahingehend kritisiert wird, diesem Anspruch nicht zu genügen – insbesondere wenn es sich um kleinere Entschädigungsbeträge handelt, führen in der Praxis viele begründete Ansprüche nicht zu einer Entschädigung des Patienten. Nach der „Harvard Medical Practice Study"[469] werden ungefähr 1 % aller in einem Krankenhaus behandelten Patienten durch ärztliche Fahrlässigkeiten geschädigt, aber nur ungefähr 2 % jener geschädigter Patienten machen dann auch einen Schadensersatzanspruch geltend – der deutlich größere Anteil davon betrifft solche Fälle, in denen erhebliche Schäden verursacht wurden. Die Autoren der „Harvard Medical Practice Study" folgern daraus, dass die Wahrscheinlichkeit der Geltendmachung eines Schadensersatzanspruches zwischen 1:7,6 und 1:50 liegt, und so zu wenige Ansprüche in Arzthaftungsfällen geltend gemacht werden, insbesondere wenn es sich um kleinere Ansprüche handelt. So bekommt letztlich nur eine kleine Anzahl der geschädigten Patienten eine Entschädigung. Oft werden Ansprüche wegen kleineren Schäden durch ärztliche Fahrlässigkeiten aus zwei Gründen nicht geltend gemacht: Erstens ist die zu erwartende Entschädigung und das sich daraus ergebende Erfolgshonorar für Rechtsanwälte nicht hoch genug, um die Leistungen eines Rechtsanwaltes in Anspruch nehmen zu können, besonders wenn der Fall einen erheblichen zeitlichen Aufwand für den Rechtsanwalt bedeutet; zweitens verzichten Patienten von vornherein, einen Rechtsanwalt wegen kleinen Ansprüchen zu beauftragen.[470] Gerade bei Schadensersatzklagen in Arzthaftungsfällen empfiehlt sich indes die Hilfe eines Rechtsanwaltes. Das aktuelle U.S.-amerikanische Deliktsrecht gewährt also nur einigen wenigen Patienten im

469 „Harvard Medical Practice Study, Patients, Doctors And Lawyers: Medical Injury, Malpractice Litigation And Patient Compensation In New York" (1990). Die „Harvard Medical Practice Study" ist die größte empirische Studie über ärztliche Fahrlässigkeiten. Die Studie umfasst in einem Zeitraum von mehr als einem Jahrzehnt die Untersuchung von mehr als 100.000 Klagen in New York, Utah und Colorado und Befragungen von tausenden von Ärzten und Patienten. Die Ergebnisse der interdisziplinären Studie sind dargestellt in Troyen A. Brennan & Lucian L. Leape & Nan M. Laird & Liesi E. Herbert & A. Russell Localio & Ann G. Lawthers & Joseph P. Newhouse & Paul C. Weiler & Howard H. Hiatt, Incidence of adverse events and negligence in hospitalized patients: Results of the Harvard Medical Practice Study I, 324 New Eng. J. Med. 370-76 (1991); Lucian L. Leape & Troyen A. Brennan & Nan M. Laird & Ann G. Lawthers & A. Russell Localio & Benjamin A. Barnes & Liesi E. Herbert & Joseph P. Newhouse & Paul C. Weiler & Howard H. Hiatt, The nature of adverse events in hospitalized patients: Results of the Harvard Medical Practice Study II, 324 New Eng. J. Med. 377-84 (1991); A. Russell Localio & Ann G. Lawthers & Troyen A. Brennan & Nan M. Laird & Liesi E. Herbert & Lynn M. Peterson & Joseph P. Newhouse & Paul C. Weiler & Howard H. Hiatt, Relation between malpractice claims and adverse events due to negligence: Results of the Harvard Medical Practice Study III, 325 New Eng. J. Med. 245-251 (1991); Paul C. Weiler & Howard H. Hiatt & Joseph P. Newhouse & William G. Johnson & Troyen A. Brennan & Lucian L. Leape, A Measure Of Malpractice: Medical Injury, Malpractice Litigation, And Patient Compensation, 1-134 (1993).

470 Barry R. Furrow, Enterprise liability and health care reform: Managing care and managing risk, 39 St. Louis U. L. J. 77, 101 (1994).

Hinblick auf die Anzahl der von Ärzten verursachten Schäden eine Entschädigung.[471] Wenn – trotz der sehr breiten Spanne – nur einer von fünfzig Schadensersatzansprüchen geltend gemacht wird, so ist die Kritik an dem aktuellen U.S.-amerikanischen Deliktsrecht berechtigt.[472] Zwar ist die „Harvard Medical Practice Study" nunmehr über 20 Jahre alt, aber auch andere Studien haben ergeben, dass das aktuelle U.S.-amerikanische Haftungssystem Patienten mit kleineren Schäden schlechter und Patienten mit größeren Schäden besser entschädigt.[473] Dementsprechend ist das aktuelle U.S.-amerikanische Deliktsrecht „miserabel"[474] hinsichtlich der Entschädigung geschädigter Patienten. Diese Feststellung mag überraschen. Die meisten U.S.-Amerikaner glauben nämlich, es gäbe zu viele Arzthaftungsklagen und die meisten davon seien unbegründet und stünden in keinem Zusammenhang mit fehlerhafter Leistung.[475] Zudem sind auch die in vielen U.S.-Staaten eingeführten gesetzlichen Höchstbeträge für Schadensersatz in Arzthaftungsfällen[476] im Grunde Beschränkungen der Patientenrechte hinsichtlich einer angemessenen Entschädigung – auch wenn die Höchstbeträge nur in wenigen Fällen erreicht werden. Es dürften doch gerade den Patienten, die erhebliche Schäden durch ärztliche Fahrlässigkeiten erleiden, nicht ihre Schadensersatzansprüche durch Höchstbeträge beschränkt werden.[477]

---

471 Kristie Tappan, Medical-malpractice reforms: Is enterprise liability or no-fault a better reform?, 46 B. C. L. Rev. 1095, 1113 (2005).

472 So auch Barry R. Furrow, Enterprise liability and health care reform: Managing care and managing risk, 39 St. Louis U. L. J. 77, 102 (1994).

473 Siehe Scott Forehand, Helping the medicine go down: How a spoonful of mediation can alleviate the problems of medical malpractice litigation, 14 Ohio St. J. on Disp. Resol. 907, 912 (1999); Troyen A. Brennan & Colin M. Sox & Helen R. Burstin, Relation between negligent adverse events and the outcomes of medical-malpractice litigation, 335 New Eng. J. Med. 1963, 1967 (1996).

474 So David A. Hyman, Medical malpractice and the tort system: What do we know and what (if anything) should we do about it?, 80 Tex. L. Rev. 1639, 1644 (2002); William M. Sage & Kathleen E. Hastings & Robert A. Berenson, Enterprise liability for medical malpractice and health care quality improvement, 20 Am. J. L. & Med. 1, 2 (1994) sprechen von „Lack of efficient compensation".

475 Alan D. Lieberson, Healthcare Enterprise Liability, 2 (1997).

476 Siehe zum Beispiel Fn. 406.

477 So auch Kenneth S. Abraham & Paul C. Weiler, Enterprise medical liability and the evolution of the American health care system, 108 Harv. L. Rev. 381, 405 (1994); William M. Sage, Enterprise liability and the emerging managed health care system, 60-Spring Law & Contemp. Probs. 159, 179 (1997).

Solche Maßnahmen wirken auch nicht der Seltenheit an Entschädigungszahlungen entgegen, die das aktuelle U.S.-amerikanische Haftungssystem belasten.[478]

Demgegenüber würde die „medical enterprise liability" die Sicherstellung einer angemessenen Entschädigung der Patienten begünstigen. Mit der „medical enterprise liability" würde dem Patienten insbesondere die Hürde genommen, nach Schadenseintritt – gerade auch bei kleineren Schäden – rechtzeitig gegen den eigenen Arzt vorzugehen. Geschädigte Patienten stehen nämlich oft vor der begrenzten und unbefriedigenden Wahl, keine angemessene Entschädigung zu bekommen oder gegen den eigenen Arzt vorzugehen und ihn gegebenenfalls mithilfe eines Rechtsanwaltes zu verklagen.[479] Dass ein Patient seinen Anspruch geltend macht, hängt dabei oft genauso viel von seinem persönlichen Verhältnis zu dem behandelnden Arzt wie von der Qualität der tatsächlich erbrachten medizinischen Behandlung als solche ab.[480] Die Abneigung, seinen eigenen Arzt zu verklagen, würde dem Patienten jedoch mit der „medical enterprise liability" genommen und aufgrund einer emotionsloseren und objektiveren Klagemöglichkeit zu einer gesteigerten Geltendmachung begründeter Schadensersatzansprüche führen. Die „medical enterprise liability" würde schließlich die Entschädigung der Patienten auch dadurch verbessern, indem sie Erfolgsaussichten von Schadensersatzklagen in Arzthaftungsprozessen vorhersehbarer macht.[481] Im Laufe der Zeit würden Krankenhausträger nämlich erfahrener mit Schadensersatzklagen werden und könnten dadurch selbst einfacher zwischen begründeten und unbegründeten Ansprüchen unterscheiden; und sie könnten ihre Mittel so einsetzen, um sich nur gegen unbegründete Ansprüche zu wehren und begründete Ansprüche schnell zu vergleichen.[482] Dadurch würden gerichtlich geltend gemachte Schadensersatzansprüche vorhersehbarer werden und Entschädigungen genauer die tatsächlichen Schäden widergeben.[483]

---

478 William M. Sage & Kathleen E. Hastings & Robert A. Berenson, Enterprise liability for medical malpractice and health care quality improvement, 20 Am. J. L. & Med. 1, 3 (1994).

479 William M. Sage & Kathleen E. Hastings & Robert A. Berenson, Enterprise liability for medical malpractice and health care quality improvement, 20 Am. J. L. & Med. 1, 19 (1994).

480 So Kenneth S. Abraham & Paul C. Weiler, Enterprise medical liability and the evolution of the American health care system, 108 Harv. L. Rev. 381, 410 (1994).

481 Kristie Tappan, Medical-malpractice reforms: Is enterprise liability or no-fault a better reform?, 46 B. C. L. Rev. 1095, 1113 (2005).

482 Kristie Tappan, Medical-malpractice reforms: Is enterprise liability or no-fault a better reform?, 46 B. C. L. Rev. 1095, 1113 (2005).

483 Kristie Tappan, Medical-malpractice reforms: Is enterprise liability or no-fault a better reform?, 46 B. C. L. Rev. 1095, 1113 (2005).

Schließlich ist bei der Haftung des behandelnden Arztes die Gefahr größer, dass letztlich deshalb keine volle Entschädigung erfolgt, weil der beklagte Arzt nicht genügend finanzielle Mittel aufbringen kann, um den Schaden zu ersetzen und die Folgebehandlungen zu bezahlen. Viele U.S.-amerikanische Ärzte haben nämlich entweder keine Berufshaftpflichtversicherung oder haben deren Versicherungssumme beschränkt. Zudem besteht die Gefahr, dass Ärzte, die einem Arzthaftungsprozess mit sehr hohem Streitwert und unsicherem Juryurteil ausgesetzt sind, in die Privatinsolvenz flüchten, um sich dadurch der Haftung zu entziehen, und so eine „de facto Beschränkung“ des Schadensersatzes und Schmerzensgeldes schaffen.[484] Eine Folge davon ist, dass erheblich geschädigte Patienten, alle in Betracht kommenden Parteien, die den Schaden verursacht haben könnten – sowohl Krankenhausträger als auch sämtliche bei der medizinischen Behandlung des Patienten beteiligte Ärzte – verklagen, um so Vorsorge zu treffen, dass genug Kapital für die Entschädigungszahlung vorhanden ist.[485]

Dies entfiele nach der „medical enterprise liability“, nach der alleiniger Schuldner von Entschädigungen für alle Fahrlässigkeiten im Krankenhaus der Krankenhausträger ist. Dabei kommt die Entwicklung einer solch weiten Haftung des Krankenhausträgers auch von der Annahme, der Krankenhausträger sei als Unternehmen finanziell besser als der einzelne Arzt in der Lage, für medizinische Fehler einzustehen. Ferner steht dem geschädigten Patienten eine zahlungskräftigere Versicherung zur Verfügung, weil die Versicherungssumme des Krankenhausträgers – im Gegensatz zu der eines einzelnen Arztes – groß genug wäre, um auch sehr hohe Entschädigungszahlungen abzudecken.[486] Die Verfügbarkeit eines finanziell abgesicherten Haftungsgegners, wie dem Krankenhausträger und dessen Versicherer, würde in den wenigen aber wichtigen Fällen, in denen sehr hohe Entschädigungsbeträge angemessen sind (zum Beispiel bei bleibenden und schwerwiegenden Schädigungen junger Patienten), eine volle Entschädigung sichern – so wie es bei der Haftung des Arztes trotz Berufshaftpflichtversicherung kaum möglich ist.[487] Mit der „medical enterprise liability“ würde daher auch die Angst der Patienten, ihren Schadensersatzanspruch nicht

484 Paul C. Weiler, Reforming medical malpractice in a radically moderate – and ethical – fashion, 54 DePaul L. Rev. 205, 224 (2005).

485 Kenneth S. Abraham & Paul C. Weiler, Enterprise medical liability and the evolution of the American health care system, 108 Harv. L. Rev. 381, 403 (1994); siehe aber Michael C. Thornhill & William H. Ginsburg, Enterprise liability: Cure or curse, 16 Whittier L. Rev. 143, 147 (1995).

486 Kenneth S. Abraham & Robert L. Rabin & Paul C. Weiler, Enterprise responsibility for personal injury: Further reflections, 30 San Diego L. Rev. 333, 356 (1993).

487 Kenneth S. Abraham & Paul C. Weiler, Enterprise medical liability and the choice of the responsible enterprise, 20 Am. J. L. & Med. 29, 31 (1994).

durchsetzen zu können, verringert werden. Es kann mithin festgestellt werden, dass mit der „medical enterprise liability" eine angemessene Entschädigung – insbesondere hinsichtlich kleinerer Schäden – besser sichergestellt werden würde als unter dem aktuellen U.S.-amerikanischen Haftungssystem.[488]

Die Stellung des Krankenhausträgers als alleinigen Haftungsgegner birgt jedoch auch erhebliche Bedenken. Große, zahlungskräftige oder gut versicherte Institutionen könnten im Vergleich zu einem einzelnen Arzt als sogenannte „deep pockets" für aufgeblasene Entschädigungsforderungen ausgenutzt werden, besonders wenn man beachtet, dass die Unannehmlichkeit, seinen eigenen Arzt zu verklagen, wegfällt.[489] Auch könnten sich die größeren finanziellen Mittel des Krankenhausträgers gegenüber einem einzelnen Arzt durchaus in einem Juryurteil niederschlagen. Die Bereitschaft der Jury wäre nämlich höher, die Haftung eines großen Unternehmens zu bejahen oder höhere Entschädigungsbeträge zu erachten, als sie diese in persönlichen Haftungsprozessen gegen einzelne Ärzte als gerecht empfänden.[490] Daher könnten die Entschädigungszahlungen insgesamt erheblich steigen.[491] Die Möglichkeit eines sogenannten „deep po-

---

488 Kenneth S. Abraham & Paul C. Weiler, Enterprise medical liability and the evolution of the American health care system, 108 Harv. L. Rev. 381, 401 (1994) sprechen von einer „superior method of assuring compensation"; Barry R. Furrow, Enterprise liability and health care reform: Managing care and managing risk, 39 St. Louis U. L. J. 77, 110 (1994) spricht von „superior fund for compensation".

489 William M. Sage & Kathleen E. Hastings & Robert A. Berenson, Enterprise liability for medical malpractice and health care quality improvement, 20 Am. J. L. & Med. 1, 21-22 (1994); William M. Sage & James M. Jorling, A world that won't stand still: Enterprise liability by private contract, 43 DePaul L. Rev. 1007, 1039 (1994).

490 So auch Kenneth S. Abraham & Paul C. Weiler, Enterprise medical liability and the evolution of the American health care system, 108 Harv. L. Rev. 381, 404 (1994); siehe allerdings Thomas B. Metzloff, Resolving malpractice disputes: Imaging the Jury's shadow, 54-Winter Law & Contemp. Probs. 43, 62-80 (1991), der seine eigene Studie beschreibt und einige andere Studien zitiert, die eine relativ geringe Quote an gewonnenen Patientenklagen in Arzthaftungsfällen belegen. Allerdings gehören diese Studien wohl immer mehr der Vergangenheit an, als Jurymitglieder noch dachten, Ärzte würden auf Urteile gegen sich selbst bezahlen und nicht ihre Berufshaftpflichtversicherungen. Heute würden Jurymitglieder – der allgemeinen Stärkung von Verbraucherrechten entsprechend – geschädigten Patienten sehr viel eher eine Entschädigung zusprechen. Gleichwohl bleibt die Gefahr, dass Ärzte überwiegend Haftungsprozesse verlieren, aus. So auch Philip G. Peters, Jr., Doctors & Juries, 105 Mich. L. Rev. 1453, 1495 (2007): „In recap, the data demonstrate that juries treat physicians very fairly, perhaps with too much deference.".

491 Im Jahr 1994 umfasste ein Juryurteil 12 Millionen Dollar Entschädigung und 77 Millionen Dollar „punitive damages" gegen eine „Health Maintenance Organization". Im Jahr

cket"-Effektes als Folge der „medical enterprise liability" kann mithin nicht ignoriert werden.[492]

Erhebliche Bedenken bestehen auch gegen den Wegfall ansonsten vorhandener Haftungsschuldner gegenüber dem Patienten. Nach der „medical enterprise liability" werden die unmittelbar den Schaden fahrlässig verursachenden Ärzte von der Haftung gegenüber dem Patienten freigestellt. Die „medical enterprise liability" sieht nicht etwa eine zusätzliche Haftung des Krankenhausträgers zur Haftung des behandelnden Arztes vor, sondern eine vollständige Übertragung der Haftung auf den Krankenhausträger. Der schadensverursachende Arzt haftet somit nicht mehr gegenüber dem Patienten, der dadurch einen Schuldner verliert. Ob dies gerechtfertigt ist, ist fraglich, weil es den geschädigten Patienten rechtlich in eine schlechtere Lage versetzen würde. Es würde auch zu einer Ablösung des traditionellen „tort law" und der „corrective justice" führen. Nach traditionellem „tort law" muss nämlich der Schadensverursacher für den von ihm verursachten Schaden einstehen.[493] Es gilt heute als grundlegendes Gerechtigkeitsgebot, dass ein Geschädigter seine Schäden von der Person ersetzt bekommt, die diese (vorsätzlich oder fahrlässig) verursacht hat.[494] Bei einer medizinischen Behandlung von Patienten gilt freilich nichts anderes. Typischer Schadensverursacher bei der medizinischen Behandlung ist der behandelnde Arzt. Nach der „medical enterprise liability" wird jedoch gerade dieser tatsächlich handelnde und den Schaden verursachende Arzt völlig von einer Haftung gegenüber dem Patienten freigestellt, mit der Folge, dass der Schadensverursacher nicht mehr unmittelbar dem Geschädigten gegenüber haftet. Vielmehr findet eine pauschale Haftungszuordnung ohne Berücksichtigung persönlicher Verantwortlichkeit statt.[495] Damit würde das traditionelle Prinzip des „tort law", eine bestimmte Ungerechtigkeit durch den, der sie verursacht hat, auszugleichen („corrective justice"), aufgegeben. Dies könnte weitreichende Folgen haben. Die

---

1995 bezogen sich drei der zehn höchsten Juryurteile in den Vereinigten Staaten von Amerika auf Arzthaftungsfälle.

492 Das erkennen auch *Abraham* und *Weiler* (Kenneth S. Abraham & Paul C. Weiler, Enterprise medical liability and the evolution of the American health care system, 108 Harv. L. Rev. 381, 404 (1994)).

493 Dan B. Dobbs, The Law Of Torts, 13 (2000); so schon im Jahr 1881 Oliver W. Holmes, The Common Law, 144 (1881): „[The law of torts] is intended to reconcile the policy of letting accidents lie where they fall, and the reasonable freedom of others with the protection of the individual from injury.".

494 John V. Jacobi & Nicole Huberfeld, Quality control, enterprise liability, and disintermediation in managed care, 29 J. L. Med. & Ethics 305 (2001).

495 Freilich wird die persönliche Verantwortlichkeit weiterhin bei Vorsatz und im Strafrecht berücksichtigt.

persönliche Haftung zu beseitigen, könnte nämlich die Sorgfalt des Arztes bei der medizinischen Behandlung des Patienten und dessen Bemühungen, Schäden zu verhindern, herabsetzen.[496] Es gilt nämlich: Je größer das Risiko eines Arzthaftungsprozesses für den behandelnden Arzt, umso kleiner das Risiko für den Patienten, geschädigt zu werden.[497]

Schließlich könnte die ausschließliche Haftung des Krankenhausträgers eine höhere Gefahr missbräuchlichen Verhaltens des Krankenhausträgers schaffen. Nach der „medical enterprise liability" geht die gesamte Haftung für entstandene Schäden im Krankenhaus auf den Krankenhausträger über. Diesen trifft somit auch die volle Verantwortlichkeit hinsichtlich Schadensvermeidung und Schadenswiedergutmachung. Beides könnte für den Krankenhausträger mit nicht ganz unerheblichen Kosten über mehrere Jahre verbunden sein. Daher bestünde die Gefahr, dass der Krankenhausträger versucht, aufgetretene Schäden zu verbergen[498] – selbst dann, wenn der behandelnde Arzt diesen aufgrund seiner Haftungsfreistellung bereits anzeigte. Besonders problematisch ist dies, weil Krankenhausträger aufgrund ihrer Komplexität oft in der besseren Lage als ein einzelner Arzt sind, Schäden und sonstige Mängel zu verbergen.

II. Wirtschaftliche Interessen

Das Wirtschaftlichkeitsgebot eines Haftungssystems verlangt insbesondere, dass das Haftungssystem effizient und für alle Beteiligten finanzierbar ist.

Nach der „medical enterprise liability" wird die Haftung für fahrlässig verursachte Schäden von dem einzelnen Arzt auf den Krankenhausträger übertragen und der behandelnde schadensverursachende Arzt von der Haftung gegenüber dem geschädigten Patienten freigestellt. Demzufolge brauchten Ärzte hin-

496 Philip G. Peters, Jr., Resuscitating hospital enterprise liability, 73 Mo. L. Rev. 369, 390 (2008); Philip G. Peters, Jr., Health courts?, 88 B. U. L. Rev. 227, 284 (2008).

497 Paul C. Weiler, Fixing the tail: The place of malpractice in health care reform, 47 Rutgers L. Rev. 1157, 1188 (1995): „[That] means that malpractice litigation deserves at least some applause for the job it is doing.". Allerdings sollte die Haftungsfreistellung des Schadensverursachers unter Ablösung des traditionellen „tort law" und der „corrective justice" gerade auch mit Blick auf eine angemessene Entschädigung durch nur einen bekannten und greifbaren Haftungsgegner betrachtet werden (David M. Studdert & Troyen A. Brennan, Deterrence in a divided world: Emerging problems for malpractice law in an era of managed care, 15 Behav. Sci. & L. 21, 46 (1997)).

498 So William M. Sage & James M. Jorling, A world that won't stand still: Enterprise liability by private contract, 43 DePaul L. Rev. 1007, 1041 (1994); William M. Sage, Enterprise liability and the emerging managed health care system, 60-Spring Law & Contemp. Probs. 159, 168 (1997).

sichtlich ihrer Tätigkeit im Krankenhaus keine eigenen Berufshaftpflichtversicherungen mehr.[499] Auf diese Weise würde eine erhebliche finanzielle Belastung – die sogar einige Ärzte aus ihrem Beruf zwingt[500] – den Ärzten genommen, die dann gezielter die medizinische Behandlung des Patienten durchführen könnten. Dies würde für angestellte Ärzte und „independent contractors“ gleichermaßen gelten.

Gleichzeitig würden jedoch die Versicherungsbeiträge für Krankenhausträger erheblich steigen, weil Krankenhausträger nach der „medical enterprise liability“ für alle – nicht nur durch angestellte Ärzte, sondern auch durch „independent contractors“ – fahrlässig im Krankenhaus verursachte Schäden in Anspruch genommen werden können und damit für weitaus mehr Schadensfälle haften als nach dem aktuellen U.S.-amerikanischen Deliktsrecht. Krankenhausträger würden daher zunächst sofortigen finanziellen Belastungen ausgesetzt sein. Demnach birgt die „medical enterprise liability“ für Krankenhausträger ein erhebliches finanzielles Risiko – besonders bei gemeinnützigen Krankenhäusern oder solchen in ärmeren Gebieten, die ohnehin nur über geringe finanzielle Mittel verfügen.[501] Mit der „medical enterprise liability“ würden die Versicherungskosten für die medizinische Behandlung also allein auf den Krankenhausträgern lasten – allerdings auch mit der Folge, dass die Krankenhausträger diese Kosten auf die Patienten oder die Ärzte umverteilten würden.[502]

Allerdings könnten für Krankenhausträger aufgrund der hohen Anzahl an Haftungsfällen neue Haftpflichtversicherungsmodelle mit Einstufungen in Schadensfreiheitsklassen geschaffen werden, mit der Folge, dass Krankenhausträger nicht mehr standardisierte Versicherungsbeiträge in Abhängigkeit von dem medizinischen Fachgebiet oder der geographischen Region bezahlen müssten. Eine solche Möglichkeit bleibt Ärzten regelmäßig verwehrt. So ist es eine Eigenart der Berufshaftpflichtversicherung für Ärzte in den Vereinigten Staaten von Amerika, dass es kaum Einstufungen nach Schadensfreiheitsklassen gibt.[503]

---

499 Kenneth S. Abraham & Paul C. Weiler, Enterprise medical liability and the evolution of the American health care system, 108 Harv. L. Rev. 381, 421 (1994).

500 Kristie Tappan, Medical-malpractice reforms: Is enterprise liability or no-fault a better reform?, 46 B. C. L. Rev. 1095, 1120 (2005).

501 Kristie Tappan, Medical-malpractice reforms: Is enterprise liability or no-fault a better reform?, 46 B. C. L. Rev. 1095, 1120 (2005).

502 Robin W. Miner, Enterprise liability: Channelling liability with or without the Health Security Act of 1993, 38 St. Louis U. L. J. 1009, 1014 (1994).

503 Kenneth S. Abraham & Paul C. Weiler, Enterprise medical liability and the evolution of the American health care system, 108 Harv. L. Rev. 381, 403 (1994). Siehe dazu ausführlich Lori L. Darling, The applicability of experience rating to medical malpractice insurance, 38 Case W. Res. L. Rev. 255, 263-278 (1987).

Vielmher sieht das aktuelle U.S.-amerikanische Arzthaftungssystem vor, dass Ärzte eine Berufshaftpflichtversicherung mit standardisierten Versicherungsbeiträgen (für Fachgebiete oder Regionen) abschließen, welche aber nicht die persönliche Einstufung in Schadensfreiheitsklassen entsprechend der tatsächlichen Haftpflichtfälle berücksichtigt.[504] Zudem bestehen große Unterschiede in den Versicherungsbeiträgen für Ärzte verschiedener medizinischer Fachgebiete und geographischer Regionen: ein Chirurg oder Gynäkologe, der in New York oder Miami praktiziert, bezahlt beispielsweise das Mehrfache an Berufshaftpflichtversicherungsbeiträgen als ein Allergologe in Indiana oder ein Allgemeinarzt in Arkansas, weil das Risiko verklagt zu werden für erstere viel höher ist als für letztere.[505] Unterdessen bezahlt ein Gynäkologe in Miami oder ein Chirurg in New York normalerweise den gleichen Beitrag wie sein Kollege, selbst wenn er niemals verklagt wurde.[506] Die Versicherer schaffen also Risikogruppen hinsichtlich medizinischer Fachgebiete und geographischer Regionen: Ärzte in riskanten medizinischen Spezialgebieten bezahlen höhere Versicherungsbeiträge als die, die in weniger riskanten medizinischen Fachgebieten tätig sind; die Höhe des Versicherungsbeitrages innerhalb eines medizinischen Fachgebietes hängt dann wiederum von dem Rahmen und der Häufigkeit der Arzthaftung innerhalb des U.S.-Staates oder einer kleineren Region (etwa dem „County") ab; nicht aber hängt sie davon ab, wie oft der einzelne Arzt tätig oder gar wie oft er verklagt wurde.[507] Demgegenüber wären Krankenhausträger im Vergleich zu einzelnen Ärzten effizientere Versicherungsnehmer für Haftpflichtversicherungen.[508] Die Probleme in der Beitragsbemessung würden bei Haftpflichtversicherungen für Krankenhausträger weniger auftreten, weil Krankenhausträger bei der Vielzahl an medizinischen Behandlungen proportional öfter als ein einzelner Arzt Schadensersatzklagen ausgesetzt wären; die dadurch regelmäßig entstehenden Erfahrungswerte würden es den Versicherern erlauben, die Versicherungs-

504 Paul C. Weiler, Fixing the tail: The place of malpractice in health care reform, 47 Rutgers L. Rev. 1157, 1190-91 mit Fn. 60 (1995); John V. Jacobi & Nicole Huberfeld, Quality control, enterprise liability, and disintermediation in managed care, 29 J. L. Med. & Ethics 305, 307 (2001).

505 Siehe Kenneth S. Abraham & Paul C. Weiler, Enterprise medical liability and the evolution of the American health care system, 108 Harv. L. Rev. 381, 409-10 (1994).

506 Siehe Kenneth S. Abraham & Paul C. Weiler, Enterprise medical liability and the evolution of the American health care system, 108 Harv. L. Rev. 381, 410 (1994).

507 Mark Geistfeld, Malpractice insurance and the (il)legitimate interests of the medical profession in tort reform, 54 DePaul L. Rev. 439, 444 (2005).

508 William M. Sage & Kathleen E. Hastings & Robert A. Berenson, Enterprise liability for medical malpractice and health care quality improvement, 20 Am. J. L. & Med. 1, 20 (1994).

beiträge des Krankenhausträgers an dessen tatsächliche Haftungsfälle anzupassen – es damit den Krankenhausträgern zu ermöglichen, regelmäßig einen Mittelwert zu bezahlen und sich damit vor unkontrollierbaren Ausgaben zu schützen – und gleichzeitig die Vermeidung von Schadensersatzklagen mit geringeren Versicherungsbeiträgen zu belohnen.[509] So würden die Ausgaben der Krankenhausträger für Versicherungsbeiträge nicht zwangsläufig proportional zu den Haftungsfällen steigen. Vielmehr würden gerechtere und stabilere Versicherungsbeiträge aufgrund der Einstufung in Schadensfreiheitsklassen den Krankenhausträgern eine bessere Finanzierungs- und Investitionsplanung erlauben. Jedoch würde dies nicht für alle Krankenhausträger gelten. Nur größere Institutionen können ein gleichbleibendes Risikoprofil entwickeln, welches für eine Einstufung in Schadensfreiheitsklassen erforderlich ist.[510] Die Möglichkeit neuer Haftpflichtmodelle mit Einstufungen in Schadensfreiheitsklassen ist gleichwohl ein großer Vorteil der „medical enterprise liability".[511]

Freilich würden nach der „medical enterprise liability" Krankenhausträger für eine deutlich größere Anzahl an Schadensfällen haften und daher zunächst dennoch höhere Versicherungsbeiträge bezahlen müssen als nach dem aktuellen U.S.-amerikanischen Haftungssystem, wohingegen die schadensverursachenden Ärzte – frei von persönlicher Haftung – keine Berufshaftpflichtversicherungen mehr erwerben müssten. Dies würde zu finanziellen Einsparungen für Ärzte und zu finanziellen Belastungen für Krankenhausträger führen; bis die Versicherungsbeiträge dem Haftungssystem der „medical enterprise liability" angepasst wären, würden daher Zahlungen von den Ärzten an die Krankenhausträger erforderlich sein, um die Einsparungen und Belastungen auszugleichen.[512] Die Ausgleichszahlungen der Ärzte an den Krankenhausträger wären allerdings geringer als die jeweiligen Berufshaftpflichtversicherungsbeiträge der Ärzte, weil Krankenhausträger kostengünstige Haftpflichtversicherungen mit Einstufungen in Schadensfreiheitsklassen abschließen könnten. Auch könnte im Rahmen der

509 John V. Jacobi & Nicole Huberfeld, Quality control, enterprise liability, and disintermediation in managed care, 29 J. L. Med. & Ethics 305, 307-08 (2001).

510 Michelle M. Mello & Troyen A. Brennan, Deterrence of medical errors: Theory and evidence for malpractice reform, 80 Tex. L. Rev. 1595, 1626 (2002).

511 So auch William M. Sage, Enterprise liability and the emerging managed health care system, 60-Spring Law & Contemp. Probs. 159, 198 (1997). Siehe auch Mark Geistfeld, Malpractice insurance and the (il)legitimate interests of the medical profession in tort reform, 54 DePaul L. Rev. 439, 458-60 (2005), der „damage caps" mit „medical enterprise liability" vergleicht und zu dem Ergebnis kommt, dass „medical enterprise liability" Haftpflichtversicherungsbeiträge gerechter macht.

512 Kenneth S. Abraham & Robert L. Rabin & Paul C. Weiler, Enterprise responsibility for personal injury: Further reflections, 30 San Diego L. Rev. 333, 357 (1993).

Ausgleichszahlungen das System der Schadensfreiheitsklassen an den einzelnen Arzt zumindest teilweise insofern weitergegeben werden, dass er beispielsweise bei Verursachung nur weniger Haftungsfälle gewisse Nachlässe erhält. Dadurch könnten gute Leistungen einzelner Ärzte finanziell berücksichtigt werden. Das System der Schadensfreiheitsklassen würde daher im Rahmen der Ausgleichszahlungen auch zu finanziellen Einsparungen für Ärzte führen. Haftpflichtversicherungen für Krankenhausträger mit Einstufungen in Schadensfreiheitsklassen, die mit der „medical enterprise liability" erst ermöglicht werden und die zumindest teilweise durch angepasste Ausgleichszahlungen an die Ärzte weitergegeben werden könnten, wären folglich sowohl für Krankenhausträger als auch für Ärzte vorteilhaft. Es würde dann zu einer Verlagerung im Versicherungswesen kommen. Die „ungerechten" Berufshaftpflichtversicherungsbeiträge für Ärzte könnten durch „gerechter" berechnete Haftpflichtversicherungsbeiträge für Krankenhausträger ersetzt werden.[513]

Ferner würde eine Haftpflichtversicherung mit Einstufung in Schadensfreiheitsklassen einen stärkeren Anreiz für Krankenhausträger zur Fehlerverringerung bieten als das aktuelle U.S.-amerikanische Haftungssystem mit einer persönlichen Haftung des behandelnden Arztes.[514] Krankenhausträger könnten zudem ihre Verwaltungskosten verringern und ihre Haftpflichtversicherungen auf eine größere Anzahl von Ärzten und medizinischen Behandlungen abschließen und hätten so eine stärkere Verhandlungsstellung gegenüber Versicherungsunternehmen.[515] Zusätzlich könnten Krankenhausträger ihre Größe und finanziellen Mittel nutzen, um niedrigere Schirmprämien auszuhandeln.[516] Auch sind nach dem aktuellen U.S.-amerikanischen Haftungssystem die Versicherungsbeiträge der Ärzte derart berechnet, dass sie Ärzten einen Anreiz geben, riskante

513 So Mark Geistfeld, Malpractice insurance and the (il)legitimate interests of the medical profession in tort reform, 54 DePaul L. Rev. 439, 460 (2005).

514 Philip G. Peters, Jr., Resuscitating hospital enterprise liability, 73 Mo. L. Rev. 369, 377 (2008); Philip G. Peters, Jr., Health courts?, 88 B. U. L. Rev. 227, 281 (2008); siehe Philip G. Peters, Jr., Health courts?, 88 B. U. L. Rev. 227, 281 (2008): „In the field of workers' compensation insurance, for example, it has reduced the number of workplace fatalities by more than 25 %.".

515 William M. Sage, Enterprise liability and the emerging managed health care system, 60-Spring Law & Contemp. Probs. 159, 169 (1997).

516 William M. Sage & Kathleen E. Hastings & Robert A. Berenson, Enterprise liability for medical malpractice and health care quality improvement, 20 Am. J. L. & Med. 1, 20 (1994).

medizinische Fachgebiete und bestimmte geographische Regionen zu vermeiden, um dadurch ihre Kosten für Versicherungsbeiträge zu senken.[517]

III. Qualitative Interessen

Von besonderer Bedeutung für den Patienten sind die Auswirkungen einer Reform im Arzthaftungsrecht auf die Qualität der medizinischen Behandlung. Immerhin ist vorrangiges Interesse des Patienten eine gute medizinische Behandlung durch seinen Arzt und erst nachrangiges Interesse die Möglichkeit der Entschädigung im Fall eines Schadens. Auch das Haftungssystem kann zur Sicherung und Verbesserung der Qualität der medizinischen Behandlung beitragen. Ein Arzthaftungssystem sollte Ärzte von Fehlern abhalten und einen Anreiz für eine gute medizinische Behandlung schaffen.[518]

Auch die „medical enterprise liability" müsste den Anforderungen gerecht werden, Schäden durch Ärzte besser als das aktuelle U.S.-amerikanische Deliktsrecht zu verhindern und damit die Qualität der medizinischen Behandlung zu sichern und zu verbessern. Dabei ist gerade die Qualitätssicherung und -verbesserung eine zentrale Aufgabe der „medical enterprise liability". Kaum eine andere Deliktsrechtsreform hat größere Möglichkeiten, die Qualität der medizinischen Behandlung zu sichern und zu verbessern und die Häufigkeit an Schäden zu verringern, als die ausschließliche Haftung des Krankenhausträgers.[519] Krankenhausträger sind deshalb in der Lage, wirkungsvoller die Qualität zu sichern und zu verbessern, weil sie als Institutionen aufgrund ihrer Größe besser als ein einzelner Arzt die Qualität im Ganzen überwachen können, die finanziellen Mittel haben, um medizinische Informationssysteme zu entwickeln, und einfacher Programme zur Qualitätsprüfung (zum Beispiel „Total Quality Management (TQM)" oder „Continuous Quality Improvement (CQI)") einfüh-

517 Mark Geistfeld, Malpractice insurance and the (il)legitimate interests of the medical profession in tort reform, 54 DePaul L. Rev. 439, 440 (2005); siehe Mark Geistfeld, Malpractice insurance and the (il)legitimate interests of the medical profession in tort reform, 54 DePaul L. Rev. 439, 444-45 (2005): „For example, in 2002 'a large insurer in Florida charged base premium rates in Dade County of $56,153 for internal medicine, $174,268 for general surgery, and $201,376 for [obstetrician/gynecology], and $34,556, $107,242 and $123,924 respectively, for these same specialities in Palm Beach County.'".

518 Kristie Tappan, Medical-malpractice reforms: Is enterprise liability or no-fault a better reform?, 46 B. C. L. Rev. 1095, 1116 (2005).

519 So Philip G. Peters, Jr., Resuscitating hospital enterprise liability, 73 Mo. L. Rev. 369 (2008).

ren können.[520] Die uneingeschränkte Sicht auf die medizinische Behandlung des Patienten im Krankenhaus ermöglicht es dem Krankenhausträger, kosteneffiziente Veränderungen in der Qualität zu entwickeln und einzuführen, vor allem, wenn diese die Grenzen zwischen der Eigenständigkeit der Ärzte in der medizinischen Behandlung des Patienten in ihrem Fachgebiet und auf der allgemeinen Station sowie die berufsbedingte Trennlinie zwischen ärztlichem und nichtärztlichem Personal überschreiten.[521] Im Rahmen der medizinischen Behandlung sind Krankenhausträger typischerweise für Einrichtungen und technische Geräte verantwortlich, sowie für das gesamte nichtärztliche Personal; der Krankenhausträger ist daher auch in der Lage, Entscheidungen über die medizinische Qualitätssicherung und -verbesserung sowie Verhinderung von Schäden zu treffen, indem er einen oder mehrere die Qualität beeinflussende Faktoren im organisatorischen Ablauf verändert.[522]

Zum Beispiel könnten Krankenhausträger bestimmte Verhaltensmuster, die regelmäßig zu Schäden führen, ausfindig machen und dann Veränderungen entwickeln und einführen, um wiederkehrende Fehler zu verhindern.[523] Wie schon von der Produkthaftung bekannt, ist eine gute Art Fehler zu verhindern, einen neuen zentralisierten Anreiz zu schaffen, um gleichläufige Verhaltensmuster bei allen Fehlern aufzuspüren und dann effizient durch neue Verhaltensmuster zu ersetzen.[524] Auch wenn diese Erkenntnisse der modernen Industriegesellschaft nur langsam im Medizinbereich übernommen werden, setzen immer mehr Krankenhausträger – angeführt von berühmten Institutionen wie das „Memorial Sloan-Kettering Cancer Center“ in New York City, NY oder das „Dana-Farber

520 William M. Sage & Kathleen E. Hastings & Robert A. Berenson, Enterprise liability for medical malpractice and health care quality improvement, 20 Am. J. L. & Med. 1, 14 (1994); William M. Sage & James M. Jorling, A world that won't stand still: Enterprise liability by private contract, 43 DePaul L. Rev. 1007, 1020 (1994). Siehe dazu ausführlich Laura L. Morlock & Faye E. Malitz, Do hospital risk management programs make a difference?: Relationships between risk management program activities and hospital malpractice claims experience, 54-Spring Law & Contemp. Probs. 1, 11-22 (1991).

521 Philip G. Peters, Jr., Resuscitating hospital enterprise liability, 73 Mo. L. Rev. 369, 377 (2008).

522 Kenneth S. Abraham & Paul C. Weiler, Enterprise medical liability and the evolution of the American health care system, 108 Harv. L. Rev. 381, 416 (1994); Kenneth S. Abraham & Paul C. Weiler, Enterprise medical liability and the choice of the responsible enterprise, 20 Am. J. L. & Med. 29, 32 (1994).

523 So William M. Sage & Kathleen E. Hastings & Robert A. Berenson, Enterprise liability for medical malpractice and health care quality improvement, 20 Am. J. L. & Med. 1, 14 (1994).

524 Paul C. Weiler, Reforming medical malpractice in a radically moderate – and ethical – fashion, 54 DePaul L. Rev. 205, 225 (2005).

Cancer Institute“ in Boston, MA – auf institutionelle Veränderungen anstelle persönlicher Abmahnungen; auch haben die „American Medical Association (AMA)“ und andere Organisationen die „National Patient Safety Foundation (NPSF)“ für ein mehrjähriges Projekt zur Untersuchung verhaltensabhängiger Qualität der medizinischen Behandlung gegründet.[525] Nach einer von der „American Trial Lawyers Association (ATLA)“ durchgeführten Untersuchung aus dem Jahr 1991 beruhten ungefähr 75 % aller Klagen in Arzthaftungsfällen auf mangelhaftem Informationsaustausch unter den Ärzten. Ein Arzt ist in einem Krankenhaus typischerweise als Mitglied eines größeren Ärzteteams tätig, in dem jeder Arztkollege seine eigene Fachausbildung und seine eigene Verantwortung bei der medizinischen Behandlung des Patienten hat. Einer der häufigsten Fälle, in denen innerhalb solcher Ärzteteams Fehler auftreten, ist der mangelhafte Informationsaustausch zwischen den angestellten Ärzten, den „independent contractors“ und dem nichtärztlichen Personal (zum Beispiel über bekannte Medikamentenunverträglichkeiten des Patienten).[526] Um diese und andere Fehler zu verhindern, sollte auch von außerhalb auf das Ärzteteam als solches eingewirkt werden. Gerade in einer solchen Lage befindet sich der Krankenhausträger. Nach der „medical enterprise liability“ haftet der Krankenhausträger auch für Fehler beim Informationsaustausch (insbesondere auch zwischen dem angestellten ärztlichen oder nichtärztlichen Personal und den „independent contractors“) und würde daher bereitwilliger in Systeme investieren, um die Menge, Qualität und Weitergabe von Informationen zu begünstigen.[527] Dies könnten beispielsweise strengere Protokollführungspflichten oder sonstige Verhaltensvorschriften sein. Wie groß und vorteilhaft der zentralisierte Einfluss auf die Verhaltensmuster einzelner Mitarbeiter eines Unternehmens ist, wird im folgenden Beispiel deutlich – auch wenn sich Ärzte grundsätzlich gegen zu strenge Verhaltensvorschriften wehren: Im „Harvard Teaching Hospital“ in Boston, MA wurden in den 1980ern im Bereich der Anästhesie strenge Verhaltensvorschriften eingeführt. Viele der immer wieder aufgetretenen ärztlichen Fehler waren durchaus vermeidbar gewesen. Anstatt die einzelnen behandelnden Ärzte gezielt abzumahnen, wurde von der „Harvard Study Group“ vorgeschlagen, der Krankenhausträger solle neue Verhaltensvorschriften und Techniken einführen, um dann ähnliche Fehler zu verhindern. Dies traf zunächst auf großen Widerstand aus der Ärzteschaft, die die Gefahr einer sogenannten medizinischen „cook-

525 Siehe William M. Sage, Enterprise liability and the emerging managed health care system, 60-Spring Law & Contemp. Probs. 159, 203-04 (1997).

526 Kenneth S. Abraham & Paul C. Weiler, Enterprise medical liability and the evolution of the American health care system, 108 Harv. L. Rev. 381, 413 (1994).

527 William M. Sage, Enterprise liability and the emerging managed health care system, 60-Spring Law & Contemp. Probs. 159, 167 (1997).

book"-Behandlung sahen. Der Krankenhausträger führte dennoch die neuen Verhaltensvorschriften ein. Als schließlich einige Jahre später eine Statistik angelegt wurde, konnte festgestellt werden, dass anästhesiebezogene Fehler und Klagen deutlich abgenommen hatten und sogar die Versicherungsbeiträge der Harvard-Anästhesisten um die Hälfte gefallen waren.[528]

Zur Qualitätssicherung und -verbesserung würde auch beitragen, wenn der Krankenhausträger einen zusätzlichen Anreiz hätte, unterqualifizierten Ärzten zu kündigen.[529] Dabei hätten gerade Krankenhausträger, die nach der „medical enterprise liability" für alle in ihrem Krankenhaus auftretenden Schäden haften, jeden Anreiz unterqualifizierte Ärzte ausfindig zu machen.[530] Als Unternehmen sind sie auch besser in der Lage als Gerichte, die verantwortlichen Personen ausfindig zu machen und dann deren Verhalten zu ändern – ein Argument, das aus der Produkthaftung kommt.[531]

Auch die Haftungsfreistellung der behandelnden Ärzte nach der „medical enterprise liability" würde zur Qualitätssicherung und -verbesserung sowie einem besseren Arbeitsklima beitragen. Ärzte würden nämlich eher bereit sein, Fehler zu melden; gerade „independent contractors" sehen dies als „naiv"[532] an. Der Krankenhausträger könnte dann in einem Schadensfall das ganze Ärzteteam, in welchem der Schadensverursacher tätig war, pauschal abmahnen, dieses neu zusammenstellen oder andere Maßnahmen treffen, ohne auf die Verantwortlichkeit des Einzelnen einzugehen – welche die Gerichte hingegen nach dem Verschuldenshaftungssystem freilich beachten müssen.[533]

528 Die neuen Standards wurden daraufhin in allen U.S.-Staaten eingeführt. Siehe dazu ausführlich David A. Hyman & Charles Silver, The poor state of health care quality in the U.S.: Is malpractice liability part of the problem or part of the solution?, 90 Cornell L. Rev. 893, 917-23 (2005).

529 Kristie Tappan, Medical-malpractice reforms: Is enterprise liability or no-fault a better reform?, 46 B. C. L. Rev. 1095, 1116 (2005).

530 John V. Jacobi & Nicole Huberfeld, Quality control, enterprise liability, and disintermediation in managed care, 29 J. L. Med. & Ethics 305, 308 (2001).

531 Barry R. Forrow, Managed care organizations and patient injury: Rethinking liability, 31 Ga. L. Rev. 419, 500 (1997). Andere Ansicht Gary T. Schwartz, Reality in the economic analysis of tort law: Does tort law really deter?, 42 U. C. L. A. L. Rev. 377, 405-13 (1994), der herausgefunden zu haben glaubt, dass die Produkthaftung keine ausschlaggebende qualitätssichernde Rolle in Herstellerentscheidungen spielt. Siehe dazu allgemein Lewis A. Kornhauser, An economic analysis of the choice between enterprise and personal liability for accidents, 70 Cal. L. Rev. 1345, 1362-72 (1982).

532 So Philip G. Peters, Jr., Health courts?, 88 B. U. L. Rev. 227, 283 (2008).

533 So Barry R. Forrow, Managed care organizations and patient injury: Rethinking liability, 31 Ga. L. Rev. 419, 500 (1997).

Schließlich führt das aktuelle U.S.-amerikanische Deliktsrecht dazu, dass Ärzte zunehmend sogenannte „defensive medicine“ (Präventionsmedizin) anwenden.[534] Unter „defensive medicine“ fallen übermäßige Untersuchungen und Tests im Rahmen der medizinischen Behandlung durch den Arzt – hauptsächlich um Schadensersatzklagen zu vermeiden. Auch wenn dies zu einer gründlicheren Untersuchung des Patienten führt, darf nicht unbeachtet bleiben, dass dadurch die Gesundheit des Patienten – beispielsweise durch unnötige Röntgenaufnahmen – beeinträchtigt wird, er unnötigen Risiken ausgesetzt ist und die Kosten für die medizinische Behandlung steigen. Obwohl durch „defensive medicine“ zwar kleinste Zweifel eher ausgeräumt werden können, hat dies mit einer guten medizinischen Behandlung nicht viel gemein. Mit der „medical enterprise liability“ hingegen könnte „defensive medicine“ verringert werden.[535] Wenn nämlich Krankenhausträger nach der „medical enterprise liability“ die finanziellen Folgen von Entscheidungen bei der medizinischen Behandlung auf sich nehmen, würden sich Ärzte weniger unter Druck gesetzt fühlen, „defensive medicine“ anzuwenden.[536] Der Krankenhausträger selbst würde „defensive medicine“ nicht anordnen, da er – im Gegensatz zu den Ärzten – auch auf die Wirtschaftlichkeit bei der medizinischen Behandlung achten muss. Hierzu zählen auch die Kostenersparnisse durch die Verringerung von „defensive medicine“.[537]

Von einem gesteigerten Qualitätsstandard haben auch Krankenhausträger selbst einen Nutzen, da eine große Konkurrenz unter den Krankenhäusern herrscht. Gute Qualität spricht für sich und würde zu Einsparungen bei den Werbeausgaben[538] führen. Für Krankenhausträger ist die Übernahme der Haf-

---

534 Scott Forehand, Helping the medicine go down: How a spoonful of mediation can alleviate the problems of medical malpractice litigation, 14 Ohio St. J. on Disp. Resol. 907, 912 (1999).

535 William M. Sage, Enterprise liability and the emerging managed health care system, 60-Spring Law & Contemp. Probs. 159, 166 (1997).

536 William M. Sage & Kathleen E. Hastings & Robert A. Berenson, Enterprise liability for medical malpractice and health care quality improvement, 20 Am. J. L. & Med. 1, 27 (1994).

537 Siehe Barry R. Furrow, Enterprise liability and health care reform: Managing care and managing risk, 39 St. Louis U. L. J. 77, 105 (1994): „The practice of defensive medicine is also said to add substancially to the nation's health care bill, with the [„American Medical Association (AMA)“]'s estimate as high as an additional $12 billion“.

538 Siehe Steven R. Owens, Pamperin v. Trinity Memorial Hospital and the evolution of hospital liability: Wisconsin adopts apparent agency, 1990 Wis. L. Rev. 1129 (1990), Fn. 1: „United States hospitals spent $1.54 billion on advertising and marketing of their services in 1989, an average of $320,717 per hospital (an increase of 15 % over 1988). Advertising consumed $687 million of this total, an average of $142,975 per hospital.“; Manuel A. Reboso & Lincoln J. Connolly, Hospital liability for physician malpractice,

tung somit eine gute Unternehmensstrategie.[539] Mit der „medical enterprise liability“ hätten Krankenhausträger also einen größeren Anreiz noch gründlicher hochspezialisierte Ärzte auszuwählen, Veränderungen in der medizinischen Behandlung durch bessere Informationssysteme und sonstige Verhaltensmuster einzuführen, Unzufriedenheiten von Patienten aufzuklären und schneller medizinische Fehler zu erkennen, zu beheben und zu verhindern[540] und könnten so zugleich einen Anreiz für Ärzte schaffen, die Qualität ihrer Tätigkeit zu verbessern[541]. Aus all diesen Gründen ist die „medical enterprise liability“ stärker in der Qualitätssicherung und -verbesserung als das aktuelle U.S.-amerikanische Deliktsrecht.

Bedenken bestehen jedoch, wenn den Krankenhausträgern nach der „medical enterprise liability“ im Rahmen der ausschließlichen Haftung die Aufgabe der Qualitätssicherung und -verbesserung weitgehend alleine übertragen wird, weil dies zunächst zu einer erhöhten finanziellen Belastung der Krankenhausträger führen würde. Viele Krankenhausträger sind jedoch nicht sofort in der Lage, eine effektive Qualitätskontrolle umzusetzen.[542] Programme zur Qualitätsprüfung (zum Beispiel „Total Quality Management (TQM)“ oder „Continuous Quality Improvement (CQI)“) benötigen nämlich eine gewisse Erfahrung und eine gewisse Zeit bis sie erfolgreich in einem Unternehmen eingesetzt werden können. Zudem sind sie eine zusätzliche erhebliche finanzielle Belastung für das Unternehmen.

Die ausschließliche Haftung des Krankenhausträgers nach der „medical enterprise liability“ würde schließlich zu einer Ineffizienz des inzwischen sehr erkenntnisreichen und wichtigen „Malpractice Reporting System“ führen. In den Vereinigten Staaten von Amerika gibt es eine Vielzahl an Meldestellen für Urteile und Vergleiche in Arzthaftungsverfahren, sowie Empfehlungen für oder

---

2004 ATLA-CLE 2117, 2118 (2004): „Indeed, in 1997 the average hospital spent over $200,000 on advertising. This amount has no doubt grown in the time since.“.

539 William M. Sage & Kathleen E. Hastings & Robert A. Berenson, Enterprise liability for medical malpractice and health care quality improvement, 20 Am. J. L. & Med. 1, 18 (1994); William M. Sage & James M. Jorling, A world that won't stand still: Enterprise liability by private contract, 43 DePaul L. Rev. 1007, 1043 (1994).

540 William M. Sage & Kathleen E. Hastings & Robert A. Berenson, Enterprise liability for medical malpractice and health care quality improvement, 20 Am. J. L. & Med. 1, 27 (1994).

541 William M. Sage & James M. Jorling, A world that won't stand still: Enterprise liability by private contract, 43 DePaul L. Rev. 1007, 1021 (1994).

542 So William M. Sage & Kathleen E. Hastings & Robert A. Berenson, Enterprise liability for medical malpractice and health care quality improvement, 20 Am. J. L. & Med. 1, 23 (1994); William M. Sage & James M. Jorling, A world that won't stand still: Enterprise liability by private contract, 43 DePaul L. Rev. 1007, 1027 (1994).

Disziplinarverfahren gegen bestimmte Ärzte, welche zum Teil sogar aufgrund eines Gesetzes öffentlich im Internet einsehbar sind. Eine der bekanntesten Meldestellen ist die „National Practitioner Data Bank (NPDB)“[543]. Solche Meldestellen wurden eingerichtet, um zu verhindern, dass sich Ärzte, welche als unredlich und unterqualifiziert verurteilt wurden, in einem anderen U.S.-Staat niederlassen und in gleicher Weise ihrer Tätigkeit nachgehen.[544] Die „medical enterprise liability“ könnte jedoch dem Nutzen dieser Meldestellen entgegenwirken. Nach der „medical enterprise liability“ würden geschädigte Patienten ihre Klagen nämlich ausschließlich gegen den Krankenhausträger und nicht gegen einen bestimmten Arzt richten. Die Auswirkung davon auf die „National Practitioner Data Bank (NPDB)“ ist unklar: Was würde beispielsweise in einem Fall, der von dem Krankenhausträger außergerichtlich verglichen wird, der Meldestelle berichtet werden und würde diese Information den Namen jedes einzelnen bei der medizinischen Behandlung beteiligten Arztes enthalten?[545] Sollte der Krankenhausträger, welcher die Entscheidung über einen Vergleich alleine trifft, den behandelnden Arzt der „National Practitioner Data Bank (NPDB)“ melden können, ohne dass der Arzt jedoch bei den Vergleichsverhandlungen mitwirken, sich also in irgendeiner Weise gegen die Vorwürfe verteidigen konnte? Weil geschädigte Patienten nach der „medical enterprise liability“ ihre Klagen gegen den Krankenhausträger und nicht gegen Ärzte richten würden und weil Krankenhausträger Anreize hätten, Rechtsstreitigkeiten zu vergleichen, würden andere Methoden als die Meldung von Arzthaftungsverfahren gebraucht werden, um dem berechtigten Interesse der Patienten, unterqualifizierte Ärzte ausfindig zu machen, gerecht zu werden.[546] Dabei müssten die Meldesysteme umstrukturiert und so dem Haftungssystem der „medical enterprise liability“ angepasst werden. Eine Möglichkeit wäre die Durchführung von Mini-Verfahren zwischen allen an der medizinischen Behandlung beteiligten Ärzten, um herauszufinden wer tatsächlich fahrlässig gehandelt hat; ansonsten wäre die „National Practitioner Data

543 Die „National Practitioner Data Bank (NPDB)“ wurde durch den „Health Care Quality Improvement Act of 1986“ erstellt und beinhaltet ab 1.9.1990 Daten über medizinische Behandlungen in den Vereinigten Staaten von Amerika.

544 William M. Sage & Kathleen E. Hastings & Robert A. Berenson, Enterprise liability for medical malpractice and health care quality improvement, 20 Am. J. L. & Med. 1, 22 (1994); William M. Sage & James M. Jorling, A world that won’t stand still: Enterprise liability by private contract, 43 DePaul L. Rev. 1007, 1040-41 (1994).

545 So Michael C. Thornhill & William H. Ginsburg, Enterprise liability: Cure or curse, 16 Whittier L. Rev. 143, 152 (1995).

546 So auch William M. Sage & Kathleen E. Hastings & Robert A. Berenson, Enterprise liability for medical malpractice and health care quality improvement, 20 Am. J. L. & Med. 1, 22 (1994).

Bank (NPDB)“ bedeutungslos.[547] Andere Möglichkeiten wären beispielsweise Meldungen von Kollegen aufzunehmen oder Patientenbeschwerden zu sammeln.[548]

Im Hinblick auf die Qualitätssicherung und -verbesserung bestünde nach der „medical enterprise liability“ schließlich die erhöhte Gefahr, dass Krankenhausträger ihre Spezialabteilungen mit hohen Schadensrisiken schließen, um dadurch geringere Versicherungsbeiträge bezahlen zu müssen. Träger von Spezialkrankenhäusern, die ausschließlich riskante medizinische Behandlungen durch viele „independent contractors“ anbieten, würden in Finanzierungsschwierigkeiten geraten, weil für sie verminderte Versicherungsbeiträge aufgrund einer Einstufung in Schadensfreiheitsklassen kaum möglich wären. Im schlimmsten Fall müssten sie allein wegen erhöhter Versicherungsbeiträge ihre Spezialkrankenhäuser schließen. Dies könnte in einigen Regionen zu einer mangelnden medizinischen Versorgung führen. Darüber hinaus bestünde die weitere Gefahr, dass Krankenhausträger nach Möglichkeiten suchen würden, um einzelne Risikopatienten und sogar ganze Patientengruppen mithilfe von Patientenprofilen, geographischer Standortwahlen oder anderer Strategien zu meiden.[549] Letzteres könnte allerdings durch Vorschriften verhindert werden,[550] etwa durch spezielle Antidiskriminierungsvorschriften im Medizinbereich.

IV. Prozessuale Interessen

Die Geltendmachung von Ansprüchen sollte schließlich ohne zu hohe Kosten und zu hohem Zeitaufwand für alle Beteiligte möglich sein – für Patienten, Ärtze und Krankenhausträger. Eine Reform des Arzthaftungsrechts sollte auch die Prozessökonomie nicht unbeachtet lassen.

Nach der „medical enterprise liability“ gibt es im Arzthaftungsprozess bei allen im Krankenhaus verursachten Schäden an Patienten nur einen Passivlegitimierten – den Krankenhausträger. Weil dadurch mit der „medical enterprise liability“ die Abgrenzung mehrerer Haftungsgegner entfiehle, würde die „medi-

547 So Michael C. Thornhill & William H. Ginsburg, Enterprise liability: Cure or curse, 16 Whittier L. Rev. 143, 152 (1995).

548 So William M. Sage & Kathleen E. Hastings & Robert A. Berenson, Enterprise liability for medical malpractice and health care quality improvement, 20 Am. J. L. & Med. 1, 22 (1994).

549 So Barry R. Furrow, Enterprise liability and health care reform: Managing care and managing risk, 39 St. Louis U. L. J. 77, 130 (1994).

550 So auch Barry R. Furrow, Enterprise liability and health care reform: Managing care and managing risk, 39 St. Louis U. L. J. 77, 130 (1994).

cal enterprise liability" die Kosten für Arzthaftungsverfahren verringern.[551] Viele Kosten entstehen nämlich nur dadurch, dass mehrere Beteiligte – angestellte Ärzte, „independent contractors", Krankenhausträger und sonstige Beteiligte – in nur einem Arzthaftungsverfahren als Haftungsgegner in Betracht kommen.[552] Besonders hoch werden die Kosten und der Zeitaufwand bei medizinischen Fehlern bei der Zusammenarbeit mehrerer „independent contractors" und dem ärztlichen und nichtärztlichen Krankenhauspersonal. Mögliche Klagegegner könnten in nur einem Arzthaftungsfall beispielsweise der Notaufnahmearzt, der Anästhesist, mehrere Chirurgen – jeweils als „independent contractor" – und der Krankenhausträger sein. Dies macht den Gerichtsprozess kosten- und zeitaufwändig. Da nach dem aktuellen U.S.-amerikanischen Deliktsrecht zwischen der Haftung des „independent contractor" und der Haftung des Krankenhausträgers abgegrenzt wird, gibt es zudem in einem Arzthaftungsprozess für beide Beklagte Anreize, jeweils gegen den anderen auszusagen. Das macht es schwieriger, den Fall zu entscheiden, und einfacher, unbegründete Ansprüche aufrechtzuerhalten. In den Vereinigten Staaten von Amerika haben Kläger das Recht sich durch Rechtsanwälte in einem Rechtsstreit vertreten zu lassen und werden von der U.S.-amerikanischen Gerichtspraxis angehalten, auch von diesem Recht Gebrauch zu machen. Mit der Komplexität eines Falles aufgrund mehrerer in Betracht kommender Haftungsgegner steigen jedoch unabdingbar die Kosten für Rechtsanwälte, die in den Vereinigten Staaten von Amerika auch der obsiegenden Partei nicht ersetzt werden (sogenannte „American Rule"). Schließlich steigen durch teure Gutachten zusätzlich die Kosten und der Zeitaufwand.[553] Um nach dem aktuellen U.S.-amerikanischen Deliktsrecht eine Entschädigung zu erhalten, müssen geschädigte Patienten also gegebenenfalls gegen mehrere Klagegegner mit unterschiedlichen finanziellen Mitteln aufgrund unterschiedlicher Haftungsgrundlagen und möglicherweise in verschiedenen Gerichtsprozessen

551 Kenneth S. Abraham & Paul C. Weiler, Enterprise medical liability and the evolution of the American health care system, 108 Harv. L. Rev. 381, 406 (1994).

552 William M. Sage & Kathleen E. Hastings & Robert A. Berenson, Enterprise liability for medical malpractice and health care quality improvement, 20 Am. J. L. & Med. 1, 19 (1994). Siehe auch The American Law Institute, Reporters' Study: Enterprise Responsibility For Personal Injury: Volume II: Approaches To Legal And Institutional Change, 119 (1991) und William M. Sage & Kathleen E. Hastings & Robert A. Berenson, Enterprise liability for medical malpractice and health care quality improvement, 20 Am. J. L. & Med. 1, 19 mit Fn. 112 (1994), wonach sich 25 % aller Arzthaftpflichtklagen in den Vereinigten Staaten von Amerika gegen zwei oder mehrere Beklagte richten.

553 Siehe William M. Sage, Enterprise liability and the emerging managed health care system, 60-Spring Law & Contemp. Probs. 159, 161-62 (1997): „Malpractice claims take on average sixteen months to file and twenty-five months to resolve.".

vorgehen.[554] Richtet der Patient die Klage nicht gegen alle in Betracht kommenden Klagegegner, sondern verklagt er womöglich zuerst den Falschen, würden dadurch die Kosten und der Zeitaufwand noch mehr steigen; dann wird nämlich folgerichtig die Klage abgewiesen und der Patient müsste eine neue Klage einreichen. Hingegen könnten geschädigte Patienten nach der „medical enterprise liability" einfacher und mit geringerem Kosten- und Zeitaufwand ihre Schadensersatzansprüche gerichtlich geltend machen, weil sie ihre Klage nur gegen einen Beklagten richten könnten – den Krankenhausträger.

Selbst im Bereich der außergerichtlichen Streitbeilegung wären Einsparungen möglich, weil die „medical enterprise liability" den Abschluss von Vergleichen begünstigen würde. Nach dem aktuellen U.S.-amerikanischen Deliktsrecht wissen die jeweiligen Parteien möglicherweise nicht von der Beteiligung eines anderen an dem Arzthaftungsfall bis schließlich eine Klage nach Abschluss der vorgerichtlichen „discovery" eingereicht wurde und sind daher auch nicht in der Lage, frühzeitig den Rechtsstreit beizulegen.[555] Hingegen könnte der Krankenhausträger als alleiniger Haftungsgegner nach der „medical enterprise liability" den Rechtsstreit bereits frühzeitig durch einen Vergleich beenden. Zudem entfielen zusätzliche Kosten, die dann entstehen, wenn nur einige Beteiligte – aber eben nicht alle – einem Gesamtvergleich zustimmen, weil nach der „medical enterprise liability" der Krankenhausträger der alleinige Haftungsgegner ist.[556] Schließlich würden sich Krankenhausträger bereitwilliger vergleichen, weil ihr Ruf nicht so verletzbar ist, wie der Ruf eines einzelnen Arztes, der geneigt ist, sich gegen jeden Anspruch zu wehren.[557]

Auch für Ärzte würden sich Kosten und Zeitaufwand für Arzthaftungsverfahren verringern. Durch die Haftungsfreistellung der behandelnden Ärzte nach der „medical enterprise liability" wäre es für diese nicht mehr notwendig, einen Arzthaftungsprozess zu führen. Die Kosten für eine eigene Vertretung einzelner Ärzte durch Rechtsanwälte in Arzthaftungsprozessen würden grundsätzlich ent-

---

554 William M. Sage & Kathleen E. Hastings & Robert A. Berenson, Enterprise liability for medical malpractice and health care quality improvement, 20 Am. J. L. & Med. 1, 19 (1994).

555 William M. Sage & Kathleen E. Hastings & Robert A. Berenson, Enterprise liability for medical malpractice and health care quality improvement, 20 Am. J. L. & Med. 1, 19 (1994); William M. Sage & James M. Jorling, A world that won't stand still: Enterprise liability by private contract, 43 DePaul L. Rev. 1007, 1021 (1994).

556 Kenneth S. Abraham & Paul C. Weiler, Enterprise medical liability and the evolution of the American health care system, 108 Harv. L. Rev. 381, 406 (1994).

557 So Kristie Tappan, Medical-malpractice reforms: Is enterprise liability or no-fault a better reform?, 46 B. C. L. Rev. 1095, 1113 (2005).

fallen.[558] Freilich würden für Ärzte Kosten für Rechtsberatung und Gerichtsverfahren nicht vollständig entfallen. Je nach Regressvereinbarung zwischen dem Krankenhausträger und dem Arzt könnten nämlich neue Rechtsstreitigkeiten entstehen, wobei diese allerdings insbesondere auch mit alternativen Streitbeilegungsverfahren schneller und kostengünstiger beendet werden könnten, was im Verhältnis zum Patienten aufgrund emotionaler oder grundsätzlicher Beweggründe oft kaum möglich ist. Ferner verlangen das traditionelle U.S.-amerikanische Deliktsrecht und die sogenannten „general principles of fairness", dass Ärzte für vorsätzliches und grob fahrlässiges Verhalten – beispielsweise medizinische Behandlungen unter Alkoholeinfluss – selbst zivilrechtlich haften sollten.[559] Rechtsanwaltliche Beratung wäre in diesen Fällen nahezu unerlässlich. Gegnerische Rechtsanwälte würden nämlich versuchen, die Entschädigungssummen für ihre Mandanten zu erhöhen, indem sie Ärzten vorsätzliches oder grob fahrlässiges Verhalten in so vielen Fällen wie möglich unterstellen.[560] Insbesondere haften Ärzte bei Klagen wegen vorsätzlicher Schädigung des Patienten weiterhin unmittelbar – auch nach der „medical enterprise liability". Diese Klagen liegen nämlich außerhalb der „medical enterprise liability"; gleichwohl dürfen sie nicht unbeachtet bleiben: Solche Klagen könnten nämlich zusätzlich in den Arzthaftungsprozess eingebracht oder als Druckmittel für höhere Vergleiche benutzt werden.[561] Schließlich bleibt der einzelne Arzt weiterhin strafrechtlich verantwortlich und diesbezüglich weiterhin auf Rechtsberatung angewiesen. Eine Strafverfolgung ist unabhängig von einer möglichen zivilrechtlichen Haftung. Trotz Haftungsfreiheit darf der Arzt keine Straffreiheit genießen.

Selbst für den Krankenhausträger könnte die „medical enterprise liability" zu Einsparungen an Kosten und Zeitaufwand führen. Obwohl der Krankenhausträger nach der „medical enterprise liability" einen größeren Haftungsrahmen hat, würde nicht allein dadurch für diesen die Anzahl an Arzthaftungsverfahren

558 Kenneth S. Abraham & Paul C. Weiler, Enterprise medical liability and the choice of the responsible enterprise, 20 Am. J. L. & Med. 29, 31 (1994).

559 Siehe William M. Sage & Kathleen E. Hastings & Robert A. Berenson, Enterprise liability for medical malpractice and health care quality improvement, 20 Am. J. L. & Med. 1, 26 (1994).

560 So William M. Sage & Kathleen E. Hastings & Robert A. Berenson, Enterprise liability for medical malpractice and health care quality improvement, 20 Am. J. L. & Med. 1, 26 (1994).

561 So William M. Sage & Kathleen E. Hastings & Robert A. Berenson, Enterprise liability for medical malpractice and health care quality improvement, 20 Am. J. L. & Med. 1, 26 (1994); William M. Sage & James M. Jorling, A world that won't stand still: Enterprise liability by private contract, 43 DePaul L. Rev. 1007, 1042 (1994).

steigen, weil Krankenhausträger bei der gerichtlichen Geltendmachung eines Schadensersatzanspruchs des Patienten ohnehin bereits nach aktuellem U.S.-amerikanischen Deliktsrecht in vielen Fällen zusätzlich zu einer Klage gegen den behandelnden Arzt (sowohl bei angestellten Ärzten als auch bei „independent contractors“) verklagt werden. Als alleiniger Haftungsgegner könnte der Krankenhausträger indes völlig selbständig mit den geschädigten Patienten effizientere Verfahren der außergerichtlichen Streitbeilegung aushandeln. So könnten beispielsweise durch verbindliche standardmäßig in Krankenhausaufnahmeverträgen enthaltene Schiedsklauseln insbesondere die Anzahl an Gerichtsverfahren aber auch die Höhe der Entschädigungszahlungen verringert werden. Auch in Vergleichsverhandlungen würden die Parteien eher zu einer Einigung kommen, weil sich nur ein Haftungsgegner – der Krankenhausträger – mit dem geschädigten Patienten einigen müsste.[562] Gerade im Hinblick auf eine frühzeitige Streitbeilegung könnten sich mit der „medical enterprise liability“ für Krankenhausträger somit erhebliche Einsparungen ergeben.

Die „medical enterprise liability“ würde auch allgemein zu einer gesteigerten Prozessökonomie führen. Weil für den im Krankenhaus geschädigten Patienten nach dem aktuellen U.S.-amerikanischen Deliktsrecht mehrere Beklagte in Betracht kommen, kann es durchaus in nur einem Schadensfall zu mehreren gerichtlichen Verfahren kommen. Dabei werden in den Vereinigten Staaten von Amerika Arzthaftungsfälle grundsätzlich von einer Jury entschieden. Die Mitglieder der Jury sind medizinische Laien und bedürfen für ihre Entscheidung einer ausführlichen Sachverhaltsdarlegung. Weil der Sachverhalt in jedem einzelnen Verfahren von neuem herausgearbeitet werden muss, können sich somit die Kosten des Rechtsstreits erheblich erhöhen.[563] Die „medical enterprise liability“ hingegen sieht in einem Rechtsstreit nur noch einen Passivlegitimierten – den Krankenhausträger – vor, wodurch sich die Anzahl an gerichtlichen Verfahren und daher auch die Kosten verringern würden. Zudem entfiehlen aufgrund der klaren Passivlegitimation nach der „medical enterprise liability“ lange und kostenintensive Prüfungen des richtigen Haftungsgegners, wodurch eine stärkere Rechtssicherheit geschaffen, rechtliche Fehler vermieden und die Anzahl an Berufungs- oder Revisionsverfahren verringert werden würde. All dies würde erheblich zur Entlastung und Stabilisierung der Justiz beitragen. Auch die Anzahl der an dem Rechtsstreit beteiligten Rechtsanwälte würde sich durch die „medi-

562 Paul C. Weiler, Reforming medical malpractice in a radically moderate – and ethical – fashion, 54 DePaul L. Rev. 205, 225 (2005).

563 Barry R. Furrow, Enterprise liability and health care reform: Managing care and managing risk, 39 St. Louis U. L. J. 77, 102 (1994).

cal enterprise liability" verringern.[564] Schließlich ließe sich das gesamte Verfahren zur Geltendmachung von Schadensersatzansprüchen in Arzthaftungsfällen aufgrund der „medical enterprise liability" vereinfachen und damit schneller und kostengünstiger gestalten. Dies könnte sogar zu einem automatisierten Vorverfahren – ähnlich etwa dem Mahnverfahren bei unbestrittenen Geldforderungen – führen. Auch wurde vorgeschlagen, Arzthaftungsverfahren vor der Jury etwa durch Verfahren vor speziellen „Medizingerichten" zu ersetzten.[565] Vor allem aber könnten Rechtsstreitigkeiten mit der „medical enterprise liability" eher außergerichtlich durch Vergleich beigelegt werden, weil sich weniger Parteien in dem Vergleich einigen müssten und der Krankenhausträger als alleiniger Haftungsgegner eher – im Vergleich zu einem einzelnen Arzt – bereit ist, sich zu vergleichen.

Bedenken bestehen allenfalls im Hinblick auf eine zu erwartende Klagewelle und die Überlastung der Justiz, weil mit der „medical enterprise liability" gerade auch Patienten mit kleineren Schäden bedeutend eher ihre Ansprüche gerichtlich geltend machen würden. Krankenhausträger wären auch nicht mehr in der Lage, Klagen zu verhindern, wie sie es nach dem aktuellen U.S.-amerikanischen Deliktsrecht können.[566] Allerdings genießt auch die Geltendmachung kleinster Ansprüche einen Schutz. Schließlich sollte in einem funktionierenden Haftungssystem jede Art von Ansprüchen einem Gerichtsverfahren zugänglich sein.

---

564 So Michael C. Thornhill & William H. Ginsburg, Enterprise liability: Cure or curse, 16 Whittier L. Rev. 143, 146 (1995).

565 Siehe dazu allgemein Philip G. Peters, Jr., Health courts?, 88 B. U. L. Rev. 227, 230-69 (2008). Nach diesem Vorschlag würden Arzthaftungsverfahren aus dem traditionellen Gerichtssystem ausgegliedert und zu eingenständigen Verfahren (ähnlich wie bei Ansprüchen aus „Workers' Compensation") werden. In einem Rechtsstreit würde dann nur ein einzelner auf das Medizinrecht spezialisierter Richter den Fall mit allen Beweisen, einschließlich Zeugenvernehmungen, entscheiden. Dieses Verfahren soll Vorteile für die Prozessdauer, Schadensberechnung, Kosten, Gerechtigkeit, Entschädigung und Rechtssicherheit haben (So Philip G. Peters, Jr., Health courts?, 88 B. U. L. Rev. 227, 230-31 (2008)). Ohne die „medical enterprise liability" überzeugt dieser Vorschlag jedoch nicht (So auch Philip G. Peters, Jr., Health courts?, 88 B. U. L. Rev. 227, 289 (2008)), weil im U.S.-amerikanischen Recht die Entscheidung über die Bestimmung des Haftenden grundlegend im Jurysystem verwurzelt ist.

566 So Barry R. Furrow, Enterprise liability and health care reform: Managing care and managing risk, 39 St. Louis U. L. J. 77, 130 (1994).

V. Sonstige Interessen

Die in der Öffentlichkeit meist diskutierten Bedenken gegen die „medical enterprise liability" sind die Befürchtungen der Ärzte, ihnen werde als Folge der Haftungsübertragung auf den Krankenhausträger ihre Eigenständigkeit in der medizinischen Behandlung des Patienten genommen. Diese Bedenken wurden unmittelbar nach Veröffentlichung des Entwurfes des „Health Security Act of 1993" durch die *Clinton*-Regierung von der „American Medical Association (AMA)" vorgetragen. Die Befürchtungen sind insbesondere für „independent contractors" nachvollziehbar. Weil der Krankenhausträger nach der „medical enterprise liability" für alle ärztlichen Fahrlässigkeiten im Krankenhaus alleine haftet, würde er viel eher strenge Verhaltensvorschriften einführen, um so mehr Einfluss auf das Verhalten aller Ärzte im Krankenhaus – also auch das der „independent contractors" – zu haben. Krankenhausträger würden eine noch strengere Bewertung der Tätigkeit der Ärzte – auch der „independent contractors" – vornehmen. Dies würde durch Erhebung umfassenden Datenmaterials geschehen,[567] anhand dessen dann Ärzte mit zu hohen Fehlerquoten gekündigt werden könnten. Durch die Konzentration der Haftung auf den Krankenhausträger würden alle Ärzte im Krankenhaus weniger eigenständig und mehr wie Angestellte des Krankenhausträgers sein.[568] So räumte auch das „American Law Institute (ALI)" ein, die „medical enterprise liability" behandele sämtliche Ärzte wie angestellte Ärzte.[569] Dies steht jedoch der grundsätzlichen Unterscheidung zwischen angestellten Ärzten und „independent contractors" entgegen. Die „medical enterprise liability" würde also die Eigenständigkeit der Ärzte verringern und diese einer ständigen Evaluation ihrer Tätigkeit durch den Krankenhausträger aussetzen; Ärzte müssten als Folge ihre berufliche Stellung neu definieren.[570]

Allerdings könnten strengere Bewertungen der Tätigkeit der Ärzte und eine dementsprechend erhöhte Datenerhebung zur Senkung der Fehlerquote führen. Die angelegten Datenbanken würden Ärzteprofile, Erfolgsquoten für chirurgische Eingriffe und statistische Diagnose- und Behandlungsabläufe im Allgemei-

567 So Barry R. Furrow, Enterprise liability and health care reform: Managing care and managing risk, 39 St. Louis U. L. J. 77, 126 (1994).

568 So Kristie Tappan, Medical-malpractice reforms: Is enterprise liability or no-fault a better reform?, 46 B. C. L. Rev. 1095, 1124-25 (2005).

569 Siehe The American Law Institute, Reporters' Study: Enterprise Responsibility For Personal Injury: Volume II: Approaches To Legal And Institutional Change, 117-18 (1991).

570 Barry R. Furrow, Enterprise liability and health care reform: Managing care and managing risk, 39 St. Louis U. L. J. 77, 128 (1994).

nen erfassen.[571] Die Krankenhausträger könnten dann nur die besten Ärzte unter Vertrag nehmen, also diejenigen mit den höchsten Erfolgs- und geringsten Fehlerquoten – und gerade das soll doch mit der „medical enterprise liability" erreicht werden.[572]

Größere Einbußen in der Eigenständigkeit der Ärzte würden mit der „medical enterprise liability" hinsichtlich der Streitbeilegung bei Ansprüchen eines geschädigten Patienten bestehen. Ärzte wären nicht länger in der Lage, sich gegenüber dem Patienten zu verteidigen, wenn sich der Krankenhausträger mit dem geschädigten Patienten vergleicht, anstatt ein Gerichtsverfahren einzuleiten.[573]

Auch auf das Verhältnis zwischen Arzt und Patient könnte die „medical enterprise liability" Auswirkungen haben. Da der behandelnde Arzt nach der „medical enterprise liability" nicht unmittelbar dem geschädigten Patienten gegenüber haftet, würde die Gefahr bestehen, dass der behandelnde Arzt den Patienten weniger als seinen eigenen Patienten und mehr als einen Patienten des Krankenhausträgers ansieht und ihn demzufolge unpersönlicher behandelt. Den Krankenhausträger immer mehr in die medizinische Behandlung einzubinden würde somit das Arzt-Patienten-Verhältnis gefährden.[574] Gleichwohl könnte die Haftungsverlagerung nach der „medical enterprise liability" gerade auch zu einem offeneren und ehrlicheren Verhältnis zwischen dem behandelnden Arzt und dem Patient führen.[575] Bei einem medizinischen Fehler würde der schadensverursachende Arzt nicht unmittelbar einer Schadensersatzklage des Patienten ausgesetzt sein, weshalb er den Patienten eher aufklären und dadurch den medizinischen Fehler schneller beheben könnte. Ganz überzeugend ist dies jedoch nicht. So haben letztlich nahezu alle Reformvorschläge eher keine Auswirkung auf das Verhältnis des Patienten zu seinem behandelnden Arzt.[576]

---

571 So Barry R. Furrow, Enterprise liability and health care reform: Managing care and managing risk, 39 St. Louis U. L. J. 77, 126 (1994).

572 Barry R. Furrow, Enterprise liability and health care reform: Managing care and managing risk, 39 St. Louis U. L. J. 77, 126 (1994).

573 So auch Sharon M. Glenn, Tort liability of integrated health care delivery systems: Beyond enterprise liability, 29 Wake Forest L. Rev. 305, 310 (1994).

574 So Kristie Tappan, Medical-malpractice reforms: Is enterprise liability or no-fault a better reform?, 46 B. C. L. Rev. 1095, 1125 (2005).

575 Siehe Philip G. Peters, Jr., Resuscitating hospital enterprise liability, 73 Mo. L. Rev. 369, 396 (2008): „[Medical] [e]nterprise liability would allow [physicians] to see their patients as person, once again, rather than as plaintiffs.".

576 So auch Mark A. Hall, Can you trust a doctor you can't sue?, 54 DePaul L. Rev. 303, 309 (2005).

Ferner würde sich die „medical enterprise liability" gut auf das Arbeitsklima innerhalb des Krankenhauses auswirken. Aufgrund der Freistellung der Ärzte von einer unmittelbaren Haftung würde die „medical enterprise liability" nämlich in gewissem Maße Spannungen zwischen Krankenhausverwaltung und Ärzten verringern und zu einer besseren Zusammenarbeit führen.[577]

Mit der Haftungsfreistellung könnte den Ärzten auch die Belastung eines Gerichtsverfahrens erspart bleiben. Verklagt zu werden bedeutet für Ärzte, dass sie Unterlagen zusammenstellen, einen Rechtsanwalt beauftragen, sich einer vorgerichtlichen „deposition" unterziehen und bei den Gerichtsverhandlungen anwesend sein müssen. Laut einer als Teil der „Harvard Medical Practice Study" durchgeführten Untersuchung verlieren beklagte Ärzte aufgrund eines Gerichtsverfahrens durchschnittlich sechs Arbeitstage.[578] Durch die Haftungsfreistellung nach der „medical enterprise liability" würde den Ärzten diese Belastung[579] genommen. Gleichwohl bleibt aufgrund der medizinischen Tätigkeit in Ärzteteams weiterhin ein gewisser Druck bestehen, wenn ein Mitglied des Ärzteteams einen Schaden verursacht hat – selbst dann, wenn die anderen Mitglieder des Ärzteteams nicht Beklagte im Arzthaftungsprozess sind.[580]

Schließlich hätte die „medical enterprise liability" selbst auf frei praktizierende Ärzte, die weder von einem Krankenhausträger angestellt noch als „independent contractors" in einem Krankenhaus tätig sind, Auswirkungen. Frei praktizierende Ärzte haften persönlich für alle ihre Fahrlässigkeiten und bedürfen daher einer Berufshaftpflichtversicherung. Die Beiträge der Berufshaftpflichtversicherung sind jedoch je nach fachlicher Spezialisierung und geographischer Lage der Praxis so hoch, dass viele frei praktizierende Ärzte schon unter dem aktuellen U.S.-amerikanischen Deliktsrecht gezwungen sind, ihre Praxen aufzugeben. Würde sich aufgrund der „medical enterprise liability" die Anzahl der

577 So William M. Sage & Kathleen E. Hastings & Robert A. Berenson, Enterprise liability for medical malpractice and health care quality improvement, 20 Am. J. L. & Med. 1, 14 (1994).

578 Siehe Paul C. Weiler & Howard H. Hiatt & Joseph P. Newhouse & William G. Johnson & Troyen A. Brennan & Lucian L. Leape, A Measure Of Malpractice: Medical Injury, Malpractice Litigation, And Patient Compensation, 126 (1993).

579 Siehe allerdings Philip G. Peters, Jr., Doctors & Juries, 105 Mich. L. Rev. 1453 (2007): „Physicians win roughly half of the cases that expert reviewers believe physicians should lose and nearly all of the cases that experts feel physicians should win."; siehe auch Ann G. Lawthers & A. Russell Localio & Nan M. Laird & Stuart Lipsitz & Liesi E. Herbert & Troyen A. Brennan, Physicians' perceptions of the risk of being sued, 17 J. Health Pol. Pol'y & L. 463, 475 (1992), deren Studie belegt, dass Ärzte die Quote der Arzthaftungsfälle um das Dreißigfache der wirklichen Quote überschätzen.

580 Barry R. Furrow, Enterprise liability and health care reform: Managing care and managing risk, 39 St. Louis U. L. J. 77, 129 (1994).

möglichen Versicherungsnehmer um all jene in einem Krankenhaus tätigen Ärzte verringern, würden die Versicherungsbeiträge all derer, die weiterhin auf eine Berufshaftpflichtversicherung angewiesen sind, erheblich steigen. Die Lage der frei praktizierenden Ärzte würde sich dadurch verschlechtern und noch mehr Ärzte wären gezwungen, ihre Praxen aufzugeben oder erst gar keine eigene Praxis zu gründen. Dadurch gäbe es weniger frei praktizierende Ärzte und somit für den Patienten eine geringere Abdeckung der medizinischen Versorgung.

C. Stellungnahme

Nach der „medical enterprise liability" haftet dem geschädigten Patienten gegenüber alleine der Krankenhausträger für alle von den Ärzten fahrlässig verursachten Schäden bei der medizinischen Behandlung des Patienten im Krankenhaus – unabhängig davon, ob der behandelnde Arzt ein angestellter Arzt oder ein „independent contractor" ist. Der unmittelbar schadensverursachende behandelnde Arzt wird dabei von der Haftung dem Patienten gegenüber freigestellt.

Damit reiht sich die „medical enterprise liability" in die Entwicklung der aktuellen Rechtsprechung zum U.S.-amerikanischen Arzthaftungsrecht[581] hinsichtlich einer strengeren Haftung des Krankenhausträgers auch für Fahrlässigkeiten der „independent contractors" ein, sieht aber zugleich eine neue Haftungslage vor. Während die Rechtsprechung den Krankenhausträger verstärkt als zusätzlichen Haftungsgegner ansieht und damit weiterhin an den traditionellen Grundsätzen des U.S.-amerikanischen Deliktsrechts („law of torts"), welche grundsätzlich eine persönliche Haftung des behandelnden Arztes in Arzthaftungsfällen vorsehen, festhält, bestimmt die „medical enterprise liability" den Krankenhausträger zum alleinigen Haftungsgegner. Damit unterscheidet sich die „medical enterprise liability" zumindest in dieser Hinsicht deutlich vom aktuellen U.S.-amerikanischen Deliktsrecht. Auch wenn insofern die Einführung der „medical enterprise liability" eine „massive"[582] Veränderung des aktuellen U.S.-amerikanischen Deliktsrechts wäre, stellt sie letztlich doch nur eine „radikal moderate"[583] Reform dar, weil die „medical enterprise liability" insbesondere weiterhin das Prinzip einer verschuldensabhängigen Haftung – im Gegensatz zur reinen Gefährdungshaftung – beibehält. Es sind dennoch gerade die Unter-

581 Siehe dazu oben S. 67ff.

582 So Scott Forehand, Helping the medicine go down: How a spoonful of mediation can alleviate the problems of medical malpractice litigation, 14 Ohio St. J. on Disp. Resol. 907, 917 (1999).

583 So Paul C. Weiler, Reforming medical malpractice in a radically moderate – and ethical – fashion, 54 DePaul L. Rev. 205, 231 (2005).

schiede zwischen der „medical enterprise liability“ und dem aktuellen U.S.-amerikanischen Deliktsrecht, die genauerer Betrachtung bedürfen.

In erster Linie stellt sich dabei die Frage, ob der unmittelbare Schadensverursacher, also der behandelnde Arzt, von der persönlichen Haftung für den Schaden freigestellt werden sollte, und wie ein solcher Ansatz zu rechtfertigen ist. Dazu ist es hilfreich in andere Rechtsgebiete des U.S.-amerikanischen Rechts und deren Rechtsgeschichte zu blicken, in denen es seit langem Haftungsfreistellungen gibt. Insbesondere kennt man eine Haftungsfreistellung aus dem Recht der „Workers’ Compensation“. Trotz unterschiedlicher Ausgestaltungen der „Workers’ Compensation Acts“ in den verschiedenen U.S.-Staaten ist grundsätzlich der Arbeitgeber aufgrund vermuteten Verschuldens – in manchen U.S.-Staaten auch verschuldensunabhängig – für Schäden, die im Rahmen des Angestelltenverhältnisses verursacht wurden, haftbar.[584] Der unmittelbare Schadensverursacher, also der Arbeitnehmer, wird hingegen von der persönlichen Haftung gegenüber seinem geschädigten Arbeitskollegen freigestellt. Dabei kann das Haftungssystem der „Workers’ Compensation“ selbst bei „independent contractors“ zur Anwendung kommen.[585] Aber auch außerhalb eines Arbeitsverhältnisses sind Haftungsfreistellungen im früheren und aktuellen U.S.-amerikanischen Recht zu finden. Ehegatten waren einst gegenseitig von deliktsrechtlichen Ansprüchen freigestellt, um eine Beeinträchtigung des Familienfriedens zu verhindern.[586] Dies ist freilich nicht mehr geltendes Recht. Allerdings sind in vielen U.S.-Staaten Eltern immer noch von deliktsrechtlichen Ansprüchen ihrer Kinder freigestellt.[587] Auch dass beispielsweise Fluggesellschaften und nicht Piloten die rechtliche Verantwortlichkeit für Flugzeugunglücke tragen, soll eine diesbezügliche Veranschaulichung sein.[588] Schließlich ist heute schon im aktuellen U.S.-amerikanischen Recht das traditionelle Prinzip der „corrective justice“ in manchen Bereichen aufgeweicht. Dazu gehört auch das Arzthaftungsrecht. Im Schadensfall zahlt nämlich schon lange nicht mehr der schadensverursachende Arzt selbst, sondern sein Versicherer. Auch wenn der Versicherer seine Ausgaben wiederum durch Berufshaftpflichtversicherungsbeiträge des Arztes finanziert, in der Praxis vorrangiger unmittelbarer Schuldner ist dennoch in vielen Fällen der Versicherer und nur nachrangig der schadensverur-

584 Dan B. Dobbs, The Law Of Torts, 1098 (2000).

585 Dan B. Dobbs, The Law Of Torts, 1098 (2000).

586 Siehe Mark A. Hall, Can you trust a doctor you can’t sue?, 54 DePaul L. Rev. 303, 304 (2005); siehe auch Dan B. Dobbs, The Law Of Torts, 751 (2000).

587 Siehe Mark A. Hall, Can you trust a doctor you can’t sue?, 54 DePaul L. Rev. 303, 304 (2005); siehe auch Dan B. Dobbs, The Law Of Torts, 753 (2000).

588 So Paul C. Weiler, Reforming medical malpractice in a radically moderate – and ethical – fashion, 54 DePaul L. Rev. 205, 225-26 (2005).

sachende Arzt. Ärzte entschädigen also in vielen Fällen bereits heute nicht mehr unmittelbar den Patienten, sondern lediglich mittelbar durch regelmäßig im Voraus bezahlte Berufshaftpflichtversicherungsbeiträge. Haftpflichtversicherungen schwächen damit die Verbindung zwischen Geschädigtem und Schadensverursacher, insbesondere dann, wenn es – wie nach dem aktuellen U.S.-amerikanischen Recht – keine Einstufung in Schadensfreiheitsklassen gibt.[589] Das aktuelle U.S.-amerikanische Arzthaftungssystem fördert mithin nur spärlich – wenn überhaupt – die „corrective justice", weil viele Ärzte bestimmte „Ungerechtigkeiten", die sie selbst verursacht haben, nicht selbst wieder „korrigieren".[590] Es ist mithin erkennbar, dass eine Haftungsfreistellung des unmittelbaren Schadensverursachers aus verschiedenen Gründen – sei es zur einfachen und sicheren Schadensregulierung oder aus sozialpsychologischen Gründen – dem U.S.-amerikanischen Recht zumindest nicht völlig fremd ist. Mit der „medical enterprise liability" würde dieses Prinzip im Bereich der medizinischen Behandlung im Krankenhaus gelten.

Zugleich stellt sich die Frage, ob die Haftung ausschließlich auf den Krankenhausträger konzentriert werden sollte. Die Verlagerung der Haftung auf den Krankenhausträger kann durchaus Vorteile haben. Dabei stehen neben Kosten- und Zeitersparnissen für alle Beteiligte – Patienten, Ärzte und Krankenhausträger – insbesondere die Rechtssicherheit, die Sicherung einer angemessenen Entschädigung sowie die Qualitätssicherung und -verbesserung der medizinischen Behandlung im Vordergrund. Letzteres ist entscheidend bei der Bewertung eines Haftungssystems.[591] Um den Beitrag, den ein Haftungssystem zur Qualitätssicherung und -verbesserung leisten kann, zu erhöhen, sollte die rechtliche Verantwortlichkeit gerade auf solche Institutionen übertragen werden, die selbst die finanziellen Folgen schlechter Qualität spüren – genau das führt auch bei der medizinischen Behandlung zu einer erfolgreichen Verringerung von Fehlern.[592] Bereits andere Industriezweige, beispielsweise die Automobilindustrie, haben auf ein strengeres Haftungsrecht für Unternehmen mit außergewöhnlich erfolgreichen und modernen Qualitäts- und Systemveränderungen reagiert. Darüber hinaus spiegelt die Konzentration der Haftung auf den Krankenhausträger für Fahrlässigkeiten sowohl der angestellten Ärzte als auch der „independent

589 Philip G. Peters, Jr., Resuscitating hospital enterprise liability, 73 Mo. L. Rev. 369, 390 (2008); Philip G. Peters, Jr., Health courts?, 88 B. U. L. Rev. 227, 285 (2008).

590 So auch Kenneth S. Abraham & Paul C. Weiler, Enterprise medical liability and the evolution of the American health care system, 108 Harv. L. Rev. 381, 400 (1994).

591 So Paul C. Weiler, Fixing the tail: The place of malpractice in health care reform, 47 Rutgers L. Rev. 1157, 1186 (1995).

592 So Paul C. Weiler, Fixing the tail: The place of malpractice in health care reform, 47 Rutgers L. Rev. 1157, 1190-91 (1995).

contractors“ die Entwicklung der aktuellen U.S.-amerikanischen Rechtsprechung wider. Die Gerichte halten Krankenhausträger schon heute immer mehr auch für Fahrlässigkeiten der „independent contractors“ haftbar – entweder nach der Lehre der „respondeat superior“ oder der Lehre der „ostensible agency“ und nicht zuletzt nach der Lehre der „corporate negligence“.[593] Mit der „medical enterprise liability“ würde die Ausnahme zur Regel werden.

Trotz vieler Vorteile und der aktuellen Entwicklung der U.S.-amerikanischen Rechtsprechung hin zu einer strengeren Haftung des Krankenhausträgers darf nicht unbeachtet bleiben, dass gegen die „medical enterprise liability“ nicht ganz unerhebliche Bedenken bestehen. Auch *Weiler*, einer der Begründer und größten Verfechter der „medical enterprise liability“, erkennt, dass die „medical enterprise liability“ nicht alle Schwächen des aktuellen U.S.-amerikanischen Arzthaftungsrechts beseitigen würde.[594] Insbesondere führt die erhöhte finanzielle Belastung aufgrund mehr und höherer Entschädigungszahlungen sowie höherer Versicherungsbeiträge zu finanziellen Problemen für Krankenhausträger. Auch für Ärzte entstehen trotz der Haftungsfreistellung neue Probleme, wie Einbußen in ihrer Eigenständigkeit in der medizinischen Behandlung des Patienten. Nicht zuletzt wird der Verlust eines Haftungsschuldners für den Patienten beanstandet. Es muss erkannt werden, dass einige der Bedenken ihre Berechtigung haben und daher in der öffentlichen Diskussion zu Recht immer wieder vorgetragen werden.

Um dennoch einen Ausgleich zwischen dem Recht des geschädigten Patienten auf eine angemessene Entschädigung und dem Recht des Krankenhausträgers auf eine gerechte und vorhersehbare Haftung zu schaffen, wären daher Höchstbeträge für immaterielle Schäden angebracht, etwa mithilfe eines abgestuften Katalogs hinsichtlich der Schwere und Dauer des Schadens.[595] Einzuführen wären verschiedene Richtwerte für immaterielle Schäden – von einem Mindestbetrag bis zu einem angemessenen Höchstbetrag; diese Richtwerte würden dann für alle Schäden bei der medizinischen Behandlung des Patienten gelten.[596] Dieser Ansatz hätte gegenüber – den in einigen U.S.-Staaten bereits eingeführten – gesetzlichen Höchstbeträgen für Schadensersatz zwei Vorteile: Erstens würde er immaterielle Schadensersatzbeträge nicht nur am oberen Ende, sondern

593 Siehe dazu oben S. 67ff.

594 Siehe Paul C. Weiler, Fixing the tail: The place of malpractice in health care reform, 47 Rutgers L. Rev. 1157, 1192 (1995).

595 So William M. Sage & Kathleen E. Hastings & Robert A. Berenson, Enterprise liability for medical malpractice and health care quality improvement, 20 Am. J. L. & Med. 1, 22 (1994).

596 So Kenneth S. Abraham & Paul C. Weiler, Enterprise medical liability and the evolution of the American health care system, 108 Harv. L. Rev. 381, 405 (1994).

für alle Schweregrade berechenbarer und gerechter machen; zweitens würden die verbesserte Berechenbarkeit und die Einsparungen dem Einwand entgegenstehen, die „medical enterprise liability“ erhöhe die Schadensersatzbeträge in Arzthaftungsfällen durch den Austausch von einzelnen Ärzten durch „deep pocket“-Unternehmen als Haftungsgegner.[597]

Indes überzeugen – trotz aller berechtigten Bedenken und der Aufgabe durch die *Clinton*-Regierung – die Vorteile der „medical enterprise liability“ für das Arzthaftungsrecht, weshalb diese schon lange nicht mehr nur ein rein theoretisches Konstrukt ist. Sie existiert bereits heute in verschiedenen Formen – mal mehr und mal weniger – in vielen Gebieten der Vereinigten Staaten von Amerika und deren Gesundheitswesen.[598]

Ein wichtiges Beispiel dafür ist zunächst die „neue“ Rechtsprechung einzelnder U.S.-amerikanischer Gerichte. Die Entwicklungen in der Lehre der „respondeat superior“, der Lehre der „ostensible agency“ und der Lehre der „corporate negligence“ haben bereits heute in vielen U.S.-Staaten oftmals die Haftung von den Ärzten zu den Krankenhausträgern verschoben.[599] Die Haftung des Krankenhausträgers wird dabei häufig bei medzinischen Fehlern durch Chirurgen, Radiologen, Anästhesisten, Gynäkologen und Notaufnahmeärzte – jeweils als „independent contractor“ – bejaht. Wenn man dem Trend hin zu einer immer weiter gehenden Haftung des Krankenhausträgers bei Krankenhausbehandlungen folgt, könnte man sogar darauf schließen, dass es nur eine Frage der Zeit ist, bis die „medical enterprise liability“ für alle Fahrlässigkeiten bei Krankenhausbehandlungen angewandt wird.[600] Die Entwicklung des Common Law schafft es allerdings nicht, sämtliche Vorteile der „medical enterprise liability“ umzusetzen,[601] insbesondere weil „vicarious liability“ letztlich den behandelnden Arzt nicht von seiner Haftung freistellt, sondern vielmehr den Krankenhausträger als zusätzlichen Haftungsgegner bestimmt.

---

597 So Kenneth S. Abraham & Paul C. Weiler, Enterprise medical liability and the evolution of the American health care system, 108 Harv. L. Rev. 381, 406 (1994).

598 William M. Sage & Kathleen E. Hastings & Robert A. Berenson, Enterprise liability for medical malpractice and health care quality improvement, 20 Am. J. L. & Med. 1, 16 (1994).

599 Barry R. Furrow, Enterprise liability and health care reform: Managing care and managing risk, 39 St. Louis U. L. J. 77, 111 (1994); Barry R. Forrow, Managed care organizations and patient injury: Rethinking liability, 31 Ga. L. Rev. 419, 502 (1997).

600 So Clark C. Havighurst, Making health plans accountable for the quality of care, 31 Ga. L. Rev. 587, 604 (1997).

601 So auch Barry R. Forrow, Managed care organizations and patient injury: Rethinking liability, 31 Ga. L. Rev. 419, 502 (1997).

Ein weiteres wichtiges Beispiel beruht auf der Initiative einiger Krankenhausträger. Eine Anzahl großer Krankenhausträger – die bekanntesten davon sind die „Harvard Medical Institutions“ in Boston, MA und die „Federation of Jewish Philanthropy/Jewish Philanthropic Hospital Association“ in New York City, NY – haben schon seit langem freiwillig die finanzielle Verantwortlichkeit für alle angestellten Ärzte sowie „independent contractors“ übernommen. Weitere bekannte Einrichtungen sind die „Veterans Administration (VA) Hospitals“, das „Teaching Hospital at the University of Michigan“ in Ann Arbor, MI, das „American College of Surgeons“ in Chicago, IL und das „American College of Physicians“ in Philadelphia, PA. Auch haben einige „Managed Care Organizations“ bereits freiwillig eine erweiterte Haftung übernommen. Zu den bekanntesten zählen die „Group Model Health Maintenance Organizations“ „Kaiser Foundation Health Plan/Kaiser-Permanente“ mit Sitz in Oakland, CA und „Sharp Health Care“ mit Sitz in San Diego, CA. Allerdings wird dabei die „medical enterprise liability“ nicht vollständig umgesetzt. All diese Institutionen übernehmen formell nicht die Haftung für ihre versicherten Ärzte; vielmehr dient dies dazu, für die Ärzte eine günstigere Versicherung zu schaffen und Kosten zu sparen, indem nur ein Versicherer im Fall eines Arzthaftungsverfahrens sowohl für den Krankenhausträger als auch für den behandelnden Arzt zuständig ist.[602] Wiederum kommen die Vorteile der „medical enterprise liability“ nicht vollständig zur Geltung.

Schließlich schlug der U.S.-Senator von Wyoming, *Enzi*, im Juli 2003 in dem „Fair And Reliable Medical Justice Act of 2003“ vor, den verschiedenen U.S.-Staaten Bundesmittel für Versuche, ein der „medical enterprise liability“ entsprechendes Haftungssystem einzuführen, zur Verfügung zu stellen, solange die U.S.-Staaten detaillierte Untersuchungen durchführen und Erfahrungsberichte abgeben.

Die Beispiele zeigen, dass die Vorteile der „medical enterprise liability“ – zumindest teilweise – durch eine Vielzahl anderer Systeme erreicht werden können[603] und heute der Zeitpunkt für eine ausschließliche Haftung des Krankenhausträgers so stark ist wie kaum zuvor[604].

Auch in der jüngeren rechtswissenschaftlichen Literatur findet die „medical enterprise liability“ weiterhin Zustimmung. Wenn auch teilweise unterschiedli-

---

602 William M. Sage, Enterprise liability and the emerging managed health care system, 60-Spring Law & Contemp. Probs. 159, 175 (1997).

603 So auch Sharon M. Glenn, Tort liability of integrated health care delivery systems: Beyond enterprise liability, 29 Wake Forest L. Rev. 305, 306 (1994).

604 So auch Philip G. Peters, Jr., Resuscitating hospital enterprise liability, 73 Mo. L. Rev. 369, 376 (2008). Im Jahr 2008 spricht Philip G. Peters, Jr., Resuscitating hospital enterprise liability, 73 Mo. L. Rev. 369, 376 (2008) von einer „overdue reform“.

che Ansichten vertreten werden – insbesondere hinsichtlich der Wahl zwischen dem Krankenhausträger oder einer „Managed Care Organization" als haftendes Unternehmen oder des Verschuldenserfordernisses – herrscht dennoch ein breiter Zuspruch zu einer institutionellen anstelle einer individuellen Haftung bei Fahrlässigkeiten in der medizinischen Behandlung von Patienten im Krankenhaus. So nahm in den letzten Jahren die Kritik an der „medical enterprise liability" ab. Selbst die „American Medical Association (AMA)" dämpfte ihre Abwehrhaltung gegen die „medical enterprise liability" und erkennt diese nun zumindest als eine überlegenswerte Alternative zum traditionellen „tort law" an.

Nach alledem lässt sich feststellen, dass obwohl die „medical enterprise liability" im Herbst 1993 keinen Einzug in den 103. U.S.-Kongress fand und so in den Vereinigten Staaten von Amerika nicht geltendes Recht wurde, diese gleichwohl nicht endgültig verschwunden ist. Dies zeigt die rege öffentliche Diskussion in neueren Fachsymposien[605] und neuerer Literatur[606]. Am deutlichsten wird dies jedoch in der Praxis. Auch wenn sie nicht durch Gesetzgebung im U.S.-amerikanischen Recht eingeführt wurde, lebt die „medical enterprise liability" in unterschiedlichen Formen in der aktuellen U.S.-amerikanischen Rechtsprechung weiter und wird „de facto" teilweise im Richterrecht gleichwohl umgesetzt. So wurde die „medical enterprise liability", wie es *Sage* bereits vor über 10 Jahren treffend formulierte, von einer Theorie ohne Vorankommen zu einem Vorankommen ohne Theorie.[607]

---

605 Siehe oben Fn. 411.

606 Siehe oben Fn. 412.

607 William M. Sage, Enterprise liability and the emerging managed health care system, 60-Spring Law & Contemp. Probs. 159, 160 (1997): „In the process, however, [medical] enterprise liability has been transformed from a theory without a movement to a movement without a theory.".

4. Teil: Die „medical enterprise liability" im deutschen Recht

Es stellt sich endlich die Frage, ob die „medical enterprise liability" des U.S.-amerikanischen Rechts im deutschen Recht als mögliche Lösung der Abgrenzungsprobleme der Passivlegitimation bei der Haftung im Rahmen der medizinischen Behandlung des Patienten im Krankenhaus ihren Platz haben könnte. Dazu ist insbesondere zu untersuchen, ob das Haftungssystem nach dem Konzept der „medical enterprise liability" und dessen haftungsrechtliche Auswirkungen mit den Prinzipien und der Systematik des Bürgerlichen Gesetzbuchs und seiner Nebengesetze vereinbar sind und ob es überhaupt zweckmäßig ist, ein derartiges Haftungssystem im deutschen Recht einzuführen.

Die beiden zentralen Elemente der „medical enterprise liability", die der Untersuchung zugrunde gelegt werden, sind zum einen die Übertragung der Haftung für Fahrlässigkeiten bei der medizinischen Behandlung des Patienten im Krankenhaus auf den Krankenhausträger – unabhängig davon, ob der Schaden von einem angestellten Arzt oder einem „independent contractor" verursacht wurde – und zum anderen die Freistellung des behandelnden Arztes von der Haftung gegenüber dem Patienten.[608] Diese beiden Elemente der „medical enterprise liability" führen zu einer ausschließlichen Haftungskonzentration auf den Krankenhausträger.

A. Zweckmäßigkeit für das deutsche Haftungsrecht

Es ist zu untersuchen, ob es zweckmäßig ist, im deutschen Recht ein Haftungssystem nach dem Konzept der „medical enterprise liability" einzuführen. Dies kann nur dann zweckmäßig sein, wenn die der „medical enterprise liability" zugrunde liegende Haftungsübertragung auf den Krankenhausträger und Haftungsfreistellung der behandelnden Ärzte zu einer Verbesserung des geltenden Haftungssystems im Arzthaftungsrecht führt. Hilfreich für die Untersuchung ist auch der internationale Blick in andere Rechtssysteme.

608 Siehe dazu oben S. 106ff.; siehe auch Hirte/Otte, Die Gesetzgebung in den Vereinigten Staaten im Jahre 1993, ZG 1994, 157, 170; Hirte/Otte, Die Rechtsentwicklung im Haftungsrecht in den Vereinigten Staaten von Amerika im Jahre 1993, VersR 1994, 1387, 1389.

I. Verbesserung des Haftungssystems im Arzthaftungsrecht

Zunächst ist festzustellen, dass das deutsche Recht in vielen Bereichen bereits heute verschiedene Möglichkeiten gewährt, in Schadensfällen – zumindest neben dem unmittelbaren Schadensverursacher – auch das dahinterstehende Unternehmen oder einen Versicherer in Anspruch zu nehmen. Dies gilt gegenüber Arbeitgeber, die ihre Arbeitnehmer grundsätzlich als Erfüllungsgehilfen (§ 278 BGB) oder Verrichtungsgehilfen (§ 831 BGB) einsetzen. § 1 I ProdHaftG räumt dem Geschädigten bei Personen- oder Sachschäden infolge eines Produktfehlers sogar einen verschuldensunabhängigen Anspruch gegen den Hersteller ein. In den Fällen des § 115 I VVG hat der Geschädigte einen Anspruch gegen den Versicherer, ohne dass dieser unmittelbarer Schadensverursacher ist, sondern allein aufgrund des Bestehens eines Versicherungsverhältnisses. Bereits heute haftet dadurch in vielen Fällen nicht ausschließlich der unmittelbare Schadensverursacher, sondern zusätzlich ein Unternehmen. Dabei werden – obwohl in diesen Fällen das Unternehmen und der Schadensverursacher gesamtschuldnerisch haften – Schadensersatzansprüche oftmals ausschließlich gegen das Unternehmen geltend gemacht. Auf diese Weise findet bereits heute in der Praxis eine gewisse Haftungskonzentration auf Unternehmen statt.

Im Bereich der Arzthaftung war dies schon immer anders. Der behandelnde Arzt muss sich regelmäßig selbst gegenüber dem Patienten verantworten und wird bei Schadensersatzklagen in Arzthaftungsfällen regelmäßig neben dem Krankenhausträger als zusätzlicher Beklagter benannt – selbst dann, wenn er nur als Teil eines großen Ärzteteams kurzzeitig an der medizinischen Behandlung des Patienten beteiligt war. Dies mag daran liegen, dass bei der medizinischen Behandlung ein persönliches Verhältnis zwischen dem Patient und dem Arzt entsteht oder Ärzte bei einem Fehlverhalten bei der medizinischen Behandlung meist erhebliche Körper- oder Gesundheitsschäden verursachen; vielleicht liegt es aber auch daran, dass Ärzte von vielen Menschen allgemein als Erfolgsgaranten angesehen werden.

Indessen könnte auch im Bereich der Arzthaftung eine Haftungskonzentration zweckmäßig sein – insbesondere eine Haftungskonzentration auf den Krankenhausträger bei der medizinischen Behandlung des Patienten im Krankenhaus. Die bezüglich des U.S.-amerikanischen Rechts genannten Vorteile einer Haftungsübertragung auf den Krankenhausträger nach der „medical enterprise liability“ würden nämlich auch im deutschen Recht zum Tragen kommen, weil sich die Haftungssysteme von Krankenhausträger und Ärzten im U.S.-amerikanischen Recht und im deutschen Recht – trotz der unterschiedlichen Ansätze aufgrund der Unterschiede zwischen Common Law und Civil Law

– sehr ähneln. Eine zentrale Aufgabe der „medical enterprise liability“ ist es, die Abgrenzungsschwierigkeiten im U.S.-amerikanischen Recht bei der Bestimmung des Haftungsgegners bei der medizinischen Behandlung des Patienten im Krankenhaus durch einen „independent contractor“ zu überwinden und dadurch Rechtssicherheit zu schaffen. Im deutschen Recht wäre ein Haftungssystem nach dem Konzept der „medical enterprise liability“ in der Lage, in ähnlicher Weise die Abgrenzungsschwierigkeiten bei der Belegarztbehandlung im Krankenhaus zu beseitigen und die Rechtssicherheit zu stärken. Auch weitere zentrale Aufgaben der „medical enterprise liability“, wie insbesondere die Qualitätssicherung und -verbesserung, würden im deutschen Recht ihre Wirkung entfalten.

Die Einführung eines Haftungssystems nach dem Konzept der „medical enterprise liability“ im deutschen Recht ist mithin zweckmäßig. Auch wenn die Haftungsfreistellung des behandelnden Arztes für den geschädigten Patienten zum Wegfall eines Schuldners führt, so ist ursächlich dafür gerade die Haftungsübertragung auf den Krankenhausträger und damit die Haftungskonzentration auf den Krankenhausträger bei der medizinischen Behandlung des Patienten im Krankenhaus. Befürwortend hinsichtlich einer Haftungskonzentration auf den Krankenhausträger äußerte sich neben einigen Stimmen in der Literatur[609] auch der Bundesgerichtshof: „[D]as führt zu einer weitgehenden Konzentrierung der Schadensregulierung beim Krankenhausträger, die dem Arzt-Patienten-Verhältnis zugute kommt.“[610]

II. Internationaler Vergleich

Die Konzentration der Haftung auf den Krankenhausträger ist eine international zu beobachtende Entwicklung.[611] Für die Europäische Union wurde eine Haf-

609 Für eine Konzentration der Haftung auf den Krankenhausträger sprechen sich auch aus Giesen, International Medical Malpractice Law, Rn. 85; Hirte, Berufshaftung, S. 433; Thumann, Reform der Arzthaftung in den Vereinigten Staaten von Amerika, S. 234; Spickhoff, Aktuelle Rechtsfragen des medizinischen Behandlungsverhältnisses, S. 62 und 63; Hirte/Otte, Die Gesetzgebung in den Vereinigten Staaten im Jahre 1993, ZG 1994, 157, 170 mit Fn. 74; Hirte/Otte, Die Rechtsentwicklung im Haftungsrecht in den Vereinigten Staaten von Amerika im Jahre 1993, VersR 1994, 1387, 1389 mit Fn. 16; Weissauer, Haftung nachgeordneter Ärzte, Haftung aus der Führungsverantwortung aus juristischer Sicht, ZaeF 1995, 613, 619. Kritisch trotz Anerkennung zahlreicher Vorteile Krahe, Grundzüge des US-amerikanischen Arzt- und Krankenhaus(haftungs)rechts, MedR 2005, 333, 339.

610 BGH (30.11.1982), BGHZ 85, 393, 396.

611 Giesen, International Medical Malpractice Law, Rn. 83; Laufs/Katzenmeier/Lipp-Katzenmeier, Arztrecht, Rn. XI 37; Giesen, Arzthaftungsrecht, Rn. 24; Katzenmeier,

tungskonzentration auf den Krankenhausträger bei der medizinischen Behandlung des Patienten im Krankenhaus bereits auf dem 5. Kolloquium des Europarats zum europäischen Recht vom 3.-5.6.1975 in Lyon zum Thema „Zivilrechtliche Haftung von Ärzten“ gefordert und erfuhr weitgehend die Zustimmung der Teilnehmer.[612] In einigen Mitgliedstaaten der Europäischen Union wurde die Haftungskonzentration auf den Krankenhausträger nunmehr in unterschiedlicher Form gesetzlich geregelt. In Großbritannien trat am 1.1.1990 das „National Health Service (NHS) Idemnity Scheme of 1990“ in Kraft, nach dem die Gesundheitsbehörden die unmittelbare Verantwortung für Schadensersatzansprüche gegenüber den bei ihnen beschäftigten Ärzten übernehmen und bei im Krankenhaus praktizierenden Ärzte des „National Health Service (NHS)“ die zuständige regionale Gesundheitsbehörde – neben dem behandelnden Arzt – haftet.[613] Doch schon lange vorher waren in England im „National Health Service Act of 1946“ und in Schottland im „National Health Service Act of 1947“ Entwicklungen hinsichtlich einer Erweiterung der Haftung der Krankenhausträger erkennbar.[614] In den Niederlanden wurde in Art. 7:462 des Gesetzes zur Medizinischen Behandlungsvereinbarung von 1994 („Wet op de Geneeskundige Behandelingsovereenkomst“) eine zentralisierte Haftung des Krankenhausträgers geschaffen, bei der es nicht auf das konkrete Vertragsverhältnis zum Patienten ankommt, also mit wem der Patient den medizinischen Behandlungsvertrag abgeschlossen hat; für alle im Krankenhaus auftretenden medizinischen Fehler haftet danach der Krankenhausträger wie ein Vertragspartner – gleichwohl mit der Möglichkeit des Rückgriffs gegenüber Belegärzten.[615] Aber auch in Australien, Kanada und insbesondere den Vereinigten Staaten von Amerika finden ähnliche Grundsätze vermehrt Anwendung.[616]

Auch die Haftungsfreistellung des behandelnden Arztes findet außer in den Vereinigten Staaten von Amerika in anderen Ländern Anerkennung. In zahlreichen Kantonen der Schweiz ist eine Haftungsfreistellung der beamteten Ärzte eines Krankenhauses öffentlicher Trägerschaft durch kantonales Recht mög-

Arzthaftung, S. 141; Thumann, Reform der Arzthaftung in den Vereinigten Staaten von Amerika, S. 233.

612 Siehe Katzenmeier, Arzthaftung, S. 141.

613 Siehe Katzenmeier, Arzthaftung, S. 141; Könnig-Feil, Das internationale Arzthaftungsrecht, S. 105f.

614 Siehe Giesen, International Medical Malpractice Law, Rn. 81.

615 Siehe Katzenmeier, Arzthaftung, S. 141; Fischer/Lilie, Ärztliche Verantwortung im europäischen Rechtsvergleich, S. 162.

616 Siehe Giesen, International Medical Malpractice Law, Rn. 81.

lich.[617] Auch konnte in der Deutschen Demokratischen Republik der geschädigte Patient gemäß § 331 ZGB Schadensersatzansprüche nur gegen die Gesundheitseinrichtung und gerade nicht gegen den dort angestellten behandelnden Arzt geltend machen.[618]

Der internationale Vergleich zeigt, dass die Elemente der „medical enterprise liability" international in verschiedenen Rechtssystemen diskutiert und teilweise umgesetzt wurden und somit die Haftungskonzentration auf den Krankenhausträger immer stärker Einzug in die Rechtssysteme erhält.

B. Vereinbarkeit mit dem deutschen Haftungsrecht

Auch ist die grundsätzliche Vereinbarkeit des Haftungssystems nach dem Konzept der „medical enterprise liability" mit dem deutschen Recht zu untersuchen; insbesondere betrifft dies zum einen die Haftungsübertragung auf den Krankenhausträger für fahrlässig verursachte Schäden des Patienten durch sowohl angestellte Ärzte als auch „independent contractors" und zum anderen die Haftungsfreistellung des behandelnden Arztes gegenüber dem Patienten. Grundsätzlich ist im deutschen Recht jeder für sein Tun verantwortlich, weshalb sowohl die Haftungsübertragung auf den Krankenhausträger als auch die Haftungsfreistellung der Ärzte auf den ersten Blick fremd erscheinen und insoweit nur Ausnahmen von diesem Grundsatz sein können. Es ist daher zu untersuchen, ob es bereits heute solche Ausnahmen gibt und damit grundlegende Ansätze für ein Haftungssystem nach dem Konzept der „medical enterprise liability" im deutschen Recht. Dabei wird zunächst untersucht, ob sich die „medical enterprise liability" in die aktuelle Entwicklung der deutschen Rechtsprechung einreiht und sodann, ob eine dogmatische Grundlage für die „medical enterprise liability" im deutschen Recht besteht.

I. Entwicklung der Rechtsprechung

Die jüngere Entwicklung der deutschen Rechtsprechung ist deutlich von einer zunehmenden Konzentration der Haftung auf den Krankenhausträger geprägt.

617 Siehe Katzenmeier, Arzthaftung, S. 141; Hausheer, Switzerland, in: Deutsch/Schreiber (Hrsg.), Medical Responsibility in Western Europe, 1985, S. 744.

618 Siehe Katzenmeier, Arzthaftung, S. 141; Grambow, Die Haftung bei Gesundheitsschäden infolge medizinischer Betreuung in der DDR, S. 42; Mück, Die rechtliche Entwicklung des Arzt-Patient-Verhältnisses in der DDR, S. 201. Beachte aber die Regressmöglichkeit bei schuldhafter Schadensverursachung gemäß §§ 260ff. AGB.

Zu beobachten ist dies insbesondere bei der Haftung für ein Fehlverhalten des behandelnden Arztes oder sonstigen Krankenhauspersonals bei der medizinischen Behandlung des Patienten im Krankenhaus. Die Gerichte wenden schon seit mehreren Jahrzehnten immer strengere Haftungsmaßstäbe für Krankenhausträger an. Insbesondere die richterrechtliche Ausweitung der Pflichten des Krankenhausträgers bei der Organisation des Krankenhauses und bei Auswahl, Anleitung und Überwachung des ärztlichen und nichtärztlichen Personals sowie der Organhaftung machen Krankenhausträger zum zentralen Haftungssubjekt. Infolgedessen haften Krankenhausträger im deutschen Recht schon heute hauptsächlich.[619] So erwähnte bereits im Jahr 1982 der Bundesgerichtshof, dass „eine (...) weitgehende (...) Konzentrierung der Schadensregulierung beim Krankenhausträger (...) dem Arzt-Patienten-Verhältnis zugute kommt“[620]. Im Folgenden wird diese Entwicklung der Rechtsprechung im Rahmen der einzelnen Haftungsgrundlagen dargestellt.

1. Ausweitung der Organisationspflichten des Krankenhausträgers

In seiner Rechtsprechung begründet der Bundesgerichtshof[621] (auch aus dem Grund der Haftungskonzentration auf den Krankenhausträger[622]) zunehmend Organisationspflichten[623] des Krankenhausträgers, stellt an die Organisationspflichten des Krankenhausträgers hohe Anforderungen[624] und verschärft dadurch die Haftung des Krankenhausträgers – dieser haftet für eine Verletzung der Organisationspflichten gemäß § 823 I BGB.

619 So auch Thumann, Reform der Arzthaftung in den Vereinigten Staaten von Amerika, S. 233.

620 BGH (30.11.1982), BGHZ 85, 393, 396.

621 BGH (10.7.1954), NJW 1956, 1106, 1108; BGH (26.9.1961), NJW 1961, 2203, 2204; BGH (16.10.1962), NJW 1963, 393, 395; BGH (10.5.1966), NJW 1966, 1855, 1856; BGH (24.6.1975), NJW 1975, 2245, 2246; BGH (11.10.1977), NJW 1978, 584, 585; BGH (9.5.1978), NJW 1978, 1683; BGH (15.5.1979), NJW 1979, 1933, 1934; BGH (3.11.1981), NJW 1982, 699; BGH (29.1.1985), VersR 1985, 598, 599; BGH (18.6.1985), BGHZ 95, 63, 73; BGH (11.12.1990), NJW 1991, 1543, 1544; BGH (15.6.1993), NJW 1993, 2989, 2991; BGH (7.12.2004), BGHZ 161, 255, 259; BGH (20.12.2005), BGHZ 165, 290, 296. Siehe auch KG Berlin (6.11.1978), VersR 1979, 260, 261; OLG Hamm (4.4.1984), VersR 1985, 598, 599; OLG Karlsruhe (2.3.1988), VersR 1989, 1053, 1054; OLG Köln (21.6.1989), VersR 1990, 1240; OLG Stuttgart (20.8.1992), NJW 1993, 2384, 2385; OLG Hamm (16.9.1992), NJW 1993, 2387, 2388. Siehe auch LG Koblenz (10.9.1987), NJW 1988, 1521, 1522.

622 So Thumann, Reform der Arzthaftung in den Vereinigten Staaten von Amerika, S. 236.

623 Siehe dazu oben S. 29.

624 Bergmann, Die Organisation des Krankenhauses unter haftungsrechtlichen Gesichtspunkten, VersR 1996, 810, 812.

Die Organisationspflichten des Krankenhausträgers werden in einer Vielzahl von Entscheidungen bestimmt und ständig erweitert. Dabei steigen die Anforderungen an die Organisation mit dem Standard, den ein Krankenhaus nach seinen personellen, räumlichen und apparativen Behandlungsbedingungen bieten muss.[625] Mitunter wurde in der Rechtsprechung sogar pauschal festgestellt: „Daher muss der [Krankenhaus]betrieb so organisiert sein, dass unmittelbar vor, nach und während der [medizinischen] Behandlung eine Gefährdung des Patienten ausgeschlossen ist."[626] Das bedeutet zum einen, dass der Krankenhausträger gemäß § 823 I BGB auch dann haftet, wenn die den Schaden verursachende Handlung nicht auf einen bestimmten Gehilfen zurückgeführt werden kann,[627] und der Patient nicht mehr den oder die richtigen Anspruchsgegner zu finden braucht[628] – was durchaus der Grund für den Bundesgerichtshof zur Ausweitung der Organisationspflichten sein könnte. Zum anderen bedeutet das, dass der Krankenhausträger auch für Handlungen haftet, die nicht Behandlungs- oder Aufklärungsfehler sind, aber gleichwohl aufgrund eines Organisationsverschuldens zu einer Haftung des Krankenhausträgers führen. Damit haftet der Krankenhausträger weit über das Verschulden eines Behandlungs- oder Aufklärungsfehlers hinaus und wird so zum zentralen Haftungssubjekt bei der Krankenhausbehandlung. Dies verdeutlicht folgender Fall[629], der vom Bundesgerichtshof entschieden wurde: Vor der Operation des Handgelenks wurde dem Patienten ein Medikament zur Normalisierung der Blutgerinnung verabreicht. In der Folge verwirklichte sich aufgrund der Verabreichung des Medikaments das hohe Risiko einer Hepatitisinfektion für den Patienten. Der Bundesgerichtshof sah die Verordnung des risikobehafteten Medikaments nicht als Behandlungsfehler an,[630] erkannte aber den Umstand, dass ein damals schon bekanntes risikoärmeres Medikament nicht rechtzeitig vor der Operation im Krankenhaus vorrätig war. Diesen Umstand wertete der Bundesgerichtshof als Organisationsverschulden und hielt den Krankenhausträger für haftbar.[631]

---

625 Kern, Organisationsverschulden, MedR 2000, 347; Bergmann, Die Organisation des Krankenhauses unter haftungsrechtlichen Gesichtspunkten, VersR 1996, 810, 812.

626 LG Koblenz (10.9.1987), NJW 1988, 1521, 1522. Siehe auch OLG Köln (21.6.1989), VersR 1990, 1240: „Es ist in der Rechtsprechung anerkannt, dass die Behandlungsseite die [Durchführung] von Diagnostik und Therapie so zu organisieren hat, dass jede vermeidbare Gefährdung der Patienten ausgeschlossen ist.".

627 Katzenmeier, Arzthaftung, S. 136.

628 Kern, Organisationsverschulden, MedR 2000, 347, 351; so auch Deutsch, Das Organisationsverschulden des Krankenhausträgers, NJW 2000, 1745, 1749.

629 BGH (11.12.1990), NJW 1991, 1543.

630 BGH (11.12.1990), NJW 1991, 1543.

631 BGH (11.12.1990), NJW 1991, 1543, 1544.

2. Ausweitung der Organhaftung

Ferner wenden die Gerichte die Vorschriften über die Organhaftung (§§ 31, 89 I BGB) „ausdehnend“ an.[632] Dadurch wird die Relevanz des § 831 BGB mit dessen Exkulpationsmöglichkeit nach § 831 I 2 BGB für den Krankenhausträger „faktisch reduziert“[633]; es dient gar der „Vermeidung“[634] einer Haftungsentlastung.

Nach §§ 31, 89 I BGB haftet der Krankenhausträger für den von einem verfassungsmäßig berufenen Vertreter verursachten Schaden. Die Rechtsprechung legt den Begriff des „verfassungsmäßig berufenen Vertreters“ in § 31 BGB weit aus.[635] Auf diese Weise wird der Anwendungsbereich der Organhaftung nach §§ 31, 89 I BGB erweitert – ohne eine Möglichkeit der Haftungsentlastung. Dabei wendet der Bundesgerichtshof § 31 BGB in vielen medizinischen Bereichen an – etwa bei Chefärzten eines Krankenhauses[636], bei leitenden Ärzten einzelner Krankenhausabteilungen[637] und bei Oberärzten als Vertreter des Chefarztes in dessen Funktion[638].

3. Ausweitung der Pflichten des Krankenhausträgers bei Auswahl, Anleitung und Überwachung

Der Krankenhausträger haftet grundsätzlich als Geschäftsherr gemäß § 831 I 1 BGB für den von seinem Verrichtungsgehilfen in Ausführung der Verrichtung widerrechtlich verursachten Schaden bei der medizinischen Behandlung des Patienten im Krankenhaus. Dabei tritt die Haftung gemäß § 831 I 2 BGB nicht ein, wenn der Krankenhausträger beweisen kann, dass er die erforderliche Sorgfalt im Rahmen seiner Auswahl-, Anleitungs- und Überwachungspflichten beobachtet hat (Exkulpation). An den Entlastungsbeweis stellen die Gerichte indes immer höhere Anforderungen.[639] Da die ärztliche Tä-

---

632 Laufs/Kern-Laufs/Kern, Handbuch des Arztrechts, § 104, Rn. 14; Laufs/Katzenmeier/Lipp-Katzenmeier, Arztrecht, Rn. XI 23; Giesen, Arzthaftungsrecht, Rn. 24; Katzenmeier, Arzthaftung, S. 133.

633 So Katzenmeier, Arzthaftung, S. 133.

634 So Giesen, Arzthaftungsrecht, Rn. 26.

635 Giesen, Arzthaftungsrecht, Rn. 26; Katzenmeier, Arzthaftung, S. 134.

636 BGH (27.2.1952), BGHZ 5, 321, 325; BGH (21.9.1971), NJW 1972, 334; BGH (22.4.1980), BGHZ 77, 74, 79; BGH (18.6.1985), BGHZ 95, 63, 66f.

637 BGH (23.9.1980), NJW 1981, 633, 634.

638 BGH (29.10.1985), NJW 1986, 776; BGH (30.6.1987), BGHZ 101, 215, 218.

639 BGH (10.7.1954), NJW 1956, 1106, 1108; BGH (30.6.1959), NJW 1959, 2302, 2303; BGH (16.10.1962), NJW 1963, 393, 395; BGH (10.5.1966), NJW 1966, 1855, 1856; BGH (11.10.1977), NJW 1978, 584, 585; BGH (14.3.1978), NJW 1978, 1681; BGH

tigkeit unmittelbar auf den Körper und die Gesundheit des Patienten einwirkt, gelten insofern besonders strenge Maßstäbe.[640] Auch genügt es für eine Haftungsentlastung des Krankenhausträgers – entgegen der früheren Rechtsprechung[641] zum sogenannten „dezentralisierten Entlastungsbeweis“ – nicht, dass der Geschäftsherr den Beweis sorgfältiger Auswahl, Anleitung und Überwachung eines von ihm eingesetzten höheren Angestellten führt.[642] Vielmehr trifft ihn eine allgemeine Pflicht, den gesamten Ablauf der medizinischen Behandlung und die Tätigkeit des ärztlichen und nichtärztlichen Personals so zu organisieren, dass Dritte, insbesondere Patienten, nicht geschädigt werden.[643] Dadurch erlangen wiederum die Organisationspflichten des Krankenhausträgers Bedeutung, für deren schuldhafte Verletzung der Krankenhausträger (ohne Exkulpationsmöglichkeit) gemäß § 823 I BGB haftet.

So lässt sich jedenfalls für das Arzthaftungsrecht feststellen, dass der Entlastungsbeweis nur „ausnahmsweise“[644] beziehungsweise „selten“[645] gelingt.

4. Einschränkung des Verweisungsprivilegs

Im Rahmen der medizinischen Behandlung des Patienten im Krankenhaus durch einen beamteten Arzt räumt § 839 I 2 BGB dem fahrlässig schadensverursachenden Beamten grundsätzlich die Möglichkeit ein, sich der persönlichen Haftung aus § 839 I 1 BGB zu entziehen und auf eine andere Ersatzmöglichkeit zu verweisen (Verweisungsprivileg). Sinn und Zweck der Haftungssubsidiarität ist der Schutz des Beamten, der in der Ausübung seines Amtes nicht durch eine

---

(15.5.1979), NJW 1979, 1933, 1934; BGH (16.4.1991), NJW 1991, 2344, 2345; BGH (15.6.1993), NJW 1993, 2989, 2991; siehe auch OLG Karlsruhe (2.3.1988), VersR 1989, 1053, 1054; OLG Frankfurt (14.3.1991), VersR 1992, 578, 580; Laufs/Kern-Laufs/Kern, Handbuch des Arztrechts, § 93, Rn. 21; Laufs/Kern-Laufs/Kern, Handbuch des Arztrechts, § 104, Rn. 2; Laufs/Katzenmeier/Lipp-Katzenmeier, Arztrecht, Rn. XI 22; Giesen, Arzthaftungsrecht, Rn. 24; Katzenmeier, Arzthaftung, S. 132; Pelz, Verschulden – Realität oder Fiktion. Die ärztliche Haftung in der Rechtsprechung, in: Laufs/Dierks/Wienke/Graf-Baumann/Hirsch (Hrsg.), Die Entwicklung der Arzthaftung, 1997, S. 51.

640 Katzenmeier, Arzthaftung, S. 132f.

641 RG (14.12.1911), RGZ 78, 107, 108; BGH (25.10.1951), BGHZ 4, 1, 3.

642 Katzenmeier, Arzthaftung, S. 135.

643 Katzenmeier, Arzthaftung, S. 135f. Siehe auch Erman-Schiemann, § 823, Rn. 84: „[D]er Arzt in der freiberuflichen Praxis muss nicht mehr nur dafür sorgen, dass seine Helfer sorgfältig ausgesucht und angeleitet worden sind, sondern er muss gewährleisten, dass die von seiner ‚Praxis' – gleichgültig von welcher Person – zu erbringende Dienstleistung dem Standard einer ‚ordentlichen' Arztpraxis entspricht.“.

644 Siehe oben Fn. 101.

645 Siehe oben Fn. 102.

drohende Haftung mit seinem privaten Vermögen beeinträchtigt sein soll.[646] In dieser privilegierten Lage befindet sich freilich auch der beamtete Arzt bei der medizinischen Behandlung des Patienten im Krankenhaus, in der bei einem fahrlässig verursachten Schaden als besonders naheliegende anderweitige Ersatzmöglichkeit die Inanspruchnahme des Krankenhausträgers in Betracht kommt.[647] § 839 I 2 BGB gewährt somit eine gesetzliche Konzentration der Haftung auf den hinter dem unmittelbar fahrlässig schadensverursachenden beamteten Arzt stehenden Krankenhausträger und stellt dabei den behandelnden beamteten Arzt von seiner persönlichen Haftung frei.

Allerdings wendet die Rechtsprechung das Verweisungsprivileg nur eingeschränkt an. Die Rechtsprechung[648] beschränkt die Anwendbarkeit des Verweisungsprivilegs nämlich ausschließlich auf die stationäre Krankenhausbehandlung und selbst dann wird das Verweisungsprivileg durch die Rechtsprechung[649] wesentlich begrenzt, indem sie den Begriff des „anderweitigen Ersatzes" eng auslegt. Der Bundesgerichtshof selbst bezeichnete das Verweisungsprivileg als „antiquiert"[650]. Wenngleich das Verweisungsprivileg ein wichtiges Beispiel für eine gesetzliche Regelung im deutschen Recht sowohl einer Haftungsübertragung auf eine Institution als auch einer Haftungsfreistellung des unmittelbar fahrlässig handelnden Schadensverursachers ist, führt die eingeschränkte Anwendbarkeit schließlich zu einer vermehrten Haftung der fahrlässig handelnden beamteten Ärzte und nicht etwa des dahinterstehenden Krankenhausträgers.

II. Dogmatische Grundlage

Als dogmatische Grundlage für die „medical enterprise liability" im deutschen Recht kommen die Grundsätze der Beschränkung der Arbeitnehmerhaftung bei betrieblich veranlasster Tätigkeit in Betracht. Diese die Haftung des Arbeitnehmers beeinflussende, auf richterlicher Rechtsfortbildung beruhende arbeitsrechtliche Besonderheit gilt als Durchbrechung des allgemein anerkannten bürgerlich-rechtlichen Grundsatzes, dass jedes Verschulden zur uneingeschränkten unmittelbaren Schadensersatzhaftung führt. Stattdessen führt diese arbeitsrechtliche Besonderheit zu einer Haftungsbeschränkung dem Grunde nach.

Grundsätzlich finden auf den Arbeitnehmer die allgemeinen Haftungsprinzipien des Bürgerlichen Gesetzbuchs Anwendung – jedenfalls solange es an ei-

646 Staudinger-Wurm, § 839, Rn. 260.
647 Staudinger-Wurm, § 839, Rn. 282.
648 BGH (8.12.1992), BGHZ 120, 376, 380.
649 BGH (20.6.1974), BGHZ 62, 380, 383.
650 BGH (16.4.1964), BGHZ 42, 176, 181.

ner eigenständigen gesetzlichen Regelung der Arbeitnehmerhaftung fehlt. Dies bedeutet bei einer uneingeschränkten Anwendung allgemeiner zivilrechtlicher Vorschriften eine umfassende Haftung des Arbeitnehmers für jeden durch schuldhaftes Verhalten verursachten Schaden, mit der Folge, dass nach dem Prinzip der Naturalrestitution der §§ 249ff. BGB der Schädiger den Geschädigten wirtschaftlich so stellen muss, wie er stünde, wäre die schadensstiftende Handlung nicht vorgenommen worden. Der Arbeitnehmer haftet danach grundsätzlich für alle durch ihn schuldhaft verursachten Schäden persönlich. Diese Belastung des Arbeitnehmers wird jedoch seit langem als grob unbillig empfunden, insbesondere bei solchen Arbeiten, bei deren Ausübung eine geringfügige Außerachtlassung der erforderlichen Sorgfalt nicht unwahrscheinlich ist und zu einem unverhältnismäßig hohen Schaden führt, beispielsweise weil dem Arbeitnehmer Arbeitsmaterial von hohem Wert zur Verfügung gestellt wird und dessen Beschädigung zu hohen Schadensersatzforderungen des Arbeitgebers führen, die aus dem gewöhnlichen Arbeitslohn nicht beglichen werden können. Diesen besonderen Umständen im Arbeitsverhältnis müssen daher die grundsätzlich im Schuldrecht geltenden Haftungsvorschriften angepasst werden.[651] Dies hat die Rechtsprechung[652] schon früh erkannt und daher zum Schutze des Arbeitnehmers eigene Grundsätze zu einer eingeschränkten Haftung des Arbeitnehmers entwickelt.

Diese richterrechtlich entwickelten Grundsätze der Haftungsbeschränkung gelten jedoch grundsätzlich nur zwischen den Parteien des Arbeitsvertrages, also bei der Haftung des Arbeitnehmers gegenüber seinem Arbeitgeber. Dritten gegenüber haftet der Arbeitnehmer nach wie vor grundsätzlich unbeschränkt nach den allgemeinen Vorschriften des Deliktsrechts (§§ 823ff. BGB).[653]

Im Rahmen dieser Untersuchung ist allerdings vor allem eine Haftungsbeschränkung des Arbeitnehmers – des Arztes – gegenüber einem Dritten – dem Patienten – von Interesse. Indes kann dem Arbeitnehmer auch bei einer Schädigung Dritter die Arbeitnehmerhaftungsbeschränkung in Form eines Erstat-

651 Wollenschläger, Arbeitsrecht, Rn. 295.

652 Grundlegend ArbG Plauen (4.11.1936), ARS 29, 62. Ein Vorläufer ist die Entscheidung des LAG Stuttgart (11.9.1928), Arb. Rspr. 1927/1928, 441. An die Entscheidung des Arbeitsgerichts Plauen anschließend RAG (12.6.1937), ARS 30, 3, 6. Diese Rechtsprechung übernahm das Bundesarbeitsgericht später durch Beschluss vom 25.9.1957 (BAG (GS) (25.9.1957), BAGE 5, 1, 4). Bereits vorher übernahm der Bundesgerichtshof diese Rechtsprechung (BGH (10.1.1955), BGHZ 16, 111, 116).

653 BAG (GS) (25.9.1957), BAGE 5, 1, 4f.; ErfKo-Preis, § 619a BGB, Rn. 23; MüHaArbR-Reichold, § 52, Rn. 1; Junker, Grundkurs Arbeitsrecht, Rn. 308; Waltermann, Arbeitsrecht, Rn. 263; Wollenschläger, Arbeitsrecht, Rn. 300; Brox/Rüthers/Henssler, Arbeitsrecht, Rn. 259.

tungs- oder Freistellungsanspruchs gegen den Arbeitgeber zugute kommen. Insoweit sind die Grundsätze der beschränkten Arbeitnehmerhaftung im Rahmen dieser Untersuchung für die medizinische Behandlung im Krankenhaus näher zu betrachten. Im Folgenden werden zunächst die im deutschen Recht durch richterliche Rechtsfortbildung geschaffenen Grundsätze der Beschränkung der Arbeitnehmerhaftung im Allgemeinen dargestellt. Sodann werden diese vor dem Hintergrund der „medical enterprise liability“ speziell für den Bereich der Haftung für ein Fehlverhalten bei der medizinischen Behandlung des Patienten im Krankenhaus sowohl durch angestellte Ärzte als auch durch nichtangestellte Ärzte, insbesondere Belegärzte, untersucht.

1. Die Grundsätze der Beschränkung der Arbeitnehmerhaftung bei betrieblich veranlasster Tätigkeit

Die Grundsätze der Beschränkung der Arbeitnehmerhaftung sind unter verschiedenen Begriffen, wie beispielsweise Arbeitnehmerhaftungsbeschränkung, Arbeitnehmerhaftungsprivilegierung, Arbeitnehmerhaftungsprivileg, Haftungsbeschränkung des Arbeitnehmers, Haftungsprivilegierung des Arbeitnehmers, Haftungserleichterung für Arbeitnehmer und insbesondere dem sogenannten „innerbetrieblichen Schadensausgleich“ bekannt.

a) „Gefahren- oder Schadensgeneigtheit“ der Arbeit

Um ein Kriterium für die Haftungsbeschränkung des Arbeitnehmers zu finden, entwickelte das Bundesarbeitsgericht[654] zunächst den Grundsatz der „gefahren- oder schadensgeneigten Arbeit“. Danach sollte eine Haftungserleichterung für Arbeitnehmer nur dann in Betracht kommen, wenn die Arbeit, bei deren Ausübung der Schaden entstanden war, typischerweise mit der Gefahr eines solchen Schadens behaftet war.[655] Nachdem die Rechtsprechung zunächst darauf abstellte, ob eine bestimmte Tätigkeit typischerweise als gefährlich anzusehen war,[656] setzte sich später eine situationsbezogene Betrachtungsweise durch.[657] Die „Gefahren- oder Schadensgeneigtheit“ der Arbeit beurteilte sich fortan nicht mehr nach der Art der übertragenen Tätigkeit, sondern nach den konkreten Umständen des Einzelfalls: Eine normalerweise gefährliche Tätigkeit (zum Beispiel Autofahren[658]) konnte im Einzelfall ungefährlich sein und eine normalerweise

---

654 BAG (GS) (25.9.1957), BAGE 5, 1, 5.
655 ErfKo-Preis, § 619a BGB, Rn. 9.
656 Siehe BAG (GS) (25.9.1957), BAGE 5, 1, 5.
657 Siehe BAG (3.3.1960), DB 1961, 311.
658 Siehe BAG (3.3.1960), DB 1961, 311.

ungefährliche Tätigkeit (zum Beispiel Kinderkrankenpflege[659]) konnte im Einzelfall gefährlich sein.[660] Das Kriterium der „Gefahren- oder Schadensgeneigtheit" der Arbeit blieb dabei jedoch für eine Abgrenzung zu ungenau und führte somit zu einer erheblichen Beeinträchtigung der Rechtssicherheit. Und so gab mit Zustimmung des Bundesgerichtshofs[661] das Bundesarbeitsgericht[662] in seinem Beschluss vom 27.9.1994 den Grundsatz der „gefahren- oder schadensgeneigten Arbeit" für die Beschränkung der Arbeitnehmerhaftung auf.[663] Die Arbeitnehmerhaftungsbeschränkung findet nunmehr stets Anwendung, wenn der Arbeitnehmer bei einer betrieblich veranlassten Tätigkeit einen Schaden schuldhaft verursacht hat.[664]

b) Dogmatische Begründung

Die dogmatische Begründung der durch richterliche Rechtsfortbildung geschaffenen Haftungserleichterung für Arbeitnehmer gestaltet sich mitunter schwierig. Das Reichsarbeitsgericht[665] vertrat die Auffassung, die Parteien könnten einen Haftungsausschluss stillschweigend vereinbart haben. Dieser Auffassung wird jedoch entgegengehalten, eine solche Auffassung laufe regelmäßig auf eine Fiktion hinaus,[666] die sich aus tatsächlichen Gründen nicht rechtfertigen lasse.[667] In der Literatur sahen früher einige Stimmen für eine Haftung des Arbeitnehmers bereits den „Tatbestand nicht gegeben"[668], gegen die Arbeitnehmerhaftung das Vorliegen eines „echten relativen Rechtswidrigkeitsausschließungsgrundes"[669], die Unvereinbarkeit der Haftung des Arbeitnehmers mit dem „das Arbeitsver-

659 Siehe BAG (12.2.1985), BAGE 49, 1, 4.
660 Junker, Grundkurs Arbeitsrecht, Rn. 296.
661 BGH (GmS) (21.9.1993), NJW 1994, 856.
662 BAG (GS) (27.9.1994), BAGE 78, 56, 60. Vorläufer dieses Beschlusses sind BAG (12.10.1989), BAGE 63, 120, 123 und BAG (GS) (12.6.1992), BAGE 70, 337, 339. Bereits Jahre zuvor gefordert in BAG (21.10.1983), BAGE 44, 170, 175; BAG (12.2.1985), BAGE 49, 1, 4.
663 Siehe dazu ausführlich Hanau/Rolfs, Abschied von der gefahrgeneigten Arbeit, NJW 1994, 1439-1440; Richardi, Abschied von der gefahrgeneigten Arbeit als Voraussetzung für die Beschränkung der Arbeitnehmerhaftung, NZA 1994, 241-243.
664 ErfKo-Preis, § 619a BGB, Rn. 10.
665 RAG (12.6.1937), ARS 30, 3, 6.
666 So Junker, Grundkurs Arbeitsrecht, Rn. 295; Brox/Rüthers/Henssler, Arbeitsrecht, Rn. 244.
667 So Brox/Rüthers/Henssler, Arbeitsrecht, Rn. 244.
668 So Rother, Haftungsbeschränkung im Schadensrecht, S. 268.
669 So Schnorr von Carolsfeld, Arbeitsrecht, S. 305.

hältnis beherrschenden Treue- und Fürsorgegedanken“[670], den Grund für die Haftungsbeschränkung des Arbeitnehmers in dem Prinzip der „Risikohaftung bei Tätigkeit in fremdem Interesse“[671] oder sie legten einen „besonderen arbeitsrechtlichen Fahrlässigkeitsbegriff“[672] fest oder es wurde ein „revidierter, auf der Unvermeidbarkeit typischer Abirrungen ausgerichteter Sorgfaltsbegriff“[673] zugrunde gelegt oder sie unterstellten schlicht eine „Schadensrisikoverteilung, die aufgrund von Billigkeits- und Gerechtigkeitsgesichtspunkten geboten ist“[674]. All diese Ansätze konnten sich jedoch nicht durchsetzen. Das Bundesarbeitsgericht[675] stützt sich schließlich auf eine analoge Anwendung des § 254 BGB. Eine Haftungsmilderung nach § 254 BGB hingegen kommt nur in Betracht, wenn den Arbeitgeber ein („echtes“) Mitverschulden trifft, das heißt, wenn der Arbeitgeber selbst schuldhaft gehandelt hat. Jedoch muss sich in analoger Anwendung des § 254 BGB der Arbeitgeber auch den Umstand zurechnen lassen, dass er die Arbeitsbedingungen und damit das Umfeld für Schadensrisiken gestaltet hat,[676] das heißt, wenn den Arbeitgeber zwar kein Verschulden trifft, er aber für den entstandenen Schaden aufgrund einer Sach- oder Betriebsgefahr mitverantwortlich ist, er also bei der Entstehung des Schadens in zurechenbarer Weise mitgewirkt hat. Seit der Schuldrechtsreform ist die Einschränkung der Arbeitnehmerhaftung durch die Neuregelung des § 276 I 1 2. HS BGB gesetzlich abgesichert.[677] Die Rechtsgrundlage für eine Haftungsbeschränkung des Arbeitnehmers ist dennoch nicht § 276 I 1 2. HS BGB in Verbindung mit dem gesetzesvertretenden Richterrecht durch die Rechtsprechung des Bundesarbeitsgerichts, sondern nach wie vor die analoge Anwendung des § 254 BGB.[678]

---

670 So Hueck, Lehrbuch des Arbeitsrechts, Band 1, S. 233; so auch BGH (10.1.1955), BGHZ 16, 111, 116; BGH (1.4.1958), BGHZ 27, 62, 67; BAG (GS) (25.9.1957), BAGE 5, 1, 8; BVerwG (14.2.1968), BVerwGE 29, 127, 129.

671 So Canaris, Risikohaftung bei schadensgeneigter Tätigkeit in fremdem Interesse, RdA 1966, 41, 45.

672 So Scheuerle, Der arbeitsrechtliche Fahrlässigkeitsbegriff und das Problem des innerbetrieblichen Schadensausgleiches, RdA 1958, 247, 253.

673 So Steindorff, Fahrlässigkeit der Arbeitnehmer, JZ 1959, 1, 5.

674 So Brox/Walker, Die Einschränkung der Arbeitnehmerhaftung gegenüber dem Arbeitgeber, DB 1985, 1469, 1478; so auch Brox/Rüthers/Henssler, Arbeitsrecht, Rn. 245.

675 BAG (3.11.1970), VersR 1971, 552, 553; BAG (GS) (27.9.1994), BAGE 78, 56, 63; BAG (18.4.2002), BAGE 101, 107, 113.

676 BAG (GS) (27.9.1994), BAGE 78, 56, 64.

677 Wollenschläger, Arbeitsrecht, Rn. 295; Walker, Die eingeschränkte Haftung des Arbeitnehmers unter Berücksichtigung der Schuldrechtsmodernisierung, JuS 2002, 736, 737.

678 Junker, Grundkurs Arbeitsrecht, Rn. 295a; Waltermann, Arbeitsrecht, Rn. 243; Henssler, Arbeitsrecht und Schuldrechtsreform, RdA 2002, 129, 133; Waltermann, Risikozu-

c) Voraussetzungen der Haftungsbeschränkung

Nach dem Beschluss des Bundesarbeitsgerichts[679] vom 27.9.1994 finden die Grundsätze der Beschränkung der Arbeitnehmerhaftung Anwendung, wenn zwei Voraussetzungen erfüllt sind: Erstens muss der Anspruchsgegner zu dem begünstigten Personenkreis gehören, was grundsätzlich auf sämtliche Arbeitnehmer zutrifft. Zweitens muss der Schaden bei der Ausübung einer betrieblich veranlassten Tätigkeit eingetreten sein. Die „Gefahren- oder Schadensgeneigtheit" der Arbeit ist nicht mehr Voraussetzung für die Haftungsbeschränkung des Arbeitnehmers.

d) Umfang der Haftungsbeschränkung

Sind die Voraussetzungen erfüllt, hängt die Rechtsfolge und damit der Umfang der Arbeitnehmerhaftungsbeschränkung maßgeblich vom Grad des Verschuldens, mit dem der Arbeitnehmer den Schaden verursacht hat, ab. Nach jahrzehntelangen, zum Teil abrupten Wechseln ist in der Rechtsprechung nunmehr eine gewisse Festigung eingetreten.[680] In seiner Grundsatzentscheidung am 25.9.1957 fasste das Bundesarbeitsgericht[681] schließlich den Umfang der Arbeitnehmerhaftung zusammen und hält in seiner jüngsten Rechtsprechung[682] weiterhin daran fest: Bei leichtester (leichter, geringer) Fahrlässigkeit (culpa levissima) haftet der Arbeitnehmer nicht, das heißt er ist vollständig von der Haftung befreit und sein Arbeitgeber trägt die volle Haftung. Bei mittlerer (normaler, gewöhnlicher) Fahrlässigkeit erfolgt eine quotale Haftungsteilung zwischen Arbeitnehmer und Arbeitgeber, das heißt die Schadensersatzpflicht des Arbeitnehmers wird gemindert. Ob und gegebenenfalls in welchem Umfang der Arbeitnehmer zum Ersatz des Schadens verpflichtet ist, ist unter Abwägung aller Umstände, insbesondere auf Seiten des Arbeitnehmers der Grad der Vorwerfbarkeit und auf Sei-

---

weisung nach den Grundsätzen der beschränkten Arbeitnehmerhaftung, RdA 2005, 98, 99. Differenzierend Otto/Schwarze, Die Haftung des Arbeitnehmers, Rn. 84. Andere Ansicht Staudinger-Richardi/Fischinger, § 619a, Rn. 56; MüHaArbR-Reichold, § 51, Rn. 30; Wollenschläger, Arbeitsrecht, Rn. 295; Walker, Die eingeschränkte Haftung des Arbeitnehmers unter Berücksichtigung der Schuldrechtsmodernisierung, JuS 2002, 736, 737. Siehe auch ErfKo-Preis, § 619a BGB, Rn. 10: „Freilich bieten sowohl § 254 [BGB] als auch § 276 [BGB] keine vollends überzeugende dogmatische Fundierung der Rechtsprechung, die nur durch eine Sonderkodifikation geleistet werden könnte.".

679 BAG (GS) (27.9.1994), BAGE 78, 56, 60.

680 Brox/Rüthers/Henssler, Arbeitsrecht, Rn. 251.

681 BAG (GS) (25.9.1957), BAGE 5, 1, 18.

682 Zum Beispiel BAG (18.1.2007), NZA 2007, 1230, 1233.

ten des Arbeitgebers in analoger Anwendung des § 254 BGB die Sach- oder Betriebsgefahr, zu ermitteln. Für die dabei vorzunehmende Abwägung stellt die Rechtsprechung[683] eine Vielzahl an Kriterien zur Verfügung. Bei grober (einschließlich gröbster und besonders grober) Fahrlässigkeit und Vorsatz bleibt die Schadensersatzpflicht des Arbeitnehmers regelmäßig in vollem Umfang bestehen, das heißt der Arbeitnehmer haftet voll. Nach neuerer Rechtsprechung ist jedoch auch bei grober Fahrlässigkeit – im Gegensatz zur gröbsten und besonders groben Fahrlässigkeit[684] – im Einzelfall eine Haftungsteilung nicht ausgeschlossen, sondern nach dem Grundsatz der Verhältnismäßigkeit von einer Abwägung im Einzelfall abhängig.[685]

683 Siehe BAG (GS) (25.9.1957), BAGE 5, 1, 7f.

684 BAG (25.9.1997), NJW 1998, 1810, 1812.

685 Ausnahmen sind möglich beispielsweise nach BAG (12.10.1989), BAGE 63, 127, 131; BAG (23.1.1997), NZA 1998, 140, 141; BAG (25.9.1997), NJW 1998, 1810, 1811; BAG (12.11.1998), BAGE 90, 148, 152; BAG (15.11.2001), BAGE 99, 368, 373; BAG (18.4.2002), BAGE 101, 107, 113; BAG (18.1.2007), NZA 2007, 1230, 1233. Zum Haftungsumfang bei grober Fahrlässigkeit schon BAG (18.1.1972), VersR 1972, 498, 499; BAG (24.1.1974), VersR 1974, 1137, 1138. Zustimmend BGH (11.3.1996), NJW 1996, 1532. Zustimmung in der Literatur ErfKo-Preis, § 619a BGB, Rn. 18; MüHaArbR-Reichold, § 51, Rn. 37; Junker, Grundkurs Arbeitsrecht, Rn. 305; Waltermann, Arbeitsrecht, Rn. 248; Wollenschläger, Arbeitsrecht, Rn. 299; Brox/Rüthers/Henssler, Arbeitsrecht, Rn. 253; Brox/Walker, Die Einschränkung der Arbeitnehmerhaftung gegenüber dem Arbeitgeber, DB 1985, 1469, 1476; Annuß, (Nichts) Neues zur Arbeitnehmerhaftung?, NZA 1998, 1089, 1094; Krause, Geklärte und ungeklärte Probleme der Arbeitnehmerhaftung, NZA 2003, 577, 583; Waltermann, Risikozuweisung nach den Grundsätzen der beschränkten Arbeitnehmerhaftung, RdA 2005, 98, 105. Nicht zu folgen ist einer in der Rechtsprechung ebenfalls vertretenen Einführung einer neuen (vierten) arbeitsrechtlichen Fahrlässigkeitsstufe, nach der dann eine Haftungsteilung bei grober Fahrlässigkeit in Betracht zu ziehen und nur bei gröbster und besonders grober Fahrlässigkeit davon abzusehen ist (Zum Beispiel BAG (25.9.1997), NJW 1998, 1810, 1812). So auch Zöllner/Loritz/Hergenröder, Arbeitsrecht, S. 237; Otto, Neujustierung der Risikoverteilung bei der Arbeitnehmerhaftung – Insbesondere Arbeitnehmerverschulden und Versicherung –, in: Oetker/Preis/Rieble (Hrsg.), 50 Jahre Bundesarbeitsgericht, 2004, S. 99; Walker, Die eingeschränkte Haftung des Arbeitnehmers unter Berücksichtigung der Schuldrechtsmodernisierung, JuS 2002, 736, 739. Siehe Otto/Schwarze, Die Haftung des Arbeitnehmers, Rn. 191, Fn. 182: „Von solchen Begriffsschöpfungen ist dringend abzuraten.“. Siehe aber MüHaArbR-Reichold, § 51, Rn. 37.

Nach ständiger Rechtsprechung[686] sind die Grundsätze der Beschränkung der Arbeitnehmerhaftung „einseitig zwingendes Arbeitnehmerschutzrecht“ und können nicht zulasten des Arbeitnehmers abbedungen werden.

e) Haftung des Arbeitnehmers gegenüber Dritten

Nicht selten kommt es vor, dass der Arbeitnehmer bei Ausübung einer betrieblich veranlassten Tätigkeit Rechtsgüter Dritter verletzt. Die richterrechtlich entwickelten Grundsätze der Beschränkung der Arbeitnehmerhaftung gelten jedoch grundsätzlich nur zwischen den Arbeitsvertragsparteien,[687] das heißt im Verhältnis zwischen Arbeitnehmer und Arbeitgeber, also bei der Haftung des Arbeitnehmers gegenüber seinem Arbeitgeber. Hat der Arbeitnehmer einem Dritten einen Schaden verursacht, so haftet er diesem gegenüber nach den allgemeinen Vorschriften des Deliktsrechts (§§ 823ff. BGB). Eine Haftungsbeschränkung des Arbeitnehmers kommt somit im Verhältnis zwischen Arbeitnehmer und Dritten nicht in Betracht und kann dem geschädigten Dritten nicht entgegengehalten werden, da den unbeteiligten Dritten die Risiken des Arbeitsverhältnisses nicht treffen.[688] Der Arbeitnehmer kann sich demnach gegenüber einem geschädigten Dritten nicht darauf berufen, ihn treffe nur leichteste (leichte, geringe) Fahrlässigkeit (culpa levissima).[689]

Allerdings gelten auch bei der Schädigung Dritter durch den Arbeitnehmer weiterhin unverändert die Grundsätze der Beschränkung der Arbeitnehmerhaftung im Verhältnis zwischen Arbeitnehmer und Arbeitgeber. Dies hat zur Folge, dass der Arbeitnehmer, der den Schaden des Dritten ersetzt hat, nunmehr beim Arbeitgeber Regress nehmen kann, soweit er dem Arbeitgeber, wenn dieser selbst der Geschädigte wäre, nach den Grundsätzen der beschränkten Arbeitnehmerhaftung nicht ersatzpflichtig wäre (sogenannter „innerbetriebliche Schadensausgleich“).[690] Der Arbeitnehmer hat mithin einen Ersatzanspruch[691] gegen den Arbeitgeber. Etwas anderes wäre unbillig, da es für die Haftung des Arbeitnehmers unerheblich sein muss, wer durch die betrieblich veranlasste Tätigkeit geschädigt wird – der Arbeitgeber selbst oder ein Dritter. Hat der Arbeitnehmer dem Dritten den Schaden noch nicht ersetzt, kann er vom Arbeitgeber verlan-

686 BAG (17.9.1998), BAGE 90, 9, 21; BAG (27.1.2000), BAGE 93, 295, 304; BAG (5.2.2004), BAGE 109, 279, 283f. Andere Ansicht ErfKo-Preis, § 619a BGB, Rn. 11; MüHaArbR-Reichold, § 51, Rn. 68.

687 BAG (GS) (25.9.1957), BAGE 5, 1, 4f.

688 Siehe BGH (19.9.1989), BGHZ 108, 305, 307.

689 Brox/Rüthers/Henssler, Arbeitsrecht, Rn. 259.

690 Brox/Rüthers/Henssler, Arbeitsrecht, Rn. 259.

691 Siehe BAG (GS) (25.9.1957), BAGE 5, 1, 5.

gen, dass dieser ihn von der Haftung gegenüber dem Dritten in der Höhe freistellt, in welcher eine Beschränkung der Haftung nach den Grundsätzen der beschränkten Arbeitnehmerhaftung eintreten würde.[692] Dies führt mithin zu einem Freistellungsanspruch[693] des Arbeitnehmers gegen den Arbeitgeber. Die Rechtsgrundlage des Freistellungsanspruchs sieht die Rechtsprechung[694] in der Fürsorgepflicht des Arbeitgebers, die herrschende Meinung in der Literatur[695] in der analogen Anwendung des § 670 BGB i.V.m. § 257 S. 1 BGB. Der Freistellungsanspruch des Arbeitnehmers kann von dem Dritten gepfändet (§§ 829, 835 ZPO) oder an diesen abgetreten werden.[696] Dann verwandelt sich der Freistellungsanspruch in einen Zahlungsanspruch (Erstattungsanspruch).[697] Obwohl er regelmäßig etwa wegen der Exkulpationsmöglichkeit des Arbeitgebers aus § 831 I 2 BGB keinen deliktsrechtlichen Anspruch gegen den Arbeitgeber hat, erhält auf diese Weise der geschädigte Dritte einen (unmittelbaren) Anspruch gegen den Arbeitgeber.

2. Untersuchung für den Bereich der Krankenhausbehandlung

Die soeben dargestellten Grundsätze der Beschränkung der Arbeitnehmerhaftung sind nun speziell für den Bereich der Krankenhausbehandlung zu untersuchen. Dabei gelten grundsätzlich keine Besonderheiten und die soeben dargestellten Grundsätze finden regelmäßig unverändert Anwendung. Es soll dennoch im Folgenden die Arbeitnehmerhaftungsbeschränkung gerade vor dem Hintergrund der „medical enterprise liability“ untersucht werden. Maßgeblich sind dabei die Haftungsübertragung auf den Krankenhausträger für alle fahrlässig verursachten Schäden im Krankenhaus durch angestellte und nichtangestellte Ärzte und die Haftungsfreistellung des behandelnden Arztes gegenüber dem Patienten.

---

692 Junker, Grundkurs Arbeitsrecht, Rn. 308.

693 Siehe BAG (GS) (25.9.1957), BAGE 5, 1, 5.

694 BAG (23.6.1988), BAGE 59, 89, 90.

695 ErfKo-Preis, § 619a BGB, Rn. 26; Brox/Rüthers/Henssler, Arbeitsrecht, Rn. 260.

696 BAG (18.1.1966), VersR 1966, 881, 882; BAG (11.2.1969), DB 1969, 843. Andere Ansicht BGH (27.2.1964), BGHZ 41, 203, 205; siehe aber BGH (29.6.1972), BGHZ 59, 148, 151; BGH (24.11.1975), BGHZ 66, 1, 4; so bereits BGH (22.1.1954), BGHZ 12, 136, 141.

697 BAG (18.1.1966), VersR 1966, 881, 882; BAG (11.2.1969), DB 1969, 843; BGH (24.11.1975), BGHZ 66, 1, 4f.; so bereits BGH (22.1.1954), BGHZ 12, 136, 141.

a) Kein Erfordernis der Qualifikation ärztlicher Tätigkeit als „gefahren- oder schadensgeneigte Arbeit“

Seit dem Beschluss des Bundesarbeitsgerichts[698] vom 27.9.1994 mit Zustimmung des Bundesgerichtshofs[699] ist eine „Gefahren- oder Schadensgeneigtheit“ der Arbeit keine Voraussetzung mehr für die Haftungsbeschränkung des Arbeitnehmers. Bis dahin war das Vorliegen einer „gefahren- oder schadensgeneigten Arbeit“ bei ärztlicher Tätigkeit indes streitig. Mit der Rechtsprechung[700], die weiterhin auf die konkreten Umstände des Einzelfalls abstellte, wurde die ärztliche Tätigkeit nach weitgehend übereinstimmender Ansicht[701] nicht allgemein, sondern nur situationsbezogen als „gefahren- oder schadensgeneigte Arbeit“ angesehen. Maßgeblich war demnach allein die den Schaden verursachende Tätigkeit des Krankenhausarztes; diese musste „gefahren- oder schadensgeneigt“ gewesen sein.[702] Eine „gefahren- oder schadensgeneigte Arbeit“ an sich gab es nach Auffassung der Rechtsprechung nicht. Demgegenüber waren andere[703] der Ansicht, mit der ärztlichen Tätigkeit im Krankenhaus sei es unvereinbar, für die „Gefahren- oder Schadensgeneigtheit“ der Arbeit auf die konkreten Umstände des Einzelfalls abzustellen, und nur ein verallgemeinernder Begriff der „gefahren- oder schadensgeneigten Arbeit“ werde der ärztlichen Tätigkeit gerecht. Danach war die gesamte medizinische Tätigkeit des Krankenhausarztes – mit Ausnahme der rein organisatorischen Tätigkeit, die in keinem unmittelbaren Zusammenhang mit der medizinischen Behandlung des Patienten steht[704] – als „ge-

---

698 BAG (GS) (27.9.1994), BAGE 78, 56, 60.

699 BGH (GmS) (21.9.1993), NJW 1994, 856.

700 BAG (3.3.1960), DB 1961, 311; BAG (10.6.1969), BAGE 22, 63, 67f.; so schon BAG (8.12.1958), BAGE 7, 118, 123.

701 Franzki, Der Arzthaftungsprozess, S. 30; Rieger, Haftung angestellter und beamteter Ärzte bei Behandlungsfehlern, DMW 1969, 339; Heinze, Zur Qualifikation der ärztlichen Tätigkeit als „gefahrgeneigte Tätigkeit“, MedR 1983, 6, 9.

702 Heinze, Zur Qualifikation der ärztlichen Tätigkeit als „gefahrgeneigte Tätigkeit“, MedR 1983, 6, 9.

703 Büsken, Haftungssystem, Freistellung und Regress bei Krankenhausträger und angestelltem Arzt, S. 86; Uhlenbruck, Die Schadensausgleichspflicht des Krankenhausträgers gegenüber dem angestellten Krankenhausarzt aus dem Gesichtspunkt der gefahren- oder schadensgeneigten Tätigkeit, in: Pougin/Wysocki (Hrsg.), Wirtschaftsprüfer im Dienst der Wirtschaft: Festschrift für Ernst Knorr, 1968, S. 389; Uhlenbruck, Beschränkung ärztlicher Haftung aus dem Gesichtspunkt gefahrengeneigter Arbeit, MedKlinik 1970, 270; Hübner, Die Versicherung der Haftpflicht im Heilwesen, ZVersWiss 1990, 55, 66f.

704 So Büsken, Haftungssystem, Freistellung und Regress bei Krankenhausträger und angestelltem Arzt, S. 101. Für die Abgrenzung der medizinischen Tätigkeit von der rein organisatorischen Tätigkeit der Krankenhausärzte sei die Möglichkeit einer unmittelbaren

fahren- oder schadensgeneigte Arbeit" zu werten, weil sie stets die Gefahr in sich berge, auch schon bei leichtesten Fehlern erhebliche Schäden für den Patienten zu verursachen, und der Krankenhausarzt insoweit einer unverhältnismäßig hohen Schadensersatzpflicht ausgesetzt sein könne.[705] Heute ist die Qualifikation der ärztlichen Tätigkeit als „gefahren- oder schadensgeneigte Arbeit" nicht mehr Voraussetzung für die Haftungsbeschränkung des Arbeitnehmers.

b) Persönlicher Anwendungsbereich für Ärzte

Der persönliche Anwendungsbereich der Arbeitnehmerhaftungsbeschränkung ist bis heute in der Rechtsprechung noch immer nicht abschließend geklärt.[706] Da es im Krankenhaus verschiedene Arten von Beschäftigungsverhältnissen gibt, namentlich die der angestellten Ärzte, der in der Ausbildung befindlichen Praktikanten und Famulanten, der beamteten Ärzte, der selbstliquidierenden Chefärzte und schließlich die Vertragsverhältnisse der Belegärzte, ist eine fallgruppenspezifische Untersuchung notwendig. Im Hinblick auf das Haftungssystem nach dem Konzept der „medical enterprise liability" müssten all diese Ärzte in den persönlichen Anwendungsbereich der Arbeitnehmerhaftungsbeschränkung fallen.

aa) Angestellte Ärzte

Die Haftungsbeschränkung begünstigt zunächst grundsätzlich alle Arbeitnehmer,[707] also alle Personen, die die Voraussetzungen des Arbeitnehmerbegriffs erfüllen.[708] Maßgeblich ist dabei allein, ob ein Arbeitsverhältnis besteht.[709] Der angestellte Arzt ist insoweit typischer Arbeitnehmer, da er im Rahmen eines zivilrechtlichen Arbeitsverhältnisses im Interesse des Krankenhausträgers und auf dessen Risiko tätig wird.[710] Der angestellte Arzt wird somit von den Grundsät-

---

Auswirkung auf den Körper oder die Gesundheit des Patienten maßgeblich, weil in dessen Gefährdung der wesentliche Grund für die typisierende Betrachtungsweise der medizinischen Tätigkeit liege (So Büsken, Haftungssystem, Freistellung und Regress bei Krankenhausträger und angestelltem Arzt, S. 100).

705 So Büsken, Haftungssystem, Freistellung und Regress bei Krankenhausträger und angestelltem Arzt, S. 100.

706 ErfKo-Preis, § 619a BGB, Rn. 19.

707 Joussen, Der persönliche Anwendungsbereich der Arbeitnehmerhaftung, RdA 2006, 129, 130.

708 MüHaArbR-Reichold, § 51, Rn. 64.

709 BAG (18.4.2002), BAGE 101, 107, 110.

710 Annuß, Die Haftung des Arbeitnehmers unter besonderer Berücksichtigung der Haftung des angestellten Arztes, S. 138.

zen der Beschränkung der Arbeitnehmerhaftung erfasst. Dies gilt freilich obwohl der Arzt regelmäßig eine hochspezialisierte Tätigkeit ausübt, auf die der Krankenhausträger oft schon mangels Fachwissens kaum Einfluss hat.[711] Die Arbeitnehmerhaftungsbeschränkung findet mithin auf alle Assistenz-, Stations- und Oberärzte oder sonstiges einfaches ärztliches Personal Anwendung.

Ob dies auch auf Chefärzte (und andere leitende Krankenhausärzte) zutrifft, bedarf hingegen gesonderter Untersuchung. Wenn der Chefarzt kein Selbstliquidationsrecht besitzt oder der Patient im Rahmen des totalen Krankenhausaufnahmevertrages kein Arztzusatzvertrag abschließt, wird auch der Chefarzt ausschließlich als Arbeitnehmer des Krankenhausträgers in dessen Interesse und auf dessen Risiko tätig.[712] Gleichwohl sind Chefärzte leitende Angestellte und insoweit traditionell bei der Frage nach der Arbeitnehmerhaftungsbeschränkung besonders zu beurteilen. Nicht vollständig geklärt scheint nämlich die Frage, ob leitende Angestellte ebenfalls nach den Grundsätzen der Beschränkung der Arbeitnehmerhaftung beschränkt haften. Der Bundesgerichtshof[713] war früher diesbezüglich eher zurückhaltend und hielt leitende Angestellte meist aus dem persönlichen Anwendungsbereich der Arbeitnehmerhaftungsbeschränkung heraus. In einem neueren Urteil scheint der Bundesgerichtshof[714] seine frühere Rechtsprechung jedoch aufgegeben zu haben und vertritt, die Grundsätze der Beschränkung der Arbeitnehmerhaftung gelten auch für leitende Angestellte, jedenfalls soweit sie nicht Geschäftsführer sind. Das Bundesarbeitsgericht hat die Frage bislang nicht ausdrücklich entschieden; gleichwohl sprach es in einer älteren Entscheidung[715] einem leitenden Angestellten aus Gleichbehandlungsgründen die Arbeitnehmerhaftungsbeschränkung zu und erkannte im Bezug auf Chefärzte in einer anderen Entscheidung[716] ein Arbeitsverhältnis an, weil „der Chefarzt, wenn er auch in der Ausübung seines ärztlichen Berufs eigenverantwortlich ist, im übrigen bei seiner Tätigkeit im wesentlichen vom Krankenhausträger persönlich abhängig und an dessen Weisungen gebunden ist“[717]. In der Literatur wiederum werden beide Ansichten vertreten, wobei nach ganz über-

---

711 Das Bundesverwaltungsgericht hatte diesbezüglich noch im Jahr 1968 Bedenken (BVerwG (14.2.1968), BVerwGE 29, 127, 129f.).

712 Heinze, Zur Qualifikation der ärztlichen Tätigkeit als „gefahrgeneigte Tätigkeit“, MedR 1983, 6, 8.

713 BGH (25.2.1969), VersR 1969, 474, 477; BGH (7.10.1969), NJW 1970, 34, 35; BGH (14.2.1985), VersR 1985, 693, 696.

714 BGH (25.6.2001), BGHZ 148, 167, 172f.; siehe auch BGH (20.2.1995), BGHZ 129, 30, 37.

715 BAG (11.11.1976), BAG NJW 1977, 598.

716 BAG (27.7.1961), BAGE 11, 225, 227.

717 BAG (27.7.1961), BAGE 11, 225, 228.

wiegender Meinung[718] die Grundsätze der Beschränkung der Arbeitnehmerhaftung auch auf leitende Angestellte anzuwenden sind. Der herrschenden Meinung in der Literatur ist mit der Entwicklung der Rechtsprechung zu folgen, weil leitende Angestellte trotz ihrer Nähe zum Arbeitgeber gerade – wie sonstige Angestellte – aufgrund eines Arbeitsverhältnisses tätig werden und im Hinblick auf eine finanzielle Bedrohung durch die mit der betrieblich veranlassten Tätigkeit verbundenen Schadensrisiken schutzbedürftig[719] sind. Chefärzte sind in ihrer ärztlichen Tätigkeit zwar weisungsfrei und selbständig, aber zugleich so stark von den organisatorischen Maßnahmen des Krankenhausträgers abhängig und in die Organisation der Krankenhausverwaltung eingegliedert, weshalb auf sie die Grundsätze der Beschränkung der Arbeitnehmerhaftung anwendbar sind. Mithin findet die Arbeitnehmerhaftungsbeschränkung grundsätzlich auch auf Chefärzte Anwendung.

---

718 ErfKo-Preis, § 619a BGB, Rn. 19; MüHaArbR-Reichold, § 51, Rn. 64; Franzki, Der Arzthaftungsprozess, S. 30; Waltermann, Arbeitsrecht, Rn. 244; Otto/Schwarze, Die Haftung des Arbeitnehmers, Rn. 128; Brox/Rüthers/Henssler, Arbeitsrecht, Rn. 249; Annuß, Die Haftung des Arbeitnehmers unter besonderer Berücksichtigung der Haftung des angestellten Arztes, S. 138; Büsken, Haftungssystem, Freistellung und Regress bei Krankenhausträger und angestelltem Arzt, S. 110; Otto, Ist es erforderlich, die Verteilung des Schadensrisikos bei unselbständiger Arbeit neu zu ordnen?: Gutachten E für den 56. Deutschen Juristentag, in: Ständige Deputation des Deutschen Juristentages (Hrsg.), Verhandlungen des sechsundfünfzigsten Deutschen Juristentages, Band I, 1986, S. E 75; Heinze, Zur Qualifikation der ärztlichen Tätigkeit als „gefahrgeneigte Tätigkeit", MedR 1983, 6, 8; Brox/Walker, Die Einschränkung der Arbeitnehmerhaftung gegenüber dem Arbeitgeber, DB 1985, 1469, 1476; Fahrenhorst, Die Haftung des leitenden Krankenhausarztes gegenüber dem Krankenhaus, NZA 1991, 544, 545; Büsken/Klüglich, Die Krankenhausbehandlung: Haftungssystem und innerbetrieblicher Schadensausgleich (Freistellung – Regress), VersR 1994, 1141, 1150; Ahrens, Arbeitnehmerhaftung bei betrieblich veranlasster Tätigkeit, DB 1996, 934, 937; Krause, Geklärte und ungeklärte Probleme der Arbeitnehmerhaftung, NZA 2003, 577, 581; Waltermann, Risikozuweisung nach den Grundsätzen der beschränkten Arbeitnehmerhaftung, RdA 2005, 98, 100; Joussen, Der persönliche Anwendungsbereich der Arbeitnehmerhaftung, RdA 2006, 129, 132. Differenzierend Pfeifer, Neueste Entwicklung zu Fragen der Arbeitnehmerhaftung im Betrieb, ZfA 1996, 69, 77. Andere Ansicht noch in der 2. Auflage MüHaArbR-Blomeyer, § 59, Rn. 68.

719 Joussen, Der persönliche Anwendungsbereich der Arbeitnehmerhaftung, RdA 2006, 129, 132: „Insofern sind sie, trotz funktionaler Nähe, sogar möglicherweise noch schutzbedürftiger als „einfache" Arbeitnehmer.". Brox/Walker, Die Einschränkung der Arbeitnehmerhaftung gegenüber dem Arbeitgeber, DB 1985, 1469, 1476 sprechen von „besonders hohen Schadensrisiken".

Die Arbeitnehmerhaftungsbeschränkung findet ferner unstreitig auf Auszubildende Anwendung.[720] Damit gelten die Grundsätze der Beschränkung der Arbeitnehmerhaftung grundsätzlich auch für Medizinstudenten, die im Krankenhaus ein Praktikum oder eine Famulatur leisten. Auf Personen, die sich in der Berufsausbildung befinden, sind ohnehin gemäß §§ 3, 10 II BBiG die für Arbeitsverhältnisse geltenden Rechtsvorschriften und Rechtsgrundsätze anzuwenden.

bb) Beamtete Ärzte

Bei der Tätigkeit beamteter Ärzte ist stets zwischen hoheitlichem und nichthoheitlichem Handeln zu unterscheiden.

Bei nichthoheitlichem Handeln beamteter Ärzte beschränkt § 75 I 1 BBG den Rückgriff durch den Krankenhausträger auf vorsätzliches und grob fahrlässiges Verschulden. In den Landesbeamtengesetzen der Bundesländer sehen lediglich einige eine Beschränkung des Rückgriffs auf vorsätzliches und grob fahrlässiges Verschulden vor; andere lassen für nichthoheitliches Handeln von Beamten den Rückgriff für jede Form des Verschuldens zu. Somit sind in einigen Bundesländern beamtete Ärzte gegenüber angestellten Ärzten einer strengeren internen Haftung ausgesetzt. Diese Schlechterstellung der beamteten Ärzte wird schließlich durch eine analoge Anwendung der Grundsätze der Beschränkung der Arbeitnehmerhaftung beseitigt.[721] Auf nichthoheitlich handelnde beamtete Ärzte findet mithin die Arbeitnehmerhaftungsbeschränkung uneingeschränkt analog Anwendung, da insbesondere bei Krankenhausärzten keine Unterscheidung ihrer Tätigkeit danach möglich ist, ob sie Beamte oder Angestellte sind.

Keine Anwendung hingegen findet die Arbeitnehmerhaftungsbeschränkung auf hoheitlich handelnde beamtete Ärzte.[722] Dies ist auch nicht notwendig, da

---

720 BAG (7.7.1970), DB 1970, 1886, 1887; BAG (18.4.2002), BAGE 101, 107, 112.

721 Annuß, Die Haftung des Arbeitnehmers unter besonderer Berücksichtigung der Haftung des angestellten Arztes, S. 141; Büsken, Haftungssystem, Freistellung und Regress bei Krankenhausträger und angestelltem Arzt, S. 118; Burck, Die Haftung für Behandlungsfehler der Ärzte an Universitätskliniken unter dem Blickpunkt gefahrengeneigter Arbeit, VersR 1968, 611, 619; Heinze, Zur Qualifikation der ärztlichen Tätigkeit als „gefahrgeneigte Tätigkeit", MedR 1983, 6, 9; Hübner, Die Versicherung der Haftpflicht im Heilwesen, ZVersWiss 1990, 55, 67f.; Büsken/Klüglich, Die Krankenhausbehandlung: Haftungssystem und innerbetrieblicher Schadensausgleich (Freistellung – Regress), VersR 1994, 1141, 1151.

722 BVerwG (17.9.1964), BVerwGE 19, 243, 249; Büsken, Haftungssystem, Freistellung und Regress bei Krankenhausträger und angestelltem Arzt, S. 116; Uhlenbruck, Beschränkung ärztlicher Haftung aus dem Gesichtspunkt gefahrengeneigter Arbeit,

hoheitlich handelnde Beamte ohnehin gemäß Art. 34 GG i.V.m. § 839 BGB nur für Vorsatz und grobe Fahrlässigkeit haften und somit kein Raum für die Anwendung der Grundsätze der Beschränkung der Arbeitnehmerhaftung besteht.

cc) Selbstliquidierende Chefärzte

Wählt der Patient bei seiner stationären Krankenhausaufnahme einen totalen Krankenhausaufnahmevertrag mit Arztzusatzvertrag, so wird der Chefarzt, dessen ärztliche Leistung von dem Patienten in dem Zusatzvertrag vereinbart wird, auf eigene Rechnung privatärztlich tätig. Der Chefarzt tritt dadurch regelmäßig neben dem Krankenhausträger in eigene vertragliche Beziehungen mit dem Patienten. Das Recht, auf eigene Rechnung im Krankenhaus tätig zu werden, bedarf dabei der ausdrücklichen Zustimmung des Krankenhausträgers sowie gegebenenfalls einer eigenen kassenärztlichen Zulassung. Die Zustimmung wird regelmäßig ausschließlich Chefärzten erteilt. Man spricht daher vom selbstliquidierenden Chefarzt. Es stellt sich nun die Frage, ob selbstliquidierende Chefärzte, die zum einen gerade eigene vertragliche Verpflichtungen gegenüber dem Patienten haben, zum anderen zugleich leitende Angestellte sind, in den persönlichen Anwendungsbereich der Arbeitnehmerhaftungsbeschränkung fallen. Dies ist noch nicht entschieden.

Einige Stimmen in der Literatur[723] sprechen sich klar gegen die Anwendung der Grundsätze der Beschränkung der Arbeitnehmerhaftung auf selbstliquidierende Chefärzte aus. Sie vertreten, die Anwendung der Grundsätze der Beschränkung der Arbeitnehmerhaftung aus betrieblich veranlasster Tätigkeit müsse aus rechtlichen Gründen – wie beim freiberuflichen Arzt – ausscheiden, soweit angestellte Krankenhausärzte aufgrund eines selbständigen medizinischen Behandlungsvertrages mit dem Patienten im ambulanten oder stationären Bereich tätig werden.[724] Bei Zustandekommen eines selbständigen medizinischen Behandlungsvertrages zwischen Krankenhausarzt und Patient liege der Haftungsgrund nämlich nicht im Arbeitsvertrag zwischen Krankenhausarzt und

MedKlinik 1970, 270, 271; Heinze, Zur Qualifikation der ärztlichen Tätigkeit als „gefahrgeneigte Tätigkeit", MedR 1983, 6, 9.

723 Annuß, Die Haftung des Arbeitnehmers unter besonderer Berücksichtigung der Haftung des angestellten Arztes, S. 145; Burck, Die Haftung für Behandlungsfehler der Ärzte an Universitätskliniken unter dem Blickpunkt gefahrengeneigter Arbeit, VersR 1968, 611, 621; Rieger, Haftung angestellter und beamteter Ärzte bei Behandlungsfehlern, DMW 1969, 339, 340; Uhlenbruck, Beschränkung ärztlicher Haftung aus dem Gesichtspunkt gefahrengeneigter Arbeit, MedKlinik 1970, 270; Heinze, Zur Qualifikation der ärztlichen Tätigkeit als „gefahrgeneigte Tätigkeit", MedR 1983, 6, 8.

724 So Heinze, Zur Qualifikation der ärztlichen Tätigkeit als „gefahrgeneigte Tätigkeit", MedR 1983, 6, 8.

Krankenhausträger, sondern im medizinischen Behandlungsvertrag zwischen Krankenhausarzt und Patient.[725] Die Haftung in dieser Vertragsbeziehung könne dann im Arbeitsverhältnis keinerlei Berücksichtigung finden.[726]

Andere Stimmen in der Literatur[727] halten die Grundsätze der Beschränkung der Arbeitnehmerhaftung auf selbstliquidierende Chefärzte für anwendbar. Sie vertreten, der selbstliquidierende Chefarzt sei regelmäßig aufgrund seines Arbeitsvertrages mit dem Krankenhausträger zur medizinischen Behandlung des Patienten, der gegenüber dem Krankenhausträger die ärztliche Leistung des Chefarztes wählt, verpflichtet, weshalb insofern ein untrennbarer Zusammenhang zwischen der selbständigen ärztlichen Tätigkeit des selbstliquidierenden Chefarztes und der arbeitsvertraglich geregelten Arbeit im Krankenhaus bestehe.[728] Trotz seines Selbstliquidationsrechts bleibe der Chefarzt arbeitsrechtlich in das Krankenhaus eingebunden.[729] Der selbstliquidierende Chefarzt ist in der Entscheidung über die medizinische Behandlung des Patienten nicht frei, weshalb insofern ein Zusammenhang zwischen der ärztlichen Tätigkeit als selbstliquidierender Chefarzt und dem Arbeitsverhältnis bestehe, zumal die medizinische Behandlung von Wahlleistungspatienten zu den Dienstaufgaben des Chefarztes gehöre und im Interesse des Krankenhausträgers stehe.[730] Der selbstliquidierende Chefarzt sei insoweit Arbeitnehmer des Krankenhausträgers.[731] Allein

725 So Heinze, Zur Qualifikation der ärztlichen Tätigkeit als „gefahrgeneigte Tätigkeit", MedR 1983, 6, 7f.

726 So Annuß, Die Haftung des Arbeitnehmers unter besonderer Berücksichtigung der Haftung des angestellten Arztes, S. 145.

727 Büsken, Haftungssystem, Freistellung und Regress bei Krankenhausträger und angestelltem Arzt, S. 112; Fahrenhorst, Die Haftung des leitenden Krankenhausarztes gegenüber dem Krankenhaus, NZA 1991, 544, 545; Büsken/Klüglich, Die Krankenhausbehandlung: Haftungssystem und innerbetrieblicher Schadensausgleich (Freistellung – Regress), VersR 1994, 1141, 1150; Weissauer, Haftung nachgeordneter Ärzte, Haftung aus der Führungsverantwortung aus juristischer Sicht, ZaeF 1995, 613, 616; wohl auch Hübner, Die Versicherung der Haftpflicht im Heilwesen, ZVersWiss 1990, 55, 67.

728 So Büsken, Haftungssystem, Freistellung und Regress bei Krankenhausträger und angestelltem Arzt, S. 112; Hübner, Die Versicherung der Haftpflicht im Heilwesen, ZVersWiss 1990, 55, 67; Büsken/Klüglich, Die Krankenhausbehandlung: Haftungssystem und innerbetrieblicher Schadensausgleich (Freistellung – Regress), VersR 1994, 1141, 1150.

729 So Fahrenhorst, Die Haftung des leitenden Krankenhausarztes gegenüber dem Krankenhaus, NZA 1991, 544, 545.

730 So Büsken, Haftungssystem, Freistellung und Regress bei Krankenhausträger und angestelltem Arzt, S. 111; Fahrenhorst, Die Haftung des leitenden Krankenhausarztes gegenüber dem Krankenhaus, NZA 1991, 544, 545.

731 So Weissauer, Haftung nachgeordneter Ärzte, Haftung aus der Führungsverantwortung aus juristischer Sicht, ZaeF 1995, 613, 616.

die verschiedenen Krankenhausaufnahmeverträge sollten schließlich die internen Beziehungen des selbstliquidierenden Chefarztes gegenüber dem Krankenhausträger nicht ändern können.[732]

Eine differenzierende Ansicht[733] stellt entscheidend darauf ab, wo im Verhältnis zwischen Krankenhausträger und selbstliquidierendem Chefarzt die unternehmerische Tätigkeit zu verorten und wem deshalb das damit korrespondierende Unternehmerrisiko zuzuweisen ist.

Wiederum andere[734] wollen bei Vorliegen eines Selbstliquidationsrechts des Chefarztes die Arbeitnehmereigenschaft nicht unbedingt ausschließen und stellen auf den Einzelfall ab.

Richtigerweise sind selbstliquidierende Chefärzte in den persönlichen Anwendungsbereich der Arbeitnehmerhaftungsbeschränkung einzubeziehen. Entscheidend ist die rechtliche Ausgestaltung des totalen Krankenhausaufnahmevertrages mit Arztzusatzvertrag, der einer medizinischen Behandlung des Patienten im Krankenhaus durch einen selbstliquidierenden Chefarzt stets zugrunde liegt. Nur aus diesem heraus ist der selbstliquidierende Chefarzt veranlasst, die medizinische Behandlung des Patienten zu übernehmen, und nur aus diesem heraus ist er auch dazu berechtigt. Nicht hingegen veranlasst der reine medizinische Behandlungsvertrag zwischen Patient und selbstliquidierendem Chefarzt diesen die medizinische Behandlung des Patienten zu übernehmen; er ist wörtlich zu nehmen und bleibt ein Zusatzvertrag zum totalen Krankenhausaufnahmevertrag, aufgrund dessen der selbstliquidierende Chefarzt in seiner Stellung als Arbeitnehmer die auch vom Krankenhausträger geschuldete ärztliche Leistung erbringt. Mit anderen Worten ermöglicht die grundsätzliche Arbeitnehmereigenschaft des Chefarztes als leitender Angestellter erst die medizinische Behandlung des Patienten. Durch die Wahl des totalen Krankenhausaufnahmevertrages mit Arztzusatzvertrag verpflichtet der Patient den Krankenhausträger zur Erbringung der nichtärztlichen sowie der ärztlichen Leistung und zusätzlich den selbstliquidierenden Chefarzt zur Erbringung derselben ärztlichen Leistung. Der selbstliquidierende Chefarzt wird demzufolge in doppelter Funktion tätig, nämlich privatärztlich aber eben gerade auch als Arbeitnehmer zur Erbringung der

732 So Büsken, Haftungssystem, Freistellung und Regress bei Krankenhausträger und angestelltem Arzt, S. 112.

733 Siehe Annuß, Die Haftung des Arbeitnehmers unter besonderer Berücksichtigung der Haftung des angestellten Arztes, S. 143.

734 Uhlenbruck, Die Schadensausgleichspflicht des Krankenhausträgers gegenüber dem angestellten Krankenhausarzt aus dem Gesichtspunkt der gefahren- oder schadensgeneigten Tätigkeit, in: Pougin/Wysocki (Hrsg.), Wirtschaftsprüfer im Dienst der Wirtschaft: Festschrift für Ernst Knorr, 1968, S. 380 und 389; so auch BAG (27.7.1961), BAGE 11, 225, 228.

von dem Krankenhausträger vertraglich geschuldeten Leistung. Die Erbringung der ärztlichen Leistung des selbstliquidierenden Chefarztes kann insoweit nicht aufgespalten werden. Dies hat auch der Bundesgerichtshof erkannt und spricht nicht ohne Grund von der „engen Verzahnung der Tätigkeit des selbst liquidierenden Arztes mit der Institution des Krankenhauses (...). Das verbindet die Aufgaben- und Pflichtenstellung des selbst liquidierenden Arztes im Krankenhaus zu einer Einheit."[735] Auch der Billigkeits- und Gerechtigkeitsgedanke des sogenannten „innerbetrieblichen Schadensausgleiches" steht dem nicht entgegen. Schließlich erhält der Krankenhausträger den sogenannten großen Pflegesatz und nicht etwa den kleinen. Durch die Einbeziehung des selbstliquidierenden Chefarztes in den persönlichen Anwendungsbereich der Arbeitnehmerhaftungsbeschränkung entfällt auch nicht etwa ein Grund für den Patienten einen totalen Krankenhausaufnahmevertrag mit Arztzusatzvertrag abzuschließen, weil sich etwa der Patient ursprünglich auf diese Weise einen zusätzlichen Schuldner „hinzukaufen" wollte. Freilich bleibt der selbstliquidierende Chefarzt hinsichtlich der Leistungserbringung sowie der Haftung gegenüber dem Patienten unmittelbarer Schuldner. Als Grund für den Abschluss eines totalen Krankenhausaufnahmevertrages mit Arztzusatzvertrag bleibt dem Patienten somit die persönliche Behandlung und besondere fachliche Qualifikation und Erfahrung des selbstliquidierenden Chefarztes. Nicht zu folgen ist nach alledem der Ansicht, die Grundsätze der Beschränkung der Arbeitnehmerhaftung nicht auch auf den selbstliquidierenden Chefarzt anzuwenden, ebenso wie der differenzierenden und der auf den Einzelfall abstellenden Ansichten, die letztlich neue Abgrenzungsschwierigkeiten schaffen. Mithin findet auch auf selbstliquidierende Chefärzte die Arbeitnehmerhaftungsbeschränkung Anwendung.

dd) Belegärzte

Schließlich ist zu untersuchen, ob die Grundsätze der Beschränkung der Arbeitnehmerhaftung auch auf Belegärzte, die ihre eigenen Patienten in einem Belegkrankenhaus medizinisch behandeln, Anwendung finden. Auf den ersten Blick erscheint dies äußerst fraglich. Der Belegarzt ist gerade kein beim Belegkrankenhausträger angestellter Arzt und insoweit kein Arbeitnehmer. Es stellt sich indes die Frage, ob die Grundsätze der Beschränkung der Arbeitnehmerhaftung auch auf andere Rechtsverhältnisse, die nicht klassische Arbeitsverhältnisse sind, angewendet werden können. In Betracht kommen insbesondere sogenannte arbeitnehmerähnliche Rechtsverhältnisse.[736] Für eine Haftungsbeschränkung

735 BGH (30.11.1982), BGHZ 85, 393, 398; siehe auch BVerfG (23.7.1963), BVerfGE 16, 286, 294; BVerfG (7.11.1979), BVerfGE 52, 303, 339.

736 Aber auch Rechtsverhältnisse freier Mitarbeiter oder Heimarbeiter.

zugunsten von Belegärzten muss also zunächst geklärt werden, ob eine Erweiterung des Personenkreises im Rahmen der Arbeitnehmerhaftungsbeschränkung auf sogenannte arbeitnehmerähnliche Personen geboten ist, und sodann, ob Belegärzte als solche arbeitnehmerähnliche Personen qualifiziert werden können.

Ob sich die Grundsätze der Beschränkung der Arbeitnehmerhaftung auch auf arbeitnehmerähnliche Personen erstrecken, ist umstritten. Das Bundesarbeitsgericht hat die Frage bisher nicht entschieden. Der Bundesgerichtshof[737] verneinte sie für aufgrund eines Dienstverhältnisses selbständig Tätige mangels Arbeitsverhältnisses in den vergangenen Jahrzehnten. Das Bundessozialgericht[738] bejahte sie unter Hinweis auf § 2 II 1 SGB VII. Die Meinung in der Literatur ist geteilt. Ein Teil der Literatur[739] spricht sich gegen eine Anwendung der Grundsätze der Beschränkung der Arbeitnehmerhaftung auf arbeitnehmerähnliche Rechtsverhältnisse aus; die inzwischen überwiegende Meinung in der Literatur[740] hält die Arbeitnehmerhaftungsbeschränkung auch auf arbeitnehmerähnliche Personen für anwendbar. Grundlegend für die Beurteilung ist dabei die Definition von arbeitnehmerähnlichen Personen. Arbeitnehmerähnliche Personen sind Personen, „die rechtlich zwischen Arbeitnehmern und Selbständigen anzusiedeln sind und deren Hauptcharakteristikum darin liegt, dass sie zwar nicht persönlich, wohl aber wirtschaftlich stark vom Auftraggeber abhängig und sie ihrer sozialen Stellung wegen mit der Gruppe der Arbeitnehmer vergleichbar

---

737 BGH (1.2.1963), NJW 1963, 1100, 1103; BGH (7.10.1969), NJW 1970, 34f.; BGH (27.2.1975), VersR 1975, 612, 613.

738 BSG (24.6.2003), NJW 2004, 966, 967.

739 ErfKo-Preis, § 619a BGB, Rn. 19.

740 Wollenschläger, Arbeitsrecht, Rn. 50; Otto/Schwarze, Die Haftung des Arbeitnehmers, Rn. 133; Brox/Rüthers/Henssler, Arbeitsrecht, Rn. 249; Schubert, Der Schutz der arbeitnehmerähnlichen Personen, S. 419; Otto, Ist es erforderlich, die Verteilung des Schadensrisikos bei unselbständiger Arbeit neu zu ordnen?: Gutachten E für den 56. Deutschen Juristentag, in: Ständige Deputation des Deutschen Juristentages (Hrsg.), Verhandlungen des sechsundfünfzigsten Deutschen Juristentages, Band I, 1986, S. E 76; Larenz, Die Prinzipien der Schadenszurechnung, JuS 1965, 373, 376; Canaris, Risikohaftung bei schadensgeneigter Tätigkeit in fremdem Interesse, RdA 1966, 41, 48; Zeuner, Überlegungen zum Begriff des Arbeitnehmers und zum Anwendungsbereich arbeitsrechtlicher Regeln, RdA 1975, 84, 87; Brox/Walker, Die Einschränkung der Arbeitnehmerhaftung gegenüber dem Arbeitgeber, DB 1985, 1469, 1477; Däubler, Die Haftung des Arbeitnehmers – Grundlagen und Grenzen, NJW 1986, 867, 874; Krause, Geklärte und ungeklärte Probleme der Arbeitnehmerhaftung, NZA 2003, 577, 582; Joussen, Der persönliche Anwendungsbereich der Arbeitnehmerhaftung, RdA 2006, 129, 136. Differenzierend MüHaArbR-Reichold, § 51, Rn. 65; Neuvians, Die arbeitnehmerähnliche Person, S. 174; Waltermann, Risikozuweisung nach den Grundsätzen der beschränkten Arbeitnehmerhaftung, RdA 2005, 98, 103.

sind"[741]. Allein weil demnach arbeitnehmerähnliche Personen ihre Tätigkeit nicht in persönlicher Abhängigkeit ausüben, solle nach der Mindermeinung in der Literatur die Arbeitnehmerhaftungsbeschränkung nicht in Betracht kommen können.[742] Allerdings ist zu betonen, dass es nicht um eine Bewertung der persönlichen Abhängigkeit geht, sondern vielmehr darum, ob arbeitnehmerähnliche Personen aufgrund ihrer wirtschaftlichen Abhängigkeit und ihrer sozialen Schutzbedürftigkeit in den Anwendungsbereich der Arbeitnehmerhaftungsbeschränkung fallen. So sind nach der Legaldefinition des § 12a I Nr. 1 TVG arbeitnehmerähnliche Personen solche Personen, „die wirtschaftlich abhängig und vergleichbar einem Arbeitnehmer sozial schutzbedürftig sind".[743] Entscheidend ist nicht, dass arbeitnehmerähnliche Personen rein formal keine Arbeitnehmer sind, sondern vielmehr, ob sie ähnlich sozial schutzbedürftig sind wie Arbeitnehmer. Sie werden teilweise gar als Selbständige angesehen, die zwar lediglich in bestimmten Fällen aber gerade aufgrund ihrer sozialen Schutzbedürftigkeit Arbeitnehmern gleichgestellt werden.[744] Das maßgebliche Kriterium ist somit die soziale Schutzbedürftigkeit des Handelnden. Dabei geht es insbesondere auch um die Frage der zurechenbaren Mitwirkung des Unternehmers. Auch die arbeitnehmerähnliche Person ist – wenn auch nicht persönlich abhängig – in die dem Unternehmer zuzurechnende Gefährlichkeit der Sachen und des Betriebs eingebunden,[745] mit der Folge, dass das Haftungsrisiko in einem für den Handelnden fremden Herrschafts- und Organisationsbereich liegt. Die Sach- oder Betriebsgefahr besteht daher zwischen Unternehmer und arbeitnehmerähnlicher Person gleichermaßen wie zwischen Arbeitgeber und Arbeitnehmer. Hinsichtlich ihrer sozialen Schutzbedürftigkeit sind arbeitnehmerähnliche Personen somit den Arbeitnehmern gleichzustellen. Mithin sind mit der herrschenden Mei-

---

741 Joussen, Der persönliche Anwendungsbereich der Arbeitnehmerhaftung, RdA 2006, 129, 136. Siehe dazu ausführlich Schubert, Der Schutz der arbeitnehmerähnlichen Personen, S. 5-104; Neuvians, Die arbeitnehmerähnliche Person, S. 48-86; Frantzioch, Abhängige Selbständigkeit im Arbeitsrecht, S. 87-103.

742 So ErfKo-Preis, § 619a BGB, Rn. 19.

743 Siehe auch § 6 I Nr. 3 AGG; § 5 I 2 ArbGG; § 2 II Nr. 3 ArbSchG; § 2 S. 2 BUrlG; § 2 Nr. 9 SGB VI; sowie BAG (16.7.1997), BAGE 86, 178, 183f.; BAG (26.9.2002), BAGE 103, 20, 30.

744 BAG (16.7.1997), BAGE 86, 178, 183; Junker, Grundkurs Arbeitsrecht, Rn. 97; Zöllner/Loritz/Hergenröder, Arbeitsrecht, S. 47; Schubert, Der Schutz der arbeitnehmerähnlichen Personen, S. 72; Neuvians, Die arbeitnehmerähnliche Person, S. 48; Joussen, Der persönliche Anwendungsbereich der Arbeitnehmerhaftung, RdA 2006, 129, 136.

745 Joussen, Der persönliche Anwendungsbereich der Arbeitnehmerhaftung, RdA 2006, 129, 136f.

nung in der Literatur[746] die Grundsätze der Beschränkung der Arbeitnehmerhaftung auch auf arbeitnehmerähnliche Personen anzuwenden.

Es bleibt die Frage, ob Belegärzte als arbeitnehmerähnliche Personen qualifiziert werden können. Dies bedarf genauer Betrachtung. Zunächst einmal ist festzustellen, dass Belegärzte grundsätzlich keine Arbeitnehmer, sondern Selbständige sind. Allerdings sind nach obiger Definition auch Selbständige regelmäßig arbeitnehmerähnliche Personen, weshalb allein dadurch Belegärzte nicht von den arbeitnehmerähnlichen Personen ausgeschlossen werden können. Maßgeblich ist danach vielmehr die soziale Schutzbedürftigkeit in der konkreten Situation. Das heißt, dass dieselbe Person gleichzeitig Selbständiger in der einen Situation und arbeitnehmerähnliche Person in der anderen Situation sein kann. Auch die Handelnden in den freien Berufen sind insoweit nicht immer selbständig, sondern teilweise arbeitnehmerähnlich.[747] Für Belegärzte bedeutet dies, dass sie beispielsweise bei der allgemeinen medizinischen Behandlung ihrer Patienten in der eigenen Praxis als Selbständige und bei der operativen Behandlung desselben Patienten im Belegkrankenhaus gleichwohl als arbeitnehmerähnliche Personen qualifiziert werden können. Und so sind jedenfalls bei der operativen Behandlung ihrer Patienten im Belegkrankenhaus Belegärzte arbeitnehmerähnliche Personen. Dies ergibt sich insbesondere aus der Eingliederung des Belegarztes in den Belegkrankenhausbetrieb, also in einen für den Belegarzt fremden Herrschafts- und Organisationsbereich, und der daraus folgenden dem Belegkrankenhausträger zuzurechnenden Gefährlichkeit, wodurch Belegärzte insoweit hinsichtlich ihrer sozialen Schützbedürftigkeit den angestellten Ärzten gleichzustellen sind und somit Belegärzte in den Anwendungsbereich der Arbeitnehmerhaftungsbeschränkung fallen. Auch wenn Belegärzte ihre eigenen Patienten auf eigene Rechnung im Belegkrankenhaus medizinisch behandeln, vollziehen Belegärzte aufgrund ihrer Eingliederung in den Belegkrankenhausbetrieb gewisse Vorgaben des Belegkrankenhausträgers und unterliegen dem Einfluss des Belegkrankenhausträgers beispielsweise hinsichtlich der zu verwendenden Instrumente, Geräte und Einrichtungen, der Hilfspersonen und sogar ihrer ärztlichen Tätigkeit. Dies wird bei der Durchführung von Operationen im Belegkrankenhaus besonders deutlich. Ohne die Mitwirkung des beim Belegkrankenhausträgers angestellten nichtärztlichen Hilfspersonals können Belegärzte eine erfolgreiche Operation kaum durchführen. Insoweit sind Belegärzte auf die Kompetenz des nichtärztlichen Hilfspersonals angewiesen, auf deren Auswahl sie allerdings keinerlei Einfluss haben. Auch die äußeren Umstände, wie die vorhandene Krankenhaushygiene, sowie krankenhausinterne Verhaltensvorgaben, wie das

---

746 Siehe oben Fn. 740.

747 Schubert, Der Schutz der arbeitnehmerähnlichen Personen, S. 61.

Abzählen der Instrumente, müssen vom Belegarzt ohne etwaige Einflussmöglichkeiten hingenommen werden. Ferner sind Belegärzte auch auf die Kompetenz des fachfremden ärztlichen Personals angewiesen, gegenüber dem sie regelmäßig noch nicht einmal ein Weisungsrecht aus dem Belegarztvertrag haben. Bei der Operation ihrer Patienten im Belegkrankenhaus werden Belegärzte daher in einer Situation tätig, in der sie hohen Haftungsrisiken ausgesetzt sind, auf die sie jedoch keinen Einfluss haben. Hingegen ist auch bei der operativen Behandlung von Patienten im Belegkrankenhaus durch Belegärzte etwa die Gefährlichkeit der Sachen und des Betriebs vom Belegkrankenhausträger kontrollierbar. Insoweit liegt die Sach- oder Betriebsgefahr des Unternehmers zwischen Belegkrankenhausträger und Belegarzt gleichermaßen vor wie zwischen Krankenhausträger und angestelltem Arzt. Die Organisation des Krankenhausbetriebs obliegt dem Belegkrankenhausträger sogar dahingehend, dass er dabei selbst auf die Tätigkeit des Belegarztes einwirken kann und muss. Auch insofern werden Belegärzte wie Arbeitnehmer tätig. Zudem kommt es auf die normalen Erwartungen bei Vertragsschluss an.[748] Dabei haben Patienten zumeist die Erwartungen, dass im Schadensfall – gerade in der problematischen Haftungssituation bei einem Fehlverhalten des vom Belegarzt eingesetzten und beim Belegkrankenhausträger angestellten nichtärztlichen Personals – regelmäßig der Belegkrankenhausträger vorrangiger Haftungsgegner ist. Auch insoweit spricht dies – jedenfalls bei der operativen Behandlung ihrer Patienten im Belegkrankenhaus – für die Qualifikation der Belegärzte als arbeitnehmerähnliche Personen. Unerheblich ist es dabei, wie und wo der medizinische Behandlungsvertrag abgeschlossen und die medizinische Behandlung mit der Untersuchung begonnen, mit der Nachsorge beendet oder etwa überwiegend durchgeführt wurde. Danach zu unterscheiden, ob die arbeitnehmerähnliche Person überwiegend in den eigenen Räumlichkeiten tätig ist oder mehr in den gestellten Räumlichkeiten, ist nicht maßgeblich.[749] Freilich erbringt der Belegarzt seine Leistung persönlich, was gleichwohl typisch für arbeitnehmerähnliche Personen ist.[750] Schließlich können Belegärzte bei ihrer Tätigkeit hohen Schadensersatzforderungen des Belegkrankenhausträgers ausgesetzt sein, weil sie bei der medizinischen Behandlung ihrer Patienten im Belegkrankenhaus die teuren medizinischen Geräte des Belegkrankenhausträgers benutzen. Dies ist gar ein typisches Element der Belegarztbehandlung, weil nur so Belegärzte in der Lage sind, ihren Patienten eine

748 Däubler, Die Haftung des Arbeitnehmers – Grundlagen und Grenzen, NJW 1986, 867, 874.

749 So auch Joussen, Der persönliche Anwendungsbereich der Arbeitnehmerhaftung, RdA 2006, 129, 137.

750 Junker, Grundkurs Arbeitsrecht, Rn. 97; Schubert, Der Schutz der arbeitnehmerähnlichen Personen, S. 72.

umfassende medizinische Behandlung mit den erforderlichen medizinischen Geräten, die sie sich selbst für ihre eigene Praxis nicht leisten können, zu bieten. Bei der Benutzung der teuren medizinischen Geräte sind Belegärzte einem unverhältnismäßig hohen, ihre Existenz bedrohenden Schadensrisiko ausgesetzt – in genau der gleichen Weise wie angestellte Ärzte. Das unverhältnismäßig hohe, die Existenz bedrohende Schadensrisiko durch Überlassung teurer Geräte oder Materialien ist indes der zentrale Ausgangspunkt bei der Begründung der Grundsätze der Beschränkung der Arbeitnehmerhaftung. Das die für angestellte Ärzte geltende Arbeitnehmerhaftungsbeschränkung begründende Risiko besteht insofern auch für Belegärzte. Zuletzt spricht nicht gegen die Qualifikation der Belegärzte als arbeitnehmerähnliche Personen, dass Belegärzte bei der medizinischen Behandlung ihrer Patienten im Belegkrankenhaus vom Belegkrankenhausträger kein Entgelt erhalten.[751] Der Bundesgerichtshof nahm die Arbeitnehmerhaftungsbeschränkung auch in einem Fall[752] an, in dem ein ehrenamtlich, also unentgeltlich, tätiges Mitglied eines Pfadfindervereins seine Aufsichtspflicht verletzte. Der Bundesgerichtshof begründete seine Entscheidung damit, es handele sich nicht um ein selbständiges Gelegenheitsdienstverhältnis, sondern „ähnlich wie beim Arbeitsverhältnis, um eine auf Dauer angelegte Verbundenheit zwischen Verein und Vereinsmitglied, das ständig in die Vereinsorganisation eingegliedert und den für seine Tätigkeit aufgestellten Richtlinien und Verhaltensregeln unterworfen ist“ [753]. Auch das Verhältnis zwischen Belegarzt und Belegkrankenhausträger ist auf Dauer angelegt und wird durch den Belegarztvertrag begründet, der rechtlich ein atypisches Dauerrechtsverhältnis[754] ist. Darüber hinaus treffen den Belegarzt Richtlinien und Verhaltensregeln aus dem Belegarztvertrag, die ähnlich denen eines Arbeitnehmers aus dem Arbeitsvertrag gestaltet sind.

Nach alledem lässt sich – wenn man sich von einer rein formalen Betrachtungsweise löst und die theoretischen Grundlagen der Arbeitnehmerhaftungsbeschränkung, insbesondere die soziale Schutzbedürftigkeit des Handelnden in der konkreten Situation, in den Blick nimmt – feststellen, dass Belegärzte, trotz ihrer eigenen medizinischen Behandlungsverträge mit den Patienten, jedenfalls bei der operativen Behandlung ihrer Patienten im Belegkrankenhaus arbeitneh-

751 So auch Canaris, Risikohaftung bei schadensgeneigter Tätigkeit in fremdem Interesse, RdA 1966, 41, 48.

752 BGH (5.12.1983), BGHZ 89, 153, 158.

753 BGH (5.12.1983), BGHZ 89, 153, 159.

754 Siehe oben Fn. 154.

merähnliche Personen sind, auf die – mit der herrschenden Meinung – die Grundsätze der Beschränkung der Arbeitnehmerhaftung anzuwenden sind.[755]

c) Betriebliche Veranlassung der medizinischen Behandlung

Für die Anwendung der Grundsätze der Beschränkung der Arbeitnehmerhaftung muss der Schaden bei der Ausübung einer betrieblich veranlassten Tätigkeit eingetreten sein. Betrieblich veranlasst sind nach der vom Bundesarbeitsgericht[756] geprägten Formel „solche Tätigkeiten des Arbeitnehmers, die ihm arbeitsvertraglich übertragen worden sind oder die er im Interesse des Arbeitgebers für den Betrieb ausführt“[757]. Im Rahmen dieser Untersuchung ist die in Frage stehende Tätigkeit grundsätzlich die medizinische Behandlung von Patienten im Krankenhaus.

Tätigkeiten, die dem Arbeitnehmer „arbeitsvertraglich übertragen“ worden sind, sind jene Tätigkeiten, die der Arbeitnehmer kraft Arbeitsvertrages unmittelbar schuldet, „wobei es nicht darauf ankommt, ob und inwieweit hierzu eine ausdrückliche Weisung erfolgt ist (...) oder ob diese sich kraft eigenverantwortlicher Ausfüllung der arbeitsvertraglichen Aufgabenbestimmung vollzieht“[758]. Die Grundsätze der Beschränkung der Arbeitnehmerhaftung kommen insofern grundsätzlich sämtlichen Arbeitnehmern zugute.[759] Hinsichtlich angestellter Ärzte, beamteter Ärzte und selbstliquidierender Chefärzte, die aufgrund ihrer Arbeitsverträge zur medizinischen Behandlung der Patienten verpflichtet sind, ist daher die medizinische Behandlung von Patienten unproblematisch als Tätig-

---

755 Andere Ansicht Annuß, Die Haftung des Arbeitnehmers unter besonderer Berücksichtigung der Haftung des angestellten Arztes, S. 145; Burck, Die Haftung für Behandlungsfehler der Ärzte an Universitätskliniken unter dem Blickpunkt gefahrengeneigter Arbeit, VersR 1968, 611, 621; Uhlenbruck, Beschränkung ärztlicher Haftung aus dem Gesichtspunkt gefahrengeneigter Arbeit, MedKlinik 1970, 270, 271; Heinze, Zur Qualifikation der ärztlichen Tätigkeit als „gefahrgeneigte Tätigkeit“, MedR 1983, 6, 8; Weissauer, Haftung nachgeordneter Ärzte, Haftung aus der Führungsverantwortung aus juristischer Sicht, ZaeF 1995, 613, 617. Auch wird das Ergebnis teilweise durch ergänzende Vertragsauslegung erreicht, indem eine stillschweigend vereinbarte Haftungsbeschränkung angenommen wird, welche in dem Belegarztvertrag zwischen dem Belegkrankenhausträger und dem Belegarzt vereinbart wurde.

756 BAG (GS) (27.9.1994), BAGE 78, 56, 67; bestätigend in jüngerer Zeit zum Beispiel BAG (18.4.2002), BAGE 101, 107, 111; BAG (18.1.2007), NZA 2007, 1230, 1233; so bereits BAG (9.8.1966), BAGE 19, 41, 45; BAG (GS) (12.6.1992), BAGE 70, 337, 347.

757 BAG (GS) (27.9.1994), BAGE 78, 56, 67. Die Darlegungs- und Beweislast für die betriebliche Veranlassung der Tätigkeit liegt beim Arbeitnehmer.

758 MüHaArbR-Reichold, § 51, Rn. 32, der diese Form der Tätigkeit „unmittelbar betrieblich veranlasst“ nennt.

759 Wollenschläger, Arbeitsrecht, Rn. 298.

keit, die dem Arbeitnehmer „arbeitsvertraglich übertragen" worden ist, zu qualifizieren. Mithin ist die medizinische Behandlung von Patienten durch angestellte Ärzte, beamtete Ärzte und selbstliquidierende Chefärzte betrieblich veranlasste Tätigkeit im Sinne der Grundsätze der Beschränkung der Arbeitnehmerhaftung.

Problematisch könnte die Qualifikation der medizinischen Behandlung von Patienten durch Belegärzte in einem Belegkrankenhaus als betrieblich veranlasste Tätigkeit sein. Eine betrieblich veranlasste Tätigkeit liegt nicht schon allein vor, weil der Schadensverursacher im Betrieb anwesend war.[760] Allein ein räumlicher und zeitlicher Zusammenhang zwischen der Pflichtverletzung und der Tätigkeit genügt nicht.[761] Ferner ist der Belegarztvertrag zwischen dem Belegkrankenhausträger und dem Belegarzt kein Arbeitsvertrag.[762] Vor diesem Hintergrund kommt schließlich bei der medizinischen Behandlung von Patienten durch Belegärzte im Belegkrankenhaus nur eine Tätigkeit „im Interesse des Arbeitgebers für den Betrieb" in Betracht. Dabei ist zunächst zu beachten, dass „im Interesse des Arbeitgebers für den Betrieb" allgemein ein Interesse des Unternehmensträgers bedeutet. In dieser Untersuchung ist dies der Belegkrankenhausträger. Entscheidend ist also, ob Belegärzte bei der medizinischen Behandlung ihrer Patienten im Belegkrankenhaus – zumindest auch – im Interesse des Belegkrankenhausträgers tätig werden. Dies ist zu bejahen. Zunächst einmal können Belegärzte rechtlich nur aufgrund ihrer Belegarztverträge mit dem Belegkrankenhausträger in dem Belegkrankenhaus tätig werden. Es ist dann jedoch kaum vorstellbar, weshalb Belegkrankenhausträger Belegärzten ein Recht zur medizinischen Behandlung von Patienten in ihren Räumlichkeiten geben, wenn dies nicht in ihrem eigenen Interesse stünde. Grundsätzlich ist bei einem Vertragsschluss nämlich davon auszugehen, dass sich zwar beide Vertragsparteien zu einer Leistung verpflichten, dennoch beide Vertragsparteien jeweils aus eigenem Interesse den Vertrag schließen. Von Interesse für den Belegkrankenhausträger ist dabei, dass der Belegkrankenhausträger von den Belegärzten für die Benutzung der Räumlichkeiten, der Einrichtungen, der technischen Geräte und des Hilfspersonals ein Entgelt erhält. Problematisch dürfte allenfalls sein, dass das Entgelt nicht vom Patienten, sondern vom Belegarzt selbst bezahlt wird, da diese Verpflichtung allein aus dem synallagmatischen Verhältnis zwischen Beleg-

---

760 Krause, Geklärte und ungeklärte Probleme der Arbeitnehmerhaftung, NZA 2003, 577, 582.

761 Waltermann, Arbeitsrecht, Rn. 245; Krause, Geklärte und ungeklärte Probleme der Arbeitnehmerhaftung, NZA 2003, 577, 582; Waltermann, Risikozuweisung nach den Grundsätzen der beschränkten Arbeitnehmerhaftung, RdA 2005, 98, 103; siehe auch BAG (9.8.1966), BAGE 19, 41, 45; BAG (18.4.2002), BAGE 101, 107, 111; BAG (18.1.2007), NZA 2007, 1230, 1233.

762 Siehe oben Fn. 156.

krankenhausträger und Belegarzt, dem Belegarztvertrag, entsteht und somit Auswirkungen hinsichtlich der Begründung eines Erstattungs- oder Freistellungsanspruchs des Belegarztes gegen den Belegkrankenhausträger fraglich erscheinen lässt. Allerdings sind zudem die Belegarztbehandlungen selbst auch im Interesse des Belegkrankenhausträgers. Von größerem Interesse für den Belegkrankenhausträger ist nämlich die einer Belegarztbehandlung folgende stationäre Aufnahme des Patienten im Belegkrankenhaus, wodurch der Patient den kleinen Pflegesatz unmittelbar an den Belegkrankenhausträger bezahlen muss. Der Patient wird dadurch allein aufgrund der Belegarztbehandlung zum unmittelbaren Vertragspartner des Belegkrankenhausträgers und bietet somit eine unmittelbare finanzielle Einnahmemöglichkeit für den Belegkrankenhausträger. Schließlich muss die Tätigkeit „in nahem Zusammenhang mit dem Betrieb und seinem betrieblichen Wirkungskreis“[763] stehen. Indes steht nicht nur die medizinische Behandlung von Patienten durch einen angestellten Arzt, sondern auch die medizinische Behandlung von Patienten durch einen Belegarzt in unmittelbarem, zum Teil für den Patienten untrennbarem Zusammenhang mit dem (Beleg-) Krankenhausbetrieb und dessen Wirkungskreis. Nach alledem kann festgestellt werden, dass auch die medizinische Behandlung von Patienten durch Belegärzte im Interesse des Belegkrankenhausträgers liegt und somit eine betrieblich veranlasste Tätigkeit im Sinne der Grundsätze der Beschränkung der Arbeitnehmerhaftung ist. Freilich wird der Belegarzt bei der medizinischen Behandlung seines Patienten im Belegkrankenhaus aufgrund des medizinischen Behandlungsvertrages mit dem Patienten auch im eigenen Interesse tätig, was jedoch nicht schadet und nicht etwa zur Verringerung der Tätigkeit im Interesse des Belegkrankenhausträgers führt.

d) Umfang der Arzthaftungsbeschränkung

Nach den Grundsätzen der Beschränkung der Arbeitnehmerhaftung haftet grundsätzlich bei leichtester (leichter, geringer) Fahrlässigkeit (culpa levissima) der Arbeitnehmer nicht, bei mittlerer (normaler, gewöhnlicher) Fahrlässigkeit ist die Haftung regelmäßig zwischen Arbeitnehmer und Arbeitgeber quotal zu teilen und bei grober (gröbster, besonders grober) Fahrlässigkeit und Vorsatz haftet der Arbeitnehmer in aller Regel voll. Eine derartige Dreiteilung der Verschuldensgrade bei der Haftung kennt das Haftungssystem nach dem Konzept der „medical enterprise liability“ jedoch nicht. Nach der „medical enterprise liability“ haften die behandelnden Ärzte nur für Vorsatz selbst. Insofern ist die aktuel-

---

763 BAG (GS) (12.6.1992), BAGE 70, 337, 347; BAG (18.4.2002), BAGE 101, 107, 111; BAG (18.1.2007), NZA 2007, 1230, 1233.

le Rechtslage im Hinblick auf eine Zweiteilung der Verschuldensgrade zu untersuchen.

Es ist festzustellen, dass die Dreiteilung der Verschuldensgrade zunehmend auf Bedenken stößt; diese stützen sich auf die „unnatürliche“ Dreiteilung, die unklare dogmatische Begründung, die mangelnde Praktikabilität der Ergebnisse und sogar die Unvereinbarkeit mit dem Bürgerlichen Gesetzbuch.[764] Dies betrifft insbesondere die neben der groben Fahrlässigkeit vorgenommene Unterteilung der Fahrlässigkeit in eine mittlere und eine leichteste Fahrlässigkeit. Dabei ist schon fraglich, ob leichteste Fahrlässigkeit bei einem Handeln in fremdem Interesse überhaupt in Betracht kommen kann. Jedenfalls aber fehlt es trotz der vielen höchstrichterlichen Entscheidungen an klaren Kriterien für die Abgrenzung zwischen mittlerer und leichtester Fahrlässigkeit. Und so wird von einem Teil der Literatur[765] vorgeschlagen, die Haftung des Arbeitnehmers von vornherein auf Vorsatz und grobe Fahrlässigkeit zu beschränken. Zwischenzeitlich vertrat auch der 7. Senat des Bundesarbeitsgerichts[766] in seiner Entscheidung vom 23.3.1983 die Auffassung, eine Haftung des Arbeitnehmers könne nur bei grob fahrlässigem und vorsätzlichem Handeln in Betracht gezogen werden. Dieser Auffassung folgte jedoch der nach einer Änderung des Geschäftsverteilungsplans nunmehr seit dem 1.3.1986 für die Rechtsprechung zur Arbeitnehmerhaftung zuständige 8. Senat des Bundesarbeitsgerichts[767] in seiner Entscheidung vom 24.11.1987 zunächst nicht und kehrte zu der ursprünglichen Rechtsprechung zurück. Allerdings sind auch in der jüngeren Rechtsprechung immer wieder Anhaltspunkte zu finden, dass nicht streng an der Dreiteilung festgehalten wird.[768] Insbesondere ist diesbezüglich die Entscheidung des 8. Senats des Bun-

764 Siehe MüHaArbR-Reichold, § 51, Rn. 42.

765 In jüngerer Zeit Otto/Schwarze, Die Haftung des Arbeitnehmers, Rn. 192; Fahrenhorst, Die Haftung des leitenden Krankenhausarztes gegenüber dem Krankenhaus, NZA 1991, 544, 548; Hanau/Rolfs, Abschied von der gefahrgeneigten Arbeit, NJW 1994, 1439, 1441; Krause, Geklärte und ungeklärte Probleme der Arbeitnehmerhaftung, NZA 2003, 577, 584. Andere Ansicht noch in der 2. Auflage MüHaArbR-Blomeyer, § 59, Rn. 49; Brox/Walker, Die Einschränkung der Arbeitnehmerhaftung gegenüber dem Arbeitgeber, DB 1985, 1469, 1474; so auch Pfeifer, Neueste Entwicklung zu Fragen der Arbeitnehmerhaftung im Betrieb, ZfA 1996, 69, 80 obwohl er selbst diese Frage als eine „der bisher streitigsten aller Fragen“ sieht.

766 BAG (23.3.1983), BAGE 42, 130, 139; bestätigend BAG (21.10.1983), BAGE 44, 170, 173.

767 BAG (24.11.1987), BAGE 57, 55, 60; siehe auch BAG (24.11.1987), BAGE 57, 47, 51.

768 Hanau/Rolfs, Abschied von der gefahrgeneigten Arbeit, NJW 1994, 1439, 1441 sprechen sogar davon, dass vieles schon in der bisherigen Rechtsprechung vielmehr darauf hindeutet, „dass mit einer völligen Neustrukturierung der Arbeitnehmerhaftung im Sinne einer weiteren Verminderung des auf den Arbeitnehmer entfallenden Schadensanteils

desarbeitsgerichts[769] vom 12.10.1989 zu nennen, in der sich das Bundesarbeitsgericht nicht an die Dreiteilung hielt, indem es sogar trotz grober Fahrlässigkeit ausnahmsweise eine beschränkte Arbeitnehmerhaftung annahm. Diese Rechtsprechung stößt in der Literatur[770] ganz überwiegend auf Zustimmung. Legt man den Grundsätzen der Beschränkung der Arbeitnehmerhaftung ausschließlich diese Ausnahmeregelung zugrunde, so wird deutlich, dass bereits unter der aktuellen Rechtslage die Arbeitnehmerhaftungsbeschränkung lediglich nicht bei Vorsatz eintritt – wie es die „medical enterprise liability" vorsieht. Auch dies wird zum Teil in der Literatur[771] gefordert. Eine entsprechende Entwicklung, nämlich die Umkehr des Regel-Ausnahme-Verhältnisses bei der groben Fahrlässigkeit, ist zwar nicht unbedenklich, dürfte aber noch innerhalb des der Rechtsprechung zugänglichen Bereiches liegen.[772] Mithin kann festgestellt werden, dass eine Zweiteilung der Verschuldensgrade auch unter der aktuellen Rechtslage möglich ist.

Unabhängig davon verzichtete bereits § 26 I des Entwurfes eines Arbeitsgesetzbuchs von 1977 der Arbeitsgesetzbuchkommission auf die Dreiteilung und sah für den Arbeitnehmer eine Haftung nur noch für Vorsatz und grobe Fahrläs-

---

gerechnet werden muss". Auch Walker, Die eingeschränkte Haftung des Arbeitnehmers unter Berücksichtigung der Schuldrechtsmodernisierung, JuS 2002, 736, 738 meint, die ursprüngliche Haftungsdreiteilung weiche „aber angesichts der jüngeren Entwicklung in der Rechtsprechung immer mehr" auf. Annuß, (Nichts) Neues zur Arbeitnehmerhaftung?, NZA 1998, 1089 spricht gar davon, dass „der Zuordnung zu einer der Fahrlässigkeitsstufen allenfalls die Bedeutung einer Regelvermutung zukommt, die ohne [W]eiteres durch das Ergebnis der umfassenden Gesamtabwägung widerlegt werden kann".

769 BAG (12.10.1989), BAGE 63, 127, 135. Weitere Ausnahmen BAG (23.1.1997), NZA 1998, 140, 141; BAG (25.9.1997), NJW 1998, 1810, 1811; BAG (12.11.1998), BAGE 90, 148, 152; BAG (15.11.2001), BAGE 99, 368, 373; BAG (18.4.2002), BAGE 101, 107, 113; BAG (18.1.2007), NZA 2007, 1230, 1233. Zustimmend BGH (11.3.1996), NJW 1996, 1532.

770 ErfKo-Preis, § 619a BGB, Rn. 18; MüHaArbR-Reichold, § 51, Rn. 37; Junker, Grundkurs Arbeitsrecht, Rn. 305; Waltermann, Arbeitsrecht, Rn. 248; Wollenschläger, Arbeitsrecht, Rn. 299; Brox/Rüthers/Henssler, Arbeitsrecht, Rn. 253; Brox/Walker, Die Einschränkung der Arbeitnehmerhaftung gegenüber dem Arbeitgeber, DB 1985, 1469, 1476; Annuß, (Nichts) Neues zur Arbeitnehmerhaftung?, NZA 1998, 1089, 1094; Krause, Geklärte und ungeklärte Probleme der Arbeitnehmerhaftung, NZA 2003, 577, 583; Waltermann, Risikozuweisung nach den Grundsätzen der beschränkten Arbeitnehmerhaftung, RdA 2005, 98, 105.

771 Kohte, Arbeitnehmerhaftung und Arbeitgeberrisiko, S. 346; Kohte, Die Bedeutung der Unfallversicherung für das Recht der Arbeitnehmerhaftung, AuR 1983, 229, 238; Kohte, Umbruch in der Rechtsprechung zur Arbeitnehmerhaftung, Jura 1985, 304, 310.

772 So auch Otto/Schwarze, Die Haftung des Arbeitnehmers, Rn. 194.

sigkeit vor. Auch sah ein Entwurf eines Gesetzes zur Regelung der Arbeitnehmerhaftung der SPD-Bundestagsfraktion vom 21.8.1989, der am 16.2.1990 in erster Lesung im Deutschen Bundestag verhandelt wurde, eine Haftung nur noch bei Vorsatz und grober Fahrlässigkeit des Arbeitnehmers vor. Der Entwurf eines Gesetzes zur Regelung der Arbeitnehmerhaftung der SPD-Bundestagsfraktion vom 29.6.1995 trennt in § 619a I, II, III des Entwurfes erneut nur noch zwischen Vorsatz und (grober) Fahrlässigkeit. Die aktuellen Entwürfe für ein Arbeitsvertragsgesetz unterscheiden zwischen Vorsatz, grober Fahrlässigkeit und Fahrlässigkeit. Derartige Gesetzesvorhaben sind jedoch, wie soeben festgestellt, nicht notwendig und es bleibt abzuwarten, ob das Bundesarbeitsgericht seinen Freiraum der richterlichen Rechtsfortbildung nutzt (auch wenn dazu eine Anrufung des Gemeinsamen Senats der Obersten Gerichtshöfe des Bundes erfolgen müsste).

e) Außenwirkung gegenüber Patienten

Das Haftungssystem nach dem Konzept der „medical enterprise liability" stellt die behandelnden Ärzte von der Haftung für fahrlässig verursachte Schäden gegenüber dem Patienten frei. Es ist daher zu untersuchen, ob die Grundsätze der Beschränkung der Arbeitnehmerhaftung eine Außenwirkung gegenüber Patienten besitzen und infolgedessen zu einer Haftungsfreistellung der behandelnden Ärzte gegenüber Patienten führen können.

Weil die Grundsätze der Beschränkung der Arbeitnehmerhaftung nur zwischen den Arbeitsvertragsparteien gelten, haben sie daher grundsätzlich keine Außenwirkung gegenüber geschädigten Dritten. Wenn der Arbeitnehmer aber einen Dritten schuldhaft schädigt, so kann der Arbeitnehmer gleichwohl nach Maßgabe des sogenannten „innerbetrieblichen Schadensausgleichs" einen Erstattungs- oder Freistellungsanspruch gegenüber seinem Arbeitgeber haben. Auf diese Weise ist der Arbeitnehmer durch die Anwendung der Grundsätze der Beschränkung der Arbeitnehmerhaftung zwar nicht „de iure", wohl aber „de facto" von einer Haftung gegenüber dem geschädigten Dritten freigestellt.[773] Durch Abtretung oder Pfändung verwandelt sich der Freistellungsanspruch des Arbeitnehmers gegen den Arbeitgeber in einen unmittelbaren Zahlungsanspruch des geschädigten Dritten gegen den Arbeitgeber. Auf eine Haftung des Arbeitnehmers kommt es insofern aus rein wirtschaftlicher Sicht nicht an. Zudem ist im Allgemeinen der Arbeitgeber ohnehin der solventere Haftungsgegner, sodass sich die Erstreckung der Grundsätze der Beschränkung der Arbeitnehmerhaftung auf das Außenverhältnis geradezu aufdrängt.

773 So auch Hirte, Berufshaftung, S. 434.

Die Rechtsprechung[774] lehnt die Erstreckung der Grundsätze der Beschränkung der Arbeitnehmerhaftung auf das Außenverhältnis grundsätzlich ab. Dies bedeutet, dass der behandelnde Arzt im Schadensfall bei einer Inanspruchnahme durch einen Patienten diesen beispielsweise nicht mit dem Hinweis, ihm selbst falle nur leichteste (leichte, geringe) Fahrlässigkeit (culpa levissima) zur Last, an den Krankenhausträger verweisen kann.[775] Derweil gibt es vereinzelt Stimmen in der Literatur[776], die diese Haftungssituation als sozialstaatliches Problem empfinden und vorschlagen, den Grundsätzen der Beschränkung der Arbeitnehmerhaftung auch unmittelbar gegenüber Dritten Geltung zu verschaffen. Dies führt zu einer Abschaffung der unmittelbaren Außenhaftung der Arbeitnehmer im Krankenhaus und könnte eine gewichtige Maßnahme zur Entspannung der Arzthaftung sein sowie für weitere Anreize zur Qualitätsverbesserung der medizinischen Behandlung im Krankenhaus sorgen[777] – genau die zentralen Aufgaben der „medical enterprise liability“.

f) Ausschluss durch Arzthaftpflichtversicherung

Schließlich ist zu untersuchen, ob die gesetzliche oder eine freiwillige Arzthaftpflichtversicherung die Anwendung der Grundsätze der Beschränkung der Arbeitnehmerhaftung ausschließt. Dies ist insbesondere im Hinblick auf Belegärzte

---

774 BAG (GS) (25.9.1957), BAGE 5, 1, 4f.; BGH (30.4.1959), BGHZ 30, 40, 49; BGH (19.9.1989), BGHZ 108, 305, 307; BGH (21.12.1993), NJW 1994, 852, 854.

775 Mennemeyer, Arbeitsrechtliche Fragen der Arzthaftung, in: Laufs/Dierks/Wienke/Graf-Baumann/Hirsch (Hrsg.), Die Entwicklung der Arzthaftung, 1997, S. 96.

776 Staudinger-Richardi/Fischinger, § 619a, Rn. 34; Hirte, Berufshaftung, S. 432; Annuß, Die Haftung des Arbeitnehmers unter besonderer Berücksichtigung der Haftung des angestellten Arztes, S. 70; Thumann, Reform der Arzthaftung in den Vereinigten Staaten von Amerika, S. 234; Otto, Ist es erforderlich, die Verteilung des Schadensrisikos bei unselbständiger Arbeit neu zu ordnen?: Gutachten E für den 56. Deutschen Juristentag, in: Ständige Deputation des Deutschen Juristentages (Hrsg.), Verhandlungen des sechsundfünfzigsten Deutschen Juristentages, Band I, 1986, S. E 93; Weissauer, Haftung nachgeordneter Ärzte, Haftung aus der Führungsverantwortung aus juristischer Sicht, ZaeF 1995, 613, 619; Katzenstein, Die Außenwirkung der arbeitsrechtlichen Haftungsbeschränkungen, RdA 2003, 246, 355. Andere Ansicht Otto/Schwarze, Die Haftung des Arbeitnehmers, Rn. 473; Laufs/Katzenmeier/Lipp-Katzenmeier, Arztrecht, Rn. XI 38; Denck, Der Schutz des Arbeitnehmers vor der Außenhaftung, S. 301; Katzenmeier, Arzthaftung, S. 142; Schiemann, Wandlungen der Berufshaftung, in: Lange/Nörr/Westermann (Hrsg.), Festschrift für Joachim Gernhuber zum 70. Geburtstag, 1993, S. 397; Walker, Die eingeschränkte Haftung des Arbeitnehmers unter Berücksichtigung der Schuldrechtsmodernisierung, JuS 2002, 736, 742.

777 So auch Thumann, Reform der Arzthaftung in den Vereinigten Staaten von Amerika, S. 236.

zu betrachten, die jedenfalls im Bereich der allgemeinen medizinischen Behandlung ihrer Patienten in der eigenen Praxis Selbständige sind. Als Selbständige müssen Belegärzte eine gesetzliche Arzthaftpflichtversicherung abschließen. Angestellte Ärzte im Krankenhaus verzichten dagegen bereits heute schon vielfach auf eine freiwillige Arzthaftpflichtversicherung.[778]

Die Meinungen innerhalb der Rechtsprechung und der Literatur gehen auch bei dieser Frage weit auseinander. Das Bundesarbeitsgericht[779] geht in ständiger Rechtsprechung davon aus, eine freiwillige Haftpflichtversicherung schließe die Grundsätze der Beschränkung der Arbeitnehmerhaftung nicht aus. Weil eine freiwillige Haftpflichtversicherung nur in dem Umfang eintritt, in dem der Arbeitnehmer selbst haftet, werde die Arbeitnehmerhaftungsbeschränkung nicht beeinflusst.[780] Dagegen ist bei Bestehen der gesetzlichen Haftpflichtversicherung das Bundesarbeitsgericht[781] der Auffassung, die Grundsätze der Beschränkung der Arbeitnehmerhaftung seien nicht anwendbar. Das Bundesverwaltungsgericht[782] entschied, bereits das Bestehen einer freiwilligen Haftpflichtversicherung eines beamteten Arztes schließe einen Freistellungsanspruch aufgrund der Grundsätze der Beschränkung der Arbeitnehmerhaftung aus. Schon früher hielt der Bundesgerichtshof[783] die Grundsätze der Beschränkung der Arbeitnehmerhaftung bei Bestehen einer freiwilligen Haftpflichtversicherung für anwendbar. Der Bundesgerichtshof[784] verneinte aber die Anwendung der Grundsätze der Beschränkung der Arbeitnehmerhaftung bei Bestehen der gesetzlichen Haftpflichtversicherung. Als Begründung führte er an, ein „sozialer Schutz" des Arbeitnehmers erübrige sich, wenn der von ihm verursachte Schaden von einem Pflichtversicherer zu decken ist;[785] auch soll aus der Treuepflicht des Arbeitnehmers folgen, dass dieser sich zunächst an seinen eigenen Versicherer halten muss, wenn dieser zur Zahlung bereit und in der Lage ist, und soweit der Versicherer dann leistet, könne entgegen § 67 VVG a.F. (jetzt § 86 VVG) auf den Versicherer kein etwaiger Freistellungsanspruch des Arbeitnehmers gegen den

778 Siehe Hirte, Berufshaftung, S. 439.

779 BAG (21.6.1963), BAGE 14, 226, 228; BAG (25.9.1997), NJW 1998, 1810, 1811. Siehe auch LAG Berlin (30.5.1983), VersR 1983, 937, 940.

780 BAG (25.9.1997), NJW 1998, 1810, 1811.

781 BAG (11.1.1966), VersR 1966, 571, 572; BAG (25.9.1997), NJW 1998, 1810, 1811.

782 BVerwG (14.2.1968), BVerwGE 29, 127, 131.

783 BGH (12.5.1959), NJW 1959, 2205, 2206.

784 BGH (1.4.1958), BGHZ 27, 62, 66f.; BGH (8.12.1971), NJW 1972, 440, 441; BGH (3.12.1991), BGHZ 116, 200, 208.

785 BGH (8.12.1971), NJW 1972, 440, 441.

Arbeitgeber übergehen, weil ein solcher in diesem Fall wegen der bestehenden Haftpflichtversicherung von vornherein nicht entstanden sei.[786]

Die überwiegende Meinung in der Literatur[787] lehnt diese Auffassung ab und bejaht die Anwendung der Grundsätze der Beschränkung der Arbeitnehmerhaftung sowohl bei Bestehen einer freiwilligen Haftpflichtversicherung als auch bei Bestehen der gesetzlichen Haftpflichtversicherung. Zur Begründung bedient sie sich in erster Linie des überzeugenden, vom Bundesarbeitsgericht[788] selbst aufgestellten Grundsatzes, die Versicherung richte sich nach der Haftung und nicht umgekehrt die Haftung nach der Versicherung. Auch gehe – soweit die Versicherung den Schaden abdeckt – der Freistellungsanspruch gemäß § 86 VVG auf den Versicherer ungeschmälert über.[789]

Der herrschenden Meinung in der Literatur ist zu folgen. Insoweit wird die Anwendung der Grundsätze der Beschränkung der Arbeitnehmerhaftung nicht durch das Bestehen der gesetzlichen oder einer freiwilligen Arzthaftpflichtversicherung ausgeschlossen.

C. Stellungnahme

Die Frage, ob die „medical enterprise liability" des U.S.-amerikanischen Rechts im deutschen Recht als mögliche Lösung der Abgrenzungsprobleme der Passivlegitimation bei der Haftung im Rahmen der medizinischen Behandlung des Patienten im Krankenhaus ihren Platz haben könnte, ist nur nach einer gründlichen

786 BGH (8.12.1971), NJW 1972, 440, 441.

787 Büsken, Haftungssystem, Freistellung und Regress bei Krankenhausträger und angestelltem Arzt, S. 128; Heinze, Zur Qualifikation der ärztlichen Tätigkeit als „gefahrgeneigte Tätigkeit", MedR 1983, 6,12; Hübner, Die Versicherung der Haftpflicht im Heilwesen, ZVersWiss 1990, 55, 68; Büsken/Klüglich, Die Krankenhausbehandlung: Haftungssystem und innerbetrieblicher Schadensausgleich (Freistellung – Regress), VersR 1994, 1141, 1151; Annuß, (Nichts) Neues zur Arbeitnehmerhaftung?, NZA 1998, 1089, 1095; Waltermann, Risikozuweisung nach den Grundsätzen der beschränkten Arbeitnehmerhaftung, RdA 2005, 98, 107. Differenzierend Rieger, Haftung angestellter und beamteter Ärzte bei Behandlungsfehlern, DMW 1969, 339, 340. Andere Ansicht Uhlenbruck, Die Schadensausgleichspflicht des Krankenhausträgers gegenüber dem angestellten Krankenhausarzt aus dem Gesichtspunkt der gefahren- oder schadensgeneigten Tätigkeit, in: Pougin/Wysocki (Hrsg.), Wirtschaftsprüfer im Dienst der Wirtschaft: Festschrift für Ernst Knorr, 1968, S. 390; Uhlenbruck, Beschränkung ärztlicher Haftung aus dem Gesichtspunkt gefahrengeneigter Arbeit, MedKlinik 1970, 270, 272.

788 BAG (GS) (25.9.1957), BAGE 5, 1, 19.

789 So Heinze, Zur Qualifikation der ärztlichen Tätigkeit als „gefahrgeneigte Tätigkeit", MedR 1983, 6,12.

Untersuchung, ob ein Haftungssystem nach dem Konzept der „medical enterprise liability" im deutschen Recht zweckmäßig und mit dem deutschen Recht vereinbar ist, zu beantworten.

Es stellt sich also zunächst die Frage nach der Zweckmäßigkeit eines Haftungssystems nach dem Konzept der „medical enterprise liability" für das deutsche Haftungsrecht. Schon die Ähnlichkeit der Haftungssysteme von Krankenhausträger und Ärzten im deutschen Recht und im U.S.-amerikanischen Recht zeigt, dass die Vorteile des Haftungssystems nach dem Konzept der „medical enterprise liability" auch im deutschen Recht zum Tragen kommen und zu einer Verbesserung des geltenden Haftungssystems im deutschen Arzthaftungsrecht führen würden – insbesondere im Hinblick auf die Rechtssicherheit schaffende klare Passivlegitimation und die durch institutionelle Haftung geförderte Sicherung und Verbesserung der Qualität der medizinischen Behandlung. Auch der internationale Vergleich mit anderen Rechtssystemen zeigt, dass das Haftungssystem nach dem Konzept der „medical enterprise liability" durchaus – insbesondere hinsichtlich einer Haftungskonzentration auf den Krankenhausträger, aber auch der Haftungsfreistellung des behandelnden Arztes – den Zuspruch in verschiedenen Ländern gefunden hat.

Sodann stellt sich die Frage nach der Vereinbarkeit eines Haftungssystems nach dem Konzept der „medical enterprise liability" mit dem deutschen Haftungsrecht. In der jüngsten Entwicklung der Rechtsprechung ist – außer im Bereich der beamteten Ärzte – eine immer strengere Haftung des Krankenhausträgers zu beobachten und damit einhergehend eine Haftungskonzentration auf den Krankenhausträger. Dies wird von den Gerichten etwa durch die Ausweitung der Organisationspflichten des Krankenhausträgers, die Ausweitung der Organhaftung und die Ausweitung der Pflichten des Krankenhausträgers bei Auswahl, Anleitung und Überwachung erreicht, wodurch der Krankenhausträger zum maßgeblich betroffenen Haftungssubjekt wird. Diese Rechtsprechung erfährt in der Literatur[790] nahezu einhellige Zustimmung. Sie sei als ein gelungener Versuch der Rechtsprechung – ohne Tätigwerden des Gesetzgebers – anzusehen, die Haftung beim Krankenhausträger zu konzentrieren.[791] Gründe dafür sind die Annahme des Bundesgerichtshofs, nach der „eine (...) weitgehende (...) Konzentrierung der Schadensregulierung beim Krankenhausträger (...) dem

790 Laufs/Kern-Laufs/Kern, Handbuch des Arztrechts, § 101, Rn. 53; Deutsch/Spickhoff, Medizinrecht, Rn. 398; Giesen, Arzthaftungsrecht, Rn. 24; Giesen, Wandlungen im Arzthaftungsrecht, JZ 1990, 1053, 1055. Andere Ansicht Reiling, Die Grundlagen der Krankenhaushaftung – Eine kritische Bestandsaufnahme, MedR 1995, 443, 444. Kritisch Laufs/Katzenmeier/Lipp-Katzenmeier, Arztrecht, Rn. XI 32; Katzenmeier, Arzthaftung, S. 136; Kern, Organisationsverschulden, MedR 2000, 347, 351.

791 So Laufs/Kern-Laufs/Kern, Handbuch des Arztrechts, § 101, Rn. 53.

Arzt-Patienten-Verhältnis zugute kommt"[792], sowie die Sicherheit des Patienten, einen leicht zu ermittelnden Passivlegitimierten zu haben. Die „medical enterprise liability", die ebenfalls gerade eine Haftungskonzentration auf den Krankenhausträger vorsieht, reiht sich mithin in die aktuelle Entwicklung der deutschen Rechtsprechung ein. Allein das Einreihen in die aktuelle Entwicklung der deutschen Rechtsprechung genügt jedoch für die Vereinbarkeit mit dem deutschen Haftungsrecht nicht, vielmehr bedarf es auch einer dogmatischen Grundlage im deutschen Recht. Diese findet sich in den vom Bundesarbeitsgericht durch Richterrecht entwickelten Grundsätzen der Beschränkung der Arbeitnehmerhaftung bei betrieblich veranlasster Tätigkeit. Nach einer Untersuchung für den Bereich der Krankenhausbehandlung kann festgestellt werden, dass erhebliche Parallelen zwischen dem Haftungssystem nach dem Konzept der „medical enterprise liability" und dem deutschen Arbeitnehmerhaftungsrecht bestehen. Nach der „medical enterprise liability" wird die Haftung für Fahrlässigkeiten aller angestellten Ärzte sowie der „independent contractors" bei der medizinischen Behandlung eines Patienten im Krankenhaus auf den Krankenhausträger übertragen und gleichzeitig der unmittelbar schadensverursachende behandelnde Arzt von der Haftung gegenüber dem geschädigten Patienten freigestellt. Ein solches Haftungssystem bei der medizinischen Behandlung im Krankenhaus ist auch im deutschen Recht schon heute faktisch durch die Spruchpraxis des Bundesarbeitsgerichts zum sogenannten „innerbetrieblichen Schadensausgleich" weitgehend verwirklicht.[793] Hinsichtlich des persönlichen Anwendungsbereiches für Ärzte, der betrieblichen Veranlassung der medizinischen Behandlung, des Umfangs der Arzthaftungsbeschränkung, der Außenwirkung gegenüber Patienten sowie schließlich des Ausschlusses durch gesetzliche oder freiwillige Arzthaftpflichtversicherungen lässt sich feststellen, dass die Grundsätze der Beschränkung der Arbeitnehmerhaftung des deutschen Rechts dem Haftungssystem nach dem Konzept der „medical enterprise liability" ähneln. Wenn auch oft mit der Mindermeinung – insbesondere hinsichtlich des persönlichen Anwendungsbereiches für Belegärzte, der betrieblichen Veranlassung der medizinischen Belegarztbehandlung, der Zweiteilung der Verschuldensgrade beim Umfang der Arzthaftungsbeschränkung sowie der unmittelbaren Außenwirkung gegenüber Patienten – so lässt sich gleichwohl mithilfe der Grundsätze der Beschränkung der Arbeitnehmerhaftung eine dem Haftungssystem nach dem Konzept der „medical enterprise liability" ähnelnde Haftungssituation im deutschen Recht konstruieren. Eine gesetzliche Regelung wäre schließlich zur Klarstellung

792 BGH (30.11.1982), BGHZ 85, 393, 396.

793 So auch Thumann, Reform der Arzthaftung in den Vereinigten Staaten von Amerika, S. 235.

dienlich; dies kann indes noch im Rahmen der richterlichen Rechtsfortbildung ohne verfassungsrechtliche Bedenken erreicht werden.[794]

Nach alledem kann festgestellt werden, dass ein Haftungssystem nach dem Konzept der „medical enterprise liability“ im Hinblick auf die Verbesserung des geltenden Haftungssystems im Arzthaftungsrecht und den internationalen Vergleich für das deutsche Haftungsrecht zweckmäßig und im Hinblick auf die Entwicklung der Rechtsprechung und die dogmatische Grundlage mit dem deutschen Haftungsrecht vereinbar ist. Mithin kann die „medical enterprise liability“ des U.S.-amerikanischen Rechts im deutschen Recht durchaus ihren Platz als mögliche Lösung der Abgrenzungsprobleme der Passivlegitimation bei der Haftung im Rahmen der medizinischen Behandlung des Patienten im Krankenhaus haben.

794 Hingegen schlägt Weissauer, Haftung nachgeordneter Ärzte, Haftung aus der Führungsverantwortung aus juristischer Sicht, ZaeF 1995, 613, 619 das Ziel einer gesetzlichen Neuregelung nach dem Beispiel des durch Art. 8 des Einigungsvertrages vom 31.8.1990 mit Wirkung vom 2.10.1990 aufgehobenen § 331 ZGB vor.

Zusammenfassung und abschließende Stellungnahme

Die Passivlegitimation im Arzthaftungsprozess bei der Haftung im Rahmen der medizinischen Behandlung des Patienten im Krankenhaus ist noch immer weder durch Gesetz noch in Rechtsprechung und Literatur bis heute abschließend geklärt. Dies zeigen die beiden in der Einleitung beispielsweise aufgeführten Fälle[795]. Patienten, die nach einem medizinischen Fehlverhalten des behandelnden Arztes oder des sonstigen Krankenhauspersonals den ihnen zustehenden Schadensersatzanspruch geltend machen, stehen oftmals vor erheblichen Problemen, da der Kläger, also der ohnehin geschädigte Patient, das Risiko trägt, den Falschen zu verklagen.

Bei der medizinischen Behandlung des Patienten im Krankenhaus bedarf daher nach aktueller deutscher Rechtslage jeder einzelne Fall zur Bestimmung der Passivlegitimation im Arzthaftungsprozess einer ausführlichen rechtlichen Untersuchung der Haftungssituation. Dabei unterscheidet man schon zu Beginn der medizinischen Behandlung zwischen ambulanter und stationärer Krankenhausaufnahme, die jeweils unterschiedliche Folgen für die Haftung der an der medizinischen Behandlung des Patienten beteiligten Personen haben. Bei der ambulanten Krankenhausaufnahme gibt es sodann unterschiedliche Haftungsfolgen, je nach Ausgestaltung der Ambulanzen als Chefarztambulanz oder Institutsambulanz. Bei der stationären Krankenhausaufnahme unterscheidet man schließlich zwischen drei verschiedenen Krankenhausaufnahmeverträgen: dem totalen Krankenhausaufnahmevertrag, dem gespaltenen Krankenhausaufnahmevertrag und dem totalen Krankenhausaufnahmevertrag mit Arztzusatzvertrag, die jeweils zu unterschiedlichen Haftungsfolgen führen. Maßgeblich für die Haftung bei medizinischem Fehlverhalten ist dabei stets die genaue Abgrenzung der Leistungsbereiche des behandelnden Arztes und des Krankenhausträgers. Dies kann indes erhebliche Schwierigkeiten bereiten – insbesondere bei Vorliegen eines gespaltenen Krankenhausaufnahmevertrages. Typische Problemfälle, die nicht selten alle Instanzen der Gerichtsbarkeit durchlaufen, sind dabei die Belegarztbehandlung, die Chefarztbehandlung, die ambulante Krankenhausbehandlung und die Zusammenarbeit von Belegkrankenhausträger, Belegarzt und (Beleg-) Hebamme.[796] Sowohl Literatur als auch Rechtsprechung haben über die vergangenen Jahrzehnte versucht, Lösungen für die Abgrenzung der Leistungsbereiche des behandelnden Arztes und des Krankenhausträgers zu entwickeln.

795 Siehe oben S. 1 und 2.

796 Nur selten bei der medizinischen Behandlung im Alten- und Pflegeheim.

Eine zufriedenstellende Lösung liegt allerdings trotz zahlreicher Veröffentlichungen und höchstrichterlicher Rechtsprechung bis heute nicht vor. Eine klare Bestimmung der Passivlegitimation im Arzthaftungsprozess bleibt damit aus – der geschädigte Patient sieht sich weiterhin einer Rechtsunsicherheit bei der Geltendmachung des ihm zustehenden Schadensersatzanspruchs ausgesetzt.

Da das deutsche Recht keine zufriedenstellende Bestimmung der Passivlegitimation im Arzthaftungsprozess bietet, liegt ein Blick in fremde Rechtssysteme nahe – klassischerweise in das der Vereinigten Staaten von Amerika. Das U.S.-amerikanische Recht kennt bei der Bestimmung des Haftungsgegners bei medizinischem Fehlverhalten im Krankenhaus ähnliche Probleme. Eine Abgrenzung der Haftung zwischen behandelndem Arzt, insbesondere dem sogenannten „independent contractor (physician)", und Krankenhausträger wurde meist mit der „borrowed servant rule" oder der „‚captain of the ship' doctrine" gelöst, die allerdings beide nicht selten Probleme aufwarfen. Eine „neue" Rechtsprechung U.S.-amerikanischer Gerichte versucht daher, die Probleme mithilfe einer erweiterten Haftung des Krankenhausträgers auch für Fahrlässigkeiten der „independent contractors" zu lösen. Dabei bedienen sich die einzelnen Gerichte der verschiedenen U.S.-Staaten unterschiedlicher dogmatischer Ansätze in der Lehre der „corporate negligence", der Lehre der „respondeat superior" und der Lehre der „ostensible agency". Allerdings wirft die Anwendung dieser Lehren erneut erhebliche Probleme auf. Diese aktuellere Entwicklung der U.S.-amerikanischen Rechtsprechung kann daher nicht vorbehaltlos dem deutschen Recht als mögliche Lösung der Probleme bei der Passivlegitimation im Arzthaftungsprozess dienen.

In Betracht kommt allerdings das in den späten 1980er Jahren entwickelte und in der U.S.-amerikanischen Literatur und Politik viel diskutierte Konzept der „medical enterprise liability", wenngleich dieses in den Vereinigten Staaten von Amerika nicht eingeführt wurde. Nach der „medical enterprise liability" haftet dem Patienten gegenüber der Krankenhausträger alleine für alle von Ärzten fahrlässig verursachten Schäden bei der medizinischen Behandlung im Krankenhaus – unabhängig davon, ob der behandelnde Arzt ein angestellter Arzt oder ein „independent contractor" ist. Der unmittelbar schadensverursachende behandelnde Arzt selbst wird von der Haftung dem Patienten gegenüber freigestellt. Damit reiht sich die „medical enterprise liability" zwar in die Entwicklung der aktuellen Rechtsprechung zum U.S.-amerikanischen Arzthaftungsrecht hinsichtlich einer strengeren Haftung des Krankenhausträgers auch für Fahrlässigkeiten der „independent contractors" ein, unterscheidet sich aber darin, dass sie den unmittelbar schadensverursachenden behandelnden Arzt selbst von der Haftung freistellt und den Krankenhausträger so zum alleinigen Haftungsgegner bestimmt. Gegen diese Veränderungen in der Haftungssituation bestehen zwar Bedenken insbesondere hinsichtlich der erhöhten finanziellen Belastung für Krankenhausträger, des Verlustes der Eigenständigkeit der Ärzte bei der medizinischen Behandlung ihrer Patienten und besonders des Wegfalls eines Schuldners bei Schadensersatzansprüchen des Patienten, aber es werden dadurch zugleich Vorteile einer stärkeren Rechtssicherheit, einer Sicherung angemessener Entschädigungen, eines Kosten- und Zeitersparnisses bei der Geltendmachung von Schadensersatzansprüchen und besonders einer Qualitätssicherung und -verbesserung in der medizinischen Behandlung geschaffen. Das Konzept der „medical enterprise liability“ könnte daher dem deutschen Recht als mögliche Lösung der Probleme der Passivlegitimation im Arzthaftungsprozess dienen.

Zu untersuchen ist sodann, ob die „medical enterprise liability“ des U.S.-amerikanischen Rechts für das deutsche Haftungsrecht zweckmäßig und mit dem deutschen Haftungsrecht vereinbar ist. Es zeigt sich, dass auch im deutschen Recht die Vorteile des Haftungssystems nach dem Konzept der „medical enterprise liability“, insbesondere die Rechtssicherheit und die Qualitätssicherung und -verbesserung der medizinischen Behandlung, zum Tragen kommen könnten. Auch einige andere Länder haben bereits eine Haftungskonzentration auf den Krankenhausträger in unterschiedlicher Form gesetzlich geregelt. Zudem ist die Entwicklung der deutschen Rechsprechung von einer weiten Haftung des Krankenhausträgers geprägt. Eine dogmatische Grundlage im deutschen Recht für das Haftungssystem nach dem Konzept der „medical enterprise liability“ – sowohl hinsichtlich der Haftungsübertragung auf den Krankenhausträger für Fahrlässigkeiten des angestellten Arztes und des „independent contractor“ als auch hinsichtlich der Haftungsfreistellung des unmittelbar schadensverursachenden behandelnden Arztes – bieten schließlich die vom Bundesarbeitsgericht durch Richterrecht entwickelten Grundsätze der Beschränkung der Arbeitnehmerhaftung bei betrieblich veranlasster Tätigkeit. Mithin ist das Haftungssystem nach dem Konzept der „medical enterprise liability“ für das deutsche Haftungsrecht zweckmäßig und mit dem deutschen Haftungsrecht vereinbar.

Nach alledem ist festzustellen, dass das aktuelle deutsche Recht erhebliche Probleme bei der Passivlegitimation im Arzthaftungsrecht aufwirft und die „medical enterprise liability“ des U.S.-amerikanischen Rechts als mögliche Lösung der Abgrenzungsprobleme der Passivlegitimation bei der Haftung im Rahmen der medizinischen Behandlung des Patienten im Krankenhaus dienen kann; die Rechtsgrundlagen dafür sind im deutschen Recht bereits vorhanden und die „medical enterprise liability“ braucht daher nur noch umgesetzt zu werden.

Die aufgeworfenen Probleme sollen nun nochmals abschließend anhand eines Falles[797], den der Bundesgerichtshof am 7.12.2004 entschied, zusammengefasst und das Erfordernis nach einer Löung verdeutlicht werden:

In dem Fall ging es um die Haftung der Betreiberin eines Geburtshauses. Nach Ausstellung eines Einweisungsscheines durch ihren betreuenden Gynäkologen (den späteren Belegarzt) begab sich die Mutter des Klägers in das Geburtshaus. Ein Prospekt, der der Mutter des Klägers ausgehändigt wurde, warb unter anderem damit, dass bei einer Entbindung in dem Geburtshaus Schwangeren „alle Freiheiten zur Selbstbestimmung des Geburtsvorgangs" geboten würden, und dass das „Team von erfahrenen Hebammen (...) durch ortsansässige und schnell verfügbare Gynäkologen, Anästhesisten und Kinderärzte" ergänzt würde. Die Geburt des Klägers wurde – wie im Aufnahmeformular vorgesehen – von der Betreiberin des Geburtshauses als Hebamme und von dem Gynäkologen betreut. Nach Abgang von grünem Fruchtwasser wurde der Gynäkologe telefonisch verständigt. Dieser gab die Anweisung, die Patientin nicht zu verlegen, und ordnete an, den Kläger vaginal-operativ mit Vakuumextraktion zu entwickeln. Erst nach 65 Minuten wurde der Kläger körperlich und geistig schwerstbehindert geboren. Der Kläger begehrte sowohl von dem Gynäkologen als auch von der Betreiberin des Geburtshauses Schadensersatz und Schmerzensgeld. Während des Rechtsstreits wurde über das Vermögen des Gynäkologen, der für die Tätigkeit als Geburtshelfer keine Haftpflichtversicherung hatte, das Insolvenzverfahren eröffnet. Das angerufene Landgericht gab der (auf Feststellung zur Insolvenztabelle umgestellten) Klage gegen den Gynäkologen statt, wies aber die Klage gegen die Betreiberin des Geburtshauses ab. Das Berufungsgericht wies die Berufung zurück. Die hinsichtlich der Haftung der Betreiberin des Geburtshauses zugelassene Revision zum Bundesgerichtshof führte zur Aufhebung und Zurückverweisung.

Der Fall zeigt die Probleme der Passivlegitimation bei der Krankenhausbehandlung auf. Die Abgrenzungsschwierigkeiten bei der Haftung im Rahmen der Belegarztbehandlung lassen auf den ersten Blick die Frage offen, ob die Betreiberin des Geburtshauses auch für das medizinische Fehlverhalten des Belegarztes haftet. Auch die unterschiedlichen gerichtlichen Begründungen lassen einmal mehr dieses Problem ungelöst.

Das Berufungsgericht ging von einem gespaltenen Krankenhausaufnahmevertrag aus, wonach der Hebamme die selbständige Betreuung und Leitung nur einer komplikationslosen Geburt oblag, jedoch spätestens vom Zeitpunkt der Übernahme der medizinischen Behandlung durch den Gynäkologen ihn die ver-

797 BGH (7.12.2004), BGHZ 161, 255.

tragliche und deliktische Verantwortlichkeit allein treffe.[798] Daher sah das Berufungsgericht die Haftung der Betreiberin des Geburtshauses für nicht gegeben.

Der Bundesgerichtshof war jedoch der Auffassung, es könne nicht ausgeschlossen werden, dass die Betreiberin des Geburtshauses auch vertragliche Pflichten gegenüber der von ihr aufgenommenen Patientin habe, weil der Prospekt jedenfalls darauf hinweise, dass der Betreiberin des Geburtshauses eigene Pflichten zur Organisation oblagen, die über die Pflichten einer bei der Geburt tätigen Hebamme hinausgehen und möglicherweise dazu führen könnten, das medizinische Fehlverhalten des Gynäkologen (Belegarzt) bei der Entbindung gemäß § 278 BGB der Betreiberin des Geburtshauses zuzurechnen; die Angaben im Prospekt legten die Annahme nahe, dass die Patientin bei Aufnahme in das Geburtshaus – ähnlich wie bei der Aufnahme in ein Krankenhaus – eine umfassende Unterstützung bei der Geburt unter Berücksichtigung aller nach dem medizinischen Standard gebotenen Maßnahmen erwarten und davon ausgehen durfte, die Betreiberin des Geburtshauses treffe die hierfür erforderlichen organisatorischen Maßnahmen und werde insbesondere die erforderlichen Räume, Instrumente und Apparate vorhalten sowie das benötigte Personal bereitstellen.[799] Dem stehe weder entgegen, dass die Mutter des Klägers bereits vor Aufnahme in das Geburtshaus von dem Gynäkologen betreut wurde oder bei der geburtshilflichen Tätigkeit von Hebamme und Arzt eine Aufgabenverteilung mit Weisungskompetenz besteht, noch liege bei der rechtlichen Beurteilung nicht ohne Weiteres ein gespaltener Krankenhausaufnahmevertrag – wie etwa bei einem Belegkrankenhaus – vor; bezüglich dessen weise der Prospekt nämlich darauf hin, dass die Pflicht zum Hinzuziehen eines Arztes bei Auftreten von Komplikationen zum Organisationsbereich der Betreiberin des Geburtshauses gehören kann und es nicht zum Ausdruck kam, dass die betriebliche Organisation und Erbringung der ärztlichen Leistungen in einer einem Belegkrankenhaus vergleichbaren Weise von den übrigen Leistungen des Geburtshauses abgetrennt und etwa von dem hinzuzuziehenden Arzt selbst geschuldet wird.[800]

Das Urteil des Bundesgerichtshofs zeigt damit auf, dass selbst nach jahrzehntelanger Rechtsprechung immer wieder von Einzelfall zu Einzelfall neu entschieden werden muss, welche vertraglichen Beziehungen überhaupt zwischen den Parteien bestehen und wer dem Patienten welche konkrete Leistung schuldet. Die dann vorzunehmende schwierige Abgrenzung zwischen den Leistungsbereichen des behandelnden Arztes und des Krankenhausträgers ist indes trotz zahlreicher Rechtsprechung und wissenschaftlicher Beiträge noch immer

798 BGH (7.12.2004), BGHZ 161, 255, 257.
799 BGH (7.12.2004), BGHZ 161, 255, 258f.
800 BGH (7.12.2004), BGHZ 161, 255, 259f.

nicht gelöst. Auch der Bundesgerichtshof geht in seiner Entscheidung einmal mehr nicht näher auf die Abgrenzungsschwierigkeiten ein. Vielmehr umgeht er erneut eine Lösung, indem er auf ein die Betreiberin des Geburtshauses treffendes – weites – Organisationsverschulden ausweicht. Dabei stützt der Bundesgerichtshof ein Organisationsverschulden der Betreiberin des Geburtshauses auf die Pflicht, eine Patientin bei Abgang von grünem Fruchtwasser in ein Krankenhaus zu überweisen – dies unterliegt allerdings einer Entscheidung, die eine medizinische Ausbildung erfordert, und daher von einem Arzt zu treffen sein müsste. Ferner sieht der Bundesgerichtshof ein Organisationsverschulden der Betreiberin des Geburtshauses darin, dass sie (unter Missachtung ihrer Garantenstellung zu der sich in ihrer Obhut befindlichen Patientin) nicht gegen das Verhalten des Gynäkologen einschritt, das der gerichtliche Sachverständige als „Reißen eines Verrückten über 65 Minuten" bezeichnete. Dadurch zieht der Bundesgerichtshof die in Betracht kommenden Pflichtverletzungen – unterlassene Einweisung und unterlassenes Einschreiten – in den Bereich der „Organisation" und weitet somit das Organisationsverschulden enorm aus.

Das Urteil lässt damit in typischer Weise und stellvertretend für die weit überwiegende Mehrheit der neueren Entscheidungen der Gerichte eine zunehmende Konzentration der Haftung auf den Krankenhausträger erkennen. Es zeigt aber auch, dass die Haftung bei der Krankenhausbehandlung und damit die Passivlegitimation im Arzthaftungsprozess noch lange nicht geklärt ist. Nimmt man diese beiden Erkenntnisse zusammen, so drängt sich die endliche Schaffung von Rechtssicherheit in diesem Rechtsgebiet auf. Eine mögliche Lösung der Abgrenzungsprobleme der Passivlegitimation bei der Haftung im Rahmen der medizinischen Behandlung des Patienten im Krankenhaus ist die Erweiterung der Haftung des Krankenhausträgers im deutschen Recht nach dem Konzept der U.S.-amerikanischen „medical enterprise liability".

Literaturverzeichnis

Abraham, Kenneth S./Weiler, Paul C., Enterprise medical liability and the choice of the responsible enterprise, 20 Am. J. L. & Med. 29-36 (1994)

Abraham, Kenneth S./Weiler, Paul C., Enterprise medical liability and the evolution of the American health care system, 108 Harv. L. Rev. 381-436 (1994)

Abraham, Kenneth S./Rabin, Robert L./Weiler, Paul C., Enterprise responsibility for personal injury: Further reflections, 30 San Diego L. Rev. 333-364 (1993)

Ahrens, Martin, Arbeitnehmerhaftung bei betrieblich veranlasster Tätigkeit, DB 1996, 934-938

Alstott, Adam, Hospital liability for negligence of independent contractor physicians under principles of apparent agency, 25 J. Legal Med. 485-504 (2004)

Annas, George J./Law, Sylvia A./Rosenblatt, Rand E./Wing, Kenneth R., American Health Law, 1st Edition, 1990

Annuß, Georg, Die Haftung des Arbeitnehmers unter besonderer Berücksichtigung der Haftung des angestellten Arztes, 1. Auflage, 1998

Annuß, Georg, (Nichts) Neues zur Arbeitnehmerhaftung?, NZA 1998, 1089-1095

Arlen, Jennifer H./MacLeod, W. Bentley, Malpractice liability for physicians and managed care organizations, 78 N. Y. U. L. Rev. 1929-2006 (2003)

Bergmann, Karl Otto, Die Organisation des Krankenhauses unter haftungsrechtlichen Gesichtspunkten, VersR 1996, 810-817

Black's Law Dictionary, 9th Edition, 2009

Brandes, Thomas, Die Haftung für Organisationspflichtverletzung, 1. Auflage, 1994

Brennan, Troyen A./Leape, Lucian L./Laird, Nan M./Herbert, Liesi E./Localio, A. Russell/Lawthers, Ann G./Newhouse, Joseph P./Weiler, Paul C./Hiatt, Howard H., Incidence of adverse events and negligence in hospitalized patients: Results of the Harvard Medical Practice Study I, 324 New Eng. J. Med. 370-376 (1991)

Brennan, Troyen A./Sox, Colin M./Burstin, Helen R., Relation between negligent adverse events and the outcomes of medical-malpractice litigation, 335 New Eng. J. Med. 1963-1967 (1996)

Brox, Hans/Rüthers, Bernd/Henssler, Martin, Arbeitsrecht, 18. Auflage, 2011

Brox, Hans/Walker, Wolf-Dietrich, Die Einschränkung der Arbeitnehmerhaftung gegenüber dem Arbeitgeber, DB 1985, 1469-1478

Büsken, Rainer, Haftungssystem, Freistellung und Regress bei Krankenhausträger und angestelltem Arzt, 1. Auflage, 1987

Büsken, Rainer/Klüglich, Gabriele, Die Krankenhausbehandlung: Haftungssystem und innerbetrieblicher Schadensausgleich (Freistellung – Regress), VersR 1994, 1141-1151

Burck, Gerhard, Die Haftung für Behandlungsfehler der Ärzte an Universitätskliniken unter dem Blickpunkt gefahrengeneigter Arbeit, VersR 1968, 611-623

Calabresi, Guido, The Costs of Accidents. A Legal and Economic Analysis, 1st Edition, 1970

Calabresi, Guido, Some thoughts on risk distribution and the law of torts, 70 Yale L. J. 499-553 (1961)

Canaris, Claus-Wilhelm, Risikohaftung bei schadensgeneigter Tätigkeit in fremdem Interesse, RdA 1966, 41-51

Chittenden III, William A., Malpractice liability and managed health care: History and prognosis, 26 Tort & Ins. L. J. 451-496 (1991)

Combs, Claire G., Hospital vicarious liability for the negligence of independent contractor physicians: Criticism of ostensible agency doctrine in Ohio, 56 U. Chin. L. Rev. 711-738 (1987)

Däubler, Wolfgang, Die Haftung des Arbeitnehmers – Grundlagen und Grenzen, NJW 1986, 867-874

Daniels, Jürgen, Probleme des Haftungssystems bei stationärer Krankenhausbehandlung, NJW 1972, 305-309

Danzon, Patricia M., The Swedish patient compensation system: Myths and realities, 14 Int'l Rev. L. & Econ. 453-464 (1994)

Danzon, Patricia M., Tort liability: A minefield for managed care?, 26 J. Legal Stud. 491-519 (1997)

Darling, Lori L., The applicability of experience rating to medical malpractice insurance, 38 Case W. Res. L. Rev. 255-278 (1987)

Denck, Johannes, Der Schutz des Arbeitnehmers vor der Außenhaftung, 1. Auflage, 1980

Deutsch, Erwin, Das Organisationsverschulden des Krankenhausträgers, NJW 2000, 1745-1749

Deutsch, Erwin/Geiger, Michael, Medizinischer Behandlungsvertrag, in: Bundesminister der Justiz (Hrsg.), Gutachten und Vorschläge zur Überarbeitung des Schuldrechts, Band II, 1981, S. 1049-1113

Deutsch, Erwin/Spickhoff, Andreas, Medizinrecht, 6. Auflage, 2008

Deutsche Krankenhausgesellschaft e.V. (Hrsg.), Allgemeine Vertragsbedingungen (AVB), Behandlungsverträge und Wahlleistungsvereinbarung für Krankenhäuser, 8. Auflage, 2009

Deutsche Krankenhausgesellschaft e.V. (Hrsg.), Der niedergelassene Arzt im Krankenhaus, 1. Auflage, 2008
Dobbs, Dan B., The Law of Torts, 1st Edition, 2000
Eichholz, Reinald, Die Rechtsstellung des Belegarztes, 1. Auflage, 1973
ErfKo-, Erfurter Kommentar zum Arbeitsrecht
12. Auflage, 2012
Erman-, Bürgerliches Gesetzbuch
Band II 13. Auflage, 2011
Fahrenhorst, Irene, Die Haftung des leitenden Krankenhausarztes gegenüber dem Krankenhausträger, NZA 1991, 544-549
Fischer, Gerfried/Lilie, Hans, Ärztliche Verantwortung im europäischen Rechtsvergleich, 1. Auflage, 1999
Forehand, Scott, Helping the medicine go down: How a spoonful of mediation can alleviate the problems of medical malpractice litigation, 14 Ohio St. J. on Disp. Resol. 907-926 (1999)
Frantzioch, Petra, Abhängige Selbständigkeit im Arbeitsrecht, 1. Auflage, 2000
Franzki, Harald, Der Arzthaftungsprozess, 1. Auflage, 1984
Franzki, Harald/Hansen, Britta, Der Belegarzt – Stellung und Haftung im Verhältnis zum Krankenhausträger, NJW 1990, 737-743
Furrow, Barry R., Enterprise liability and health care reform: Managing care and managing risk, 39 St. Louis U. L. J. 77-132 (1994)
Furrow, Barry R., Enterprise liability for bad outcomes from drug therapy: The doctor, the hospital, the pharmacy, and the drug firm, 44 Drake L. Rev. 377-437 (1996)
Furrow, Barry R., Managed care organizations and patient injury: Rethinking liability, 31 Ga. L. Rev. 419-509 (1997)
Furrow, Barry R./Greaney, Thomas L./Johnson, Sandra H./Jost, Timothy S./Schwartz, Robert L., Health Law, 6th Edition, 2008
Gehrlein, Markus, Grundsriss der Arzthaftpflicht, 2. Auflage, 2006
Geiger, Michael, Gesetzliche Regelung des medizinischen Behandlungsvertrages, Dissertation, 1989
Geiß, Karlmann/Greiner, Hans-Peter, Arzthaftpflichtrecht, 6. Auflage, 2009
Geistfeld, Mark, Malpractice insurance and the (il)legitimate interests of the medical profession in tort reform, 54 DePaul L. Rev. 439-462 (2005)
Giesen, Dieter, Arzthaftungsrecht, 4. Auflage, 1995
Giesen, Dieter, Arzthaftungsrecht. Medical malpractice law, 1. Auflage, 1981
Giesen, Dieter, International Medical Malpractice Law, 1. Auflage, 1988
Giesen, Dieter, Wandlungen im Arzthaftungsrecht, JZ 1990, 1053-1064
Glenn, Sharon M., Tort liability of integrated health care delivery systems: Beyond enterprise liability, 29 Wake Forest L. Rev. 305-339 (1994)

Grambow, Hans-Jürgen, Die Haftung bei Gesundheitsschäden infolge medizinischer Betreuung in der DDR, 1. Auflage, 1997

Gressel, Gerry, Albain v. Flower Hospital: Halting the expansion of hospital liability for negligence of physicians in Ohio, 19 N. Ky. L. Rev. 393-423 (1992)

Gustafson, Jr., James W./Masterson, Thomas D., Suing the hospital when superdoc falls, 38-MAY Trial 20-24 (2002)

Hall, Mark A., Can you trust a doctor you can't sue?, 54 DePaul L. Rev. 303-313 (2005)

Hanau, Peter/Rolfs, Christian, Abschied von der gefahrgeneigten Arbeit, NJW 1994, 1439-1442

Hart, Dieter, „Organisationsaufklärung", MedR 1999, 47-50

Hausheer, Heinz, Switzerland, in: Deutsch, Erwin/Schreiber, Hans-Ludwig (Hrsg.), Medical responsibility in Western Europe, 1985, S. 729-791

Havighurst, Clark C., Making health plans accountable for the quality of care, 31 Ga. L. Rev. 587-647 (1997)

Havighurst, Clark C., Vicarious liability: Relocating responsibility for the quality of medical care, 26 Am. J. L. & Med. 7-29 (2000)

Heinze, Meinhard, Zur Qualifikation der ärztlichen Tätigkeit als „gefahrgeneigte Tätigkeit", MedR 1983, 6-13

Henssler, Martin, Arbeitsrecht und Schuldrechtsreform, RdA 2002, 129-140

Hirte, Heribert, Berufshaftung, 1. Auflage, 1996

Hirte, Heribert/Otte, Karsten, Die Gesetzgebung in den Vereinigten Staaten im Jahre 1993, ZG 1994, 157-180

Hirte, Heribert/Otte, Karsten, Die Rechtsentwicklung im Haftungsrecht in den Vereinigten Staaten von Amerika im Jahre 1993, VersR 1994, 1387-1400

Holmes, Jr., Oliver W., The Common Law, 1st Edition, 1881

Hübner, Ulrich, Die Versicherung der Haftpflicht im Heilwesen, ZVersWiss 1990, 55-79

Hueck, Alfred, Lehrbuch des Arbeitsrechts, Band 1, 7. Auflage, 1963

Hyman, David A., Medical malpractice and the tort system: What do we know and what (if anything) should we do about it?, 80 Tex. L. Rev. 1639-1655 (2002)

Hyman, David A./Silver, Charles, The poor state of health care quality in the U.S.: Is malpractice liability part of the problem or part of the solution?, 90 Cornell L. Rev. 893-993 (2005)

Ingram, John D., Liability of medical institutions for the negligence of independent contractors practicing on their premises, 10 J. Contemp. Health & Pol'y 221-230 (1993)

Ingram, John D., Vicarious liability of employer of an apparent servant, 41 Tort Trial & Ins. Prac. L. J. 1-20 (2005)

Jacobi, John V./Huberfeld, Nicole, Quality control, enterprise liability, and disintermediation in managed care, 29 J. L. Med. & Ethics 305-317 (2001)

James, Jr., Sylvester "Sly", Hospital liability, 2006 ATLA-CLE 627-632 (2006)

Jorzig, Alexandra, Die Passivlegitimation im Arzthaftungsprozess, in: Luxenburger, Bernd/Beeretz, Rainer/Dahm, Franz-Josef/Harneit, Paul/Ratzel, Rudolf/Schulz-Hillenbrand, Rita/Stegers, Christoph (Hrsg.), Medizinrecht heute: Erfahrungen, Analysen, Entwicklungen. Festschrift 10 Jahre Arbeitsgemeinschaft Medizinrecht im DAV, 2008, S. 191-200

Jost, Timothy S., Medical Liability Law in the United States, DAJV-Newsletter 1997, 6-9

Joussen, Jacob, Der persönliche Anwendungsbereich der Arbeitnehmerhaftung, RdA 2006, 129-137

Junker, Abbo, Grundkurs Arbeitsrecht, 11. Auflage, 2012

Katzenmeier, Christian, Arzthaftung, 1. Auflage, 2002

Katzenmeier, Christian, Schuldrechtsmodernisierung und Schadensersatzrechtsänderung – Umbruch in der Arzthaftung, VersR 2002, 1066-1074

Katzenstein, Matthias, Die Außenwirkung der arbeitsrechtlichen Haftungsbeschränkungen, RdA 2003, 346-356

Kendall, Bradford C., The ostensible agency doctrine: In search of the deep pocket?, 57 U. M. K. C. L. Rev. 917-930 (1989)

Kern, Bernd-Rüdiger, Die Haftpflicht des beamteten Arztes aus § 839 BGB, VersR 1981, 316-318

Kern, Bernd-Rüdiger, Organisationsverschulden – Ausdruck institutioneller Sorgfaltspflichtverletzungen –, MedR 2000, 347-351

Kinney, Eleanor D., Malpractice reforms in the 1990s: Past disappointments, future success?, 20 Health Pol. Pol'y & L. 99-135 (1995)

Kleinewefers, Herbert/Wilts, Walter, Die vertragliche Haftung bei gespaltenem Arzt-Krankenhaus-Vertrag, NJW 1965, 332-334

Kleinewefers, Herbert/Wilts, Walter, Schadensersatzansprüche bei Verletzung der ärztlichen Schweigepflicht, NJW 1963, 2345-2348

Kleinewefers, Herbert/Wilts, Walter, Vertragliche Schadensersatzansprüche des Patienten bei gespaltenem Arzt-Krankenhaus-Vertrag, VersR 1964, 201-205

Könnig-Feil, Angela, Das internationale Arzthaftungsrecht, 1. Auflage, 1992

Kohn, Linda T./Corrigan, Janet M./Donaldson, Molla S., To Err is Human: Building a Safer Health System, 1st Edition, 2000

Kohte, Hans-Wolfhard, Arbeitnehmerhaftung und Arbeitgeberrisiko, 1. Auflage, 1981

Kohte, Hans-Wolfhard, Die Bedeutung der Unfallversicherung für das Recht der Arbeitnehmerhaftung, AuR 1983, 229-238
Kohte, Hans-Wolfhard, Umbruch in der Rechtsprechung zur Arbeitnehmerhaftung, Jura 1985, 304-316
Kornhauser, Lewis A., An economic analysis of the choice between enterprise and personal liability for accidents, 70 Cal. L. Rev. 1345-1392 (1982)
Krahe, Sascha, Die Haftungssystematik bei ärztlicher Arbeitsteilung und Zusammenarbeit in den Vereinigten Staaten von Amerika und in Deutschland, 1. Auflage, 2004
Krahe, Sascha, Grundzüge des US-amerikanischen Arzt- und Krankenhaus(haftungs)rechts, MedR 2005, 333-339
Krause, Rüdiger, Geklärte und ungeklärte Probleme der Arbeitnehmerhaftung, NZA 2003, 577-586
Kuhlmann, Jens-Michael, Ambulante Versorgung durch und in Krankenhäusern, in: Luxenburger, Bernd/Beeretz, Rainer/Dahm, Franz-Josef/Harneit, Paul/Ratzel, Rudolf/Schulz-Hillenbrand, Rita/Stegers, Christoph (Hrsg.), Medizinrecht heute: Erfahrungen, Analysen, Entwicklungen. Festschrift 10 Jahre Arbeitsgemeinschaft Medizinrecht im DAV, 2008, S. 545-562
Landsman, Stephan, Introduction, 54 DePaul L. Rev. 203-204 (2005)
Larenz, Karl, Die Prinzipien der Schadenszurechnung, JuS 1965, 373-379
Laufs, Adolf, Arztrecht, 5. Auflage, 1993
Laufs, Adolf/Katzenmeier, Christian/Lipp, Volker, Arztrecht, 6. Auflage, 2009
Laufs, Adolf/Kern, Bernd-Rüdiger (Hrsg.), Handbuch des Arztrechts, 4. Auflage, 2010
Laufs, Adolf/Uhlenbruck, Wilhelm (Hrsg.), Handbuch des Arztrechts, 3. Auflage, 2002
Lawthers, Ann G./Localio, A. Russell/Laird, Nan M./Lipsitz, Stuart/Herbert, Liesi E./Brennan, Troyen A., Physicians' perceptions of the risk of being sued, 17 J. Health Pol. Pol'y & L. 463-482 (1992)
Leape, Lucian L./Brennan, Troyen A./Laird, Nan M./Lawthers, Ann G./Localio, A. Russell/Barnes, Benjamin A./Herbert, Liesi E./Newhouse, Joseph P./Weiler, Paul C./Hiatt, Howard H., The nature of adverse events in hospitalized patients: Results of the Harvard Medical Practice Study II, 324 New Eng. J. Med. 377-384 (1991)
Levin, Howard, Hospital vicarious liability for negligence by independent contractor physicians: A new rule for new times, 2005 U. Ill. L. Rev. 1291-1331 (2005)
Lieberson, Alan D., Healthcare Enterprise Liability, 1st Edition, 1997
Localio, A. Russell/Lawthers, Ann G./Brennan, Troyen A./Laird, Nan M./Herbert, Liesi E./Peterson, Lynn M./Newhouse, Joseph P./Weiler, Paul

C./Hiatt, Howard H., Relation between malpractice claims and adverse events due to negligence: Results of the Harvard Medical Practice Study III, 325 New Eng. J. Med. 245-251 (1991)

McWilliams, Jr., Martin C./Russell, III, Hamilton E., Hospital liability for torts of independent contractor physicians, 47 S. C. L. Rev. 431-474 (1996)

Mello, Michelle M./Brennan, Troyen A., Deterrence of medical errors: Theory and evidence for malpractice reform, 80 Tex. L. Rev. 1595-1637 (2002)

Mennemeyer, Siegfried, Arbeitsrechtliche Fragen der Arzthaftung, in: Laufs, Adolf/Dierks, Christian/Wienke, Albrecht/Graf-Baumann, Toni/Hirsch, Günther (Hrsg.), Die Entwicklung der Arzthaftung, 1997, S. 95-99

Metzloff, Thomas B., Resolving malpractice disputes: Imaging the Jury's shadow, 54-Winter Law & Contemp. Probs. 43-129 (1991)

Miner, Robin W., Enterprise liability: Channelling liability with or without the Health Security Act of 1993, 38 St. Louis U. L. J. 1009-1040 (1994)

Morlock, Laura L./Malitz, Faye E., Do hospital risk management programs make a difference?: Relationship between risk management program activities and hospital malpractice claims experience, 54-Spring Law & Contemp. Probs. 1-22 (1991)

Mück, Herbert, Die rechtliche Entwicklung des Arzt-Patient-Verhältnisses in der DDR, 1. Auflage, 1982

MüHaArbR-, Münchener Handbuch zum Arbeitsrecht

Band 1 2. Auflage, 2000

Band 1 3. Auflage, 2009

MüKoBGB-, Münchener Kommentar zum Bürgerlichen Gesetzbuch

Band 4 6. Auflage, 2012

Band 5 5. Auflage, 2009

Müller, Knut, Die freiberufliche Hebamme als Erfüllungs- und Verrichtungsgehilfin eines Belegarztes, MedR 1996, 208-210

Münzel, Hartmut, Chefarzt- und Belegarztvertrag, 3. Auflage, 2008

Nebendahl, Mathias, Haftungsbeziehungen bei der Behandlung durch Belegärzte und Beleghebammen in Fällen der „Rollenkonfusion", in: Luxenburger, Bernd/Beeretz, Rainer/Dahm, Franz-Josef/Harneit, Paul/Ratzel, Rudolf/Schulz-Hillenbrand, Rita/Stegers, Christoph (Hrsg.), Medizinrecht heute: Erfahrungen, Analysen, Entwicklungen. Festschrift 10 Jahre Arbeitsgemeinschaft Medizinrecht im DAV, 2008, S. 237-248

Neuvians, Nicole, Die arbeitnehmerähnliche Person, 1. Auflage, 2002

Noble, Alice A./Brennan, Troyen A., Managing care in the new era of "systems-think": The implications for managed care organizational liability and patient safety, 29 J. L. Med. & Ethics 290-301 (2001)

Nolan, Virginia E./Ursin, Edmund, Understanding Enterprise Liability. Rethinking Tort Reform for the Twenty-first Century, 1st Edition, 1995

Otto, Hansjörg, Ist es erforderlich, die Verteilung des Schadensrisikos bei unselbständiger Arbeit neu zu ordnen?: Gutachten E für den 56. Deutschen Juristentag, in: Ständige Deputation des Deutschen Juristentages (Hrsg.), Verhandlungen des sechsundfünfzigsten Deutschen Juristentages, Band I, 1986, S. E 11-E 94

Otto, Hansjörg, Neujustierung der Risikoverteilung bei der Arbeitnehmerhaftung – Insbesondere Arbeitnehmerverschulden und Versicherung –, in: Oetker, Hartmut/Preis, Ulrich/Rieble, Volker (Hrsg.), 50 Jahre Bundesarbeitsgericht, 2004, S. 97-121

Otto, Hansjörg/Schwarze, Roland, Die Haftung des Arbeitnehmers, 3. Auflage, 1998

Owens, Steven R., Pamperin v. Trinity Memorial Hospital and the evolution of hospital liability: Wisconsin adopts apparent agency, 1990 Wis. L. Rev. 1129-1154 (1990)

Palandt-, Bürgerliches Gesetzbuch
71. Auflage, 2012

Pelz, Franz Joseph, Verschulden – Realität oder Fiktion. Die ärztliche Haftung in der Rechtsprechung, in: Laufs, Adolf/Dierks, Christian/Wienke, Albrecht/Graf-Baumann, Toni/Hirsch, Günther (Hrsg.), Die Entwicklung der Arzthaftung, 1997, S. 41-57

Perkes, Gregory T., Medical malpractice – ostensible agency and corporate negligence – hospital liability may be based on either doctrine of ostensible agency or doctrine of corporate negligence, 17 St. Mary's L. J. 551-578 (1986)

Peters, Jr., Philip G., Doctors & Juries, 105 Mich. L. Rev. 1453-1495 (2007)

Peters, Jr., Philip G., Health courts?, 88 B. U. L. Rev. 227-289 (2008)

Peters, Jr., Philip G., Resuscitating hospital enterprise liability, 73 Mo. L. Rev. 369-397 (2008)

Pfeifer, Karl Heinz, Neueste Entwicklung zu Fragen der Arbeitnehmerhaftung im Betrieb, ZfA 1996, 69-83

Pflüger, Frank, Krankenhaushaftung und Organisationsverschulden, 1. Auflage, 2002

Pinkston, Jeannie, Negligence: Strubhart v. Perry Memorial Hospital: Taming the monster of corporate negligence or creating an unpredictable form of hospital liability?, 48 Okla. L. Rev. 797-815 (1995)

Priest, Georg L., The invention of enterprise liability: A critical history of the intellectual foundations of modern tort law, 14 J. Legal Stud. 461-527 (1985)

Priestley, Cassandra P., Hospital liability for the negligence of independent contractors: A summary of trends, 50 J. Mo. B. 263-267 (1994)
Rabel, Ernst, Die Haftpflicht des Arztes, 1. Auflage, 1904
Rabin, Robert L., Some thoughts on the ideology of enterprise liability, 55 Md. L. Rev. 1190-1209 (1996)
Reboso, Manuel A./Connolly, Lincoln J., Hospital liability for physician malpractice, 2004 ATLA-CLE 2117-2120 (2004)
Reiling, Emil, Die Grundlagen der Krankenhaushaftung – Eine kritische Bestandsaufnahme, MedR 1995, 443-455
Reutter, Helmut, Der Arzthaftungsprozess, Dissertation, 2006
Richardi, Reinhard, Abschied von der gefahrgeneigten Arbeit als Voraussetzung für die Beschränkung der Arbeitnehmerhaftung, NZA 1994, 241-244
Rieger, Hans-Jürgen, Haftung angestellter und beamteter Ärzte bei Behandlungsfehlern, DMW 1969, 339-340
Rieger, Hans-Jürgen/Dahm, Franz-Josef/Steinhilper, Gernot (Hrsg.), Heidelberger Kommentar (Arztrecht, Krankenhausrecht, Medizinrecht), 2. Auflage, 2001
Rother, Werner, Haftungsbeschränkung im Schadensrecht, 1. Auflage, 1965
Sage, William M., Enterprise liability and the emerging managed health care system, 60-Spring Law & Contemp. Probs. 159-210 (1997)
Sage, William M./Hastings, Kathleen E./Berenson, Robert A., Enterprise liability for medical malpractice and health care quality improvement, 20 Am. J. L. & Med. 1-28 (1994)
Sage, William M./Jorling, James M., A world that won't stand still: Enterprise liability by private contract, 43 DePaul L. Rev. 1007-1043 (1994)
Scheuerle, Wilhelm Alexander, Der arbeitsrechtliche Fahrlässigkeitsbegriff und das Problem des innerbetrieblichen Schadensausgleiches, RdA 1958, 247-253
Schiemann, Gottfried, Wandlungen der Berufshaftung, in: Lange, Hermann/Nörr, Knut Wolfgang/Westermann, Harm Peter (Hrsg.), Festschrift für Joachim Gernhuber zum 70. Geburtstag, 1993, S. 387-406
Schmid, Eva-Maria, Die Passivlegitimation im Arzthaftpflichtprozess, 1. Auflage, 1988
Schnorr von Carolsfeld, Ludwig, Arbeitsrecht, 2. Auflage, 1954
Schubert, Claudia, Der Schutz der arbeitnehmerähnlichen Personen, 1. Auflage, 2004
Schwartz, Gary T., Reality in the economic analysis of tort law: Does tort law really deter?, 42 U. C. L. A. L. Rev. 377-444 (1994)
Soergel-, Bürgerliches Gesetzbuch mit Einführungsgesetz und Nebengesetzen
Band 4/1 12. Auflage, 1997

Band 12 13. Auflage, 2005

Spickhoff, Andreas, Aktuelle Rechtsfragen des medizinischen Behandlungsverhältnisses, 1. Auflage, 2004

Spickhoff, Andreas, Das System der Arzthaftung im reformierten Schuldrecht, NJW 2002, 2530-2537

Staudinger-, J. von Staudingers Kommentar zum Bürgerlichen Gesetzbuch mit Einführungsgesetz und Nebengesetzen

§§ 255-304 Neubearbeitung 2009

§§ 611-613 Neubearbeitung 2011

§§ 613a-619a Neubearbeitung 2011

§§ 823-825 13. Bearbeitung 1999

§§ 830-838 Neubearbeitung 2008

§§ 839, 839a Neubearbeitung 2007

Steindorff, Ernst, Fahrlässigkeit der Arbeitnehmer, JZ 1959, 1-9

Studdert, David M./Brennan, Troyen A., Deterrence in a divided world: Emerging problems for malpractice law in an era of managed care, 15 Behav. Sci. & L. 21-48 (1997)

Studdert, David M./Brennan, Troyen A., Towards a workable model of "no-fault" compensation for medical injury in the United States, 27 Am. J. L. & Med. 225-252 (2001)

Studdert, David M./Thomas, Eric J./Zbar, Brett I. W./Newhouse, Joseph P./Weiler, Paul C./Bayuk, Jonathon/Brennan, Troyen A., Can the United States afford a "no-fault" system of compensation for medical injury?, 60-Spring Law & Contemp. Probs. 1-34 (1997)

Tappan, Kristie, Medical-malpractice reform: Is enterprise liability or no-fault a better reform?, 46 B. C. L. Rev. 1095-1130 (2005)

The American Law Institute, Reporters' Study: Enterprise Responsibility for Personal Injury: Volume I: The Institutional Framework, 1st Edition, 1991

The American Law Institute, Reporters' Study: Enterprise Responsibility for Personal Injury: Volume II: Approaches to Legal and Institutional Change, 1st Edition, 1991

Thornhill, Michael C./Ginsburg, William H., Enterprise liability: Cure or curse, 16 Whittier L. Rev. 143-156 (1995)

Thumann, Uwe, Reform der Arzthaftung in den Vereinigten Staaten von Amerika, 1. Auflage, 2000

Uhlenbruck, Wilhelm, Beschränkung ärztlicher Haftung aus dem Gesichtspunkt gefahrengeneigter Arbeit, MedKlinik 1970, 270-272

Uhlenbruck, Wilhelm, Die Schadensersatzpflicht des Krankenhausträgers gegenüber dem angestellten Krankenhausarzt aus dem Gesichtspunkt der gefahren- oder schadensgeneigten Tätigkeit, in: Pougin, Erwin/Wysocki,

Klaus V. (Hrsg.), Wirtschaftsprüfer im Dienst der Wissenschaft: Festschrift für Ernst Knorr, 1968, S. 371-390

Uhlenbruck, Wilhelm, Die vertragliche Haftung von Krankenhaus und Arzt für fremdes Verschulden, NJW 1964, 2187-2191

Walker, Wolf-Dietrich, Die eingeschränkte Haftung des Arbeitnehmers unter Berücksichtigung der Schuldrechtsmodernisierung, JuS 2002, 736-743

Waltermann, Raimund, Arbeitsrecht, 16. Auflage, 2012

Waltermann, Raimund, Risikozuweisung nach den Grundsätzen der beschränkten Arbeitnehmerhaftung, RdA 2005, 98-109

Weber, Ulrich/Müller, Knut, Chefarzt- und Belegarztvertrag, 1. Auflage, 1999

Weiler, Paul C., Fixing the tail: The place of malpractice in health care reform, 47 Rutgers L. Rev. 1157-1193 (1995)

Weiler, Paul C., Medical Malpractice on Trial, 1st Edition, 1991

Weiler, Paul C., Reforming medical malpractice in a radically moderate – and ethical – fashion, 54 DePaul L. Rev. 205-231 (2005)

Weiler, Paul C., The case for no-fault medical liability, 52 Md. L. Rev. 908-950 (1993)

Weiler, Paul C./Hiatt, Howard H./Newhouse, Joseph P./Johnson, William G./Brennan, Troyen A./Leape, Lucian L., A Measure of Malpractice: Medical Injury, Malpractice Litigation, and Patient Compensation, 1st Edition, 1993

Weissauer, Walther, Haftung nachgeordneter Ärzte, Haftung aus der Führungsverantwortung aus juristischer Sicht, ZaeF 1995, 613-620

Westermann, Harm Peter, Zivilrechtliche Verantwortlichkeit bei ärztlicher Teamarbeit, NJW 1974, 577-584

Westermann, Harry, Haftung für fremdes Handeln, JuS 1961, 333-343

Weyers, Hans-Leo, Empfiehlt es sich, im Interesse der Patienten und Ärzte ergänzende Regelungen für das ärztliche Vertrags- (Standes-) und Haftungsrecht einzuführen?: Gutachten A für den 52. Deutschen Juristentag, in: Ständige Deputation des Deutschen Juristentages (Hrsg.), Verhandlungen des zweiundfünfzigsten Deutschen Juristentages, Band I, 1978, S. A 7-A 124

Wollenschläger, Michael, Arbeitsrecht, 3. Auflage, 2010

Zeuner, Albrecht, Überlegungen zum Begriff des Arbeitnehmers und zum Anwendungsbereich arbeitsrechtlicher Regeln, RdA 1975, 84-88

Zöllner, Wolfgang/Loritz, Karl-Georg/Hergenröder, Curt Wolfgang, Arbeitsrecht, 6. Auflage, 2008

Rechtsprechungsverzeichnis

Deutschland

	Reichsgericht	
RG	31.5.1894	RGSt 25, 375-389
RG	27.5.1908	RGZ 68, 431-438
RG	14.12.1911	RGZ 78, 107-111
RG	13.10.1916	RGZ 88, 433-437
	Reichsarbeitsgericht	
RAG	12.6.1937	ARS 30, 3-10/11
	Bundesverfassungsgericht	
BVerfG	23.7.1963	BVerfGE 16, 286-304
BVerfG	7.11.1979	BVerfGE 52, 303-357
	Bundesgerichtshof	
BGH	11.4.1951	BGHZ 1, 383-388
BGH	10.5.1951	BGHZ 2, 94-97
BGH	25.10.1951	BGHZ 4, 1-5
BGH	13.12.1951	BGHZ 4, 138-153
BGH	27.2.1952	BGHZ 5, 321-326
BGH	26.3.1953	BGHZ 9, 145-151
BGH	22.1.1954	BGHZ 12, 136-145
BGH	21.4.1954	BGHZ 13, 111-115
BGH	10.7.1954	NJW 1956, 1106-1108
BGH	10.1.1955	BGHZ 16, 111-123
BGH	7.2.1956	VersR 1956, 221-222
BGH	11.2.1957	BGHZ 23, 288-291
BGH	14.2.1957	BGHZ 23, 319-324
BGH	22.10.1957	VersR 1957, 806-809
BGH	13.2.1958	NJW 1958, 2107-2108
BGH	1.4.1958	BGHZ 27, 62-69
BGH	8.5.1958	BGHZ 27, 236-241
BGH	23.10.1958	BGHZ 28, 251-254
BGH	30.4.1959	BGHZ 30, 40-50
BGH	12.5.1959	NJW 1959, 2205-2206
BGH	30.6.1959	NJW 1959, 2302-2303

BGH	26.9.1961	NJW 1961, 2203-2204
BGH	26.9.1961	NJW 1962, 31-32
BGH	8.5.1962	NJW 1962, 1763-1764
BGH	16.10.1962	NJW 1963, 393-395
BGH	1.2.1963	NJW 1963, 1100-1103
BGH	16.10.1963	NJW 1964, 33-36
BGH	27.2.1964	BGHZ 41, 203-208
BGH	16.4.1964	BGHZ 42, 176-182
BGH	10.5.1966	NJW 1966, 1855-1856/1857
BGH	3.2.1967	BGHZ 47, 75-84
BGH	25.2.1969	VersR 1969, 474-477
BGH	7.10.1969	NJW 1970, 34-35
BGH	21.9.1971	NJW 1972, 334-335
BGH	8.12.1971	NJW 1972, 440-442
BGH	28.2.1972	NJW 1972, 1128-1130
BGH	29.6.1972	BGHZ 59, 148-151
BGH	5.10.1972	BGHZ 59, 310-316
BGH	20.6.1974	BGHZ 62, 380-387
BGH	9.12.1974	BGHZ 63, 265-274
BGH	9.12.1974	BGHZ 63, 306-313
BGH	27.2.1975	VersR 1975, 612-614
BGH	24.6.1975	NJW 1975, 2245-2246
BGH	24.11.1975	BGHZ 66, 1-8
BGH	11.10.1977	NJW 1978, 584-585
BGH	14.3.1978	NJW 1978, 1681-1682
BGH	9.5.1978	NJW 1978, 1683-1684
BGH	15.5.1979	NJW 1979, 1933-1935
BGH	18.3.1980	BGHZ 76, 259-273
BGH	22.4.1980	BGHZ 77, 74-79
BGH	23.9.1980	NJW 1981, 633-643
BGH	2.12.1980	NJW 1981, 630-633
BGH	10.3.1981	NJW 1981, 2002-2004
BGH	3.11.1981	NJW 1982, 699-700
BGH	30.11.1982	BGHZ 85, 393-400
BGH	5.12.1983	BGHZ 89, 153-161
BGH	10.1.1984	BGHZ 89, 250-263
BGH	10.1.1984	BGHZ 89, 263-274
BGH	29.1.1985	VersR 1985, 598-599
BGH	14.2.1985	VersR 1985, 693-698
BGH	18.6.1985	BGHZ 95, 63-75

BGH	29.10.1985	NJW 1986, 776-777
BGH	25.3.1986	BGHZ 97, 273-280
BGH	28.4.1987	BGHZ 100, 363-372
BGH	30.6.1987	BGHZ 101, 215-224
BGH	28.6.1988	VersR 1989, 145-147
BGH	20.9.1988	BGHZ 105, 189-197
BGH	8.6.1989	NJW 1989, 2945-2947
BGH	19.9.1989	BGHZ 108, 305-319
BGH	9.11.1989	NJW 1990, 761-766
BGH	11.12.1990	NJW 1991, 1543-1544
BGH	16.4.1991	NJW 1991, 2344-2345
BGH	3.12.1991	BGHZ 116, 200-209
BGH	8.12.1992	BGHZ 120, 376-386
BGH	22.12.1992	BGHZ 121, 107-116
BGH	15.6.1993	NJW 1993, 2989-2992
BGH (GmS)	21.9.1993	NJW 1994, 856
BGH	21.12.1993	NJW 1994, 852-856
BGH	14.2.1995	BGHZ 129, 6-16
BGH	20.2.1995	BGHZ 129, 30-37
BGH	11.3.1996	NJW 1996, 1532
BGH	16.4.1996	NJW 1996, 2429-2431
BGH	29.06.1999	BGHZ 142, 126-137
BGH	9.5.2000	NJW 2000, 3429-3432
BGH	16.5.2000	BGHZ 144, 296-311
BGH	29.1.2001	BGHZ 146, 341-361
BGH	25.6.2001	BGHZ 148, 167-175
BGH	7.12.2004	BGHZ 161, 255-266
BGH	20.12.2005	BGHZ 165, 290-298

Bundesarbeitsgericht

BAG (GS)	25.9.1957	BAGE 5, 1-19
BAG	8.12.1958	BAGE 7, 118-124
BAG	3.3.1960	DB 1961, 311-312
BAG	27.7.1961	BAGE 11, 225-236
BAG	21.6.1963	BAGE 14, 226-231
BAG	11.1.1966	VersR 1966, 571-572
BAG	18.1.1966	VersR 1966, 881-885
BAG	9.8.1966	BAGE 19, 41-51
BAG	11.2.1969	DB 1969, 843
BAG	10.6.1969	BAGE 22, 63-72

BAG	7.7.1970	DB 1970, 1886-1888
BAG	3.11.1970	VersR 1971, 552-553
BAG	18.1.1972	VersR 1972, 498-499
BAG	24.1.1974	VersR 1974, 1137-1138
BAG	11.11.1976	NJW 1977, 598
BAG	23.3.1983	BAGE 42, 130-142
BAG	21.10.1983	BAGE 44, 170-176
BAG	12.2.1985	BAGE 49, 1-11
BAG	24.11.1987	BAGE 57, 47-55
BAG	24.11.1987	BAGE 57, 55-73
BAG	23.6.1988	BAGE 59, 89-93
BAG	12.10.1989	BAGE 63, 120-127
BAG	12.10.1989	BAGE 63, 127-139
BAG (GS)	12.6.1992	BAGE 70, 337-347
BAG (GS)	27.9.1994	BAGE 78, 56-67
BAG	23.1.1997	NZA 1998, 140-141
BAG	16.7.1997	BAGE 86, 178-184
BAG	25.9.1997	NJW 1998, 1810-1812
BAG	17.9.1998	BAGE 90, 9-23
BAG	12.11.1998	BAGE 90, 148-153
BAG	27.1.2000	BAGE 93, 295-305
BAG	15.11.2001	BAGE 99, 368-376
BAG	18.4.2002	BAGE 101, 107-121
BAG	26.9.2002	BAGE 103, 20-30
BAG	5.2.2004	BAGE 109, 279-285
BAG	18.1.2007	NZA 2007, 1230-1235

Bundesverwaltungsgericht

BVerwG	17.9.1964	BVerwGE 19, 243-252
BVerwG	14.2.1968	BVerwGE 29, 127-133

Bundessozialgericht

BSG	20.7.1963	BSGE 33, 158-161
BSG	19.11.1985	BSGE 59, 172-183
BSG	24.6.2003	NJW 2004, 966-967

Oberlandesgerichte/Kammergericht

KG Berlin	6.11.1978	VersR 1979, 260-262
OLG Düsseldorf	17.12.1992	MedR 1993, 233-235
OLG Frankfurt	14.3.1991	VersR 1992, 578-580

OLG Frankfurt	11.10.2005	MedR 2006, 294-298
OLG Hamburg	30.12.1953	VersR 1954, 125-126
OLG Hamm	4.4.1984	VersR 1985, 598-599
OLG Hamm	16.9.1992	NJW 1993, 2387-2388
OLG Karlsruhe	2.3.1988	VersR 1989, 1053-1054
OLG Karlsruhe	16.5.2001	VersR 2003, 116-118
OLG Koblenz	25.8.1989	NJW 1990, 1534-1535
OLG Koblenz	26.7.2000	VersR 2001, 897-900
OLG Köln	21.6.1989	VersR 1990, 1240-1241/1242
OLG Köln	21.8.1996	VersR 1997, 1404-1405
OLG München	27.3.1975	NJW 1977, 2123-2124
OLG Stuttgart	20.8.1992	NJW 1993, 2384-2387
OLG Stuttgart	19.9.2000	VersR 2002, 235-238
Landgerichte		
LG Koblenz	10.9.1987	NJW 1988, 1521-1522
Landesarbeitsgerichte		
LAG Berlin	30.5.1983	VersR 1983, 937-940
LAG Stuttgart	11.9.1928	Arb. Rspr. 1927/1928, 441-442
Arbeitsgerichte		
ArbG Plauen	4.11.1936	ARS 29, 62-64

Vereinigte Staaten von Amerika

Federal jurisdiction

Harris v. City of Chattanooga, Tennessee
507 F.Supp. 365-374 (N. D. Ga. 1980)

Porter v. Sisters of St. Mary
756 F.2d 669-675 (8th Cir. 1985)

President and Directors of Georgtown College v. Hughes
130 F.2d 810-828 (D. C. Cir. 1942)

State jurisdiction

Albain v. Flower Hospital
50 OhioSt.3d 251-266, 553 N.E.2d 1038-1052 (Ohio 1990)

Arthur v. St. Peters Hospital
169 N.J.Super. 575-584, 405 A.2d 443-447 (N. J. Super. Ct. Law Div. 1979)

Bing v. Thunig
2 N.Y.2d 656-668, 143 N.E.2d 3-9 (N. Y. 1957)

Blackmon v. Tenet Healthsystem Spalding, Inc.
288 Ga.App. 137-149, 653 S.E.2d 333-344 (Ga. Ct. App. 2007)

Brownsville Medical Center and Valley Community Hospital v. Gracia
704 S.W.2d 68-80 (Tex. App. 1985)

Capan v. Divine Providence Hospital
287 Pa.Super. 364-371, 430 A.2d 647-650 (Pa. Super Ct. 1980)

Chicago Title and Trust Company v. Sisters of St. Mary
264 Ill.App.3d 913-917, 637 N.E.2d 543-546 (Ill. App. Ct. 1994)

Clark v. Southview Hospital and Family Heath Center
68 OhioSt.3d 435-449, 628 N.E.2d 46-56 (Ohio 1994)

Cooper v. Binion
226 Ga.App. 709-714, 598 S.E.2d 6-12 (Ga. Ct. App. 2004)

Darling v. Charleston Memorial Hospital
33 Ill.2d 326-339, 211 N.E.2d 253-261 (Ill. 1965)

Funk v. Hancock
26 OhioApp.3d 107-112, 498 N.E.2d 490-496 (Ohio Ct. App. 1985)

Gilbert v. Sycamore Municipal Hospital
156 Ill.2d 511-530, 622 N.E.2d 788-798 (Ill. 1993)

Hannola v. City of Lakewood
68 OhioApp.2d 61-70, 426 N.E.2d 1187-1193 (Ohio Ct. App. 1981)

Harris v. Millers
335 N.C. 379-400, 438 S.E.2d 731-743 (N. C. 1994)

Jackson v. Power
743 P.2d 1376-1385 (Alaska 1987)
Johnson v. Misericordia Community Hospital
99 Wis.2d 708-745, 301 N.W.2d 156-175 (Wis. 1981)
Jones v. Angelette
921 So.2d 1017-1021 (La. Ct. App. 2005)
Kashishian v. Port
167 Wis.2d 24-52, 481 N.W.2d 277-288 (Wis. 1992)
Keller v. Missouri Baptist Hospital of Sullivan
800 S.W.2d 35-39 (Mo. Ct. App. 1990)
Lee v. Satilla Health Services, Inc.
220 Ga.App. 885-888, 470 S.E.2d 461-464 (Ga. Ct. App. 1996)
Lundberg v. Bay View Hospital
175 OhioSt. 133-138, 191 N.E.2d 821-825 (Ohio 1963)
Martell v. St. Charles Hospital
523 N.Y.S.2d 342-352 (N. Y. Sup. Ct. 1987)
Mature v. Angelo
373 Pa. 593-602, 97 A.2d 59-63 (Pa. 1953)
McConnell v. Williams
361 Pa. 355-376, 65 A.2d 243-253 (Pa. 1949)
McCullough v. Bethany Medical Center
235 Kan. 732-744, 683 P.2d 1258-1267 (Kan. 1984)
Mduba v. Benedictine Hospital
384 N.Y.S.2d 527-530 (N. Y. App. Div. 1976)
Paintsville Hospital Co. v. Rose
683 S.W.2d 255-260 (Ky. 1985)
Pamperin v. Trinity Memorial Hospital
144 Wis.2d 188-221, 423 N.W.2d 848-861 (Wis. 1988)
Simmons v. Toumey Regional Medical Center
341 S.C. 32-53, 533 S.E.2d 312-323 (S. C. 2000)
Sparger v. Worley Hospital, Inc.
547 S.W.2d 582-589 (Tex. 1977)
Stratso v. Song
17 OhioApp.3d 39-50, 477 N.E.2d 1176-1189 (Ohio Ct. App. 1984)
Sword v. NKC Hospitals, Inc.
714 N.E.2d 142-153 (Ind. 1999)
Synnott v. Midway Hospital
287 Minn. 270-278, 178 N.W.2d 211-215 (Minn. 1970)
Sztorc v. Northwest Hospital
146 Ill.App.3d 275-279, 496 N.E.2d 1200-1202 (Ill. App. Ct. 1986)

Thomas v. Raleigh General Hospital
178 W.Va. 138-142, 358 S.E.2d 222-226 (W. Va. 1987)
Thompson v. Nason Hospital
527 Pa. 330-344, 591 A.2d 703-710 (Pa. 1991)
Truhitte v. French Hospital
128 Cal.App.3d 332-353 (Cal. Ct. App. 1982)
Uhr v. Lutheran General Hospital
226 Ill.App.3d 236-280, 589 N.E.2d 723-752 (Ill. App. Ct. 1992)
Valles v. Albert Einstein Medical Center
569 Pa. 542-560, 805 A.2d 1232-1243 (Pa. 2002)
White v. Methodist Hospital South
844 S.W.2d 642-652 (Tenn. Ct. App. 1992)
Williams v. Good Health Plus, Inc.-Healthamerica Corporation of Texas
743 S.W.2d 373-379 (Tex. App. 1987)
York v. Rush-Presbyterian-St. Luke's Medical Center
222 Ill.2d 147-217, 845 N.E.2d 635-674 (Ill. 2006)

www.ingramcontent.com/pod-product-compliance
Ingram Content Group UK Ltd.
Pitfield, Milton Keynes, MK11 3LW, UK
UKHW021908290926
8980IPUK00015B/1123

9 783631 648148